TECHNOSUP

Les FILIÈRES TECHNOLOGIQUES des ENSEIGNEMENTS SUPÉRIEURS

AF821931

INFORMATIQUE

Découverte du Machine Learning

Les outils de l'apprentissage automatique

Gérard FLEURY Matthieu GONDRAN

Philippe LACOMME Chafik SAMIR

Enseignants-chercheurs

Université Clermont Auvergne

ellipses

Avec des co-auteurs, dans la même collection :

- Programmation linéaire avancée (C) 312 p. G. FLEURY, Ph. LACOMME
- De la programmation linéaire à la programmation par contraintes (B) 336p. E. BOURREAU, M. GONDRAN, Ph. LACOMME, M. VINOT
- Programmation par contraintes 240 p. (B) E. BOURREAU, M. GONDRAN , Ph. LACOMME , M. VINOT
- Nouvelles technologies d'accès aux données (C) 384 p. Ph. LACOMME, R. PHAN, L. REN, N. TCHERNEV
- Bases de données NoSQL et Big Data (C) 336 p . Ph. LACOMME, S. ARIDHI, R. PHAN
- Les web services, Java, PHP, API JavaScript, Androïde SDK 384 p. J. FONTANEL, P. LACOMME, L. REN
- Téléphones et montres connectés, Outils de développement (C) 336 p. Ph . LACOMME, R. PHAN

ISBN 9782340-047334
©Ellipses Édition Marketing S.A., 2021
32, rue Bargue 75740 Paris cedex 15

DANGER LE PHOTOCOPILLAGE TUE LE LIVRE

Le Code de la propriété intellectuelle n'autorisant, aux termes de l'article L. 122-5.2° et 3°a), d'une part, que les « copies ou reproductions strictement réservées à l'usage privé du copiste et non destinées à une utilisation collective », et d'autre part, que les analyses et les courtes citations dans un but d'exemple et d'illustration, « toute représentation ou reproduction intégrale ou partielle faite sans le consentement de l'auteur ou de ses ayants droit ou ayants cause est illicite » (art. L. 122-4).
Cette représentation ou reproduction, par quelque procédé que ce soit constituerait une contrefaçon sanctionnée par les articles L. 335-2 et suivants du Code de la propriété intellectuelle.

www.editions-ellipses.fr

PREFACE

Le monde numérique crée chaque jour un nombre faramineux de données : 90% des données existant dans le monde ont été créées dans les deux dernières années ! Au début de l'informatique, quelques méga octets suffisaient à stocker toute l'information ; ensuite les besoins et capacités de stockage n'ont fait que croître, phénomène accéléré avec l'avènement d'internet et des réseaux sociaux, et qui se poursuit avec l'apparition des objets connectés et des véhicules autonomes.

À eux seuls ils peuvent générer jusqu'à 32 Tb de données par jour ! Le stockage de ces données est un enjeu à part entière, mais leur donner du sens, les analyser est un défi tout aussi important. Bien entendu désormais un humain ne peut traiter à lui seul, ou même avec l'ensemble de ses congénères, toutes les données générées par les systèmes numériques qu'il a conçus. Heureusement des informaticiens de génie ont proposé dès le début des années 90 des algorithmes permettant de traiter ces données. Bienvenue au Machine Learning !

Vous imaginez sûrement de multiples serveurs effectuant, dans des salles obscures, des calculs infinis sur les données. Mais vous avez, beaucoup plus proche de vous, dans votre poche, un outil capable d'exécuter des algorithmes de Machine Learning : votre smartphone. Véritable ordinateur de poche, il propose même des composants électroniques dédiés aux calculs à l'instar de CoreML sur iPhone. Cette bibliothèque embarquée permet d'analyser des images, de faire de l'analyse syntaxique ou même d'identifier des sons, et ce en même temps que le smartphone réalise toutes les autres tâches quotidiennes.

En perpétuelle évolution, le Machine Learning est une science qui bénéficie de puissances de calcul toujours plus importantes au point de donner aujourd'hui l'illusion d'une intelligence. Prédire la météo, lancer automatiquement des commandes en fonction de l'évolution des ventes ou arrêter automatiquement une voiture si le feu passe au rouge sont des applications concrètes de ce que l'on peut faire désormais avec ces techniques avancées.

Mais s'il y a un domaine dans lequel le Machine Learning est le plus prometteur est celui de la santé où le nombre d'applications est pléthorique. L'Apple Watch qui prévient son porteur qu'il a un rythme cardiaque anormal et le sauve d'un accident vasculaire fait régulièrement la une des actualités.

Les données d'accélérométrie des téléphones permettent également d'estimer avec précision la dépense énergétique de son propriétaire. Associé à ses données nutritionnelles, le Machine Learning permet d'établir des corrélations et même d'anticiper le développement de pathologies. C'est le principe de l'application WellBeNet pour laquelle ma société, Openium, a été partie prenante en collaboration avec le LIMOS, l'INRAe et certains auteurs de ce livre.

Aussi complexes qu'elles peuvent être, ces technologies se fondent toutes sur l'apprentissage. Cette phase fondamentale est le véritable maillon faible de leur efficacité : elle doit être réalisée avec soin. Plus vous alimentez l'algorithme avec des données fiables, plus il sera efficace. Pour dépasser l'être humain en performance brute, il faut tout de même travailler avec lui. Les événements de 2020 nous ont montré que ces algorithmes ne sont pas encore capables de prédire ce qui ne leur a pas été inculqué. Skynet n'est pas encore créé !

Ce livre vous permet de comprendre les fondements de ces technologies en détaillant quelques méthodes existantes. Il permet d'aborder les concepts par des exemples concrets. J'ai beaucoup apprécié cette approche pragmatique et je ne doute pas que vous y serez également sensibles.

Je tiens à remercier grandement les auteurs d'avoir pensé à moi pour cette préface, maintenant place au Machine Learning !

Bonne lecture

Olivier Goutet, chef de projet, associé d'Openium

AVANT-PROPOS

Les médias parlent de Machine Learning et recouvrent sous ce terme des éléments parfois très variés qui correspondent plus ou moins à ce que le monde scientifique reconnaît comme définition. L'expression Machine Learning désigne l'ensemble des outils utilisés pour faire de l'apprentissage statistique et elle est à part entière un élément de l'Intelligence Artificielle.

Les domaines les plus actifs concernent la vision et/ou la reconnaissance d'objets (domaine où des améliorations spectaculaires ont été réalisées ces dernières années), le classement, l'interprétation de données (en bio-informatique par exemple), ou encore l'analyse financière, la biométrie, ou l'astronomie.

Il n'existe pas de consensus sur les outils et méthodes qui peuvent être classés dans la catégorie "Machine Learning" mais il est toutefois possible de lister :

- Les outils d'analyses discriminantes et les méthodes de type "random forest" qui permettent d'identifier les attributs pertinents dans un ensemble de données.
- Les outils qui permettent de trouver les éléments constitutifs d'une série sont la tendance et la partie saisonnière par exemple. Les notions de phénomène périodique entrent aussi dans cette problématique qui peut inclure les techniques de lissage et les transformées de Fourier pour identifier les périodes.
- Les outils de régression, prévision et de classification.
- Les outils de prévisions non linéaires, dont les réseaux de neurones : ces outils sont utiles pour classer des données ou prédire des valeurs (manquantes ou futures).
- Les outils de calculs permettant d'automatiser la manipulation des probabilités, outils dont le plus connu est le réseau Bayésien.

Il est important de noter que ce livre n'est pas un cours sur les méthodes de Machine Learning car chacune de ces méthodes demanderait pour être présentée et justifiée d'un point de vue théorique des dizaines de pages de présentation. Néanmoins, il existe, de plus, de nombreux supports de cours et de livres avec des développements théoriques importants sur de nombreuses méthodes.

Ce livre a pour objectif principal de permettre au lecteur d'acquérir les bases d'un certain nombre d'outils nécessaires pour débuter dans le Machine Learning. Il a donc été fait des choix parmi les méthodes et il s'agit d'un choix partial qui est basé sur, d'une part la notoriété des méthodes mais aussi sur leur utilité par rapport à des projets que le lecteur pourrait être amené à réaliser dans son travail. Les méthodes retenues, dans l'ordre des présentations, sont les suivantes :

- Les réseaux de neurones connaissent depuis l'apparition du Deep Learning un regain d'intérêt très important. Ils sont au cœur des avancées spectaculaires de ces dernières années dans l'analyse d'images et la reconnaissance de formes. Ils font l'objet du chapitre 2 et 3 avec deux points de vue différents. Le premier des deux chapitres consiste à montrer les détails de calcul et la partie technique et il contient un rappel des éléments théoriques. Le chapitre 3 est une introduction à TensorFlow et à Keras qui apportent aux réseaux de neurones, un souffle nouveau en offrant aux programmeurs des librairies largement utilisées, ce qui favorise la réutilisation et assure un gain de temps significatif.
- Les réseaux Bayésiens qui font l'objet du chapitre 4, sont un outil de modélisation des probabilités qui permettent de mettre en évidence des corrélations entre les variables. Ces outils permettent d'automatiser les calculs de probabilités marginales et ouvrent la voie à des analyses poussées pour appréhender les relations entre les variables.
- Les méthodes de classification regroupent un ensemble des méthodes permettant de diviser les données en classes et/ou en groupes homogènes. Elles font l'objet du chapitre 5 qui regroupe les méthodes des centres mobiles (Kmean par exemple), mais aussi l'ACP qui permet en identifiant un axe principal de trouver des corrélations et inclut surtout les arbres de décisions.
- Les méthodes de pattern mining (traitées dans le chapitre 6) ont pour objectif d'identifier un "pattern" dans une série, en considérant qu'un ensemble de patterns peut être représentatif d'un sous ensemble d'individus qui pourraient alors constituer une classe.
- Les séries chronologiques font l'objet du chapitre 7, car il s'agit de données indexées sur le temps et pour lesquelles apparaissent naturellement des problèmes de dessaisonalisation, de tendance, et de mise en évidence de phénomènes périodiques. Autant de problématiques qui sont abordées au travers des moyennes mobiles, de la transformée de Fourier, et de lissage exponentiel simple et double.

Le parti pris dans ce livre est de privilégier une démarche orientée pratique :

- Il a comme ambition de présenter les méthodes du Machine Learning d'un point de vue essentiellement pratique tout en incluant des considérations théoriques indispensables à la compréhension. Construit autour de nombreux exemples, ce livre peut être considéré comme une introduction au Machine Learning pour ceux souhaitant apprendre rapidement les techniques sans avoir à assimiler des parties théoriques parfois jugées difficiles.
- Il n'aborde pas la partie théorique : ce livre n'est pas un cours sur les méthodes mais un guide sur comment utiliser certaines méthodes.
- Il constitue un guide permettant aux étudiants, ingénieurs, chercheurs, et utilisateurs de découvrir ces méthodes.
- Il est construit autour d'exemples suffisamment complets pour illustrer les concepts et les méthodes, exemples dont les données sont disponibles en accès libre sur Internet et qui peuvent être utilisés pour créer des Travaux Pratiques pour des étudiants.

Remarques importantes

1) Dans ce livre, le séparateur décimal utilisé est le "." et le livre reprend, généralement, les conventions anglo-saxonnes.
2) Les chapitres peuvent être lus, dans n'importe quel ordre. Toutefois, une lecture du chapitre 2 avant la lecture du chapitre 3 est préférable.

3) Dans les calculs matriciels, les lettres majuscules désignent une matrice (C par exemple) et les indices sont alors les dimensions. Ainsi C_{23} fait référence à une matrice de 2 lignes et 3 colonnes. Les lettres minuscules sont utilisées pour désigner un élément particulier de la matrice : ainsi c_{ij} fait référence à l'élément de la ligne i colonne j dans la matrice C.

Le tableau ci-après, indique, pour chaque chapitre, les différentes méthodes et outils utilisés :

Les différentes méthodes et outils utilisés

Langage	Ch. 1	Ch. 2	Ch. 3	Ch. 4	Ch. 5	Ch. 6	Ch. 7
C++		X					
Python			X	X	X		X
Java						X	
Excel					X		X
PyAgrum				X			
Weka						X	
TensorFlow			X				
Keras			X				

Les codes accompagnant ce livre sont disponibles sur internet à l'adresse suivante :

http://www.isima.fr/~lacomme/Machine_Learning /index.php

L'ensemble des codes proposés a été testé dans un environnement de développement Windows 7 et Windows 10 avec Visual Studio comme éditeur. Avec quelques modifications mineures, la majorité des codes fonctionnent sur MacOS. Des tests ont été réalisés avec l'environnement PyCharm.

Les programmes disponibles sur le site web sont libres, vous pouvez les redistribuer et/ou les modifier selon les termes de la Licence Publique Générale GNU publiée par la Free Software Foundation (version 2 ou bien toute autre version ultérieure).

Si vous avez des questions ou des remarques, vous pouvez contacter les auteurs en utilisant les adresses suivantes :

Gérard Fleury : gyf@sfr.fr

Matthieu Gondran : matth.gondran@gmail.com

Philippe Lacomme : placomme@isima.fr

Chafik Samir : chafik.samir@uca.fr

À la memoire de Jean-Marie Heuret

À QUI S'ADRESSE CE LIVRE ?

- Aux **étudiants de licence L2/L3** qui suivent une option "informatique". En effet, il introduit les notions de base en Machine Learning et il contient de nombreux exemples.
- Aux **élèves d'écoles d'ingénieurs en Informatique** qui ont un cursus comprenant une partie sur les statistiques qui s'appuie, le plus souvent, sur des TPs en Python. Ce livre constitue pour eux une introduction aux outils du Machine Learning.
- Aux **ingénieurs de filières scientifiques** qui, ayant des bases en statistiques et probabilités, peuvent profiter des apports du Machine Learning pour la résolution de nouveaux problèmes dans leurs projets et qui cherchent des exemples et une démarche de mise en œuvre.
- Aux **enseignants** qui sont à la recherche d'exemples et d'illustrations pour enrichir le contenu de leurs TP et leurs TD. Les exemples proposés, ici, peuvent aussi servir à la réalisation de nouveaux cours.

REMERCIEMENTS

Ce livre n'aurait pas abouti sans l'aide de plusieurs de nos proches qui ont relu et corrigé des versions antérieures de ce document. Nous leur exprimons tous nos sentiments de gratitude pour leur soutien inconditionnel. Qu'ils trouvent tous, ici, l'expression de nos remerciements.

Un grand merci à Flavien Lucas qui a relu une version préliminaire de nos notes en particulier le chapitre 1. Merci aussi à Hélène Toussaint, Damien Lamy et Marina Vinot pour avoir accepté de faire une relecture de versions qui étaient encore perfectibles.

Ce livre a été en grande partie écrit pendant l'épidémie de Coronavirus qui a sévi en Europe au début de 2020. Plusieurs exemples de ce livre sont empruntés au médical, milieu mis au-devant de la scène par ces événements.

Une pensée particulière pour nos collègues, docteurs et professeurs en médecine dans les universités et hôpitaux, et à toutes les personnes qui n'ont pas eu la chance de traverser ces événements.

Clermont-Ferrand le 12/09/2020.

Dr Gérard Fleury, Dr Matthieu Gondran,
Dr Philippe Lacomme, Dr Chafik Samir

TABLE DES MATIERES

CHAPITRE 1

Machine Learning

Objectifs : Ce chapitre est une introduction des éléments de contexte du Machine Learning en parcourant son histoire, de ses prémices jusqu'aux évolutions actuelles. Il dresse un panorama des méthodes et se termine en montrant comment ces méthodes, dans notre pratique quotidienne de la recherche, ont permis de réaliser des avancées significatives.

Outils utilisés : □ C □ Python □ Java □ Librairies tierces

1.1 Un peu d'histoire

Les statistiques constituent un corpus très ancien. En effet, dès que la civilisation a été suffisamment développée pour que le prélèvement des impôts soit mis en place, il est devenu nécessaire pour les institutions de connaître précisément la richesse de leur communauté. Les moyens de mesurer la richesse disponible, et donc le montant de l'impôt, sont donnés par les statistiques. En Mésopotamie, les archéologues ont mis au jour des quantités de tablettes cunéiformes relatives à des informations qui peuvent être qualifiées de statistiques puisqu'il s'agissait de recueillir des données à propos de la situation des états ou de la société. Plus tard, selon Tacite, l'empereur Auguste aurait demandé un bilan des richesses de l'empire romain (soldats, navires, ressources privées et publiques). Mais des traces beaucoup plus anciennes sont présentes en Égypte, en Mésopotamie et en Chine.

Le mathématicien arabe Al-Kindi (801-873) détaille l'utilisation des statistiques et l'analyse de la fréquence des caractères pour déchiffrer des messages chiffrés en substituant les caractères d'un alphabet par d'autres (généralement du même alphabet).

Les statistiques s'appuient sur les débuts des probabilités développées par Fermat et Pascal, mais il faut attendre Adolphe Quételet au début du XIXème siècle pour que les statistiques deviennent une science à part entière et indépendante des probabilités.

C'est Pierre-Simon de Laplace qui fait entrer l'analyse dans la théorie des probabilités vers 1812, en donnant une première version d'un théorème devenu le théorème central limite. Celui-ci démontre que, sous de vastes hypothèses, les principales propriétés d'une collection assez grande de données se comportent selon une loi de probabilité d'un type unique : la loi de Laplace-Gauss. La théorie moderne des probabilités est, au contraire, fort récente puisqu'elle ne prend réellement son essor qu'avec Émile Borel (1871-1956) mais surtout Andreï Kolmogorov (1903-1987).

Les statistiques sont restées longtemps "descriptives", c'est-à-dire se bornant à décrire une situation par quelques caractéristiques (moyenne, médiane, écart-type…) ou à la représenter par un (ou des) graphique(s). L'analyse de données (analyse en composantes principales, analyse hiérarchique…) est la forme moderne la plus aboutie des statistiques descriptives. Cette dernière partie des statistiques est fortement liée à la géométrie puisqu'elle permet d'identifier les caractéristiques principales des données statistiques ou de les regrouper par affinité. Elle s'appuie donc fortement sur le calcul matriciel.

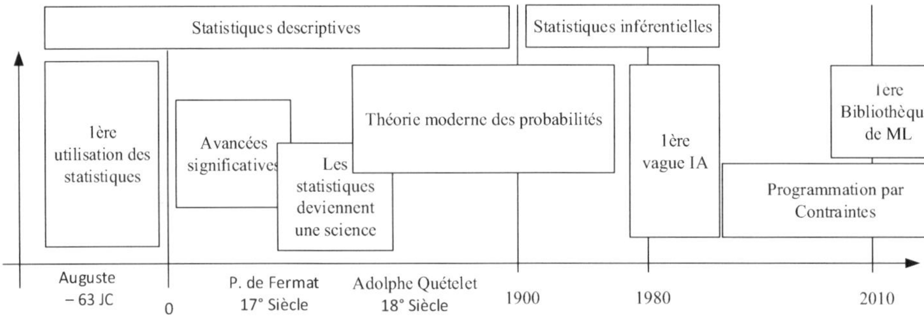

Figure 1-1. Chronologie des événements autour du Machine Learning (ML)

Puis, essentiellement depuis les travaux de William Gosset pour la brasserie Guinness (publiés en 1908 sous le pseudonyme de Student pour préserver le secret industriel !), la statistique est devenue inférentielle (Figure 1-1) : les données disponibles sont considérées comme extraites d'une population et il s'agit, à partir des observations faites sur ces données, d'en déduire des informations sur la population tout entière.

Cette partie des statistiques est intimement liée à la théorie des probabilités et repose principalement sur le théorème de la limite centrale (ou théorème central limit) qui établit la convergence en loi de la somme d'une suite de variables aléatoires (indépendantes, identiquement distribuées) vers la loi normale (ou loi de Laplace-Gauss).

Ainsi, il est possible de connaître (approximativement) la loi d'une somme d'au moins 30 observations quantitatives indépendantes, sans connaître la loi de celles-ci. À titre d'exemple, à partir d'une série statistique de n individus (avec $n \geq 30$) ayant un caractère numérique de moyenne m et d'écart-type σ, la **somme des valeurs** du caractère peut être considérée comme la réalisation d'une variable aléatoire de moyenne $n.m$, d'écart-type $\sigma\sqrt{n}$ et de densité :

$$\frac{1}{\sigma\sqrt{n}.\sqrt{2\pi}}.e^{-\frac{1}{2}\times\left(\frac{x-n.m}{\sigma\sqrt{n}}\right)^2}$$

Par exemple**, la moyenne** des n valeurs de ce caractère est de loi, sur $\mathbb{R}$, de densité :

$$\frac{\sqrt{n}}{\sigma.\sqrt{2\pi}}.e^{-\frac{1}{2}\times\left(\frac{x-m}{\frac{\sigma}{\sqrt{n}}}\right)^2}$$

Ce qui signifie que, si $\bar{X}$ est la moyenne mesurée sur les données, il est possible d'affirmer avec une probabilité de 95% que la moyenne m correspondante (et inconnue) dans la population entière, appartient à l'intervalle : $\left[\bar{X} - 1.96 \times \frac{\sigma}{\sqrt{n}}; \bar{X} + 1.96 \times \frac{\sigma}{\sqrt{n}}\right]$.

Avec l'apparition des ordinateurs individuels, les études statistiques se sont rapidement développées. L'agriculture, très en avance sur les statistiques a, très tôt, développé des bibliothèques de programmes statistiques. À la fin du siècle dernier, divers logiciels intégrés de statistiques étaient disponibles, et ont abouti à la création de logiciels libres. Désormais, des bibliothèques faciles d'accès sont disponibles et peuvent être utilisées à partir de langages très répandus tels que Python, Java ou C.

1.2 Les années 90

L'article de Wikipedia est assez explicite sur le sujet et il fixe le début de ce qu'il est possible d'appeler Intelligence Artificielle à l'été 1956 après une conférence tenue sur le campus de Dartmouth :

https://fr.wikipedia.org/wiki/ Histoire_de_l'intelligence_artificielle

Le nombre de scientifiques intéressés par le sujet reste modeste et la croissance des recherches est freinée par les machines de l'époque qui sont à la fois encombrantes et peu puissantes. Quelques avancées significatives ont été obtenues comme, par exemple, la conception d'un jeu d'échecs proposé par Christopher Strachey ou par Dietrich Prinz.

En 1950, Alan Turing imagine son célèbre test (de Turing) : "si une machine peut mener une conversation qu'on ne puisse différencier d'une conversation avec un être humain, alors elle peut être qualifiée d'intelligente". C'est en 1957 qu'est introduite par Frank Rosenblatt, la notion de perceptron (un algorithme d'apprentissage supervisé de classifieurs binaires).

Les subventions ont été stoppées dans les années 1970 et la recherche ne reprit réellement qu'au début des années 1980, essentiellement grâce à l'arrivée de machines de bureau puissantes. Deux grandes tendances se détachent alors :

- L'apparition rapide des systèmes experts qui connaissent un grand succès en particulier pour diagnostiquer des maladies infectieuses du sang.
- Ces années marquent la renaissance du connexionnisme à travers les travaux de David Rumelhart et de John Hopfield. Ce dernier définit et étudie des réseaux neuronaux (désormais appelés réseaux de Hopfield) pour apprendre et traiter de l'information différemment.

Toutefois, les systèmes experts restent difficiles à mettre au point : ils peuvent faire des erreurs importantes quand les paramètres sortent des valeurs habituelles, de sorte que ces systèmes ne sont réellement utiles que dans des contextes très spécifiques.

Quel que soit le type d'algorithme, les machines n'exécutent que des algorithmes et, de ce point de vue l'affirmation de Luc Julia (un des fondateurs de Siri), prend tout son sens : "l'intelligence artificielle (IA) n'existe pas". En résumé, l'IA est l'ensemble des outils permettant à une machine de réaliser des tâches complexes sans avoir été explicitement programmée pour cela.

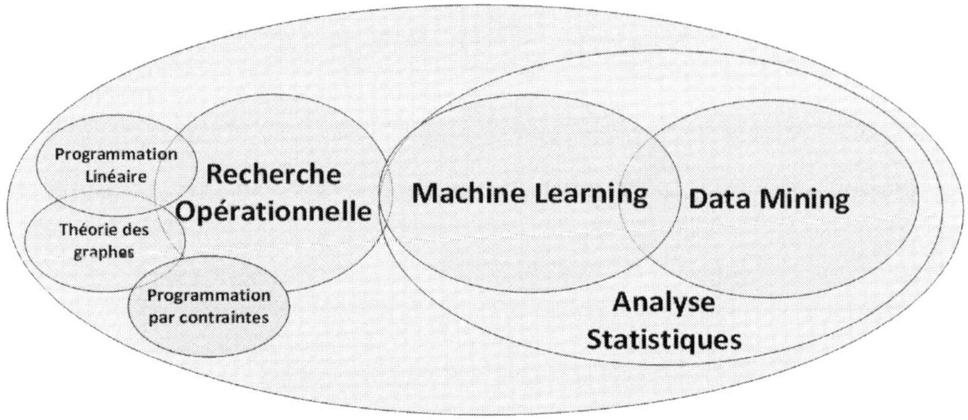

Figure 1-2. L'Intelligence Artificielle

Par abus de langage, le Machine Learning est assimilé à l'Intelligence Artificielle (IA) alors que le Machine Learning fait partie de l'IA au même titre que la Recherche Opérationnelle (Figure 1-2).

1.3 Le Machine Learning pour tous

Le Machine Learning est un sous-ensemble de l'IA qui concerne la création d'algorithmes qui permettent d'apprendre à partir de données précédemment collectées. Le terme Machine Learning a été introduit en 1959 par Arthur Samuel qui en donne la définition suivante "Machine Learning enables a machine to automatically learn from data, improve performance from experiences, and predict things without being explicitly programmed" ce qui peut se traduire par "Le Machine Learning permet à une machine d'apprendre automatiquement, à partir de données, d'améliorer ses résultats par un processus d'apprentissage et de fournir ensuite des résultats qui n'ont pas été explicitement programmés".

Le Machine Learning regroupe plusieurs thèmes (tout classement est nécessairement discutable) et il est proposé de distinguer ici (Figure 1-3) :

- L'**apprentissage supervisé** qui regroupe sous ce terme toutes les méthodes capables de prendre en compte une base d'apprentissage pour en "retirer" les informations utiles pour, par la suite, manipuler et classer de nouvelles données.
- Les **problèmes de classification**, ce qui englobe une vaste famille de méthodes dont les méthodes de centres mobiles (Kmean), les méthodes SVM (Support Vector Machine), les arbres de décisions et les Réseaux Bayésiens.
- Les **réseaux de neurones**, qui par l'attention qui leur a été portée constituent un domaine à part entière. Ces méthodes peuvent être utilisées, entre autres, pour faire de la classification mais elles possèdent un champ d'application beaucoup plus large.

- Le domaine de la **fouille de données** et tous les éléments qui tournent autour du Pattern Mining au sens large font aussi partie du Machine Learning mais toutefois, pas au même titre que les réseaux de neurones, dans le sens, où les résultats de ces méthodes nécessitent (encore) une part d'interprétation manuelle encore important.

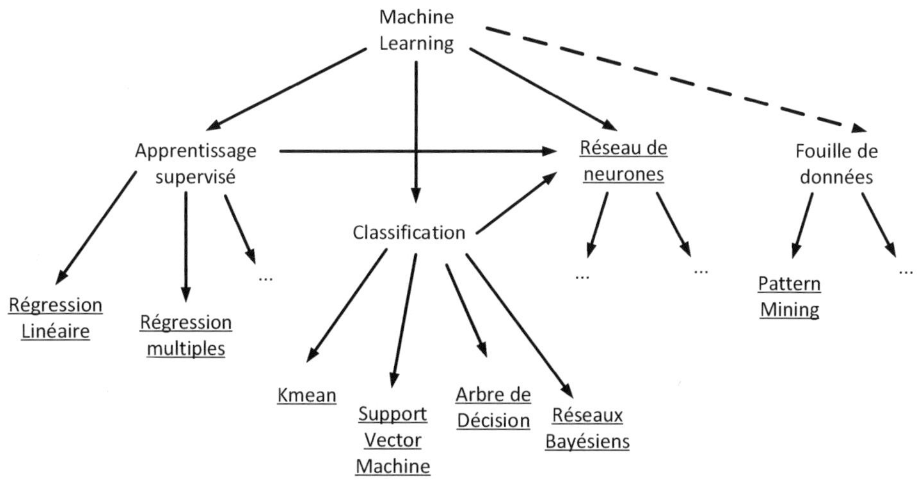

Figure 1-3. Domaines du Machine Learning

L'application de ces méthodes peut se faire dans différents domaines. En particulier, l'étude des **séries chronologiques** fait appel à de nombreuses méthodes qui relèvent en partie du Machine Learning. Les séries chronologiques constituent un domaine à elles seules et c'est la raison qui a conduit à leur consacrer le dernier chapitre de ce livre.

1.4 Les outils présentés dans ce livre

1.4.1 Les réseaux de neurones

Les concepts des réseaux de neurones sont relativement anciens et ils ont été remis sur le devant de la scène avec l'arrivée de nouveaux types de réseaux (qui ont permis de traiter efficacement de nombreux problèmes de reconnaissance d'images) et ensuite avec l'arrivée de la librairie TensorFlow de Google. Les méthodes de classification les plus connues sont des classifieurs linéaires qui découpent linéairement un ensemble de données en définissant un hyperplan (en 2 dimensions il s'agit d'une droite). Les cas où les données ne sont pas linéairement séparables sont très nombreux et dans ce cas, il faut avoir recours à des classifieurs non linéaires. Les réseaux de neurones font partie de la famille des classifieurs non linéaires.

Un réseau de neurones est une version très simplifiée des neurones naturels dans lequel, les entrées sont transformées en une sortie et les interconnexions entre neurones définissent un réseau. Un réseau se caractérise principalement par 3 informations :

- le nombre d'entrées et le nombre de sorties (nombre de neurones sur la couche d'entrée et sur la couche de sortie) ;
- le nombre de neurones par couche et le nombre de couches ;
- les interconnexions entre les neurones.

Visuellement un réseau de neurones se présente donc comme un réseau ordonné par couches, comme le montre la Figure 1-4, qui propose un réseau avec 3 entrées, 3 sorties et une couche cachée, elle-même composée de deux neurones.

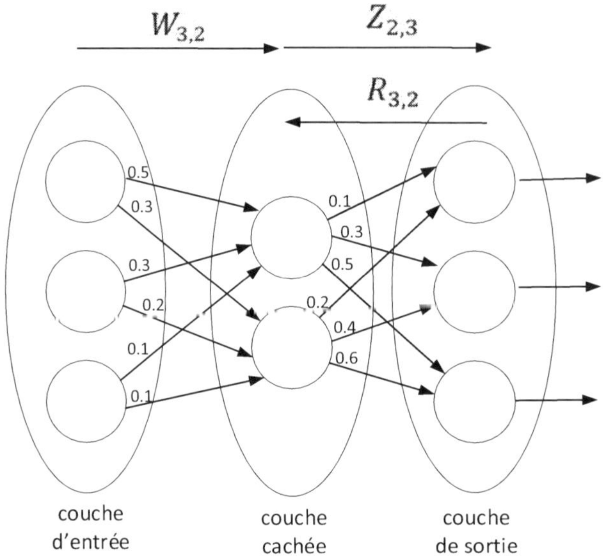

Figure 1-4. Exemple de réseau de neurones

Un réseau de neurones nécessite la manipulation de vecteurs et de matrices pour faire les calculs. Deux types de calculs sont réalisés avec les vecteurs et les matrices : le premier permet de mettre à jour itérativement les matrices, pour rechercher la meilleure matrice possible, c'est-à-dire, celle minimisant l'erreur entre le résultat obtenu et le résultat souhaité ; le deuxième permet de calculer les valeurs de sortie en fonction des valeurs d'entrée (il s'agit d'évaluer les sorties).

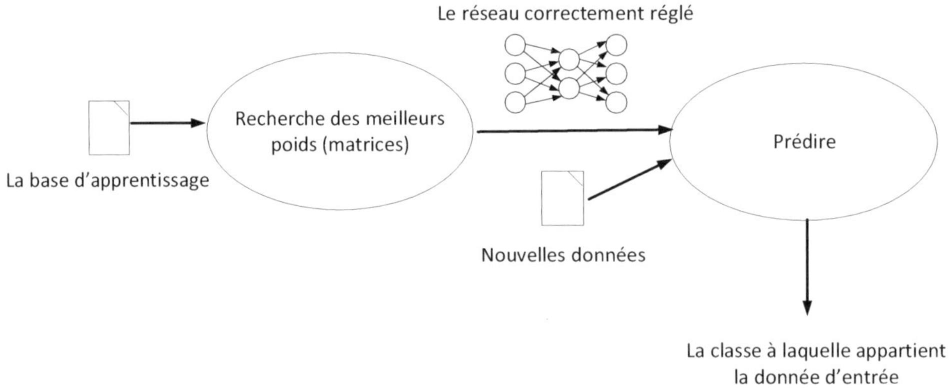

Figure 1-5. Processus d'utilisation d'un réseau de neurones pour un problème de classification

Ainsi pour pouvoir utiliser un réseau de neurones, il faut d'abord, comme le montre la Figure 1-5 rechercher les meilleurs poids possible sur une base d'apprentissage. Ceci sous-entend qu'il faut disposer de suffisamment de données déjà classées par l'intermédiaire d'un autre processus qui peut être, par exemple un processus manuel : pour chaque entrée, il faut disposer de la classe associée. Le processus d'apprentissage se fait sur ces données d'entrée. Une fois le réseau correctement entraîné à partir des données de la base d'apprentissage, il est alors possible de lui fournir des données nouvelles (elles n'appartiennent pas à la base d'apprentissage) et de lui faire classer ces données : le réseau prédit la classe la plus probable à laquelle la donnée devrait appartenir. Il faut souligner l'importance des données qui définissent la base d'apprentissage du réseau, données qui soulèvent beaucoup de problèmes qui ne sont pas abordés dans ce livre, livre qui se concentre sur "comment" définir la phase d'apprentissage à la fois en C et en Python et qui donne des exemples d'utilisation simples à coder et à appréhender.

1.4.2 Les réseaux Bayésiens

Un réseau Bayésien est un graphe dont chaque sommet porte une variable aléatoire et qui permet d'identifier et de comprendre les dépendances existantes entre plusieurs données d'un problème. Dans la suite du livre, l'exemple proposé est emprunté au milieu médical, et il s'agit d'étudier les liens potentiels entre l'apparition de pathologies, des données comportementales et des données biologiques.

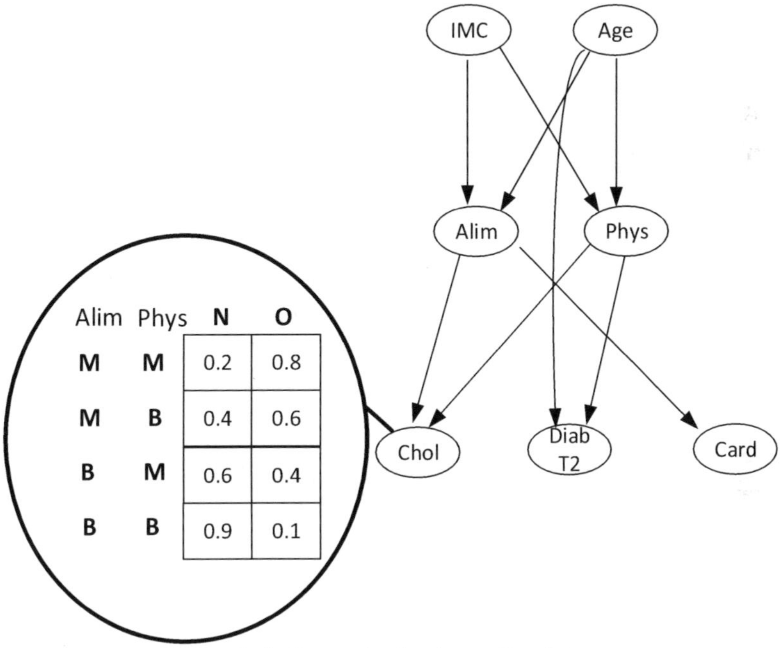

Figure 1-6. Exemple de réseau Bayésien

Un arc définit une relation de dépendance entre la variable aléatoire à l'origine de l'arc et la variable aléatoire à l'extrémité finale de l'arc. À chaque nœud est associée une table de probabilité : la probabilité d'avoir du cholestérol (nœud en bas à gauche du graphe de la Figure 1-6) dépend de deux variables qui sont Alim (pour Alimentation) et de Phys (pour le niveau d'activité Physique). Ainsi la Figure 1-6 définit une probabilité de 80% d'avoir du cholestérol pour un individu ayant une Alimentation mauvaise (Alim = M) et une activité physique mauvaise (Phys = M), et donc seulement de 20% de ne pas avoir de cholestérol.

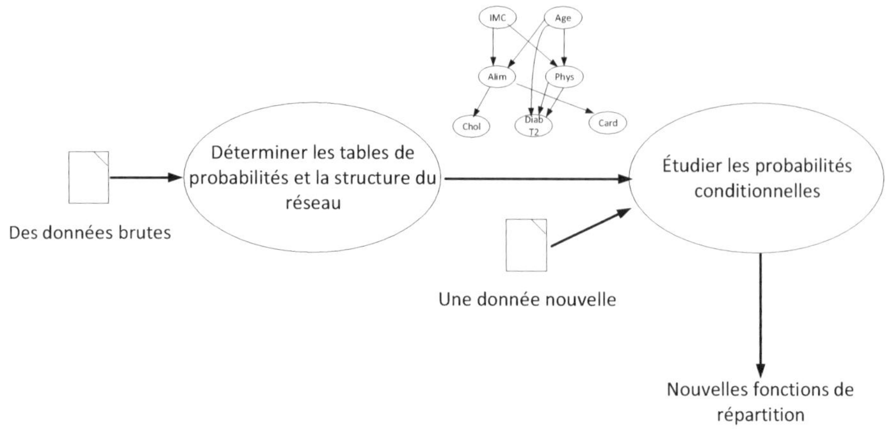

Figure 1-7. Principes de construction et d'utilisation d'un réseau Bayésien

En pratique, les données qui figurent dans ces tableaux sont issues de statistiques réalisées sur des données brutes (Figure 1-7) et doivent être réalisées avec des experts, seuls capables de construire le réseau bayésien adapté du problème. Une fois construit, le réseau Bayésien est utilisé comme un outil de calcul "pseudo-automatique" des distributions de probabilité en présence d'information nouvelle qu'il est possible "d'injecter" dans le réseau. Il est alors possible de l'utiliser pour répondre à des questions du type :

> "Sachant qu'un individu à une mauvaise alimentation et qu'il a des problèmes cardiaques, quelle est la probabilité que cet individu ait en plus du diabète ?".

Ce type d'outil est indispensable pour réaliser des calculs complexes et comprendre les dépendances entre les variables, sans se laisser induire en erreur par "l'intuition" ou une méconnaissance des phénomènes observés. L'exemple pseudo-médical dont il est question dans ce paragraphe sert de fil conducteur au chapitre 4.

1.4.3 Les méthodes de classification

Elles constituent un vaste domaine dans lequel il est possible d'inclure les réseaux de neurones, qui sont traités dans ce livre dans deux chapitres dédiés compte tenu de l'importance qu'ils ont pris dans le Machine Learning. Les méthodes de classification se divisent en deux branches distinctes : les méthodes supervisées pour lesquelles il faut disposer d'une base d'apprentissage (les arbres de décision appartiennent à cette catégorie) et les méthodes non supervisées, où il s'agit de créer des classes avec comme objectif de mieux analyser les données.

Les résultats récents en Machine Learning font apparaître les arbres de décision (et leur extension "random forest") comme un élément incontournable des méthodes de classification. Ceci tient essentiellement au fait que ces méthodes se montrent capables de traiter efficacement des données de grande taille dans des temps de calcul très courts et qu'elles fournissent ensuite un outil graphique de présentation des résultats qui facilite les échanges avec les experts du domaine, comme des médecins ou des biologistes.

Chaque nœud de l'arbre fait référence à une variable et donne une condition avec deux types d'informations : le nombre de personnes pour lesquelles la condition est vraie et le nombre de personnes pour lesquelles la condition est fausse.

Ainsi sur l'arbre de la Figure 1-8, il faut comprendre que 485 personnes ont une concentration de glucose ≤ 127 et que 271 personnes ont une concentration de glucose ≤ 127 et un Age ≤ 28.5. Les conditions doivent se lire sur les arcs avec l'arc gauche correspondant au fait que la condition est vraie et l'arc de droite au fait que la condition est fausse.

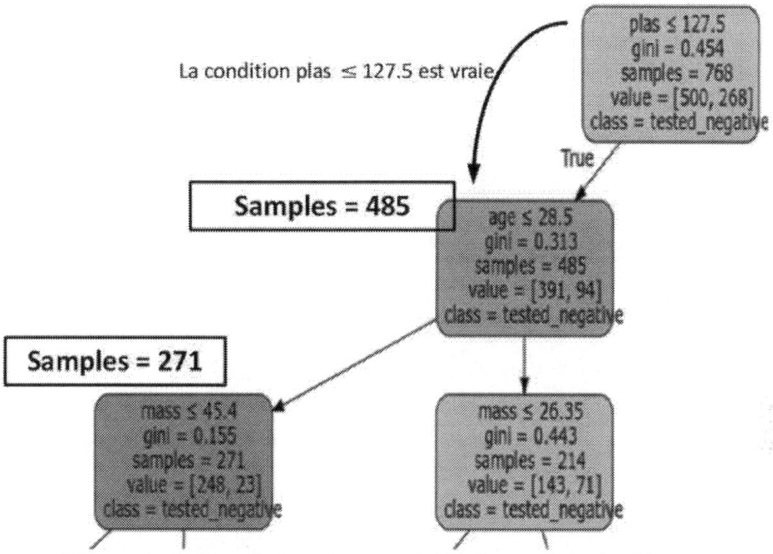

Figure 1-8. Représentation partielle d'un arbre de décision

Le nœud décrivant cette situation est le nœud suivant :

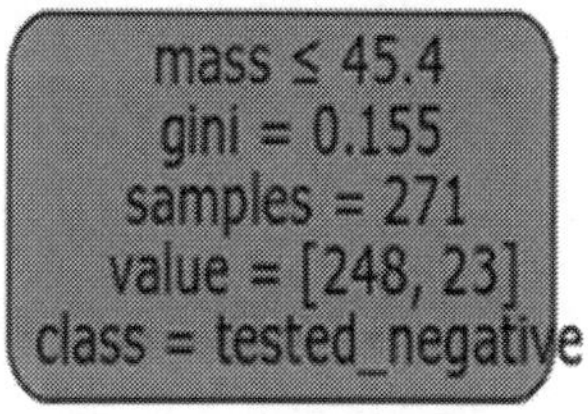

Tout comme pour les réseaux de neurones, ce type de méthode nécessite de disposer d'une base d'apprentissage pour construire l'arbre et elle permet ensuite de classer des données ne faisant pas partie de la base d'apprentissage en parcourant l'arbre.

1.4.4 Les méthodes de Pattern Mining

Il s'agit de trouver une liste de patterns fréquents, c'est-à-dire de rechercher dans un ensemble de données des patterns dont la fréquence d'apparition est élevée avec les règles et les relations qui "relient" des attributs entre eux.

Concrètement, ce type de question apparaît dans de nombreux domaines. Imaginons qu'un téléphone qui enregistre les déplacements plusieurs fois par secondes, et ceci suivant les 3 axes x,y,z. Si ceci est réalisé pendant la marche, les mouvements du téléphone sont représentatifs du mouvement périodique des jambes pendant la marche. Si l'individu qui porte le téléphone boite, il est naturel de penser que le téléphone va permettre de détecter un phénomène périodique qui correspond à la boiterie de la personne. Le pattern est alors visuellement "un morceau de courbe" qui semble se reproduire de manière, pas exactement identique mais presque, pendant une période de temps. La difficulté réside dans l'identification de ce type de patterns (Figure 1-9).

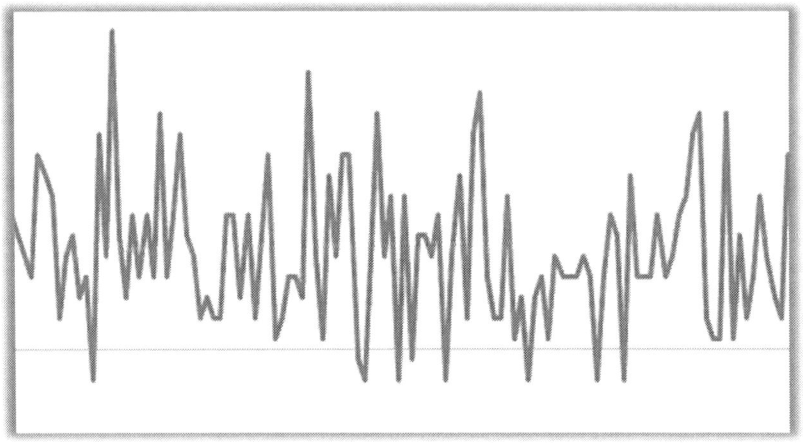

Figure 1-9. Exemple d'accélération captée par un téléphone sur un axe

Le lecteur intéressé peut consulter le site http://fc.isima.fr/~lacomme/donnees_acc/ qui contient des exemples de données collectées par les capteurs d'accélérométrie d'une montre connectée et d'un téléphone.

Ce type de remarque s'applique aussi à des problèmes d'optimisation discrète. Les travaux réalisés en 2013 sur le job-shop montrent par exemple que les bonnes solutions se "ressemblent", ce qui se traduit scientifiquement par "partagent un grand nombre de patterns en commun" avec comme définition de pattern des séquences de chiffres identiques. Un exemple d'application peut être librement consulté à l'adresse suivante :

https://fc.isima.fr/~lacomme/Maxime/jobshop/jobshop.php

1.4.5 Les séries chronologiques

Une série chronologique est une série $\left(u_{t_i}\right)_{1\leq i\leq N}$ indexée par t_n qui représentent des dates. De ce point de vue, les données d'accélérométrie d'un téléphone portable constituent une série chronologique. Il est rare que les données soient complètes et dans les études réalisées au quotidien par les Data Scientists, les données manquantes sont fréquentes, surtout si la fréquence de collecte est élevée : données aberrantes et données manquantes… doivent faire l'objet d'un traitement spécifique (dans le milieu industriel cette étape est souvent nommée "étape de consolidation" des données).

L'étude de ce type de données fait appel à toutes les autres techniques de Machine Learning et comprend en plus des outils spécifiques qui tirent parti du fait que les données soient chronologiques.

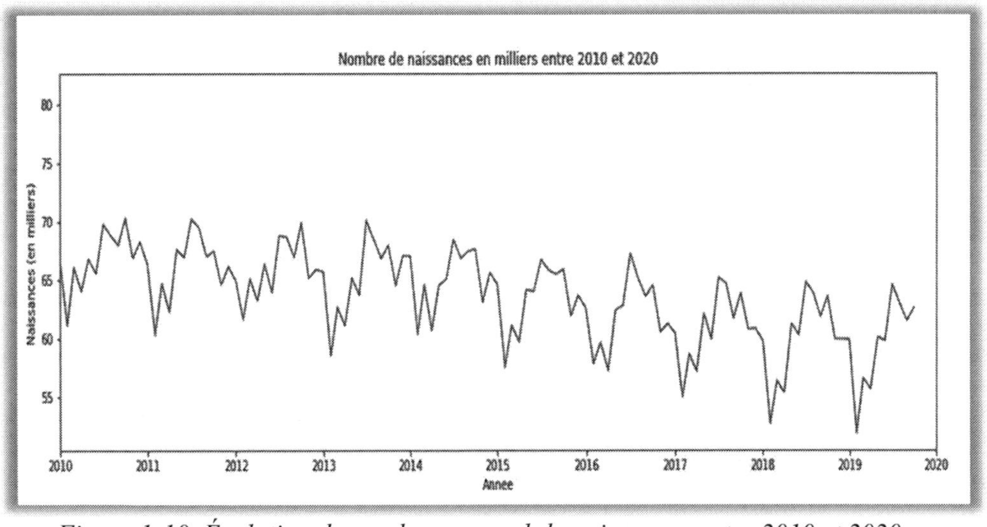

Figure 1-10. Évolution du nombre mensuel de naissances entre 2010 et 2020

L'analyse, comme pour l'analyse des naissances de la Figure 1-10, passe par exemple, par l'identification de la tendance (le phénomène le plus simple à identifier visuellement) et de la partie périodique. Identifier ces éléments permet ensuite de faire des prévisions. Dans la majorité des cas, l'étude des séries chronologiques consiste à faire des prévisions.

1.5 Application du Machine Learning à la santé

Ce livre constitue une introduction aux différentes technologies utiles dans le travail d'un Data Scientist. Pour un débutant, il est difficile de comprendre en quoi consiste un travail dans lequel les outils de Machine Learning sont utilisés. Nous avons choisi ici de donner un cas d'application qui concerne une collaboration entre le LIMOS (Laboratoire d'Informatique), auquel nous appartenons, et l'INRAE (institut national de la recherche pour l'agriculture, l'alimentation et l'environnement), institut avec lequel le LIMOS possède une forte collaboration autour des sujets de recherche liés à la santé. La présentation des travaux qui est faite ci-dessous est partielle, et des points importants sont occultés dans la mesure où ces travaux sont en cours de réalisation pour certains d'entre eux, en cours de publication pour d'autres et parfois couverts par le secret (industriel ou médical). Finalement ce qui est important, ce sont les questions que les chercheurs se posent et la manière particulière dont ils tentent d'y répondre.

Depuis 2010 les chercheurs du LIMOS et les chercheurs de l'INRAE collaborent pour créer des outils permettant d'appréhender le comportement des personnes en conditions habituelles de vie. Il s'agit de concevoir des outils pour collecter automatiquement des données sur des volontaires. Ces outils se composent d'une application Smartphone nommée WellBeNet qui collecte des données anonymement dans le cadre de protocole de recherche clinique. Cette application donne une restitution graphique (Figure 1-11) compréhensible des résultats.

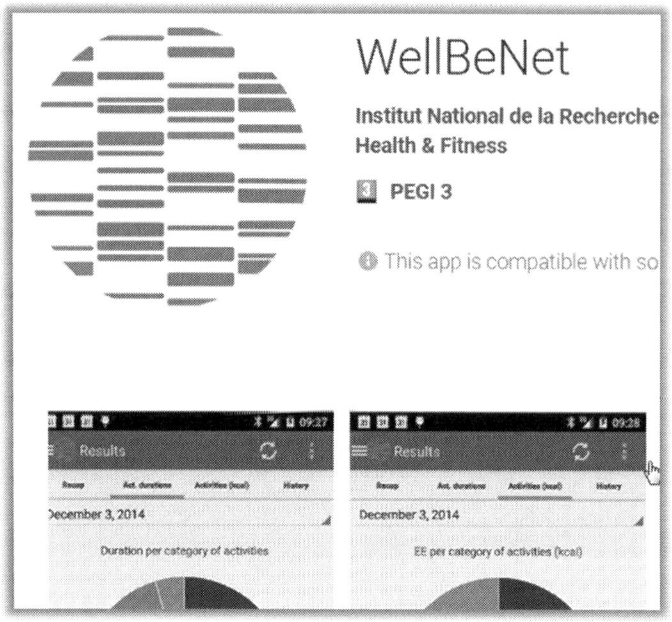

Figure 1-11. L'application WellBeNet
(source : Google Market)

WellBeNet fournit des résultats de trois types :

- Des données d'accélérométrie (collectées six fois par seconde) pour estimer la dépense énergétique. Ces données sont collectées sur les 3 axes du téléphone et fournissent des informations datées d'une forme identique (ou proche) de celle proposée dans la Tableau 1-1.

Tableau 1-1. Exemple de données d'accélérométrie (m/s^2)

i	t_i	x_{t_i}	y_{t_i}	y_{t_i}
1	10h 55min 45s	0.456	0.457	8.541
2	10h 55min 46s	0.458	0.485	8.540
3	10h 55min 47s	0.564	0.457	9.810
4	10h 55min 48s	1.478	0.457	8.540
5	10h 55min 49s	1.256	0.457	8.540

Il s'agit **d'analyser ces données brutes et de les associer à un type d'activité** (activités sédentaires comme le fait d'être assis, activités d'intensité légère comme se tenir debout et déambuler, d'intensité modérée comme la marche et les activités intenses comme monter un escalier ou courir).

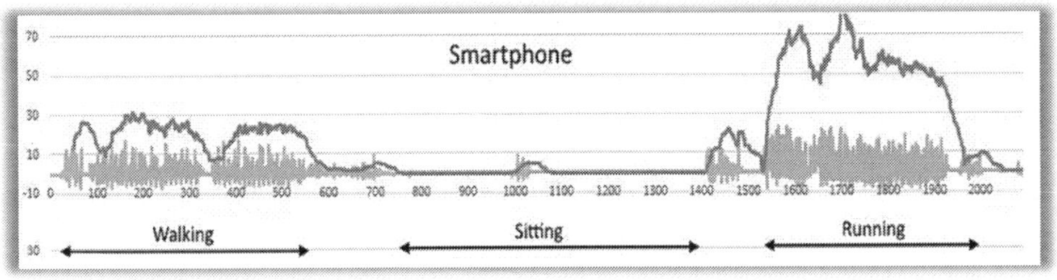

Figure 1-12. Liens entre le niveau d'accélérométrie et le type d'activité (source : (Duclos et al., 2016))

Compte tenu de la multitude des activités de la vie quotidienne, il est impossible d'imaginer étudier le comportement en conditions usuelles de vie par des algorithmes standards.

Le travail qui consiste à faire correspondre, à une date donnée, un niveau d'activité, ou un type d'activité relève, en partie, d'une problématique de type **analyse de série chronologique**. Une partie de ce travail a fait l'objet de publications scientifiques dont par exemple les publications suivantes :

Rousset S., Guidoux R., Paris L., Farigon N., Boirie Y., Lacomme P., Raksmey P. Ren L., Saboul D. and Duclos M. "eMouveRecherche: the first scientific application to promote light-intensity activity for the prevention of chronic diseases", in Biology Engineering and Medicine, Vol 3(1). pp 1-6. 2018

Romain G., M. Duclos, G. Fleury, P. Lacomme, N. Lamaudière, D. Saboul, L. Ren, S. Rousset. "The eMouveRecherche application competes with research devices to evaluate energy expenditure, physical activity and still time in free-living conditions". Journal of Biomedical Informatics, Vol. 69. pp 128–134. 2017.

Les travaux ont abouti à la mise au point d'algorithmes estimant la dépense énergétique d'un individu (en réalisant un classement des activités en quatre catégories) avec une erreur moyenne inférieure de 5% par rapport à ce qui est estimé avec des capteurs professionnels couteux et encombrants (et donc inutilisables dans la vie courante).

- Des données journalières sur le comportement alimentaire. De nombreuses tentatives pour appréhender les comportements alimentaires portent sur le remplissage de relevé alimentaire.
  Ceci soulève 2 difficultés majeures : 1) la première est l'ennui provoqué par cette tâche (les volontaires ont tendance à se débarrasser le plus rapidement possible de ce qui est vécu comme une corvée) et qui peut nuire à la qualité des données collectées ; 2) La difficulté pour les personnes interrogées à évaluer les quantités, ce qui sous-entend de nombreuses sous-estimations.

  Les chercheurs ont donc abordé le problème sous un angle nouveau : la collecte des données se limite, pour chaque repas, à donner le nombre de portions consommées dans 12 catégories.

Tableau 1-2. Exemple de données sur le comportement alimentaire

Individu	Date du repas	*Fruits*	Viandes	Légumes	...	Boisson
1	Midi – 08/04/2020	1	1	2		2
1	Soir – 08/04/2020	2	2	1		1
1	Midi – 09/04/2020	1	3	1		2
2	Midi – 08/04/2020	1	1	2		1
2	Soir – 08/04/2020	2	1	2		2

À partir des données d'accélérométrie et de caractéristiques individuelles, les chercheurs disposent d'une estimation fiable de la dépense énergétique grâce aux travaux réalisés précédemment. La question de recherche est donc : compte tenu des données individuelles (poids, âge, sexe…), compte tenu du nombre de portions déclarées, est-il possible d'estimer, pour un individu (ou pour une classe d'individus) la valeur énergétique d'une portion, sachant que les dépenses énergétiques et les apports énergétiques sont similaires dans une période de stabilité du poids corporel ?

En d'autres termes, en répondant uniquement à un questionnaire sur le nombre de portions consommées dans les différentes catégories, il s'agit d'évaluer, grâce à des outils du Machine Learning, la valeur de ces portions en terme de calories. Les outils nécessaires pour faire cela, sont de **type régressions linéaires**, réseaux de **neurones** et, pour constituer les classes, **d'arbres de décisions**.

- Des données comportementales (activité physique, comportement alimentaire…) et biologiques peuvent être mises en relation avec l'apparition de pathologies.
  Il s'agit ainsi d'étudier comment le comportement influence ou non l'apparition de pathologies. Mais il s'agit aussi de mesurer en pratique l'évolution des probabilités de développer certaines pathologies en fonction des données comportementales et biologiques (âge, sexe…).

  Ces travaux (actuellement en cours) reposent sur des outils de type Réseaux Bayésiens pour l'évaluation des probabilités conditionnelles et marginales, et des réseaux de neurones pour la classification. Des outils de type Pattern Mining sont aussi utilisés pour analyser les éventuels motifs caractéristiques de certaines sous-classes.

1.6 Tester par vous-même un outil basé sur le Machine Learning

Les chercheurs du LIMOS et de l'INRAE ont créé une application grand public nommée Intellilife Pro qui tire parti, à la fois de données issues d'un téléphone, et d'une montre connectée. Cette application est téléchargeable sur le Google Market (Figure 1-13).

Figure 1-13. Intellilife Pro sur le Google Market (source : Google Market)

Cette application permet, à partir des données du téléphone (et éventuellement d'une montre connectée), d'estimer le nombre de calories dépensées pendant une journée et donne une estimation du temps passé dans des activités d'intensités faibles, moyennes ou élevées. Les algorithmes utilisés sont décrits dans l'article suivant :

Duclos M., G. Fleury, P. Lacomme, R. Phan, L. Ren and S. Rousset. "An acceleration vector variance based method for energy expenditure estimation in real-life environment with a smartphone/smartwatch integration". Expert Systems with Applications. Vol. 63. pp. 435–449. 2016.

1.7 Conclusion

Les outils du Machine Learning sont variés et leur utilisation repose sur la manipulation de quelques librairies spécifiques. Un Data Scientist, en fonction de ses projets, est amené à utiliser quelques outils les mieux adaptés aux besoins, et pour cela, il doit avoir une large vision des domaines d'applications, des méthodes et des librairies existantes.

Les chapitres qui suivent donnent les clés pour découvrir quelques méthodes du Machine Learning et certains des exemples d'utilisation sont inspirés de travaux que nous avons effectués. L'exemple repris pour illustrer les Réseaux Bayésiens est une version simplifiée de travaux de recherche.

CHAPITRE 2

Les réseaux de neurones

Objectifs : Ce chapitre est une introduction aux réseaux de neurones grâce à quelques exemples, implémentés en C et en Python, pour comprendre leur fonctionnement. Il s'agit d'un chapitre qui contient une présentation des bases théoriques et de nombreux exemples d'utilisation. Les calculs sont détaillés afin d'illustrer les mécanismes sous-jacents qui deviennent totalement cachés par l'utilisation de librairies spécifiques et dédiées au Machine Learning et qui sont présentées au chapitre 3.

Outils utilisés : ■ C ■ Python □ Java □ Librairies tierces

2.1 Introduction

2.1.1 Définition d'un réseau de neurones

Un réseau de neurones est un outil de modélisation inspirée du fonctionnement des neurones biologiques et qui permet de réaliser des calculs complexes en automatisant une partie de ces calculs. Les réseaux de neurones appartiennent à la grande famille des méthodes statistiques et sont particulièrement adaptés à des problèmes de classification, de régression, de modélisation de fonctions, de prédictions et de reconnaissance d'images.

Un réseau de neurones est composé d'un ensemble de neurones. Un neurone peut être considéré comme une fonction transformant des entrées en une valeur de sortie. Les neurones sont reliés entre eux par des arcs qui représentent des échanges d'information entre les neurones.

Les paramètres de ces modèles sont, d'une part des coefficients au niveau des neurones et d'autre part les poids des arcs. Ces derniers ne sont, en général, initialement pas connus et doivent être déterminés au mieux, en partant de poids initiaux. Il faut alors appliquer des méthodes permettant d'ajuster les poids initiaux et de les faire converger vers une valeur aussi proche que possible de la valeur souhaitée. Cette étape, pendant laquelle les poids sont recherchés est une phase d'apprentissage qui doit être réalisée sur des données spécifiques. La qualité d'un apprentissage est évaluée, par la suite, sur des données différentes des données d'apprentissage (phase de prédiction).

2.1.2 Rappels des principales opérations matricielles

- La multiplication de matrices est notée × et s'écrit :

$$C_{np} = A_{nm} \times B_{mp}$$

Elle est classiquement définie par :

$$c_{ij} = \sum_{k=1}^{k=m} (a_{ik} \times b_{kj})$$

De sorte que, par exemple,

$$A_{24} = \begin{pmatrix} 1 & 5 & 2 & 1 \\ 2 & 4 & 1 & 5 \end{pmatrix} \text{ et } B_{43} = \begin{pmatrix} 1 & 2 & 4 \\ 1 & 1 & 5 \\ 4 & 2 & 5 \\ 4 & 5 & 4 \end{pmatrix}$$

Donnent une matrice de taille 2×3 (2 lignes et 3 colonnes)

$$C_{23} = \begin{pmatrix} 18 & 16 & 43 \\ 30 & 35 & 53 \end{pmatrix}$$

Avec $c_{11} = (1 \times 1) + (5 \times 1) + (2 \times 4) + (1 \times 4) = 18$

$c_{12} = (1 \times 2) + (5 \times 1) + (2 \times 2) + (1 \times 5) = 16$

$c_{13} = (1 \times 4) + (5 \times 4) + (2 \times 4) + (1 \times 4) = 43$

…

$c_{23} = (2 \times 4) + (4 \times 5) + (1 \times 5) + (5 \times 4) = 53$

Ce produit n'est pas commutatif et généralement $A \times B \neq B \times A$.

- Le produit de **Hadamard** (ou de Schur), noté $\wedge$ est la multiplication terme à terme. Il est noté $C_{nm} = A_{nm} \wedge B_{nm}$ et défini par : $c_{ij} = a_{ij}.b_{ij}$

Ce produit est commutatif : $A \times B = B \times A$

$$\text{Avec } A_{43} = \begin{pmatrix} 1 & 2 & 4 \\ 1 & 1 & 5 \\ 4 & 2 & 5 \\ 4 & 5 & 4 \end{pmatrix} \text{ et } B_{43} = \begin{pmatrix} 1 & 2 & 1 \\ 1 & 1 & 1 \\ 3 & 2 & 5 \\ 4 & 1 & 2 \end{pmatrix}$$

$$\text{Et } C_{43} = A_{43} \wedge B_{43} = \begin{pmatrix} 1 & 4 & 4 \\ 1 & 1 & 5 \\ 12 & 4 & 25 \\ 16 & 5 & 8 \end{pmatrix}$$

- Le produit de **Kronecker** est aussi appelé produit direct de deux matrices ou produit de Zehfuss et se note usuellement $\otimes$.

Le produit défini par $C_{(ik)(jl)} = A_{ij} \otimes B_{kl}$ correspond à la définition suivante :

$$A_{ij} \otimes B_{kl} = \begin{pmatrix} a_{11}.B & \cdots & a_{1j}.B \\ \vdots & \ddots & \vdots \\ a_{i1}.B & \cdots & a_{ij}.B \end{pmatrix}$$

Par exemple :

$$A_{13} = (1 \quad 2 \quad 3) \text{ et } B_{43} = \begin{pmatrix} 6 & 7 \\ 8 & 9 \end{pmatrix}$$

La multiplication de Kronecker donne :

$$C_{26} = A_{13} \otimes B_{22} = \begin{pmatrix} 6 & 7 & 12 & 14 & 18 & 21 \\ 8 & 9 & 16 & 18 & 24 & 27 \end{pmatrix}$$

Autre exemple :

$$(1 \quad 1) \otimes \begin{pmatrix} 6 & 7 \\ 8 & 9 \end{pmatrix} = \begin{pmatrix} 6 & 7 & 6 & 7 \\ 8 & 9 & 8 & 9 \end{pmatrix}$$

Notons que ce produit n'est pas commutatif.

- Si f est une fonction d'une variable réelle et A une matrice, alors $f(A)$ est la matrice dont les coefficients sont les $f(a_{ij})$.
- Si f est une fonction d'une variable réelle dérivable et A une matrice dérivable alors :

$$d[f(A)] = (df)(A) \wedge dA$$

- Si A et B sont des matrices de mêmes dimensions, $C = AB$ est la matrice obtenue en concaténant les colonnes de B à la suite des colonnes de A, c'est-à-dire que $C = AB = (1 \quad 0) \otimes A + (0 \quad 1) \otimes B$.
- Si A est une matrice et α un scalaire, $\alpha.A$ désigne le produit de chaque élément de A par le scalaire α.

Notations pour les algorithmes :

$x := 3$ signifie que x est affecté de la valeur 3.
$x = 3$ est un booléen valant "vrai" si x vaut 3 et "faux" sinon.

2.1.3 Activer et utiliser un neurone

Un neurone est une cellule qui reçoit des valeurs $x_1,...,x_i,...,x_n$ où les x_i sont pondérées par un poids w_{i1}, en notant i l'indice de l'entrée et 1 pour désigner le neurone. La Figure 2-1 représente un neurone ayant 3 entrées. Dans ce cas particulier, le réseau se compose d'un seul neurone (autre que les neurones d'entrée), et par abus de langage, il sera possible de parler, ou bien de modélisation d'un neurone ou d'un réseau (ici limité à un seul neurone), et par la suite, l'expression "évaluer un neurone" par exemple est équivalente à "évaluer le réseau" pour la même raison que précédemment.

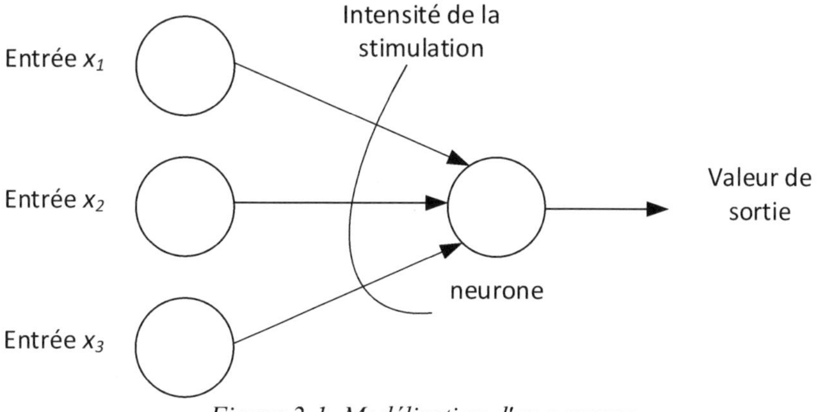

Figure 2-1. Modélisation d'un neurone

La valeur de sortie du neurone est définie par $o = f(a)$ avec a qui dépend de x (la donnée d'entrée) et des poids des arcs (w), de sorte que $a(x, w) = \sum_i x_i.w_{i1}$ où la fonction f est la fonction de transfert. En théorie, la fonction de transfert peut être presque n'importe qu'elle fonction *f* de variable réelle pourvu qu'elle renvoie une valeur entre 0 et 1, mais en pratique il y a un intérêt à considérer des fonctions particulières facilement dérivables. Le plus souvent la fonction de transfert f est la fonction "sigmoïde" ou fonction logistique définie par :

$$o = f(a) = \frac{1}{1 + e^{-a}}$$

Sa dérivée est alors :

$$df(a) = f(a).[1 - f(a)]$$

Par conséquent, $df(a) = o.(1 - o)$ puisque $o = f(a)$.

Pour "entraîner" le neurone, il faut disposer d'une base d'apprentissage de la forme (x, t) qui définit le résultat attendu t pour une entrée x donnée.

Le Tableau 2-1 définit, par exemple, une base d'apprentissage composée de 4 vecteurs x. En notation matricielle, si W est la matrice des poids de transition, ici à 3 entrées, et une sortie (donc 3 colonnes et 1 ligne), et si x est le vecteur (à 4 lignes), alors :

$$a = W^t \times x \text{ et } o = f(a) \text{ soit } o = f(W^t \times x) \text{ où } W^t \text{ est la matrice tranposée de } W$$

Tableau 2-1. Exemple de données d'apprentissage

x_1	x_2	x_3	t
0	0	1	0
1	1	1	1
1	0	1	1
0	1	1	0

Cette situation correspond au cas, où 4 vecteurs seraient consécutivement utilisés en entrée du réseau (chaque vecteur est une ligne du Tableau 2-1). Le résultat obtenu doit être comparé avec le résultat attendu modélisé ici par la dernière colonne du Tableau 2-1 (Figure 2-2).

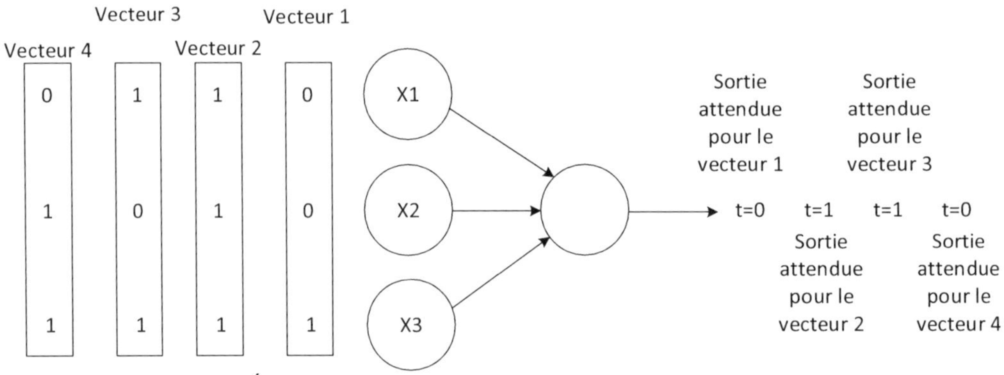

Figure 2-2. Évaluer l'erreur d'un neurone sur une base d'apprentissage

Ainsi, pour une entrée donnée x, la réponse du neurone est o et l'erreur commise est : $t - o$. Pour évaluer la prédiction d'un réseau composé d'une seule sortie (ceci revient à évaluer la sortie d'un neurone), il faut successivement calculer a, $o := \frac{1}{1+e^{-a}}$, puis $\varepsilon := t - \mathrm{o}$. Ce calcul se fait donc pour un ensemble de poids w connu. Il est rare en pratique de disposer dès la première fois des poids w qui fournissent une valeur de $\varepsilon = t - \mathrm{o}$ acceptable, c'est-à-dire une erreur suffisamment petite pour considérer que les poids w ont été correctement choisis. Dans la majorité des cas, les poids w doivent être itérativement mis à jour à partir de poids initiaux, et le travail de mise à jour nécessite le calcul de la dérivée $df(a) = o(1 - o)$. Le calcul de $df(a)$

peut être réalisé dès que l'évaluation du réseau à lieu et elle est réalisée pour une valeur fixée de w.

En résumé, il faut définir une procédure d'évaluation d'un neurone qui se présente à minima comme ci-dessous :

Procédure Evaluer (*X*)

$a := \sum_i x_i . w_{i1}$
$o := \frac{1}{1+e^{-a}}$
$df(o) := o(1-o)$
$\varepsilon := t - o$

Il est aussi nécessaire de définir une procédure **Mettre_a_jour()** qui implémente une descente du gradient) : la modification des poids se fait en suivant la pente du gradient. La modification peut être amortie par un coefficient μ que l'on peut faire décroitre au fur et à mesure des itérations. L'introduction d'un coefficient μ permet d'éviter des oscillations et une convergence lente (ou nulle). Typiquement, il est possible de fixer $\mu = 0.9$ puis faire décroitre μ par pas de 0.001 ce quoi donne par exemple $\mu := \mu - 0.001$ à chaque itération. Il est recommandé de prévoir une valeur minimale pour μ, pour éviter les coefficients trop petits, en posant, par exemple $\mu = \max(0.1; \mu - 0.001)$.

Ainsi pour un neurone possédant 3 entrées (3 arcs entrants), ε_1 désigne l'erreur, Δ_1 la direction du gradient et W_{i1} le poids de l'arc entre le neurone numéro i de la couche d'entrée et le neurone considéré (sur l'exemple retenu le neurone ne possède que 3 entrées, c'est-à-dire que 3 neurones sont reliés à lui). L'algorithme qui permet de mettre à jour les 3 poids W_{11}, W_{21} et W_{31} est donné ci-dessous : la mise à jour de ses poids se fait par rapport à l'erreur mesurée en sortie.

Procédure Mettre_a_jour(*X*, ε$_1$)

Correction à faire sur la sortie : $\Delta_1 := -\varepsilon_1 . df(a)$
Pour $i := 1$ à 3 faire
  $\Delta W_{i1} := \mu . x_i . \Delta_1$
  $W_{i1} := W_{i1} + \Delta W_{i1}$
Fin pour

Explications de la méthode de mise à jour précédente

Si W est une matrice dérivable, comme le vecteur x est connu (fixe), alors :

$$\frac{do}{dW} = \frac{d[f(W^t \times x)]}{dW} = df(W^t \times x) \wedge \left[\frac{(dW)^t}{dW} \times x\right] = df(W^t \times x) \wedge x$$

Pour minimiser l'erreur quadratique : $E = \frac{1}{2}(t-o)^t \times (t-o)$, l'algorithme le plus utilisé est celui du gradient. Celui-ci consiste à construire la suite $W_{n+1} = W_n - \alpha_n . \nabla E(W_n)$ où α_n est un réel (en général pris entre 0 et 1).

Or

$$\frac{dE}{do} = -(t-o) \; et \; o = f(W^t \times x)$$

D'où

$$\frac{dE}{dW} = \frac{dE}{do} \wedge \frac{do}{dW} = -(t-o) \wedge df(W^t \times x) \wedge x$$

L'algorithme de mise à jour précédent est donc effectivement une version de l'algorithme du gradient avec $\Delta W = -\mu . \varepsilon . df(a)$ puisque $a = W^t \times x$.

Si pour l'ensemble des éléments de la base d'apprentissage, la somme des erreurs est inférieure à une erreur maximale fixée à l'avance (tolérance), alors les poids ainsi obtenus sont considérés comme satisfaisants.

Un processus d'apprentissage peut donc être défini de manière itérative par rapport à un nombre maximal d'itérations (**iter_max**) ou par rapport à une erreur qui doit être inférieure à une limite fixée. Dans le deuxième cas, la valeur 1 est affectée à la variable **stop**. L'algorithme obtenu est le suivant.

Procedure Faire_Apprentissage(X, ε_{max})

```
Choisir les poids W et la valeur de iter_max
iter :=0
stop :=0

Tant que((stop=0) et (iter<iter_max)) faire
   Erreur_totale := 0;

   Pour tous les éléments dans la base d'apprentissage faire
      Evaluer(X);
      Erreur_totale := Erreur_totale +|ε_i|
      Mettre_a_jour(X, ε_i)
   Fin Pour

   iter :=iter+1
   Si (Erreur_totale <ε_max) alors
      stop := 1;
   FinSi
Fin Tant que
```

La convergence de ce type d'algorithme dépend évidemment des paramètres choisis (dont le coefficient d'amortissement) mais aussi des poids initiaux W. Il est possible d'imaginer un algorithme de type "multi-starts" composé de deux boucles imbriquées. Cet algorithme possède 3 paramètres (un de plus que le précédent), et le troisième paramètre, noté N, définit le nombre maximal de restarts autorisés.

Faire_Apprentissage(X, ε_{max}, N)

La première boucle permet de choisir aléatoirement des poids initiaux et s'exécute tant que, d'une part les poids permettant de respecter une erreur maximale admissible n'ont pas été trouvés (condition **stop=0**) et d'autre part tant que le nombre maximal de restarts n'a pas été effectué (condition **nb_poids_de_depart<N**).

Procedure Faire_Apprentissage(X, ε_{max},N)

```
stop := 0;
nb_poids_de_depart := 0

Tant que ((stop=0) et (nb_poids_de_depart<N)) faire
   Choisir Aléatoirement les poids w_i1
   iter := 0
   stop := 0
   nb_poids_de_depart := nb_poids_de_depart+1

   Tant que ((stop=0) et (iter<iter_max)) faire
      Erreur_totale := 0;

      Pour tous les éléments dans la base d'apprentissage faire
         Evaluer (X);
```

```
        Erreur_totale := Erreur_totale+|εi|
        Mettre_a_jour (X, ε)
     Fin Pour

   iter :=iter+1
   Fin Tant Que

   Si (Erreur_totale <εmax)alors
      stop := 1;
   FinSi

Fin Tant que
```

2.1.4 Réalisation d'un code C

Cette section introduit l'implémentation d'un réseau de neurones avec un neurone à 3 entrées et une seule sortie (voir la Figure 2-1). Dans la suite seuls les points principaux de l'implémentation C sont abordés. Les codes font appel à des sauvegardes dans des fichiers ou à des procédures d'affichage qui ne sont pas détaillées : seules les procédures relevant strictement de l'aspect "réseau de neurones" font l'objet d'une présentation. Les éléments non présentés relèvent d'aspects que le lecteur peut retrouver dans les codes disponibles sur le site.

Définition du type T_Reseau.

L'ensemble des éléments définissant le réseau sont regroupés dans un type **T_Reseau** qui se compose de 12 champs.

```
const int n1 = 3;  // 3 neurones en entrée
const int n2 = 1; // 1 neurone en sortie

typedef struct T_Reseau {
   double X[n1 + 1];
   double t[n2 + 1];
   double W[n1 + 1][n2 + 1];

   // variable pour la couche de sortie
   double a[n2 + 1]; // n2 neurones
   double o[n2 + 1]; // n2 neurones
   double epsilon[n2 + 1];
   double derive_o[n2 + 1];
   double delta_sortie[n2 + 1];
   double somme_erreur;
   double somme_totale; // erreur sommée sur la totalité des exemples
   double delta_W[n1 + 1][n2 + 1];
   double mu;
}T_Reseau;
```

Définition des fonctions $f(x)$ et $df(x)$

```
double f(double x)
{
   double res = (double )1.0 / (double (1) + exp(-x));
   return res;
}

double df(double x)
{
   double res = x * ((double )1- x);
   return res;
}
```

Définition de la fonction *Evaluer*()

Pour des raisons de facilité, l'ensemble des informations sont stockées sous la forme d'attribut dans le type **T_Reseau**. La procédure **evaluer()** reçoit comme unique paramètre un réseau et réalise l'évaluation en utilisant comme valeurs d'entrées le contenu de **Un_Reseau.X[j]**.

```
void evaluer(T_Reseau &Un_Reseau)
{
   for (int i = 1; i <= n2; i++)
   {
      double somme = 0;
      for (int j = 1; j <= n1; j++)
      {
         somme = somme + Un_Reseau.W[j][i] * Un_Reseau.X[j];
      }
      Un_Reseau.a[i] = somme;
   }

   for (int i = 1; i <= n2; i++)
   {
      double valeur = f(Un_Reseau.a[i]);
      Un_Reseau.o[i] = valeur;
   }
}
```

Définition de la fonction *Calculer_erreur*()

La fonction permet de parcourir tous les neurones de sortie (dans le cas particulier présenté dans cette section, il existe un unique neurone de sortie car **n2=1**) et calcule l'erreur par rapport au résultat attendu en utilisant **fabs()** la fonction C permettant d'appliquer une valeur absolue à un nombre réel.

```
void calculer_erreur(T_Reseau &Un_Reseau)
{
   Un_Reseau.somme_erreur = 0;
   for (int i = 1; i <= n2; i++)
   {
      Un_Reseau.epsilon[i] = Un_Reseau.t[i] - Un_Reseau.o[i];
      Un_Reseau.somme_erreur += fabs(Un_Reseau.epsilon[i]);
   }
}
```

Définition de la fonction *Afficher_reseau*()

Le réseau est défini par sa structure et par les poids qui le composent, donc afficher le réseau consiste à afficher les poids.

```
void afficher(T_Reseau &Un_Reseau)
{
   cout << "W= " << endl;
   for (int i = 1; i <= n1; i++)
   {
      for (int j = 1; j <= n2; j++)
      {
         cout << Un_Reseau.W[i][j] << " ";
      }
      cout << endl;
   }
}
```

Définition de la fonction *Mettre_a_jour_le_reseau*()

```
void mettre_a_jour_le_reseau(T_Reseau &Un_Reseau)
{
   // calcul de la dérivée du résultat : dérivée de o
   for (int i = 1; i <= n2; i++)
   {
      Un_Reseau.derive_o[i] = df(Un_Reseau.o[i]);
   }
   // calcul du delta sur la sortie
   for (int i = 1; i <= n2; i++)
   {
      Un_Reseau.delta_sortie[i] = Un_Reseau.derive_o[i] * Un_Reseau.epsilon[i];
   }
   // Calcul de ΔW
   for (int i = 1; i <= n1; i++)
   {
      for (int j = 1; j <= n2; j++)
      {
         Un_Reseau.delta_W[i][j] =
            Un_Reseau.mu * Un_Reseau.X[i] * Un_Reseau.delta_sortie[j];
      }
   }
   // Mise à jour de W
   for (int i = 1; i <= n1; i++)
   {
      for (int j = 1; j <= n2; j++)
      {
         Un_Reseau.W[i][j] = Un_Reseau.W[i][j] + Un_Reseau.delta_W[i][j];
      }
   }
}
```

Programme principal

Les données d'entrées sont stockées dans un tableau **Data[]** et les valeurs attendues dans un tableau **valeur_attendu[]**.

Dans l'exemple traité, la taille de ces tableaux dépend de la taille des données d'entrée (**nb_data = 4**) et du nombre de neurones sur la couche d'entrée (**n1=3**).

```
const int n1 = 3; // 3 neurones d'entrée
const int n2 = 1; // 1 neurone en sortie

const int nb_data = 4;
int Data[nb_data + 1][n1 + 1];
int valeur_attendu[nb_data + 1];
```

Dans le cas, très simple de ce premier programme, les données d'entrée peuvent être directement définies dans le code, mais il serait souhaitable de remplir ces données à partir d'un fichier.

```
Data[1][1] = 0;
[1][2] = 0;
Data[1][3] = 1;
valeur_attendu[1] = 0;

Data[2][1] = 1;
Data[2][2] = 1;
Data[2][3] = 1;
valeur_attendu[2] = 1;
```

```
Data[3][1] = 1;
Data[3][2] = 0;
Data[3][3] = 1;
valeur_attendu[3] = 1;

Data[4][1] = 0;
Data[4][2] = 1;
Data[4][3] = 1;
valeur_attendu[4] = 0;
```

Le programme C se compose de deux parties :

1) Une **première partie** qui correspond à la phase d'apprentissage du réseau ;

```
while ((stop == 0) && (point_depart < 5))
{
  iter = 0;
  while ((stop == 0) && (iter <= 1500))
  {
    for (int j = 1; j <= 4; j++)
    {
      ….
    }
  }
}
```

Elle contient 3 boucles imbriquées :

- la première pour exécuter l'apprentissage avec des points de départ différents ;
- la deuxième pour exécuter 1 500 itérations de descente dans la direction du gradient ;
- la troisième pour parcourir les 4 exemples de la base d'apprentissage et effectuer les calculs.

Pour éviter de perdre un temps de calcul précieux, deux conditions spécifiques ont été ajoutées dans le code, par rapport aux algorithmes de principe présentés précédemment.

La condition numéro 1 permet de cesser la descente si au cours de deux itérations successives, l'erreur du réseau a varié de moins de 0.00001.

```
if (abs(Un_Reseau.somme_totale - somme_prec) < 0.00001)
  stop = 1;
```

La deuxième condition stoppe la descente dès lors qu'une erreur de valeur inférieure à 0.27 est atteinte : 0.27 correspond à l'erreur maximale admissible.

```
if (abs(Un_Reseau.somme_totale) < 0.27)
{
  stop = 1;
}
```

La première partie du code (pour 5 restarts et 1 500 itérations au maximum pour chaque restart) est la suivante :

```
while ((stop == 0) && (point_depart < 5))
{
  point_depart++;

  Un_Reseau.W[1][1] = (rand() % 50) / (float) 50;
  Un_Reseau.W[2][1] = (rand() % 50) / (float) 50;
  Un_Reseau.W[3][1] = (rand() % 50) / (float) 50;
  Un_Reseau.mu = 0.9;

  iter = 0;
```

```
    stop=0;
    while ((stop == 0) && (iter <= 1500))
    {
       float somme_prec = Un_Reseau.somme_totale;
       Un_Reseau.somme_totale = 0;

       for (int j = 1; j <= 4; j++)
       {
          Un_Reseau.X[1] = Data[j][1];
          Un_Reseau.X[2] = Data[j][2];
          Un_Reseau.X[3] = Data[j][3];
          Un_Reseau.t[1] = valeur_attendu[j];

          evaluer(Un_Reseau);
          calculer_erreur(Un_Reseau);
          afficher_erreur(iter, Un_Reseau);
          Un_Reseau.somme_totale += abs(Un_Reseau.somme_erreur);
          mettre_a_jour_le_reseau(Un_Reseau);
       } // fin des exemples

       if (Un_Reseau.somme_totale < Best_Reseau.somme_totale)
          Best_Reseau = Un_Reseau;
       if (abs(Un_Reseau.somme_totale - somme_prec) < 0.00001)
          stop = 1;
       if (abs(Un_Reseau.somme_totale) < 0.27)
       {
          stop = 1;
       }
       Un_Reseau.mu = Un_Reseau.mu -0.01;
       if (Un_Reseau.mu < 0.1)
       {
          Un_Reseau.mu = 0.1;
       }
       iter++;
    } // fin des itérations
}
```

Le coefficient d'amortissement **Un_Reseau.mu** est mis à jour par pas de 0.01 avec une limite inférieure de 0.1 : ces valeurs ont été choisies empiriquement et sont suffisantes pour assurer la convergence.

2) Une **deuxième partie** qui permet de vérifier qu'à l'issue de la phase d'apprentissage, pour les entrées de la base, le réseau donne une estimation correcte du résultat attendu.

```
cout << "test de la performance..." << endl;
Un_Reseau = Best_Reseau;
afficher(Best_Reseau);
for (int j = 1; j <= 4; j++)
{
   Un_Reseau.X[1] = Data[j][1];
   Un_Reseau.X[2] = Data[j][2];
   Un_Reseau.X[3] = Data[j][3];
   Un_Reseau.t[1] = valeur_attendu[j];
   evaluer(Un_Reseau);
   calculer_erreur(Un_Reseau);
   cout << Un_Reseau.X[1] << "  "<< Un_Reseau.X[2] ;
   cout << "  " << Un_Reseau.X[3];
   cout << " : " << Un_Reseau.somme_erreur ;
   cout << " ----" << Un_Reseau.t[1] << " / " << Un_Reseau.o[1] << endl;
}
```

Code du programme principal

```
void main()
{
   ofstream fichier("trace.txt", ios::out | ios::trunc);

   Data[1][1] = 0;
   Data[1][2] = 0;
   Data[1][3] = 1;
   valeur_attendu[1] = 0;

   Data[2][1] = 1;
   Data[2][2] = 1;
   Data[2][3] = 1;
   valeur_attendu[2] = 1;

   Data[3][1] = 1;
   Data[3][2] = 0;
   Data[3][3] = 1;
   valeur_attendu[3] = 1;

   Data[4][1] = 0;
   Data[4][2] = 1;
   Data[4][3] = 1;
   valeur_attendu[4] = 0;

   cout << fixed << setprecision(4);

   cout << "---------- debut ------------" << endl;

   T_Reseau Un_Reseau;
   T_Reseau Best_Reseau;

   Best_Reseau.somme_totale = C_Infini;
   Un_Reseau.somme_totale = C_Infini;

   Un_Reseau.mu = 0.9;
   int iter = 0;
   int stop = 0;
   int point_depart = 0;

   while ((point_depart < 5))
   {
      point_depart++;
      Un_Reseau.W[1][1] = (rand() % 50) / (float)50;
      Un_Reseau.W[2][1] = (rand() % 50) / (float)50;
      Un_Reseau.W[3][1] = (rand() % 50) / (float)50;
      Un_Reseau.mu = 0.9;

      stop = 0;
      iter = 0;

      while ((stop == 0) && (iter <= 1500))
      {
         float somme_prec = Un_Reseau.somme_totale;

         Un_Reseau.somme_totale = 0;

         for (int j = 1; j <= 4; j++)
         {
```

```
            Un_Reseau.X[1] = Data[j][1];
            Un_Reseau.X[2] = Data[j][2];
            Un_Reseau.X[3] = Data[j][3];
            Un_Reseau.t[1] = valeur_attendu[j];

            evaluer(Un_Reseau);
            calculer_erreur(Un_Reseau);
            afficher_erreur(iter, Un_Reseau);

            Un_Reseau.somme_totale += abs(Un_Reseau.somme_erreur);
            mettre_a_jour_le_reseau(Un_Reseau);

         } // fin des exemples


         fichier << point_depart << "   " << iter << " : "
               << Un_Reseau.somme_totale << "    " <<
               Best_Reseau.somme_totale << endl;

         if (Un_Reseau.somme_totale < Best_Reseau.somme_totale)
         {
            Best_Reseau = Un_Reseau;
         }

         if (abs(Un_Reseau.somme_totale - somme_prec) < 0.00001)
         {
            stop = 1;
         }

         if (abs(Un_Reseau.somme_totale) < 0.27)
         {
            stop = 1;
         }

         Un_Reseau.mu = Un_Reseau.mu - 0.01;
         if (Un_Reseau.mu < 0.1)
            Un_Reseau.mu = 0.1;

         iter++;
      } // fin des itérations

   }

   cout << "fin" << endl;
   afficher(Un_Reseau);

   fichier.close();  // fermeture du fichier


   cout << "test de la performance..." << endl;
   Un_Reseau = Best_Reseau;
   afficher(Best_Reseau);

   for (int j = 1; j <= 4; j++)
   {
      Un_Reseau.X[1] = Data[j][1];
      Un_Reseau.X[2] = Data[j][2];
      Un_Reseau.X[3] = Data[j][3];
      Un_Reseau.t[1] = valeur_attendu[j];
```

```
    evaluer(Un_Reseau);
    calculer_erreur(Un_Reseau);
    cout << Un_Reseau.X[1] << "  " << Un_Reseau.X[2] << "  " << Un_Reseau.X[3];
    cout << " : " << Un_Reseau.somme_erreur << " ----  "
        << Un_Reseau.t[1] << " / " << Un_Reseau.o[1] << endl;
    }
}
```

2.1.5 Tests numériques

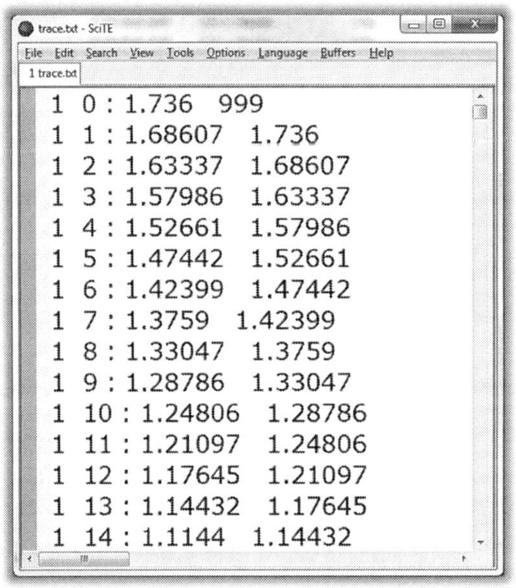

Figure 2-3. Le fichier trace.txt

Un fichier texte nommé **trace.txt** donne une idée précise de la convergence de l'algorithme (Figure 2-3).

Pour des valeurs différentes des w_{i1}, l'algorithme commence avec une erreur qui varie de 1.736 pour l'exécution numéro 1 à plus de 2 pour l'exécution numéro 2.

La convergence est similaire quel que soit le point de départ et permet d'obtenir rapidement une erreur inférieure à 0.27 limite fixée dans le code (Figure 2-4).

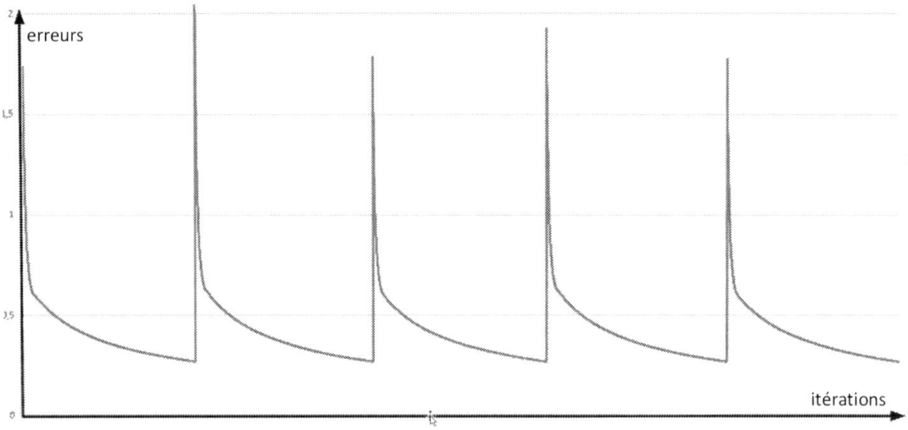

Figure 2-4. Exemple de convergence

À l'issue de la phase d'apprentissage, il est possible d'estimer la performance du réseau pour les 4 éléments de la base d'apprentissage (Figure 2-5). Par exemple, pour $X = (1; 1; 1)$ la valeur attendue est de $t = 1$ et le réseau donne une estimation à 0.93.

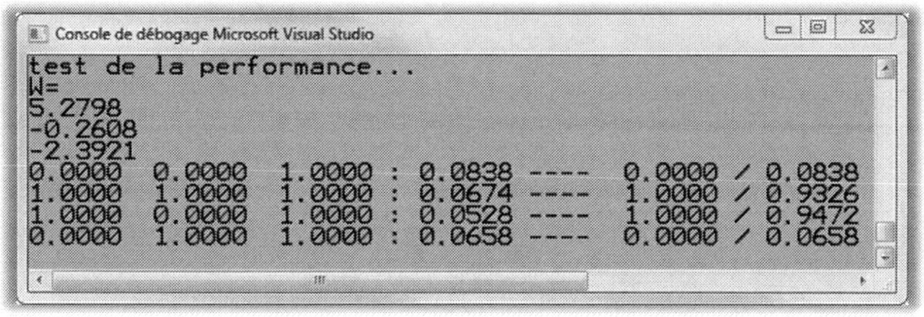

Figure 2-5. Performance du réseau

Le Tableau 2-2 permet de visualiser la différence entre t et o.

Tableau 2-2. Exemple de données d'apprentissage

x_1	x_2	x_3	t	o
0	0	1	0	0.0838
1	1	1	1	0.9326
1	0	1	1	0.9472
0	1	1	0	0.0658

Le réseau possède une très bonne performance pour la base de d'apprentissage proposée mais se montre par contre incapable de résoudre le même problème avec la base d'apprentissage du Tableau 2-3 car les données ne sont pas linéairement séparables *i.e.* qu'il n'existe pas de droite permettant de séparer les données en deux sous-espaces selon la valeur de t.

Tableau 2-3. Deuxième exemple de base d'apprentissage

x_1	x_2	x_3	t
0	0	1	0
1	1	1	0
1	0	1	1
0	1	1	1

Cette "non convergence" est visible en analysant les résultats itération par itération, ce qui fournit une "distribution" des résultats autour de 0.5 pour les 4 valeurs (Figure 2-6).

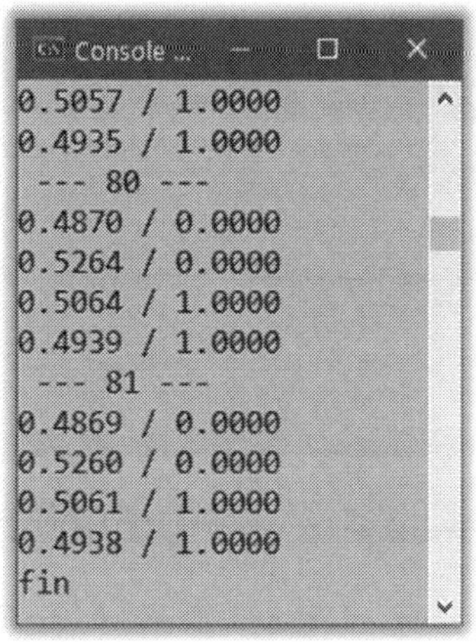

Figure 2-6. Résultat avec des données non linéairement séparables

Le fait que les données ne soient pas linéairement séparables se visualise simplement sur la Figure 2-7.

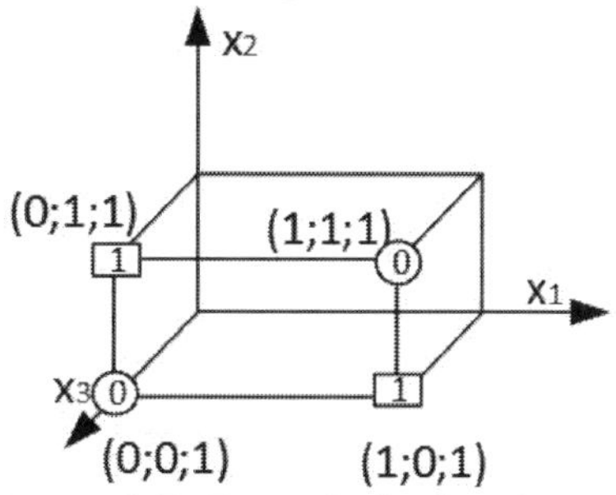

Figure 2-7. Exemple de données non linéairement séparables dans $\mathbb{R}^3$

2.1.6 Conclusion

Pour des problèmes plus complexes, il peut être utile de définir des réseaux de neurones avec des couches cachées. La gestion de ces réseaux repose sur la rétro-propagation du gradient qui permet, à partir de la couche de sortie, de calculer les modifications à faire sur l'ensemble des poids du réseau.

2.2 Principes de la rétro-propagation

2.2.1 La rétro-propagation sur un exemple

Soit un réseau de neurones composé de 3 couches avec 3 entrées, 2 neurones dans la couche cachée et 3 neurones en sortie (Figure 2-8). Cet exemple a été initialement proposé par (Hervé Abdi, 2013).

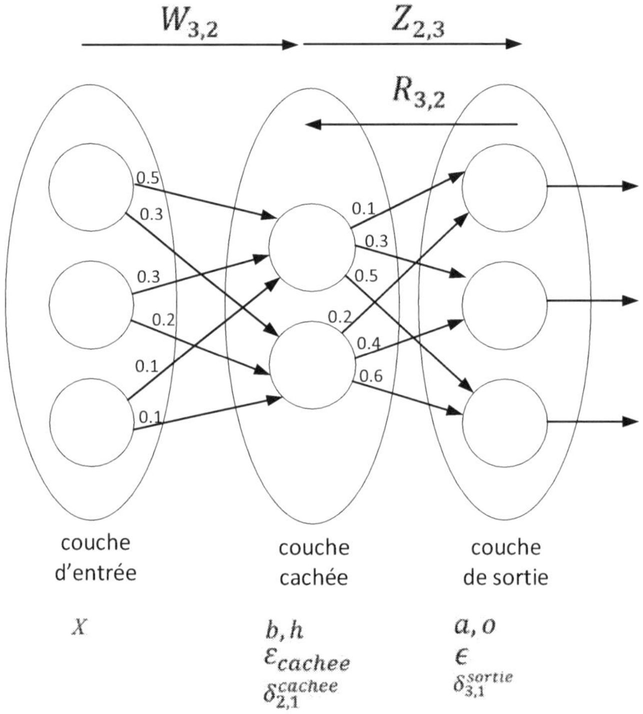

Figure 2-8. Exemple de réseau de neurones

<u>Il faut introduire de nouvelles variables pour la couche cachée, ce qui donne :</u>

- $W_{3,2}$: les poids entre l'entrée et la couche cachée.
- $Z_{2,3}$: les poids entre la couche cachée et la sortie.
- X : les valeurs en entrée.
- b : les valeurs internes des neurones de la couche intermédiaire avec $b = W^t \times x$.
- h : les valeurs de sortie des neurones de la couche intermédiaire avec $h = f(b)$.
- a : les valeurs internes des neurones de la couche de sortie avec $a = Z^t \times h$.
- o : les valeurs de sortie neurones de la couche de sortie avec $o = f(a)$.
- ε_{cachee} : l'erreur sur la couche cachée.
- ϵ : l'erreur sur la couche de sortie.
- $\delta_{2,1}^{cachee}$: delta sur la couche cachée.

- $\delta_{3,1}^{sortie}$: delta sur la couche de sortie.
- $R_{3,2}$: la matrice qui permet de propager l'erreur de la sortie (3 neurones) vers la couche cachée composée de 2 neurones

Description du réseau :

Le réseau est décrit par l'intermédiaire de 2 matrices qui donnent les poids des différents arcs :

$$W_{3,2} = \begin{pmatrix} 0.5 & 0.3 \\ 0.3 & 0.2 \\ 0.1 & 0.1 \end{pmatrix} \text{ et } Z_{2,3} = \begin{pmatrix} 0.1 & 0.2 & 0.5 \\ 0.3 & 0.4 & 0.6 \end{pmatrix}$$

Et donc

$$W_{2,3}^t = \begin{pmatrix} 0.5 & 0.3 & 0.1 \\ 0.3 & 0.2 & 0.1 \end{pmatrix} \text{ et } Z_{3,2}^t = \begin{pmatrix} 0.1 & 0.3 \\ 0.2 & 0.4 \\ 0.5 & 0.6 \end{pmatrix}$$

Considérons que x est une donnée d'entrée connue avec par exemple $X = \begin{pmatrix} 1 \\ 2 \\ 3 \end{pmatrix}$ et la donnée de sortie souhaitée (la bonne réponse) égale à $t = \begin{pmatrix} 0.1 \\ 0.3 \\ 0.7 \end{pmatrix}$. **Attention**, le vecteur X est un vecteur colonne alors que dans l'exemple numéro 1 (où il existe plusieurs vecteurs en entrée), les vecteurs X sont des vecteurs lignes.

La valeur de l'état d'un neurone i de la couche cachée (couche numéro 2) se détermine à l'aide des deux formules suivantes :

$$b_{i,2} = \sum_j W_{j,i}.f$$

$$h_{i,2}(b_{i,2}) = \frac{1}{1 + e^{-b_{i,2}}}.$$

De manière similaire, il est possible de définir l'état des neurones de la couche de sortie.

La fonction de transfert $f(x) = \frac{1}{1+e^{-x}}$ est utilisée à cause de la simplicité de sa dérivée : $df(x) = f(x).[1 - f(x)]$.

2.2.2 Calcul de la sortie du réseau

Étape 1 : Gestion de la couche cachée.

$$b = W^t \times X = \begin{pmatrix} 0.5 & 0.3 & 0.1 \\ 0.3 & 0.2 & 0.1 \end{pmatrix} \times \begin{pmatrix} 1 \\ 2 \\ 3 \end{pmatrix} = \begin{pmatrix} 1.4 \\ 1.0 \end{pmatrix}$$

$$h = f(b) = f\begin{pmatrix} 1.4 \\ 1.0 \end{pmatrix} = \begin{pmatrix} \frac{1}{1 + e^{-1.4}} = 0.802 \\ \frac{1}{1 + e^{-1.0}} = 0.731 \end{pmatrix} = \begin{pmatrix} 0.802 \\ 0.731 \end{pmatrix}$$

Étape 2 : Gestion de la couche de sortie.

$$a = Z^t \times h = \begin{pmatrix} 0.1 & 0.3 \\ 0.2 & 0.4 \\ 0.5 & 0.6 \end{pmatrix} \times \begin{pmatrix} 0.802 \\ 0.731 \end{pmatrix} = \begin{pmatrix} 0.300 \\ 0.453 \\ 0.840 \end{pmatrix}$$

$$o = f(a) = f\begin{pmatrix} 0.300 \\ 0.453 \\ 0.840 \end{pmatrix} = \begin{pmatrix} \dfrac{1}{1+e^{-0.300}} = 0.574 \\ \dfrac{1}{1+e^{-0.453}} = 0.611 \\ \dfrac{1}{1+e^{-0.840}} = 0.698 \end{pmatrix} = \begin{pmatrix} 0.574 \\ 0.611 \\ 0.698 \end{pmatrix}$$

2.2.3 Évaluer l'erreur sur la sortie

La sortie souhaitée est : $t = \begin{pmatrix} 0.1 \\ 0.3 \\ 0.7 \end{pmatrix}$

La sortie obtenue est : $o = \begin{pmatrix} 0.574 \\ 0.611 \\ 0.698 \end{pmatrix}$

Étape 1 : Calcul de l'erreur sur la sortie.

L'erreur est la différence entre le vecteur obtenu (vecteur o) et le vecteur souhaité (vecteur t).

$$\epsilon = t - o = \begin{pmatrix} 0.1 \\ 0.3 \\ 0.7 \end{pmatrix} - \begin{pmatrix} 0.574 \\ 0.611 \\ 0.698 \end{pmatrix} = \begin{pmatrix} -0.474 \\ -0.311 \\ 0.0016 \end{pmatrix}$$

Étape 2 : Calcul de la dérivée de o.

$$df(a) = o \wedge (1 - o) = \begin{pmatrix} 0.55 \\ 0.588 \\ 0.69 \end{pmatrix} \wedge \begin{pmatrix} 1 - 0.55 \\ 1 - 0.588 \\ 1 - 0.69 \end{pmatrix}$$

$$df(a) = o \wedge (1 - o) = \begin{pmatrix} 0.244 \\ 0.238 \\ 0.211 \end{pmatrix}$$

Étape 3 : Calcul de l'erreur sur l'entrée des neurones de la couche de sortie (Figure 2-3).

$$\delta_{31}^{sortie} = df(a) \wedge \varepsilon = \begin{pmatrix} 0.244 \\ 0.238 \\ 0.211 \end{pmatrix} \wedge \begin{pmatrix} -0.474 \\ -0.237 \\ 0.0016 \end{pmatrix}$$

$$\delta_{3,1}^{sortie} = df(a) \wedge \varepsilon = \begin{pmatrix} -0.116 \\ -0.074 \\ 0.0003 \end{pmatrix}$$

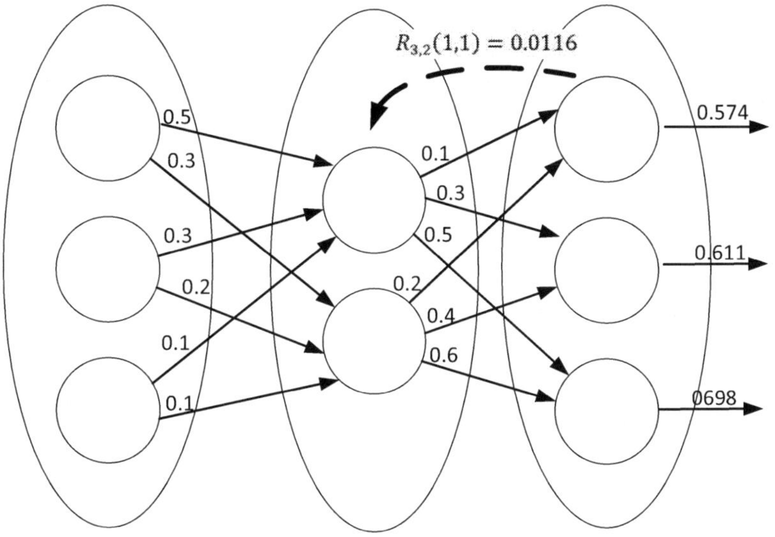

Figure 2-9. Propagation de l'erreur vers la couche cachée

Étape 4 : Propagation de l'erreur vers la couche cachée.

Soit R la matrice de dimension 2 qui propage l'erreur δ_{sortie} vers la couche cachée.

$$R_{3,2} = Z_{3,2}^{t} \wedge \delta_{3,1}^{sortie}$$

$$R_{3,2} = \begin{pmatrix} 0.1 & 0.2 \\ 0.2 & 0.4 \\ 0.5 & 0.6 \end{pmatrix} \wedge \begin{pmatrix} -0.116 \\ -0.074 \\ 0.0003 \end{pmatrix}$$

$$R_{3,2} = \begin{pmatrix} -0.0116 & -0.0348 \\ -0.0148 & 0.0296 \\ 0.0002 & 0.0002 \end{pmatrix}$$

2.2.4 Corriger les poids de la couche cachée

L'algorithme de descente du gradient est utilisé pour minimiser l'erreur quadratique : $E(Z,W) = \frac{1}{2}\varepsilon^{t} \times \varepsilon$.

Soit : $Z_{2,3}^{n+1} = Z_{2,3}^{n} + \Delta Z_{2,3}$

Avec $\Delta Z_{3,2}^{t} = \vartheta \times \delta_{3,1}^{sortie} \times h^{t}$ et avec $\vartheta = 1$ pour simplifier les calculs

$$\Delta Z_{3,2}^{t} = 1.\begin{pmatrix} -0.116 \\ -0.074 \\ 0.0003 \end{pmatrix} \times h^{t}$$

$$\Delta Z_{3,2}^{t} = \begin{pmatrix} -0.116 \\ -0.074 \\ 0.0003 \end{pmatrix} \times (0.802; 0.731)$$

Le calcul direct de $\Delta Z_{2,3}$ s'écrit :

$$\Delta Z_{2,3} = \vartheta \times h_{21}(b) \times \delta_{1,3}^{sortie^{t}}$$

$$\Delta Z_{2,3} = \vartheta \times \begin{pmatrix} 0.802 \\ 0.731 \end{pmatrix} \times (-0.116 \ -0.074 \ 0.0003)$$

Et donc

$$\Delta Z_{2,3} = \begin{pmatrix} -0.093 & -0.059 & 0.0002 \\ -0.085 & -0.054 & 0.0002 \end{pmatrix}$$

Au final

$$Z_{2,3}^{n+1} = Z_{2,3}^{n} + \Delta Z_{2,3}$$

Soit

$$Z_{2,3}^{n+1} = \begin{pmatrix} 0.1 & 0.2 & 0.5 \\ 0.3 & 0.4 & 0.6 \end{pmatrix} + \begin{pmatrix} -0.093 & -0.059 & 0.0002 \\ -0.085 & -0.054 & 0.0002 \end{pmatrix}$$

$$Z_{2,3}^{n+1} = \begin{pmatrix} 0.070 & 0.141 & 0.500 \\ 0.215 & 0.346 & 0.600 \end{pmatrix}$$

2.2.5 Corriger les poids de la couche cachée

Il faut considérer :

$$R_{3,2} = \begin{pmatrix} -0.0116 & -0.0348 \\ -0.0148 & 0.0296 \\ 0.0002 & 0.0002 \end{pmatrix}$$

Et

$$(R_{3,2})^t = \begin{pmatrix} -0.0116 & -0.0148 & 0.0002 \\ -0.0348 & 0.0296 & 0.0002 \end{pmatrix}$$

Étape 1 : Calcul de l'erreur

L'erreur sur l'entrée des neurones de la couche cachée n'est rien d''autre que la somme des colonnes de R.

$$\varepsilon_{cachee} = R^t \times \begin{pmatrix} 1 \\ 1 \\ 1 \end{pmatrix} = \begin{pmatrix} -0.0116 & -0.0148 & 0.0002 \\ -0.0348 & 0.0296 & 0.0002 \end{pmatrix} \times \begin{pmatrix} 1 \\ 1 \\ 1 \end{pmatrix}$$

Il s'agit en fait de sommer les arcs de R entrant sur chaque sommet.

$$\varepsilon_{cachee} = R^t \times I = \begin{pmatrix} -0.0262 \\ -0.0642 \end{pmatrix}$$

Étape 2 : Calcul de la dérivée de h

Rappelons que sur la couche cachée nous avons :

$$b = W^t \times x = \begin{pmatrix} 0.5 & 0.3 & 0.1 \\ 0.3 & 0.2 & 0.1 \end{pmatrix} \times \begin{pmatrix} 1 \\ 2 \\ 3 \end{pmatrix} = \begin{pmatrix} 1.4 \\ 1.0 \end{pmatrix}$$

$$h(b) = h\begin{pmatrix} 1.4 \\ 1.0 \end{pmatrix} = \begin{pmatrix} \dfrac{1}{1 + e^{-1.4}} = 0.802 \\ \dfrac{1}{1 + e^{-1.0}} = 0.731 \end{pmatrix} = \begin{pmatrix} 0.802 \\ 0.731 \end{pmatrix}$$

Et donc, la dérivée est :

$$df(b) = h \wedge (1 - h) = \begin{pmatrix} 0.802 \\ 0.731 \end{pmatrix} \wedge \begin{pmatrix} 0.198 \\ 0.269 \end{pmatrix}$$

$$df(b) = h \wedge (1 - h) = \begin{pmatrix} 0.159 \\ 0.197 \end{pmatrix}$$

Étape 3 : Calcul de l'erreur sur l'entrée des neurones de la couche cachée

$$\delta_{2,1}^{cachée} = df(b) \wedge \varepsilon_{cachee} = \begin{pmatrix} 0.159 \\ 0.197 \end{pmatrix} \wedge \begin{pmatrix} -0.0262 \\ -0.0642 \end{pmatrix}$$

$$\delta_{2,1}^{cachée} = df(b) \wedge \varepsilon_{cachee} = \begin{pmatrix} -0.0042 \\ -0.0126 \end{pmatrix}$$

2.2.6 Correction des poids de la couche cachée

$$W_{3,2}^{n+1} = W_{3,2}^{n} + \Delta W_{3,2}$$

Avec

$$\Delta W_{3,2} = \vartheta \times X \times \delta_{2,1}^{cachée^t}$$

$$\Delta W_{3,2} = \begin{pmatrix} 1 \\ 2 \\ 3 \end{pmatrix} \times (-0.0042;\ -0.0126)$$

$$\Delta W_{3,2} = \begin{pmatrix} -0.0042 & -0.0126 \\ -0.0083 & -0.0252 \\ -0.0125 & -0.0379 \end{pmatrix}$$

Donc

$$W_{3,2}^{n+1} = W_{3,2}^{n} + \Delta W_{3,2}$$

$$W_{3,2}^{n+1} = \begin{pmatrix} 0.5 & 0.3 \\ 0.3 & 0.2 \\ 0.1 & 0.1 \end{pmatrix} + \begin{pmatrix} -0.0054 & -0.0104 \\ -0.0108 & -0.0209 \\ -0.0163 & -0.0313 \end{pmatrix}$$

$$W_{3,2}^{n+1} = \begin{pmatrix} 0.496 & 0.287 \\ 0.292 & 0.175 \\ 0.0875 & 0.0621 \end{pmatrix}$$

2.2.7 Justification théorique

Le réseau se compose d'une couche de sortie et d'une couche cachée. Les calculs du gradient doivent être faits sur chacune de ces deux couches.

Au niveau de la couche de sortie :

L'erreur sur la sortie est de la forme : $E = \frac{1}{2}(t-o)^t \times (t-o)$

La composition des dérivées permet d'écrire :

$$\nabla_Z E = \frac{dE}{dZ} = \frac{dE}{do} \wedge \frac{do}{da} \wedge \frac{da}{dZ}$$

Et de manière évidente il vient :

$$\frac{dE}{do} = -(t-o)^t \text{ et } o = f(a) = f(Z^t \times h)$$

$$\frac{do}{da} = df(a) = o^t \wedge (1-o)^t$$

$$\frac{da}{dZ} = \frac{dZ^t \times h}{dZ} = h$$

Ainsi $\nabla_Z E$ peut se réécrire comme :

$$\nabla_Z E = -(t-o)^t \wedge o^t \wedge (1-o)^t \times h$$

De plus les formules suivantes sont connues :

$$\delta_{sortie}^{t} = (t - o)^{t} \wedge o^{t} \wedge (1 - o)^{t}$$

$$\delta_{sortie}^{t} = o^{t} \wedge (1 - o)^{t} \wedge (t - o)^{t}$$

$$\delta_{sortie}^{t} = o^{t} \wedge (1 - o)^{t} \wedge \varepsilon$$

$$\delta_{sortie}^{t} = do \wedge \varepsilon$$

Par conséquent $\nabla_Z E$ peut se réécrire comme :

$$\nabla_Z E = -\delta_{sortie}^{t} \times h$$

En introduisant un coefficient d'amortissement, l'équation devient :

$$\nabla_Z E = -\eta.\delta_{sortie}^{t} \times h$$

Cette équation termine le calcul du gradient pour la couche de sortie.

<u>Au niveau de la couche cachée :</u>

$$\nabla_W E = \frac{dE}{dW} = \frac{dE}{do} \wedge \frac{do}{da} \wedge \frac{da}{dh} \wedge \frac{dh}{db} \wedge \frac{db}{dW}$$

Avec

$$a = Z^{t} \times h$$

$$b = W^{t} \times x$$

Ainsi $\nabla_W E$ peut s'exprimer comme suit :

$$\nabla_W E = \frac{dE}{dW} = -(t_k - o_k)^{t}.o^{t} \wedge (1 - o)^{t} \wedge \frac{d(Z^{t} \times h)}{dh} \wedge \frac{dh}{d(W^{t} \times x)}.\frac{d(W^{t} \times x)}{dW}$$

$$\nabla_W E_k = \frac{dE_k}{dW} = -\delta_{sortie}^{t} \wedge \frac{d(Z.h_k)}{dh_k} \wedge \frac{dh_k}{d(W.x_k)} \wedge \frac{d(W.x_k)}{dW_k}$$

Rappelons que nous avons d'une part

$$\frac{d(Z.h_k)}{dh_k} = Z^{t}$$

Mais aussi

$$\frac{dh_k}{d(W.x_k)} = h_k^{t} \wedge (1 - h_k^{t})^{t}$$

Et pour terminer :

$$\frac{dW.x_k}{dW_k} = x_k$$

Donc $\nabla_W E_k$ devient :

$$\nabla_W E_k = \frac{dE_k}{dW} = -\delta_{sortie}^{t} \wedge \frac{dZ.h_k}{dh_k} \wedge \frac{dh_k}{dW^{t}.x_k} \wedge \frac{dW^{t}.x_k}{dW_k}$$

$$\nabla_W E_k = \frac{dE_k}{dW} = -\delta_{sortie}^{t} \wedge Z^{t} \wedge h_k^{t} \wedge (1 - h_k^{t})^{t}.x_k$$

Comme $R = \delta_{sortie}^{t} \wedge Z^{t}$, l'expression $\nabla_W E_k$ se simplifie :

$$\nabla_W E_k = \frac{dE_k}{dW} = -R \wedge h_k^t \wedge (1 - h_k^t)^t . x_k$$

Et comme $\delta_{cachee}^{t} = R \wedge h_k^t \wedge (1 - h_k^t)^t$, au final $\nabla_W E_k$ devient :

$$\nabla_W E_k = \frac{dE_k}{dW} = -\delta_{cachee}^{t} . x_k$$

En introduisant un coefficient d'amortissement, l'équation devient :

$$\nabla_W E_k = \frac{dE_k}{dW} = -\eta . \delta_{cachee}^{t} . x_k$$

Conclusion :

Ces deux expressions

$$\nabla_Z E = -\eta . \delta_{sortie}^{t} \times h$$

$$\nabla_W E_k = \frac{dE_k}{dW} = -\eta . \delta_{cachee}^{t} . x_k$$

correspondent aux calculs faits dans la section 2.2.

2.3 Implémentation de la rétro-propagation en C

Le code fournit est une implémentation fidèle de la section 2.2 et cette implémentation comprend une recherche itérative des coefficients de $W_{3,2}$ et de $Z_{2,3}$. Le code comprend une partie itérative très réduite (une seule boucle **while**) afin de donner la version C la plus courte et compréhensible possible.

```
int stop = 0;
int iter = 0;

while (stop == 0)
{
   iter++;

   evaluer(Un_Reseau);
   calculer_erreur(Un_Reseau);
   afficher_erreur(iter, Un_Reseau);

   if (Un_Reseau.somme_erreur <= 0.1)
      stop = 1;
   else {
      mettre_a_jour_le_reseau(Un_Reseau);
   }
   if (iter == 1)
      afficher(Un_Reseau);
}
afficher(Un_Reseau);
```

La première itération permet d'obtenir les valeurs du réseau calculées dans la section précédente (Figure 2-10).

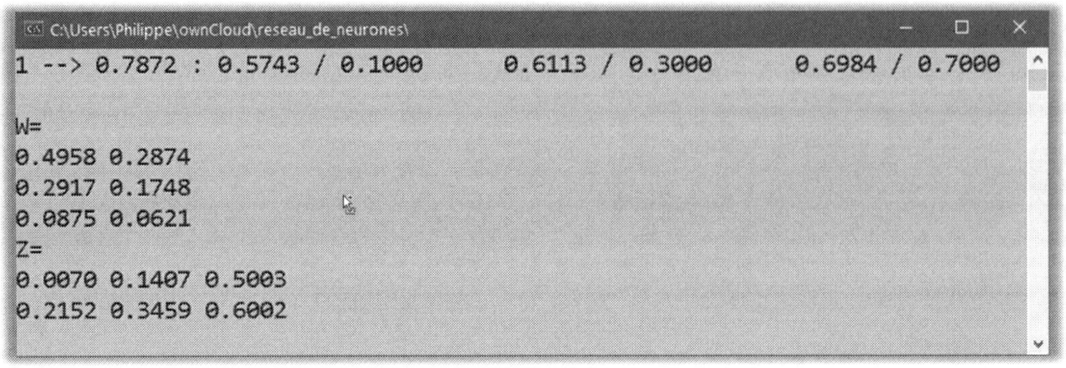

Figure 2-10. Les poids du réseau à la fin de la première itération

Après 35 itérations, les valeurs du réseau sont mises à jour et les valeurs retournées par le réseau (Figure 2-11) permettent une bonne approximation des valeurs recherchées.

Tableau 2-4. Résultats du réseau

t	*o*
0.1	0.16…
0.3	0.31…
0.7	0.70…

Par exemple, le réseau donne 0.16 au lieu de 0.1 (Tableau 2-4).

La Figure 2-11 montre la convergence de la méthode au fur et à mesure des itérations.

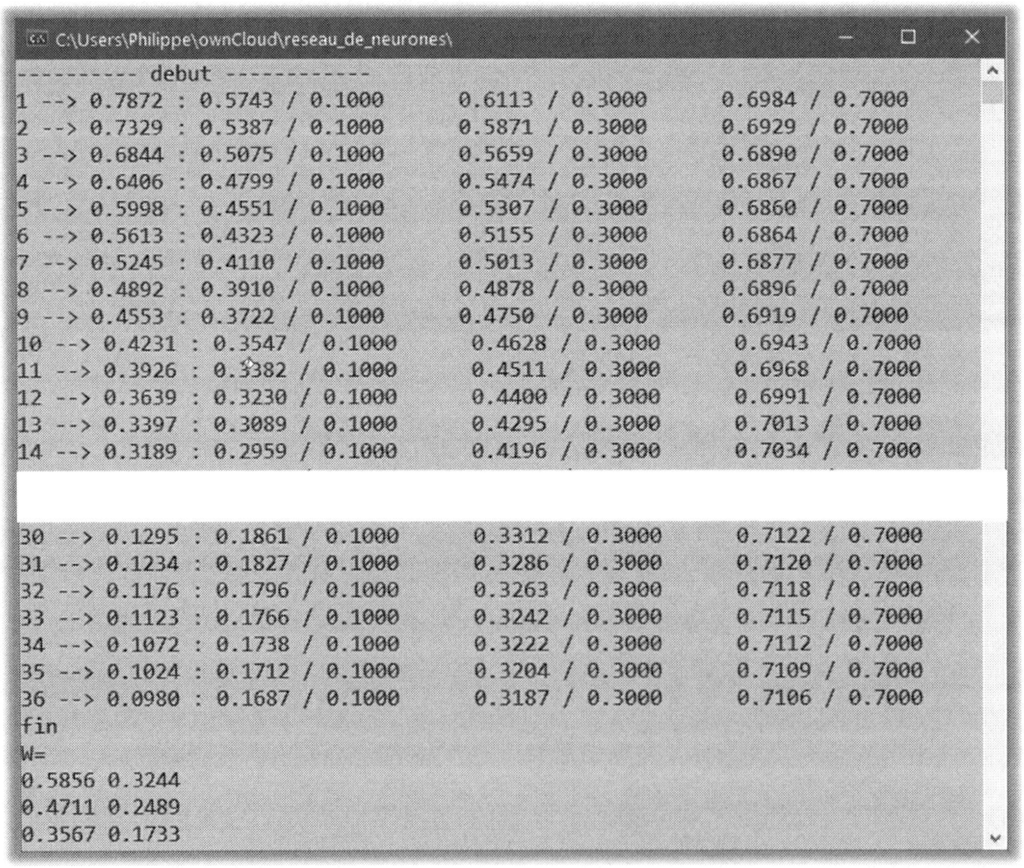

Figure 2-11. Test de convergence de la méthode

2.4 Réseau de neurones pour l'approximation du cosinus

À partir d'un ensemble de valeurs connues, l'objectif est de construire un outil permettant de prédire des valeurs qui ne font pas partie des données d'apprentissage. Il s'agit d'une problématique de type prédiction.

2.4.1 Structure du réseau

Le réseau se compose de 2 couches cachées et est défini par l'intermédiaire de 4 constantes. Les valeurs de $n0$ et de $n3$ sont fixes et valent 1 (il s'agit du nombre de neurones sur la couche d'entrée et sur la couche de sortie), mais les autres peuvent prendre des valeurs "presque" quelconques, telles que par exemple :

```
const int n0 = 1;
const int n1 = 10;
const int n2 = 5;
const int n3 = 1;
```

Le réseau se compose de 4 couches (Figure 2-10) :

- Entre la couche cachée numéro 2 et la couche de sortie, les poids sont notés Z.
- Entre la couche d'entrée et la couche cachée numéro 1, les poids sont notés M.
- Entre la couche cachée numéro 1 et la couche cachée numéro 2, les poids sont notés W.

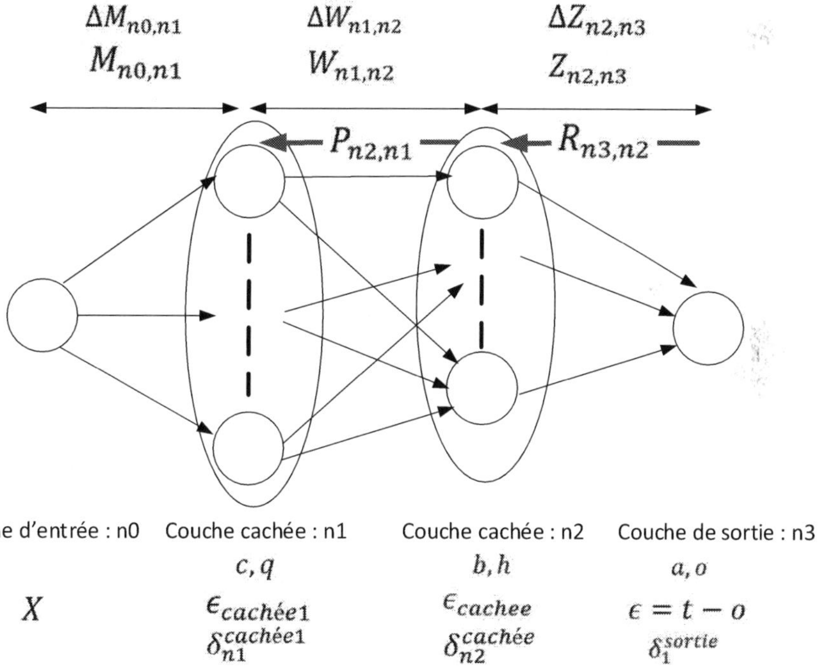

Figure 2-12. Structure du réseau à 2 couches cachées

La rétro-propagation de la couche de sortie vers la couche cachée numéro 2 est représentée par $R_{n3,n2}$ et la rétro-propagation de la couche cachée numéro 2 vers la couche cachée numéro 1 ($P_{n2,n1}$).

2.4.2 La structure de réseau en C

La structure du réseau généralise la structure précédente avec des variables pour chaque couche cachée (c, q pour couche cachée numéro 1, et b, h pour la couche cachée numéro 2) auxquelles il faut attacher des variables pour la dérivée, la valeur de ε et celle de δ.

```
typedef struct T_Reseau {
  double X[n0 + 1];
  double t[n3 + 1];
  double M[n0 + 1][n1 + 1];
  double W[n1 + 1][n2 + 1];
  double Z[n2 + 1][n3 + 1];
  // variables pour la couche cachée 1
  double c[n1 + 1];
  double q[n1 + 1];
  // variables pour la couche cachée 2
  double b[n2 + 1];
  double h[n2 + 1];
  // variables pour la couche de sortie
  double a[n3 + 1];
  double o[n3 + 1];
  double epsilon[n3 + 1];
  double derive_o[n3 + 1];
  double delta_sortie[n3 + 1];
  double somme_erreur;

  // la fonction de rétropropagation
  double R[n3 + 1][n2 + 1];
  double P[n2 + 1][n1 + 1];

  double mu;

  double delta_Z[n2 + 1][n3 + 1];
  double delta_W[n1 + 1][n2 + 1];
  double delta_M[n0 + 1][n1 + 1];

  double derivee_h[n2 + 1];
  double epsilon_cachee[n2 + 1];
  double delta_cachee[n2 + 1];

  double derivee_q[n1 + 1];
  double epsilon_cachee_1[n1 + 1];
  double delta_cachee_1[n1 + 1];
}T_Reseau;
```

2.4.3 La fonction à minimiser

Elle concerne la minimisation de l'erreur moyenne en valeur absolue sur un ensemble de données de la base d'apprentissage. Elle se compose de 17 valeurs liées au cosinus, valeurs qu'il faut ramener à l'intervalle $[0; 1]$ puisque la valeur de sortie d'un neurone est comprise entre 0 et 1. Ce nombre de valeurs est évidemment petit, mais l'exemple proposé est uniquement à visée pédagogique.

$\cos(x)\, \epsilon[-1; 1]$

$(\cos(x) + 1)\epsilon[0; 2]$

Donc : $\frac{\cos(x)+1}{2}\epsilon[0; 1]$

```
data_x[1] = 0.1;
data_t[1] = cos(data_x[1]);
data_t[1] = (double)(data_t[1] + 1) / (double)2;
…
data_x[17] = 9.0;
data_t[17] = cos(data_x[17]);
data_t[17] = (double)(data_t[17] + 1) / (double)2;
```

2.4.4 Mesure de l'erreur

La réponse du réseau (la variable o_i) est comprise entre 0 et 1, et il faut la transformer entre -1 et 1. La modification concerne la procédure **calculer_erreur()** qui soustrait **Un_Reseau.t[i]** et **(2*Un_Reseau.o[i]-1)**.

```
void calculer_erreur(T_Reseau&Un_Reseau)
{
   Un_Reseau.somme_erreur = 0;
   for (int i = 1; i <= n3; i++)
   {
      Un_Reseau.epsilon[i] = (Un_Reseau.t[i] - Un_Reseau.o[i]-1);
      Un_Reseau.somme_erreur += (Un_Reseau.epsilon[i]);
   }
}
```

2.4.5 Programme principal : phase d'apprentissage

Le programme principal dans son ensemble se présente comme suit :

```
T_Reseau Un_Reseau;
int stop = 0;
int redemarrage = 0;

double best_somme_totale = 99999;
T_Reseau best_reseau;

while ( (stop != 1) && (redemarrage<= 3) )
{
   srand(12346+ redemarrage*10);
   redemarrage++;

   // définition des poids choisis aléatoirement
   for (int i = 1; i <= n0; i++)
   {
      for (int j = 1; j <= n1; j++)
      {
         double valeur = rand() % 10;
         valeur = (double)valeur / 9;
         valeur = 2 * valeur - 1;
         Un_Reseau.M[i][j] = valeur;
      }
   }
   … idem pour W et Z
   // valeur initiale de mu
   Un_Reseau.mu = 0.9;
   int iter = 0;

   double somme_totale_prec = -1;
   double somme_totale = 0;
   stop = 0;
   int nb_iter_cons_identique = 0;
```

Paramètre de l'algorithme

```
while ((stop == 0) && (iter < 600000))
{
   iter++;
   somme_totale = 0;
   for (int j = 1; j <= 17; j++)
   {
      // la donnée d'entrée
      Un_Reseau.X[1] = data_x[j];
      // le résultat espéré
      Un_Reseau.t[1] = data_t[j];

      evaluer(Un_Reseau);
      calculer_erreur(Un_Reseau);
      somme_totale = somme_totale + fabs(Un_Reseau.somme_erreur);
      mettre_a_jour_le_reseau(Un_Reseau);
   }

   Un_Reseau.mu = Un_Reseau.mu - 0.0001;
   if (Un_Reseau.mu < 0.01)
      Un_Reseau.mu = 0.01;

   if (fabs(somme_totale_prec - somme_totale) < 0.01)
   {
      nb_iter_cons_identique++;
      if (nb_iter_cons_identique>10000)
         stop = 2;
   }
   else
   {
      somme_totale_prec = somme_totale;
      nb_iter_cons_identique = 0;
   }

   somme_totale = somme_totale / (double)17;

   if (somme_totale < best_somme_totale)
   {
      best_reseau = Un_Reseau;
      best_somme_totale = somme_totale;
   }

   if (somme_totale <= 0.01)
      stop = 1;
  }
}
```

Paramètres de l'algorithme

Paramètre de l'algorithme

Quelques remarques importantes :

- La structure du programme d'apprentissage est de type multi-starts ce qui se justifie par un réseau plus complexe. Il se compose donc de 3 boucles imbriquées comme cela a été explicité sur le premier exemple de ce chapitre.
- La boucle qui réalise la descente du gradient à partir de poids fixés au départ, cette boucle peut s'arrêter sous trois conditions : 1) le nombre maximal d'itérations est atteint (ceci est exprimé dans la condition de la boucle) ; 2) un nombre maximal d'itérations consécutives sans amélioration a été atteint (cette valeur est fixée à 10000) ; 3) l'erreur totale est inférieure à la valeur 0.01.
- Le programme minimise la moyenne des valeurs absolues des erreurs.

- La fonction **Evaluer()** est une version qui généralise les calculs précédents de la couche de sortie vers la couche cachée numéro 2 puis dans un deuxième temps entre la couche cachée numéro 2 et la couche cachée numéro 1.

2.4.6 Programme principal : test de performance du réseau

Les tests sont réalisés pour des valeurs de x variant de 0.1 à 9 par pas de 0.1. Pour chaque valeur prédite par le réseau, la précision de la prédiction est mesurée en calculant la différence entre la prédiction réalisée par le réseau (ramenée sur l'intervalle $[-1;\ 1]$) et la valeur correcte donnée par $cos(x)$.

Il est alors facile de calculer l'erreur moyenne en valeur absolue. Les résultats sont stockés dans un fichier texte pour permettre une analyse ultérieure.

```
Un_Reseau = best_reseau;

std::cout <<" test...."<< endl;
double val_depart = 0.1;
double val_finale = 9.0;
double pas = 0.1;

ofstream fichier("trace.txt", ios::out | ios::trunc);
fichier << best_somme_totale << endl;

double valeur = val_depart;
double erreur_totale = 0;
int nb_valeur = 0;

while (valeur < val_finale)
{
   nb_valeur++;
   Un_Reseau.X[1] = valeur;
   Un_Reseau.t[1] = (double)(cos(valeur) + 1) / (double)2;
   evaluer(Un_Reseau);

   std::cout << Un_Reseau.X[1] <<"       "<< 2*Un_Reseau.o[1] - 1
            <<" / "<< cos(Un_Reseau.X[1]) <<"       "<< endl;

   fichier << Un_Reseau.X[1] <<"       "<< 2 * Un_Reseau.o[1] - 1
            <<" / "<< cos(Un_Reseau.X[1]) <<"       "<< endl;

   erreur_totale = erreur_totale + abs(2 * Un_Reseau.o[1]
                  - 1 - cos(Un_Reseau.X[1]));

   valeur = valeur + pas;
}

double moyenne = erreur_totale / (double)nb_valeur;

fichier << erreur_totale << endl;
fichier << moyenne << endl;
fichier.close();
```

2.4.7 Performances du réseau

La performance du réseau dépend du nombre de neurones par couche et des paramètres utilisés dont :

- r_{max} : le nombre de redémarrages.

- i_max : le nombre maximal d'itérations.
- μ_0 : la valeur initiale du paramètre μ.
- μ_{min} : la valeur minimale en dessous de laquelle μ ne doit pas descendre.
- $\Delta\mu$: le pas avec lequel μ est modifié.
- ε_{limite} : l'erreur moyenne en valeur absolue souhaitée sur les éléments de la base d'apprentissage.
- ε_{base} : l'erreur moyenne en valeur absolue obtenue sur les éléments de la base d'apprentissage.
- ε : l'erreur moyenne en valeur absolue lors des tests des prévisions du réseau sur un grand nombre de valeurs n'ayant pas forcément appartenu à la base d'apprentissage.

Plusieurs tests ont été effectués et sont présentés sur le Tableau 2-5. La performance du réseau est évaluée en considérant ε l'erreur moyenne en valeur absolue sur un ensemble de 90 valeurs comprises entre 0.1 et 9 par pas de 0.1. Il s'agit d'évaluer l'impact du nombre de neurones de chaque couche sur la performance globale du réseau.

Tableau 2-5. Résultats du réseau

	$n1$	$n2$	r_{max}	i_max	μ_0	μ_{min}	$\Delta\mu$	ε_{limite}	ε_{base}	ε
1	5	10	5	100 000	0.9	0. 1	0.001	0.11	0.110	0.373
2	5	10	5	100 000	0.9	0. 1	0.001	0.01	0.065	0.287
3	10	10	5	100 000	0.9	0. 1	0.001	0.01	0.019	0.099
4	10	15	5	100 000	0.9	0. 1	0.001	0.01		0.093
									0.021	
5	15	5	5	100 000	0.9	0. 1	0.001	0.01	0.019	0.099
6	**15**	**10**	**5**	**100 000**	**0.9**	**0. 1**	**0.001**	**0.01**	**0.014**	**0.083**

Le meilleur réseau correspond à une configuration avec 15 neurones sur la couche cachée numéro 1 et 10 neurones sur la couche cachée numéro 2 : il fournit un écart moyen de 0.083. La représentation graphique de l'extrapolation est donnée par la Figure 2-13.

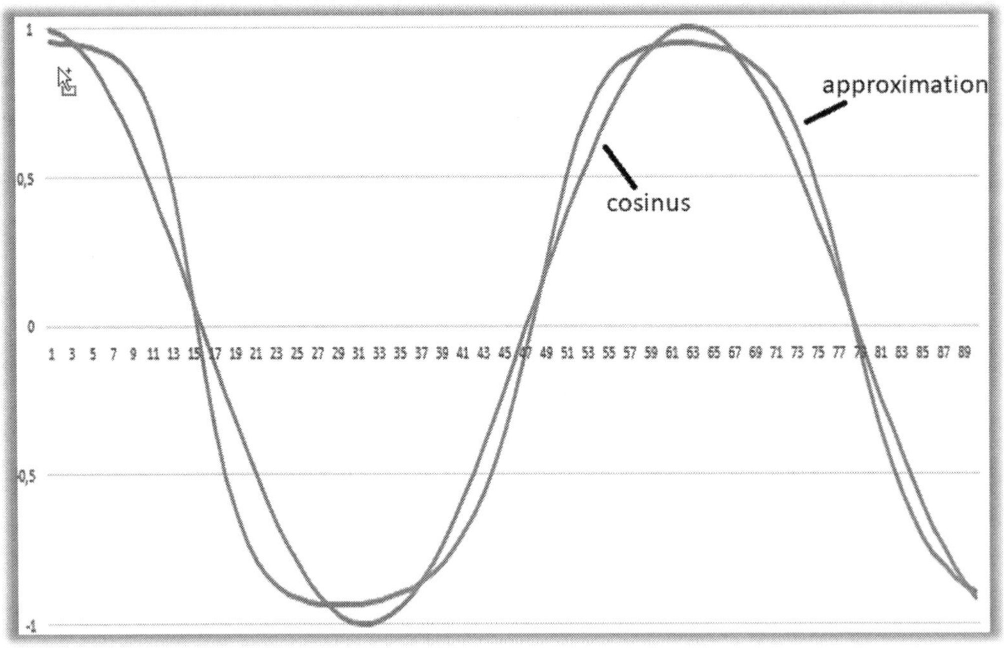

Figure 2-13. Extrapolation du cosinus (configuration numéro 5)

2.5 Exemple simple en Python

Les exemples réalisés précédemment ont été réalisés en C et l'objectif était de montrer comment réaliser un réseau de neurones, avec un langage de programmation général. Dans cette deuxième partie du chapitre, il s'agit d'introduire des exemples en Python car Python est le langage de référence pour le Machine Learning.

Cet exemple permet d'introduire des algorithmes "matriciels", c'est-à-dire des algorithmes où les calculs sont faits directement sur les matrices et les vecteurs.

2.5.1 Problème de régression

Il s'agit du même exemple que celui utilisé au début du chapitre et traité en C, qui concerne un réseau composé d'un unique neurone avec la base d'apprentissage du Tableau 2-6.

Tableau 2-6 Les données utilisées pour l'apprentissage

x_1	x_2	x_3	t
0	0	1	0
0	1	1	0
1	0	1	1
1	1	1	1

Il est possible d'utiliser Visual Studio pour créer un projet Python et bénéficier d'un environnement graphique performant (Figure 2-14). Une solution alternative pour ceux utilisant un Macintosh est le logiciel PyCharm.

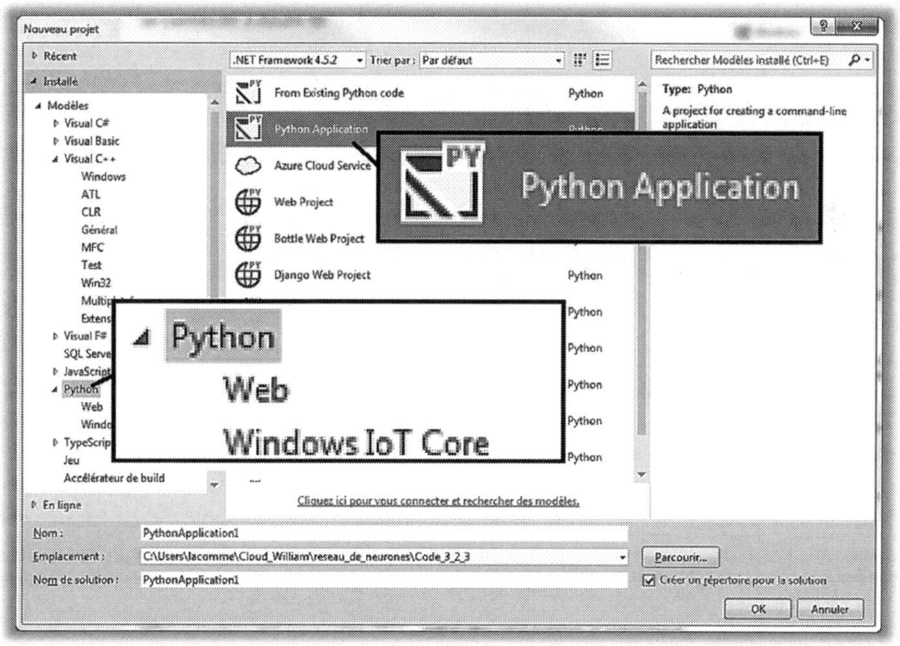

Figure 2-14. Création d'un projet Python en Visual Studio

2.5.2 Définition du réseau

Le réseau se compose de 3 entrées et d'une seule sortie (Figure 2-15).

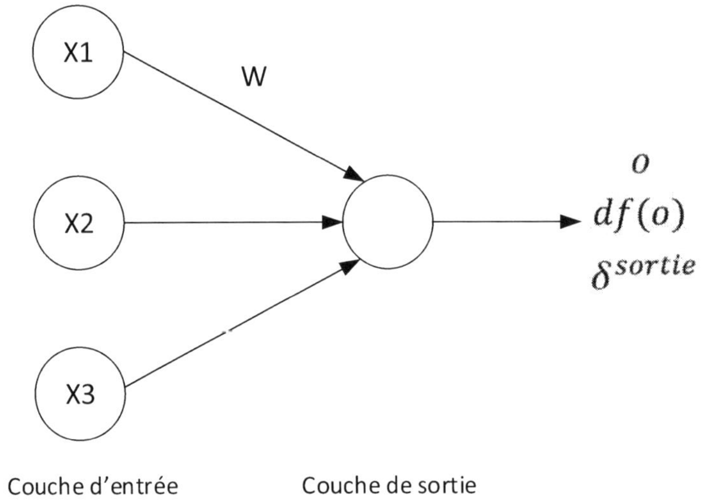

Figure 2-15. Réseau avec un seul neurone

Les données de sortie sont stockées dans un tableau t et un tableau X est utilisée pour les données d'entrée.

```
# les données
X = np.array([  [0,0,1],
                [0,1,1],
                [1,0,1],
                [1,1,1]
            ])

X_t = np.transpose(X)

print("X = ")
print (X)

print("X_t = ")
print (X_t)

# la sortie
t = np.array([[0,0,1,1]]).T

print("t = ")

print (t)
```

Un simple affichage (Figure 2-16) permet de vérifier que la définition des données correspond bien au Tableau 2-6.

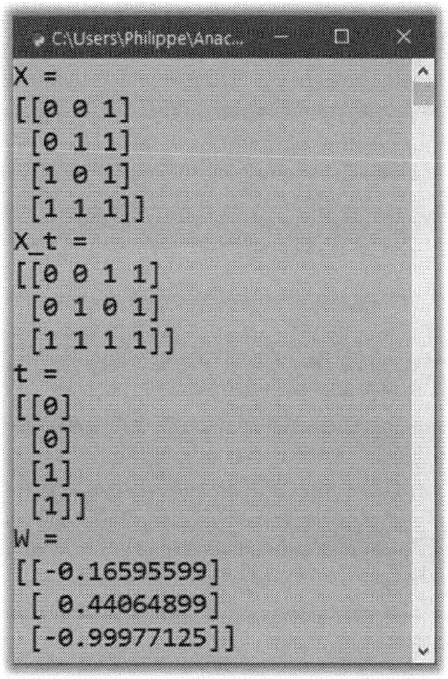

Figure 2-16. Les matrices correspondant aux données d'entrée et de sortie

Les poids peuvent être initialisés aléatoirement…

```
W = 2*np.random.random((3,1)) - 1
print("W = ")
print (W)
```

Tout comme en C, le plus simple est de définir 2 procédures : une pour la fonction de transfert f et l'autre pour sa dérivée df.

```
def f(x):
   return 1/(1+np.exp(-x))

def df(x):
   return x*(1-x)
```

Il s'agit ensuite de calculer les valeurs de sortie du réseau en tirant profit de l'opération de Kronecker pour paralléliser les calculs.

Il s'agit de traduire en Python l'algorithme suivant :

$\Delta w_{cumul} = 0$
Pour i **allant** de 1 au nombre de données dans la base d'apprentissage **faire**
  Calculer $a(X,w) = \sum_i X_i \times w_{i1}$
  Calculer $o = f(a) = \frac{1}{1+e^a}$
  Calculer $df(a) = f \wedge (1 - f)$
  Calculer $\varepsilon_1 = t_i - o_i$
  Calculer Δw
FinPour
$\Delta w_{cumul} = \Delta w_{cumul} + \Delta w$
Appliquer la modification des poids

2.5.3 Détails des calculs

Activer le réseau

Il est possible de calculer a pour toutes les entrées simultanément en utilisant l'expression matricielle suivante :

$$a_{1,4} = W_{1,3}^T \times X_{3,4}^T$$

Ce qui se traduit par :

```
a = np.dot(W.T, X_t)
```

Figure 2-17. Calcul de a pour toutes les valeurs de la base d'apprentissage

Ainsi -0.9997 $= -0.165 \times 0 + 0.4406 \times 0 - 0.9997 \times 1$

-0.5591 $= -0.165 \times 0 + 0.4406 \times 1 - 0.9997 \times 1$

-1.1667 $= -0.165 \times 1 + 0.4406 \times 0 - 0.9997 \times 1$

-0.7250 $= -0.165 \times 1 + 0.4406 \times 1 - 0.9997 \times 1$

Il suffit ensuite de calculer la dérivée pour les 4 valeurs stockées dans le vecteur a sachant que $a[1] = -0.999$ correspond à la première entrée $\begin{pmatrix} 0 \\ 0 \\ 1 \end{pmatrix}$ que $a[2] = -0.5591$ correspond à la deuxième $\begin{pmatrix} 0 \\ 1 \\ 1 \end{pmatrix}$ et ceci pour toutes les valeurs.

Il suffit d'appliquer la fonction f au vecteur a et de réaliser un affichage du vecteur t (contenant les valeurs souhaitées) et du vecteur o contenant les valeurs obtenues.

```
o = f(a)
print ("t = ")
print (t)
print ("o = ")
print (o)
```

Le calcul de l'erreur de la dérivée correspond à :

Calculer $df = f \wedge (1 - f)$

Calculer $\varepsilon_1 = t_i - o_i$

Le vecteur o contient tous les résultats correspondant aux 4 entrées, il suffit de soustraire t à o, de calculer la dérivée et de calculer le δ.

$$\varepsilon_{4,1} = t_{4,1} - \left(o_{1,4}\right)^T$$

$$\varepsilon_{4,1} = t_{4,1} - o_{4,1}^T = \begin{pmatrix} 0 \\ 0 \\ 1 \\ 1 \end{pmatrix} - \begin{pmatrix} 0.268 \\ 0.363 \\ 0.237 \\ 0.326 \end{pmatrix}$$

$$\varepsilon_{4,1} = t_{4,1} - o_{4,1}^T = \begin{pmatrix} -0.268 \\ -0.363 \\ 0.762 \\ 0.673 \end{pmatrix}$$

De manière similaire :

$$df(a) = df(0.268; 0.363; 0.237; 0.326)$$
$$df(a) = (0.196; 0.231; 0.181; 0.219)$$

Et pour finir, le calcul de $\delta_{4,1}$:

$$\delta_{4,1} = \varepsilon_{4,1} \wedge df_{,4,1}(o)^T$$

$$\delta_{4,1} = \begin{pmatrix} -0.268 \\ -0.363 \\ 0.762 \\ 0.673 \end{pmatrix} \wedge \begin{pmatrix} 0.196 \\ 0.231 \\ 0.181 \\ 0.219 \end{pmatrix}$$

$$\delta_{4,1} = \begin{pmatrix} -0.052 \\ -0.084 \\ 0.138 \\ 0.148 \end{pmatrix}$$

Le code correspondant est le suivant :

```
epsilon  = t - o.T

print ("epsilon = ")
print (epsilon )

# le delta = dérivée x erreur
derivee_de_f = df(o)

print ("derivee_de_f = ")
print (derivee_de_f)

delta = epsilon*df(o).T

print ("delta = ")
print (delta)
```

Les calculs correspondant à cette étape sont ceux de la Figure 2-18.

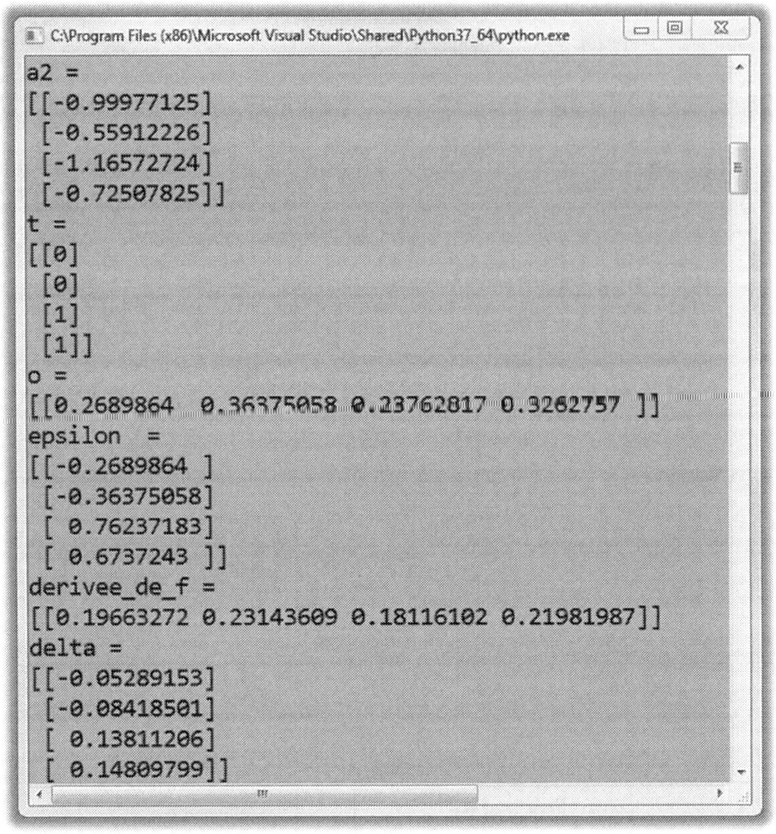

Figure 2-18. Calcul de $\delta_{4,1}$

Le calcul de $\Delta W_{3,1}$ correspond à :

$$\Delta W_{3,1} = X_{3,4} \times \delta_{4,1}$$

La 2ième dimension de X correspond, en réalité, aux différents items stockés dans la base de connaissance. Ainsi :

$$\Delta W_{3,1} = \begin{pmatrix} 0 & 0 & 1 & 1 \\ 0 & 1 & 0 & 1 \\ 0 & 1 & 1 & 1 \end{pmatrix} \times \begin{pmatrix} -0.052 \\ -0.084 \\ 0.138 \\ 0.148 \end{pmatrix}$$

$$\Delta W_{3,1} = \begin{pmatrix} 0.286 \\ 0.063 \\ 0.149 \end{pmatrix}$$

Ceci correspond au code suivant :

```
# mise a jour des poids
Delta_W = np.dot(X,delta);
print ("Delta_W = ")
print (Delta_W)
print ("W = ")
print (W)
```

Ceci revient à faire, pour chaque poids, la somme des modifications qui le concernent.

Mise à jour de $W_{3,1}$:

$$W_{3,1} = W_{3,1} + \Delta W_{3,1}$$

$$W_{3,1} = \begin{pmatrix} -0.165 \\ 0.440 \\ -0.999 \end{pmatrix} + \begin{pmatrix} 0.286 \\ 0.063 \\ 0.149 \end{pmatrix}$$

$$W_{3,1} = \begin{pmatrix} 0.121 \\ 0.503 \\ -0.850 \end{pmatrix}$$

Les calculs correspondant à cette étape sont ceux de la Figure 2-19.

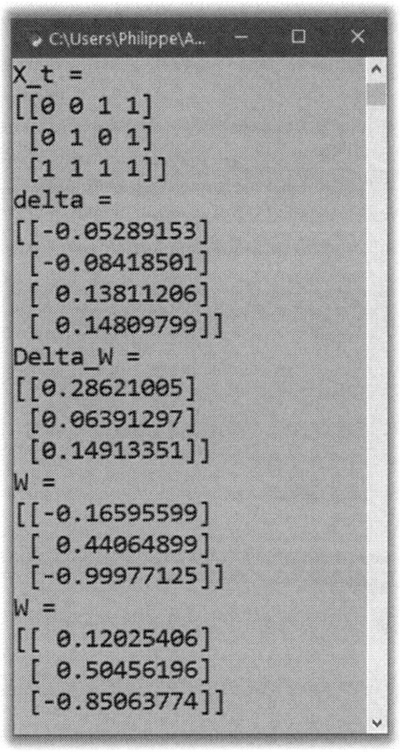

```
C:\Users\Philippe\A...
X_t =
[[0 0 1 1]
 [0 1 0 1]
 [1 1 1 1]]
delta =
[[-0.05289153]
 [-0.08418501]
 [ 0.13811206]
 [ 0.14809799]]
Delta_W =
[[0.28621005]
 [0.06391297]
 [0.14913351]]
W =
[[-0.16595599]
 [ 0.44064899]
 [-0.99977125]]
W =
[[ 0.12025406]
 [ 0.50456196]
 [-0.85063774]]
```

Figure 2-19. Mise à jour de $W_{3,1}$

2.5.4 Code complet

L'ensemble des calculs précédents peut être inclus dans une boucle pour une amélioration itérative des poids.

```
for iter in range(1000):
```

Le code :

```
import numpy as np

def f(x):
   return 1/(1+np.exp(-x))


def df(x):
   return x*(1-x)
```

```
# les données
X = np.array([  [0,0,1],
                [0,1,1],
                [1,0,1],
                [1,1,1]])

X_t = np.transpose(X)

print("X = ")
print (X)

print("X_t = ")
print (X_t)

# la sortie
t = np.array([[0,0,1,1]]).T
print("t = ")
print (t)


# initialisation du générateur de nombres aléatoires
np.random.seed(1)

# initialisation aleatoire des poids
W = 2*np.random.random((3,1)) - 1

print("W = ")
print (W)


for iter in range(1000):
    # évaluation pour toutes les entrées simultanément
    print("W_T = ")
    print (W.T)
    print("X_t = ")
    print (X_t)

    a = np.dot(W.T, X_t)

    print ("a = ")
    print (a)

    print("on aurait obtenu la meme chose en faisant a = x^T * W")
    print("a2 est alors un vecteur colonne")
    a2 = np.dot(X, W)
    print ("a2 = ")
    print (a2)

    # donne la valeur du neurone
    o = f(a)
    print ("t = ")
    print (t)

    print ("o = ")
    print (o)

    # erreur
    epsilon  = t - o.T
    print ("epsilon  = ")
```

```
    print (epsilon )

    # le delta = dérivée x erreur
    derivee_de_f = df(o)
    print ("derivee_de_f = ")
    print (derivee_de_f)

    delta =  epsilon*df(o).T
    print ("delta = ")
    print (delta)

    # mise à jour des poids
    print("mise a jour des poids")
    print ("X_t = ")

    print (X_t)
    print ("delta = ")
    print (delta)

    Delta_W = np.dot(X_t,delta);
    print ("Delta_W = ")
    print (Delta_W)

    print ("W = ")
    print (W)

    W = W + Delta_W

    print ("W = ")
    print (W)

print ("")
print ("Les poids")
print ("")
print (W)

print ("")
print ("Tests de performances")
print ("")

# évaluation pour toutes les entrées simultanément
a = np.dot(W.T, X_t)
# donne la valeur du neurone
o = f(a)

print ("t = ")
print (t)
print ("o = ")
print (o)
print ("fin")
```

2.5.5 Résultat d'exécution

À la fin de la première itération, les valeurs obtenues en sortie du réseau sont assez éloignées des valeurs recherchées.

$$o = (0.29; 0.41; 0.325; 0.443)$$

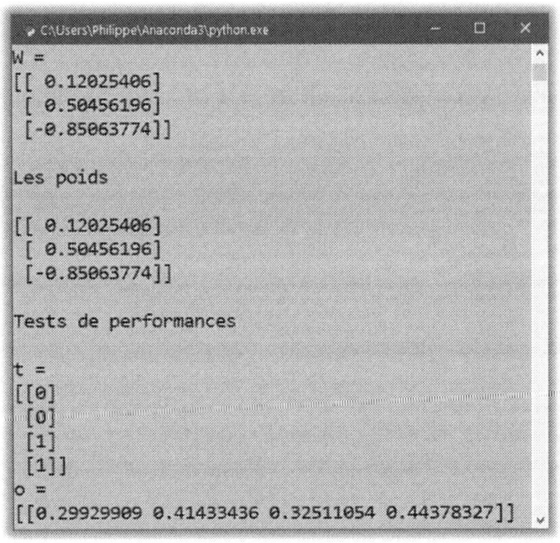

Figure 2-20. Test de convergence de la méthode après une itération

Après 1 000 itérations environ, le vecteur o donne des valeurs tout à fait convenables (Figure 2-21) :

$$o = (0.031; 0.025; 0.979; 0.974).$$

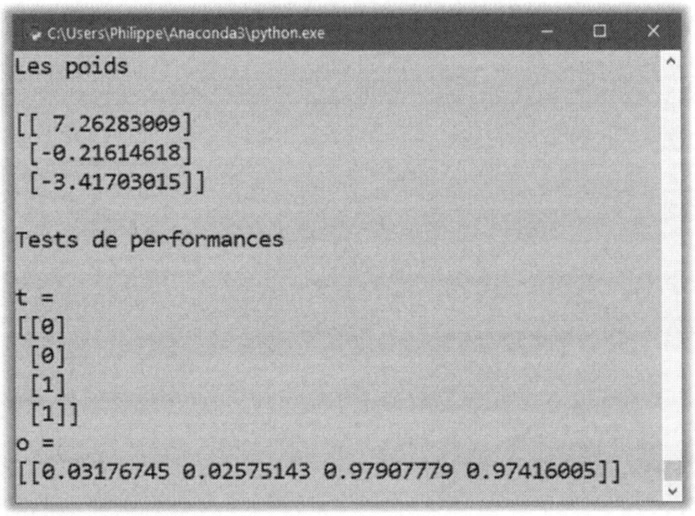

Figure 2-21. Test de convergence de la méthode après 1000 itérations

Le Tableau 2-7 permet de visualiser la différence entre t et o. Cette différence est très petite, et il est facile de conclure que les poids déterminés sont "acceptables" puisque le réseau fournit la bonne réponse pour les 4 données d'apprentissage utilisées. Il faut noter la compacité du code Python obtenu, avec toutefois une difficulté particulière pour les programmeurs habitués au C ou au C++, difficulté liée aux calculs vectoriels effectués et qui sont un peu déroutants dans un premier temps.

Tableau 2-7. Exemple de données d'apprentissage

x_1	x_2	x_3	t	o
0	0	1	0	0.0317
0	1	1	0	0.0257
1	0	1	1	0.9790
1	1	1	1	0.9741

2.6 Principes de la rétro-propagation en Python

2.6.1 Exemple

Soit un réseau de neurones composé de 3 couches avec 3 entrées, 2 neurones dans la couche cachée et 3 neurones en sortie (Figure 2-8). Cet exemple est l'exemple déjà traité en C au début du chapitre : le but est de permettre une comparaison entre les deux types d'implémentations sachant que les deux sont potentiellement utiles dans un cadre professionnel (il n'y a souvent pas le choix du langage dans les "gros projets" informatique).

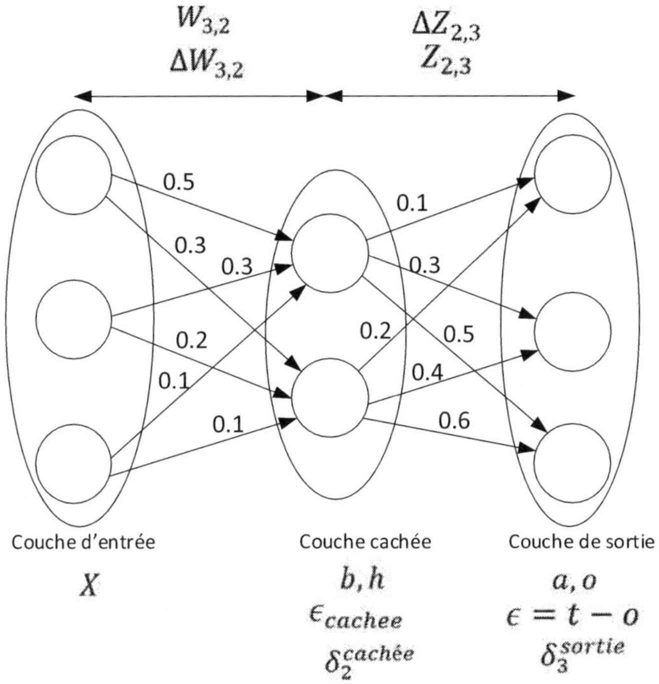

Figure 2-22. Exemple de réseau de neurones avec une couche cachée

Le réseau est décrit par l'intermédiaire de 2 matrices qui donnent les poids des différents arcs :

$$W_{3,2} = \begin{pmatrix} 0.5 & 0.3 \\ 0.3 & 0.2 \\ 0.1 & 0.1 \end{pmatrix} \text{ et } Z_{2,3} = \begin{pmatrix} 0.1 & 0.2 & 0.5 \\ 0.2 & 0.4 & 0.5 \end{pmatrix}$$

Et donc

$$W_{2,3}^t = \begin{pmatrix} 0.5 & 0.3 & 0.1 \\ 0.3 & 0.2 & 0.1 \end{pmatrix} \text{ et } Z_{3,2}^t = \begin{pmatrix} 0.1 & 0.2 \\ 0.3 & 0.4 \\ 0.5 & 0.6 \end{pmatrix}$$

Soit une donnée d'entrée $X = \begin{pmatrix} 1 \\ 2 \\ 3 \end{pmatrix}$ et soit la donnée de sortie souhaitée (la bonne réponse) $t = \begin{pmatrix} 0.1 \\ 0.3 \\ 0.7 \end{pmatrix}$. Il faut remarquer ici que le vecteur X est un vecteur colonne.

2.6.2 Définition du réseau de neurones

Les deux tableaux représentant les poids sont déclarés comme des **array** et les valeurs contenues dans les tableaux sont définies au moment de la déclaration.

```
X = np.array([  [1,2,3],
              ]).T

W = np.array( [ [0.5, 0.3],
                [0.3, 0.2],
                [0.1, 0.1]
              ] )

Z = np.array( [ [0.1, 0.3, 0.5],
                [0.2, 0.4, 0.6]
              ]
            )
```

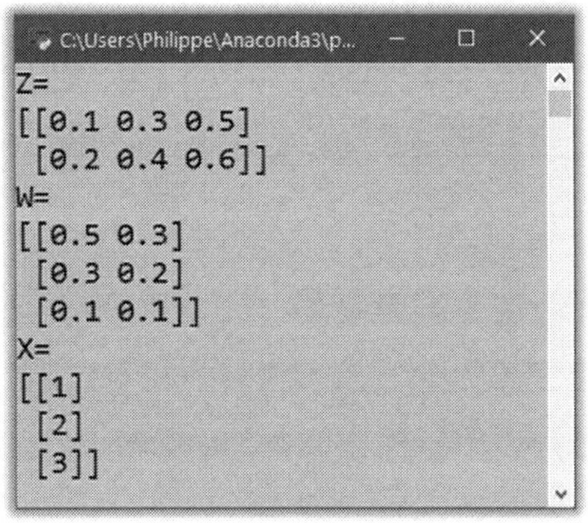

Figure 2-23. Visualisation de Z, W et X

L'affichage se fait avec la commande **print()** et donne le résultat de la Figure 2-23.

```
print ("Z=")
print (Z)

print ("W= ")
print (W)

print ("X= ")
print (X)
```

2.6.3 Calculs sur la couche cachée

Les calculs à faire sur la couche cachée sont ceux présentés dans la section précédente.

$$b = W^t \times X = \begin{pmatrix} 0.5 & 0.3 & 0.1 \\ 0.3 & 0.2 & 0.1 \end{pmatrix} \times \begin{pmatrix} 1 \\ 2 \\ 3 \end{pmatrix} = \begin{pmatrix} 1.4 \\ 1.0 \end{pmatrix}$$

$$h(b) = f(b) = f\begin{pmatrix}1.4\\1.0\end{pmatrix} = \begin{pmatrix}\dfrac{1}{1+e^{-1.4}} = 0.802\\ \dfrac{1}{1+e^{-1.0}} = 0.731\end{pmatrix} = \begin{pmatrix}0.802\\0.731\end{pmatrix}$$

Le code Python est le suivant et il donne le résultat d'exécution de la Figure 2-24.

```
# Couche numéro 1 : couche cachée
print ()
print ("couche cachee...")
print ("W_t= ")
print (W.T)

print ("X= ")
print(X)

b = np.dot(W.T, X)
h = f(b)

print("apres calcul : ")
print ("b= ")
print (b)

print ("h= ")
print (h)
```

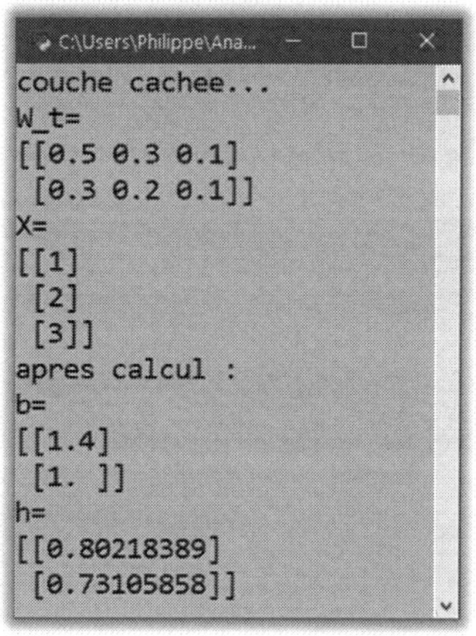

Figure 2-24. Évaluation de la couche cachée

Pour la couche de sortie les calculs sont similaires et sont réalisés avec les variables a et o.

$$a = Z^t \times h(b) = \begin{pmatrix}0.1 & 0.2\\0.2 & 0.4\\0.5 & 0.6\end{pmatrix} \times \begin{pmatrix}0.802\\0.731\end{pmatrix} = \begin{pmatrix}0.226\\0.533\\0.839\end{pmatrix}$$

$$o = h(a) = h\begin{pmatrix}0.226\\0.533\\0.839\end{pmatrix} = \begin{pmatrix}\dfrac{1}{1+e^{-0.226}} = 0.556\\ \dfrac{1}{1+e^{-0.533}} = 0.630\\ \dfrac{1}{1+e^{-0.839}} = 0.699\end{pmatrix} = \begin{pmatrix}0.556\\0.630\\0.698\end{pmatrix}$$

La définition de a se fait via la méthode **np.dot()** qui réalise une multiplication de matrices entre Z^t (matrice de taille (3;2)) et la matrice $h(b)$ de taille (2;1).

```
print ()
print ("Z= ")
print (Z)
print ("Z_t= ")
print (Z.T)
print ("h= ")
print (h)

a = np.dot(Z.T, h)
o = f(a)

print ("a= ")
print (a)
print ("o= ")
print (o)
```

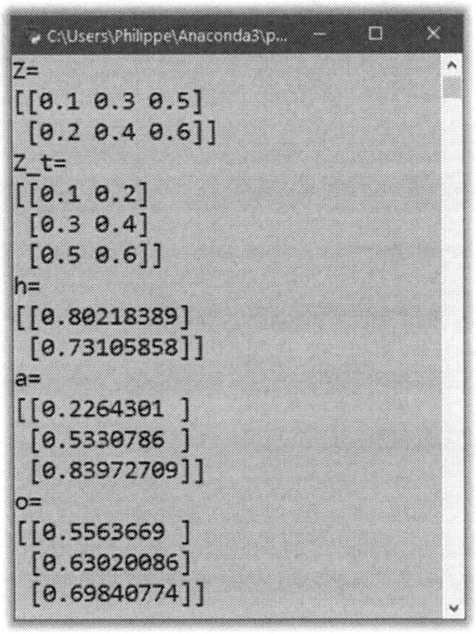
```
Z=
[[0.1 0.3 0.5]
 [0.2 0.4 0.6]]
Z_t=
[[0.1 0.2]
 [0.3 0.4]
 [0.5 0.6]]
h=
[[0.80218389]
 [0.73105858]]
a=
[[0.2264301 ]
 [0.5330786 ]
 [0.83972709]]
o=
[[0.5563669 ]
 [0.63020086]
 [0.69840774]]
```

Figure 2-25. Évaluation de la couche de sortie

Le calcul de l'erreur de sortie est la différence entre t (la valeur souhaitée) et la valeur obtenue.

$$\epsilon_{cachee} = t - o = \begin{pmatrix}-0.456\\-0.330\\0.001\end{pmatrix}$$

```
print ()
print ("Calcul de l'erreur en sortie")
epsilon = t - o
print ("epsilon = ")
print (epsilon)
```

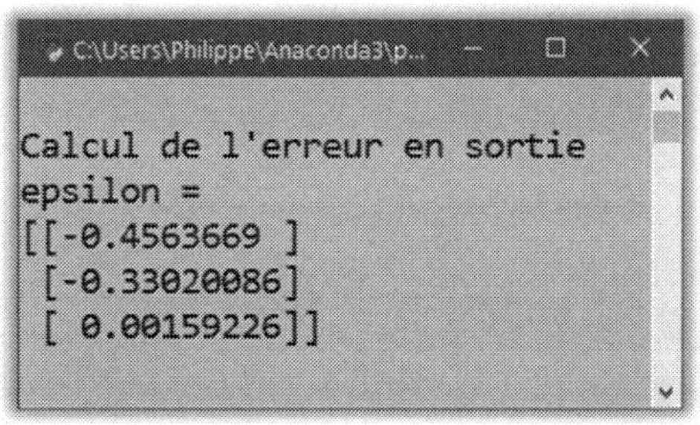

Figure 2-26. Erreur en sortie du réseau

Le calcul de la dérivée donne :

$$df(a) = o \wedge (1 - o) = \begin{pmatrix} 0.24 \\ 0.23 \\ 0.21 \end{pmatrix}$$

Ce qui correspond à un simple appel à la fonction $df()$

```
vecteur_derivee = df(a)
print ("vecteur_derivee = ")
print (vecteur_derivee)
```

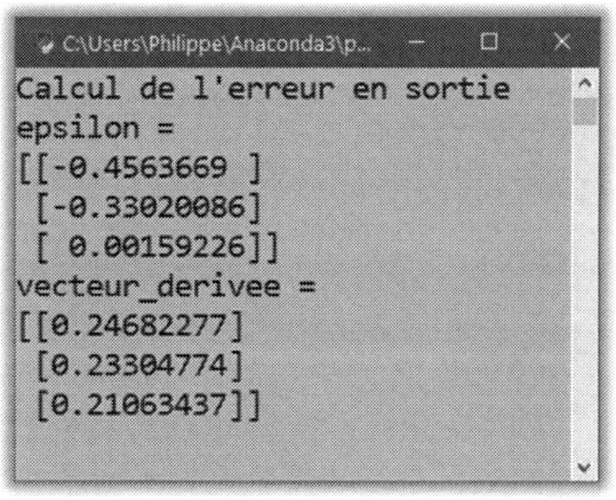

Figure 2-27. Erreur en sortie du réseau

2.6.4 Calculs concernant la couche de sortie

Le terme $\delta_{3,1}^{sortie}$ correspond au produit de $df(a)$ par ϵ, qui est une multiplication terme à terme.

$$\delta_{3,1}^{sortie} = df(a) \wedge \epsilon = \begin{pmatrix} 0.24 \\ 0.23 \\ 0.21 \end{pmatrix} \wedge \begin{pmatrix} -0.45 \\ -0.330 \\ 0.0016 \end{pmatrix}$$

Cette opération s'exprime avec l'opérateur * :

```
delta = df(a) * epsilon
print ("delta= ")
print (delta)
```

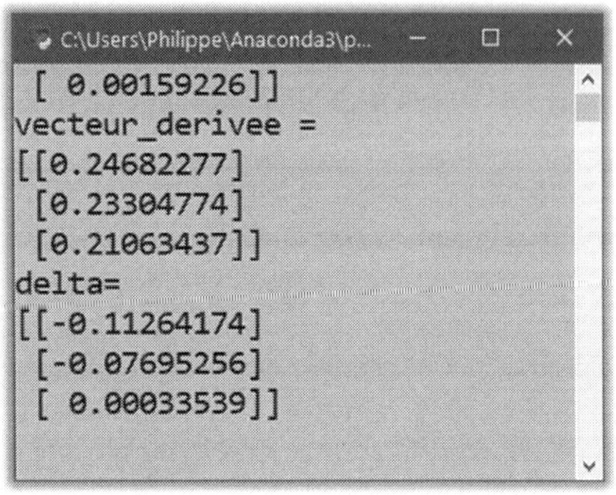

Figure 2-28. Calcul de $\delta_{3,1}^{sortie}$

Le calcul de l'erreur de la matrice R qui propage l'erreur de la couche de sortie vers la couche cachée est un peu plus complexe. En effet, il faut réaliser les calculs pour tous les neurones de la couche cachée.

En multipliant $I = (1 \quad 1)$ avec $\delta_{3,1}^{sortie}$ selon la multiplication de Kronecker, $I \otimes \delta_{3,1}^{sortie}$, cela donne une matrice $\delta_{3,1}^{sortie}\delta_{3,1}^{sortie}$, c'est-à-dire une matrice de taille $(3; 2)$ dont les 2 colonnes sont égales à $\delta_{3,1}^{sortie}$: $I \otimes \delta_{3,1}^{sortie} = \delta_{3,1}^{sortie}\delta_{3,1}^{sortie}$.

Il s'agit ensuite de réaliser un produit terme à terme entre $Z_{3,2}^t$ et $\delta_{3,1}^{sortie}\delta_{3,1}^{sortie}$.

$$R_{3,2} = Z_{3,2}^t \wedge (I \otimes \delta_{3,1}^{sortie})$$

$$R_{3,2} = Z_{3,2}^t \wedge (\delta_{3,1}^{sortie}\delta_{3,1}^{sortie})$$

$$R_{3,2} = \begin{pmatrix} 0.1 & 0.2 \\ 0.2 & 0.4 \\ 0.5 & 0.6 \end{pmatrix} \wedge \begin{pmatrix} -0.1126 & -0.1126 \\ -0.00770 & -0.00770 \\ 0.0003 & 0.0003 \end{pmatrix}$$

$$R_{3,2} = \begin{pmatrix} -0.0113 & -0.0225 \\ -0.0231 & 0.0308 \\ 0.0001 & 0.0002 \end{pmatrix}$$

Il faut noter que la multiplication que Python interprète "correctement" la multiplication terme à terme $\wedge$ entre la matrice $(3; 2)$ et la matrice $(3; 1)$, en dupliquant automatiquement la matrice colonne $\delta_{3,1}^{sortie}$.

```
R = Z.T * delta
print ("R= ")
print (R)
```

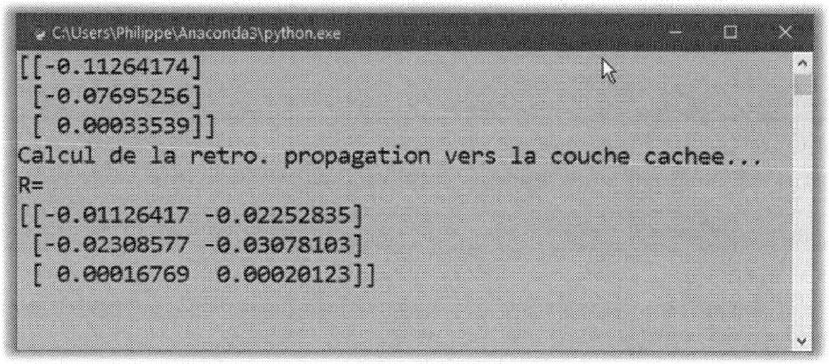

Figure 2-29. Calcul de R

La correction des poids de la couche de sortie obéit à la formule :

$$Z_{2,3}^{n+1} = Z_{2,3}^{n} + \Delta Z_{2,3}$$

$$Z_{2,3}^{n+1} = Z_{2,3}^{n} + \Delta Z_{2,3}$$

Avec $\Delta Z_{2,3} = \vartheta . h_{21}(b) \times \delta_{1,3}^{sortie^t}$

$$\Delta Z_{2,3} = \vartheta . \begin{pmatrix} 0.802 \\ 0.731 \end{pmatrix} \times (-0.1126;\ -0.00077; 0.0003)$$

Et donc

$$\Delta Z_{2,3} = \begin{pmatrix} -0.090 & -0.061 & 0.0002 \\ -0.082 & -0.056 & 0.0002 \end{pmatrix}$$

Ceci se traduit par un appel à la méthode **np.dot()** qui multiplie $h_{21}(b)$ et $\delta_{1,3}^{sortie^t}$.

```
print ("Variation des poids de la couche de sortie... ")
delta_Z = np.dot(h, delta.T)

print ("delta_Z = ")
print (delta_Z)
```

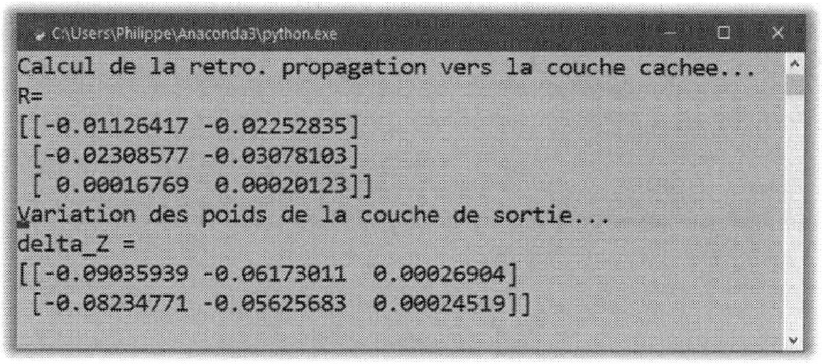

Figure 2-30. Calcul de $\Delta Z_{2,3}$

Au final il faut modifier les poids : $Z_{2,3}^{n+1} = Z_{2,3}^{n} + \Delta Z_{2,3}$

$$Z_{2,3}^{n+1} = \begin{pmatrix} 0.1 & 0.2 & 0.5 \\ 0.2 & 0.4 & 0.5 \end{pmatrix} + \begin{pmatrix} -0.090 & -0.061 & 0.0002 \\ -0.082 & -0.056 & 0.0002 \end{pmatrix}$$

$$Z_{2,3}^{n+1} = \begin{pmatrix} 0.0096 & 0.2383 & 0.5003 \\ 0.1177 & 0.3437 & 0.6002 \end{pmatrix}$$

En Python, il s'agit d'une simple addition :

```
Z = Z + delta_Z
print (Z)
```

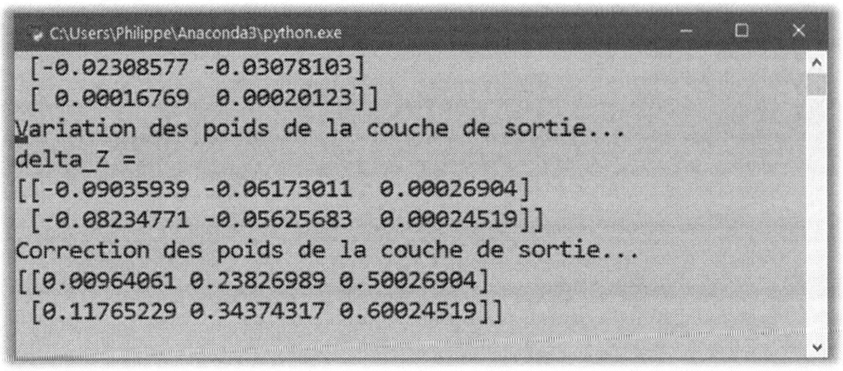

Figure 2-31. Calcul de $Z_{2,3}$

Calculs concernant la couche cachée

Nous avons :

$$R_{3,2} = \begin{pmatrix} -0.011 & -0.022 \\ -0.023 & 0.030 \\ 0.0002 & 0.0002 \end{pmatrix}$$

Et donc

$$R_{3,2}{}^t = \begin{pmatrix} -0.011 & -0023 & 0.0002 \\ -0.022 & 0.030 & 0.0002 \end{pmatrix}$$

Étape 1 : Calcul de l'erreur

Le calcul de l'erreur sur l'entrée des neurones de la couche cachée se fait via la somme des colonnes de R.

$$\varepsilon_{cachee} = R^t \times I = \begin{pmatrix} -0.011 & -0023 & 0.0002 \\ -0.022 & 0.030 & 0.0002 \end{pmatrix} \times \begin{pmatrix} 1 \\ 1 \\ 1 \end{pmatrix}$$

Il s'agit en fait de sommer les arcs entrants de R sur chaque sommet :

$$\varepsilon_{cachee} = R^t \times I = \begin{pmatrix} -0.0342 \\ -0.0531 \end{pmatrix}$$

Il s'agit donc de définir un nouveau tableau I et de réaliser une multiplication entre R^t et I. La déclaration de I doit se faire comme un vecteur colonne : il s'agit d'ajouter T à la déclaration.

Il faut donc définir un nouveau tableau I et de réaliser une multiplication entre R^t et I. La déclaration de I doit se faire comme un vecteur colonne : il suffit d'ajouter *.T* à la déclaration du vecteur I pour obtenir un vecteur colonne.

```
I = np.array( [
......
              ]
            ).T
```

Le code Python est le suivant :

```
print ("Calcul de l'erreur de la couche cachee")
I = np.array( [
                [1, 1, 1],
              ] ).T
```

```
epsilon_cachee = np.dot(R.T, I)

print ("epsilon_cachee : ")
print (epsilon_cachee)
```

Cela donne la valeur de **epsilon_cachee** de la Figure 2-32.

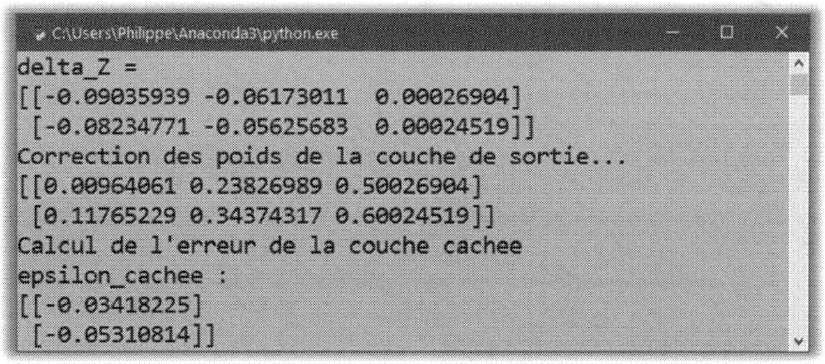

Figure 2-32. Calcul de ε_{cachee}

Étape 2 : Calcul de l'erreur sur l'entrée des neurones de la couche de sortie

$$\delta_{2,1}^{cachée} = df(h) \wedge \varepsilon_{cachee} = \begin{pmatrix} 0.158 \\ 0.196 \end{pmatrix} \wedge \begin{pmatrix} -0.0342 \\ -0.0531 \end{pmatrix}$$

$$\delta_{2,1}^{cachée} = df(h) \wedge \varepsilon_{cachee} = \begin{pmatrix} -0.0054 \\ -0.0104 \end{pmatrix}$$

```
print ("Calcul de l'erreur sur la couche cachee")
delta_cachee = df(h) * epsilon_cachee

print ("delta_cachee = ")
print (delta_cachee)
```

Figure 2-33. Calcul de $\delta_{2,1}^{cachée}$

Étape 3 : Calcul des nouveaux poids sur la couche cachée

$$W_{3,2}^{n+1} = W_{3,2}^{n} + \Delta W_{3,2}$$

$$\Delta W_{3,2} = \vartheta . X \otimes \delta_{2,1}^{cachee^t}$$

$$\Delta W_{3,2} = \begin{pmatrix} 1 \\ 2 \\ 3 \end{pmatrix} \otimes (-0.0054; \, -0.0104)$$

$$\Delta W_{3,2} = \begin{pmatrix} -0.0054 & -0.0104 \\ -0.0108 & -0.0209 \\ -0.0163 & -0.0313 \end{pmatrix}$$

```
print ("Variation des poids de la couche cachee... ")
print ("X= ")
print (X)
print ("delta_cachee.T= ")
print (delta_cachee.T)

delta_W = np.dot(X, delta_cachee.T)

print ("delta_W = ")
print (delta_W)
```

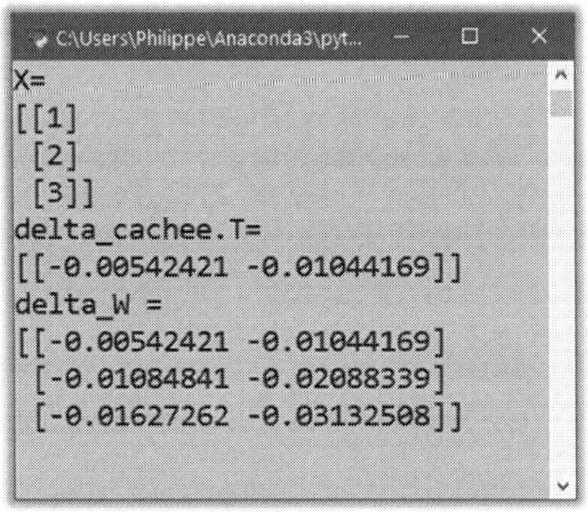

Figure 2-34. Calcul de $\Delta W_{3,2}$

Donc

$$W_{3,2}^{n+1} = W_{3,2}^{n} + \Delta W_{3,2}$$

$$W_{3,2}^{n+1} = \begin{pmatrix} 0.5 & 0.3 \\ 0.3 & 0.2 \\ 0.1 & 0.1 \end{pmatrix} + \begin{pmatrix} -0.0054 & -0.0104 \\ -0.0108 & -0.0209 \\ -0.0163 & -0.0313 \end{pmatrix}$$

$$W_{3,2}^{n+1} = \begin{pmatrix} 0.4946 & 0.2896 \\ 0.2892 & 0.1791 \\ 0.0837 & 0.0687 \end{pmatrix}$$

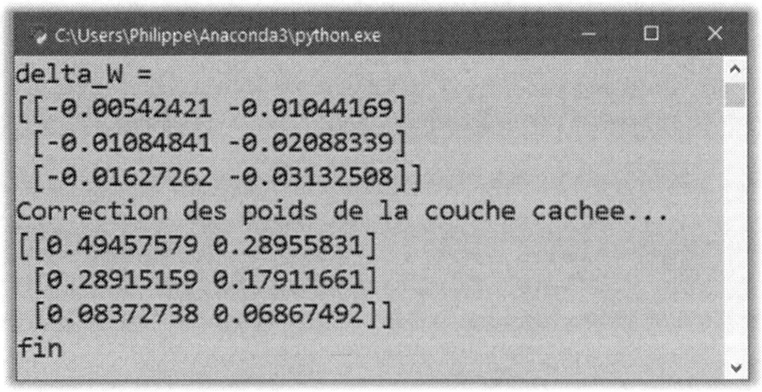

Figure 2-35. Calcul de $W_{3,2}$

2.6.5 Code complet

```
import numpy as np

def f(x):
   return 1/(1+np.exp(-x))

def df(x):
   return x*(1-x)

# les données
X = np.array([  [1,2,3],
             ]).T

# la sortie
t = np.array([[0.1,0.3,0.7]]).T

# initialisation du générateur aléatoire
# inutile ici car non utilise
np.random.seed(1)

# inutilisation de W et de Z
W = np.array( [ [0.5, 0.3],
                [0.3, 0.2],
                [0.1, 0.1] ] )

Z = np.array( [ [0.1, 0.3, 0.5],
              [0.2, 0.4, 0.6] ])

# Affichage des données
print ("W= ")
print (W)
print ("X= ")
print (X)

# Couche numéro 1 : couche cachée
b = np.dot(W.T, X)
h = f(b)

print ("b= ")
print (b)
print ("h= ")
print (h)

# Couche numéro 2 : couche externe
l0 = h
print ("Z= ")
print (Z)
print ("Z_t= ")
print (Z.T)

a = np.dot(Z.T, h)
o = f(a)

print ("a= ")
print (a)
print ("o= ")
print (o)

print ("Calcul de l'erreur en sortie")
```

```
epsilon = t - o
print ("epsilon = ")
print (epsilon)

vecteur_derivee = df(o)
print ("vecteur_derivee = ")
print (vecteur_derivee)

delta = df(o) * epsilon
print ("delta= ")
print (delta)

print ("Calcul de la rétro. propagation vers la couche cachee... ")

R = Z.T * delta

print ("R= ")
print (R)

print ("Variation des poids de la couche de sortie... ")

delta_Z =  np.dot(h, delta.T)

print ("delta_Z = ")
print (delta_Z)

print ("Correction des poids de la couche de sortie... ")
Z = Z + delta_Z
print (Z)

print ("Calcul de l'erreur de la couche cachee")

I = np.array( [[1, 1, 1], ]
            ).T

epsilon_cachee = np.dot(R.T, I)

print ("epsilon_cachee : ")
print (epsilon_cachee)

b = np.dot(W.T, X)
print ("b : ")
print (b)
h = f(b)
print ("h : ")
print (h)

print ("Calcul de l'erreur sur la couche cachee")
delta_cachee = df(h) * epsilon_cachee
print ("delta_cachee = ")
print (delta_cachee)

print ("Variation des poids de la couche cachee... ")

print ("X= ")
print (X)
delta_W =  np.dot(X, delta_cachee.T)

print ("delta_W = ")
```

```
print (delta_W)

print ("Correction des poids de la couche cachee... ")
W = W + delta_W
print (W)

print ("fin")
```

2.7 Réseau de neurones en Python pour un problème de classification

2.7.1 Exemple

Soit le problème de régression défini par le Tableau 2-8 avec des données qui ne sont pas linéairement séparables en 2 catégories. Il a été montré, au début de ce chapitre, qu'un réseau de neurones composé d'un seul neurone ne peut pas prédire correctement les données du Tableau 2-8.

Tableau 2-8. Exemple de données d'apprentissage

x_1	x_2	x_3	t
0	0	1	1
1	1	1	0
1	0	1	0
0	1	1	1

Il s'agit dans cette partie de réaliser un réseau de structure un peu différence de celle utilisée sans succès au début du chapitre : la couche cachée se compose maintenant de 4 neurones (Figure 2-36).

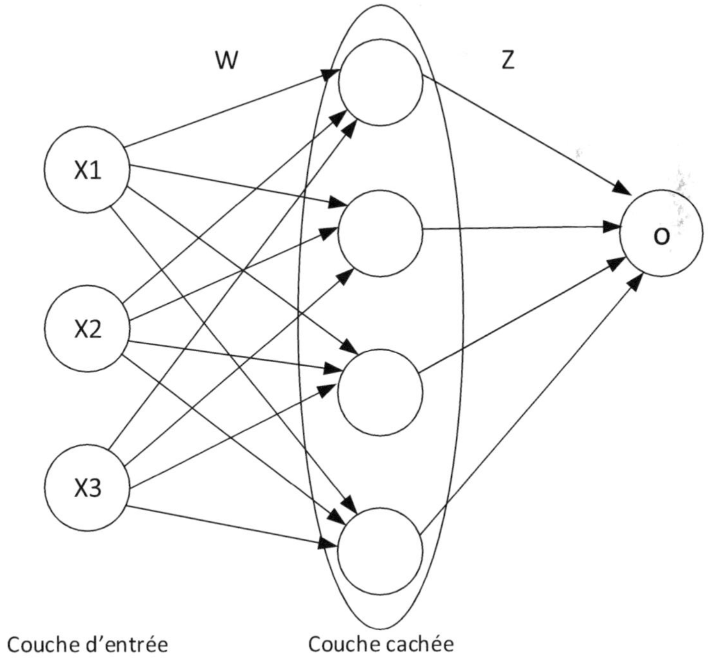

Figure 2-36. Problème de régression avec une seule couche cachée

2.7.2 Formulation mathématique

Les données de la base d'apprentissage sont :

$$X_{3,4} = \begin{pmatrix} 0 & 0 & 1 & 1 \\ 0 & 1 & 0 & 1 \\ 1 & 1 & 1 & 1 \end{pmatrix} \text{ et } t = \begin{pmatrix} 1 \\ 0 \\ 0 \\ 1 \end{pmatrix}$$

Il faut noter que la matrice $X_{3,4}$ composée de 3 lignes et de 4 colonnes, et dont les colonnes sont associées aux vecteurs d'entrée. Ainsi la colonne numéro 1 représente le premier vecteur d'entrée et la colonne numéro 2 le deuxième vecteur, comme le montre la figure ci-dessous :

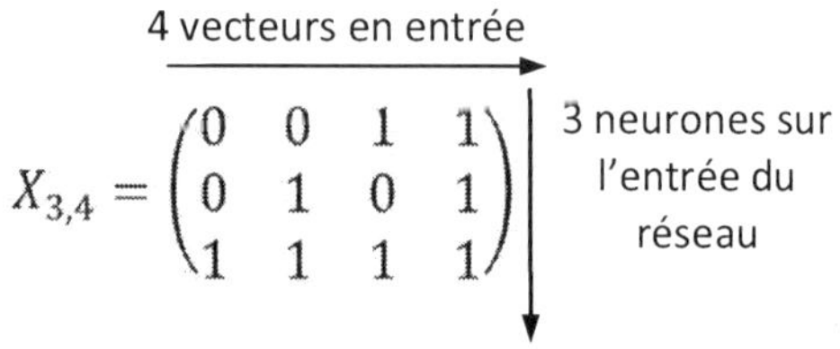

Avec des poids dans le réseau définis comme suit :

$$W_{3,4} = \begin{pmatrix} 0.5 & 0.4 & 0.3 & 0.2 \\ 0.1 & 0.2 & 0.3 & 0.4 \\ 0.5 & 0.6 & 0.7 & 0.8 \end{pmatrix} \text{ et } Z_{4,1} = \begin{pmatrix} 0.5 \\ 0.4 \\ 0.3 \\ 0.2 \end{pmatrix}$$

Ces poids ont été choisis uniquement dans un but pédagogique mais les explications données ci-dessous restent vraies pour des valeurs numériques différentes.

<u>L'activation des neurones de la couche cachée.</u>

$$b_{4,4} = (W_{3,4})^T \times X_{3,4}$$

$$b_{4,4} = W_{4,3}^T \times X_{3,4}$$

$$b_{4,3} = \begin{pmatrix} 0.5 & 0.1 & 0.5 \\ 0.4 & 0.2 & 0.6 \\ 0.3 & 0.3 & 0.7 \\ 0.2 & 0.4 & 0.8 \end{pmatrix} \times \begin{pmatrix} 0 & 0 & 1 & 1 \\ 0 & 1 & 0 & 1 \\ 1 & 1 & 1 & 1 \end{pmatrix}$$

$$b_{4,4} = \begin{pmatrix} 0.5 & 0.6 & 1.0 & 1.1 \\ 0.6 & 0.8 & 1.0 & 1.2 \\ 0.7 & 1.0 & 1.0 & 1.3 \\ 0.8 & 1.2 & 1.0 & 1.4 \end{pmatrix}$$

Ceci permet de calculer toutes les valeurs de b pour toutes les entrées simultanément.

$$h_{4,4} = f(b_{4,4})$$

$$h_{4,4} = \begin{pmatrix} 0.622 & 0.645 & 0.731 & 0.750 \\ 0.645 & 0.689 & 0.731 & 0.768 \\ 0.668 & 0.731 & 0.731 & 0.785 \\ 0.689 & 0.768 & 0.731 & 0.802 \end{pmatrix}$$

L'activation des neurones de la couche de sortie.

$$a_{1,4} = \left(Z_{4,1}\right)^T \times h_{4,4}$$

$$a_{1,4} = Z_{1,4}^T \times h_{4,4}$$

$$a_{1,4} = (0.5; 0.4; 0.3; 0.2) \times \begin{pmatrix} 0.622 & 0.645 & 0.731 & 0.750 \\ 0.645 & 0.689 & 0.731 & 0.768 \\ 0.668 & 0.731 & 0.731 & 0.785 \\ 0.689 & 0.768 & 0.731 & 0.802 \end{pmatrix}$$

$$a_{1,4} = (0.907; 0.971; 1.023; 1.078)$$

Ceci permet de calculer simultanément toutes les valeurs de o pour toutes les entrées.

$$o_{1,4} = f\left(a_{1,4}\right) \text{ et } o_{1,4} = (0.712; 0.725; 0.735; 0.746)$$

Calcul de l'erreur

$$\varepsilon_{4,1} = t_{4,1} - \left(o_{1,4}\right)^T$$

$$\varepsilon_{4,1} = t_{4,1} - o_{4,1}^T$$

$$\varepsilon_{4,1} = \begin{pmatrix} 1 \\ 0 \\ 0 \\ 1 \end{pmatrix} - \begin{pmatrix} 0.712 \\ 0.725 \\ 0.735 \\ 0.746 \end{pmatrix}$$

$$\varepsilon_{4,1} = \begin{pmatrix} 0.287 \\ -0.725 \\ -0.735 \\ 0.253 \end{pmatrix}$$

La somme totale des erreurs est donc :

$$erreur = \left|\varepsilon_{4,1}\right|^T \times I$$

$$erreur = (0.287; 0.725; 0.735; 0.253) \times \begin{pmatrix} 1 \\ 1 \\ 1 \\ 1 \end{pmatrix}$$

$$erreur = 2.002$$

Calcul de δ sur la couche de sortie

$$\delta_{4,1} = \varepsilon_{4,1} \wedge df\left(o_{1,4}\right)^T$$

Avec $df\left(o_{1,4}\right) = (0.204; 0.199; 0.194; 0.189)$

$$\delta_{4,1} = \begin{pmatrix} 0.287 \\ -0.725 \\ -0.735 \\ 0.253 \end{pmatrix} \wedge \begin{pmatrix} 0.204 \\ 0.199 \\ 0.194 \\ 0.189 \end{pmatrix}$$

$$\delta_{4,1} = \begin{pmatrix} 0.058 \\ -0.144 \\ -0.143 \\ 0.048 \end{pmatrix}$$

<u>Calcul de R pour la rétro-propagation</u>

$$R_{4,4} = Z_{1,4}^{T} \wedge \left(I \otimes \delta_{3,1}^{sortie}\right) \text{ avec } I = (1 \quad 1 \quad 1 \quad 1)$$

$$R_{1,4} = Z_{1,4}^{T} \wedge \left(\delta_{4,1}^{sortie} \delta_{4,1}^{sortie} \delta_{4,1}^{sortie} \delta_{4,1}^{sortie}\right)$$

$$\mathrm{R}_{4,4} = (0.5; 0.4; 0.3; 0.2) \wedge \begin{pmatrix} 0.050 & 0.050 & 0.050 & 0.050 \\ -0.144 & -0.144 & -0.144 & -0.144 \\ -0.143 & -0.143 & -0.143 & -0.143 \\ 0.048 & 0.048 & 0.048 & 0.048 \end{pmatrix}$$

Et donc

$$\mathrm{R}_{4,4} = \begin{pmatrix} 0.029 & 0.0235 & 0.0176 & 0.011 \\ -0.072 & -0.057 & -0.043 & -0.028 \\ -0.071 & -0.057 & -0.042 & -0.028 \\ 0.024 & 0.019 & 0.014 & 0.009 \end{pmatrix}$$

<u>Calcul de ΔZ</u>

$$\Delta Z = \mu \times h_{4,4} \times \delta_{4,1}$$

$$\Delta Z = 0.9 \times \begin{pmatrix} 0.622 & 0.645 & 0.731 & 0.750 \\ 0.645 & 0.689 & 0.731 & 0.768 \\ 0.668 & 0.731 & 0.731 & 0.785 \\ 0.689 & 0.768 & 0.731 & 0.802 \end{pmatrix} \times \begin{pmatrix} 0.058 \\ -0.144 \\ -0.143 \\ 0.048 \end{pmatrix}$$

$$\Delta Z_{4,1} = \begin{pmatrix} -0.112 \\ -0.116 \\ -0.119 \\ -0.122 \end{pmatrix}$$

<u>Calcul de Z</u>

$$Z = Z + \Delta Z_{4,1}$$

$$Z = \begin{pmatrix} 0.5 \\ 0.4 \\ 0.3 \\ 0.2 \end{pmatrix} + \begin{pmatrix} -0.112 \\ -0.116 \\ -0.119 \\ -0.122 \end{pmatrix}$$

$$Z = \begin{pmatrix} 0.387 \\ 0.283 \\ 0.180 \\ 0.077 \end{pmatrix}$$

<u>Calcul de $\varepsilon^{cachée}$</u>

$$\varepsilon_{4,4}^{cachée} = \left(\mathrm{R}_{4,4}\right)^{T}$$

$$\varepsilon_{4,4}^{cachée} = \begin{pmatrix} 0.029 & -0.072 & -0.071 & 0.024 \\ 0.023 & -0.057 & -0.057 & 0.019 \\ 0.017 & -0.043 & -0.042 & 0.014 \\ 0.011 & -0.028 & 0.028 & 0.009 \end{pmatrix}$$

<u>Calcul de δ sur la couche cachée</u>

$$\delta_{4,4}^{cachee} = df\left(h_{4,4}\right) \wedge \varepsilon_{4,4}^{cachee}$$

$$\delta_{4,4}^{cachee} = df\begin{pmatrix} 0.622 & 0.645 & 0.731 & 0.750 \\ 0.645 & 0.689 & 0.731 & 0.768 \\ 0.668 & 0.731 & 0.731 & 0.785 \\ 0.689 & 0.768 & 0.731 & 0.802 \end{pmatrix} \wedge \begin{pmatrix} 0.029 & -0.072 & -0.071 & 0.024 \\ 0.023 & -0.057 & -0.057 & 0.019 \\ 0.017 & -0.043 & -0.042 & 0.014 \\ 0.011 & -0.028 & 0.028 & 0.009 \end{pmatrix}$$

Et donc :

$$\delta_{4,4}^{cachee} = \begin{pmatrix} 0.235 & 0.228 & 0.196 & 0.187 \\ 0.228 & 0.213 & 0.196 & 0.177 \\ 0.221 & 0.196 & 0.196 & 0.168 \\ 0.213 & 0.177 & 0.196 & 0.158 \end{pmatrix} \wedge \begin{pmatrix} 0.029 & -0.072 & -0.071 & 0.024 \\ 0.023 & -0.057 & -0.057 & 0.019 \\ 0.017 & -0.043 & -0.042 & 0.014 \\ 0.011 & -0.028 & 0.028 & 0.009 \end{pmatrix}$$

Et

$$\delta_{4,4}^{cachee} = \begin{pmatrix} 0.006 & -0.016 & -0.014 & 0.004 \\ 0.005 & -0.012 & -0.011 & 0.003 \\ 0.003 & -0.008 & -0.008 & 0.002 \\ 0.002 & -0.005 & -0.005 & 0.001 \end{pmatrix}$$

<u>Calcul de ΔW</u>

$$\Delta W = \mu \times X_{3,4} \times \left(\delta_{4,4}^{cachée}\right)^T$$

$$\Delta W_{3,4} = 0.9 \times \begin{pmatrix} 0 & 0 & 1 & 1 \\ 0 & 1 & 0 & 1 \\ 1 & 1 & 1 & 1 \end{pmatrix} \times \begin{pmatrix} 0.006 & 0.005 & 0.003 & 0.002 \\ -0.016 & -0.012 & -0.008 & -0.005 \\ -0.014 & -0.011 & -0.008 & -0.005 \\ 0.004 & 0.003 & 0.002 & 0.001 \end{pmatrix}$$

$$\Delta W_{3,4} = \begin{pmatrix} -0.008 & -0.007 & -0.005 & -0.003 \\ -0.010 & -0.000 & -0.005 & -0.003 \\ -0.017 & -0.013 & -0.009 & -0.006 \end{pmatrix}$$

<u>Calcul de W</u>

$$W_{3,4} = W_{3,4} + \Delta W_{3,4}$$

$$W_{3,4} = \begin{pmatrix} 0.5 & 0.4 & 0.3 & 0.2 \\ 0.1 & 0.2 & 0.3 & 0.4 \\ 0.5 & 0.6 & 0.7 & 0.8 \end{pmatrix} + \begin{pmatrix} -0.008 & -0.007 & -0.005 & -0.003 \\ -0.010 & -0.000 & -0.005 & -0.003 \\ -0.017 & -0.013 & -0.009 & -0.006 \end{pmatrix}$$

$$W_{3,4} = \begin{pmatrix} 0.491 & 0.392 & 0.294 & 0.196 \\ 0.0891 & 0.191 & 0.294 & 0.396 \\ 0.482 & 0.586 & 0.690 & 0.793 \end{pmatrix}$$

2.7.3 Implémentation Python

Python permet la définition d'un tableau modélisant les poids du réseau en affectant directement les valeurs ligne par ligne.

```
W = np.array([  [0.5,0.4,0.3,0.2],
                [0.1,0.2,0.3,0.4],
                [0.5,0.6,0.7,0.8]
            ])
```

```
Z = np.array([  [0.5],
                [0.4],
                [0.3],
                [0.2]
            ])
mu = 0.9
```

<u>L'activation des neurones de la couche cachée.</u>

$$b_{4,4} = \left(W_{3,4}\right)^T \times X_{3,4}$$

$$b_{4,4} = W_{4,3}^T \times X_{3,4}$$

$$h_{4,4} = f(b_{4,4})$$

```
b = np.dot(W.T, X)
print ("h = ")

print (b)
h = f(b)

print ("h = ")
print (h)
```

Ceci permet de calculer toutes les valeurs de *b* et de *o* pour toutes les entrées simultanément (Figure 2-37).

```
C:\Users\Philippe\Anaconda3\python.exe
W_T =
[[0.5 0.1 0.5]
 [0.4 0.2 0.6]
 [0.3 0.3 0.7]
 [0.2 0.4 0.8]]
X =
[[0 1 1 0]
 [0 1 0 1]
 [1 1 1 1]]
b =
[[0.5 1.1 1.  0.6]
 [0.6 1.2 1.  0.8]
 [0.7 1.3 1.  1. ]
 [0.8 1.4 1.  1.2]]
h =
[[0.62245933 0.75026011 0.73105858 0.64565631]
 [0.64565631 0.76852478 0.73105858 0.68997448]
 [0.66818777 0.78583498 0.73105858 0.73105858]
 [0.68997448 0.80218389 0.73105858 0.76852478]]
```

Figure 2-37. Calcul des valeurs de la couche cachée

<u>L'activation des neurones de la couche de sortie.</u>

$$a_{1,4} = \left(Z_{4,1}\right)^T \times h_{4,4}$$

$$a_{1,4} = Z_{1,4}^T \times h_{4,4}$$

$$o_{1,4} = f(a_{1,4})$$

Le code Python correspondant est :

```
a = np.dot(Z.T, h)
o = f(a)
print ("a = ")
print (a)
print ("o = ")
print (o)
```

Figure 2-38. Calcul des valeurs de la couche de sortie

<u>Calcul de l'erreur</u>

$$\varepsilon_{4,1} = t_{4,1} - \left(o_{1,4}\right)^T$$

$$\varepsilon_{4,1} = t_{4,1} - o_{4,1}^T$$

$$erreur = \left|\varepsilon_{4,1}\right|^T \times I$$

```
epsilon = t - o.T
print ("epsilon = ")
print (epsilon)

I1 = np.array( [ [1,1,1,1],]
             ).T
epsilon_abs = np.absolute(epsilon.T)
print("epsilon_abs = ")
print(epsilon_abs)

print ("I1  = ")
print (I1 )
cout_total = np.dot(epsilon_abs, I1)
print("ecart total = ", cout_total)
```

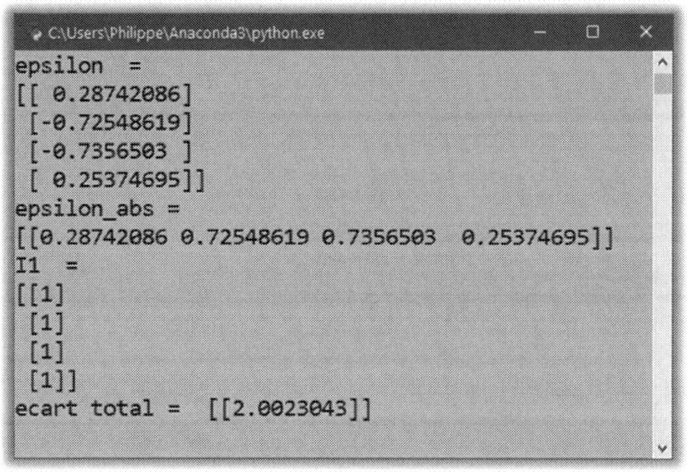

Figure 2-39. Calcul de l'erreur

<u>Calcul de δ sur la couche de sortie</u>

$$\delta_{4,1} = \varepsilon_{4,1} \wedge df(o_{1,4})^T$$

avec $df(o_{1,4}) = (0.204; 0.199; 0.194; 0.189)$.

```
derivee_de_f = df(o)
print ("derivee_de_f = ")
print (derivee_de_f)

delta = epsilon*df(o).T
print ("delta = ")
print (delta)
```

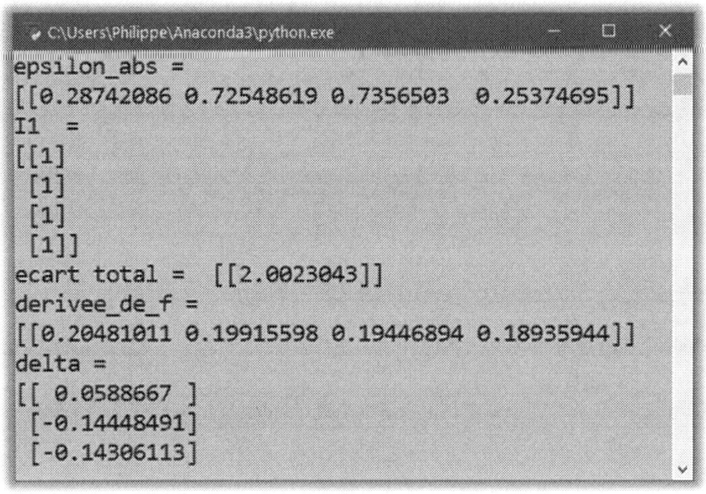

```
C:\Users\Philippe\Anaconda3\python.exe
epsilon_abs =
[[0.28742086 0.72548619 0.7356503  0.25374695]]
I1  =
[[1]
 [1]
 [1]
 [1]]
ecart total =  [[2.0023043]]
derivee_de_f =
[[0.20481011 0.19915598 0.19446894 0.18935944]]
delta =
[[ 0.0588667 ]
 [-0.14448491]
 [-0.14306113]
```

Figure 2-40. Calcul de δ sur la couche de sortie

<u>Calcul de R pour la rétro-propagation</u>

$$\mathrm{R}_{4,4} = (Z_{4,1})^T \otimes \delta_{4,1}$$

$$\mathrm{R}_{4,4} = Z_{1,4}^T \otimes \delta_{4,1}$$

$$\mathrm{R}_{4,4} = (0.5; 0.4; 0.3; 0.2) \otimes \begin{pmatrix} 0.05 \\ -0.144 \\ -0.143 \\ 0.048 \end{pmatrix}$$

$$R_{4,4} = Z_{1,4}^T \wedge \ (I \otimes \delta_{3,1}^{sortie}) \text{ avec } I = (1 \quad 1 \quad 1 \quad 1)$$

$$R_{1,4} = Z_{1,4}^T \wedge \ (\delta_{4,1}^{sortie} \delta_{4,1}^{sortie} \delta_{4,1}^{sortie} \delta_{4,1}^{sortie})$$

$$\mathrm{R}_{4,4} = (0.5; 0.4; 0.3; 0.2) \wedge \begin{pmatrix} 0.05 & 0.05 & 0.05 & 0.05 \\ -0.144 & -0.144 & -0.144 & -0.144 \\ -0.143 & -0.143 & -0.143 & -0.143 \\ 0.048 & 0.048 & 0.048 & 0.048 \end{pmatrix}$$

Et donc

$$\mathrm{R}_{4,4} = \begin{pmatrix} 0.029 & 0.0235 & 0.0176 & 0.011 \\ -0.072 & -0.057 & -0.043 & -0.028 \\ -0.071 & -0.057 & -0.042 & -0.028 \\ 0.024 & 0.019 & 0.014 & 0.009 \end{pmatrix}$$

En Python, cela donne :

```
R = Z.T * delta
print ("R = ")
print (R)
```

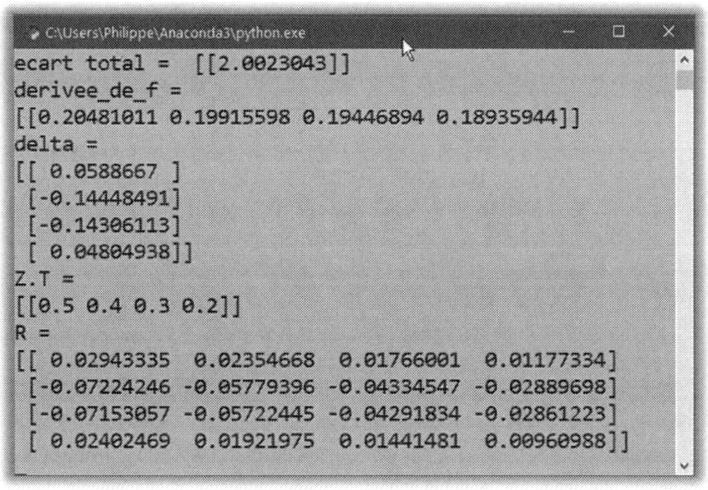

```
C:\Users\Philippe\Anaconda3\python.exe
ecart total =  [[2.0023043]]
derivee_de_f =
[[0.20481011 0.19915598 0.19446894 0.18935944]]
delta =
[[ 0.0588667 ]
 [-0.14448491]
 [-0.14306113]
 [ 0.04804938]]
Z.T =
[[0.5 0.4 0.3 0.2]]
R =
[[ 0.02943335  0.02354668  0.01766001  0.01177334]
 [-0.07224246 -0.05779396 -0.04334547 -0.02889698]
 [-0.07153057 -0.05722445 -0.04291834 -0.02861223]
 [ 0.02402469  0.01921975  0.01441481  0.00960988]]
```

Figure 2-41. Calcul de R

<u>Calcul de ΔZ</u>

$$\Delta Z = \mu \times h_{4,4} \times \delta_{4,1}$$

```
Delta_Z = mu * np.dot(h,delta)
print ("Delta_Z = ")
print (Delta_Z)
```

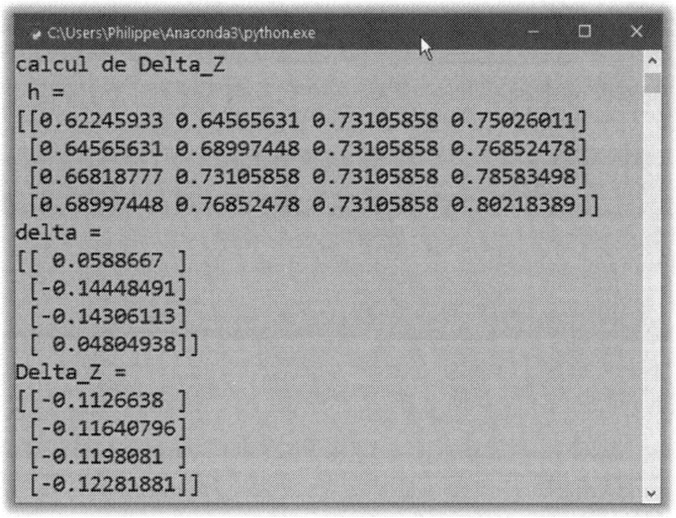

```
C:\Users\Philippe\Anaconda3\python.exe
calcul de Delta_Z
 h =
[[0.62245933 0.64565631 0.73105858 0.75026011]
 [0.64565631 0.68997448 0.73105858 0.76852478]
 [0.66818777 0.73105858 0.73105858 0.78583498]
 [0.68997448 0.76852478 0.73105858 0.80218389]]
delta =
[[ 0.0588667 ]
 [-0.14448491]
 [-0.14306113]
 [ 0.04804938]]
Delta_Z =
[[-0.1126638 ]
 [-0.11640796]
 [-0.1198081 ]
 [-0.12281881]]
```

Figure 2-42. Calcul de ΔZ

<u>Calcul de Z</u>

$$Z = Z + \Delta Z_{4,1}$$

```
Z = Z + Delta_Z
print ("Z = ")
print (Z)
```

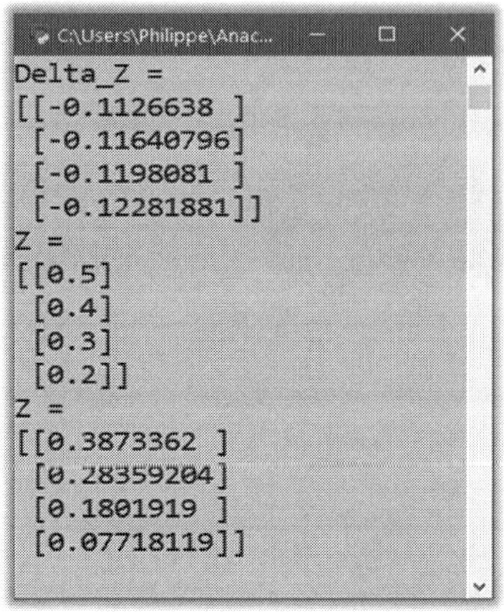

```
C:\Users\Philippe\Anac...
Delta_Z =
[[-0.1126638 ]
 [-0.11640796]
 [-0.1198081 ]
 [-0.12281881]]
Z =
[[0.5]
 [0.4]
 [0.3]
 [0.2]]
Z =
[[0.3873362 ]
 [0.28359204]
 [0.1801919 ]
 [0.07718119]]
```

Figure 2-43. Calcul de Z

<u>Calcul de $\varepsilon^{cachée}$</u>

$$\varepsilon_{4,4}^{cachée} = \left(\mathrm{R}_{4,4}\right)^{T}$$

```
epsilon_cachee = R.T
print ("epsilon_cachee = ")
print (epsilon_cachee)
```

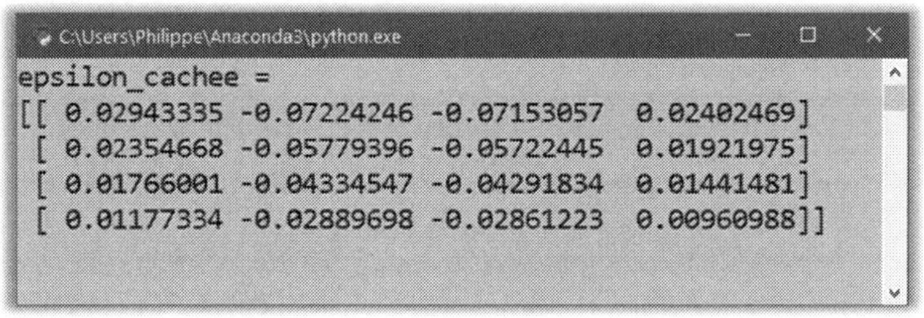

```
C:\Users\Philippe\Anaconda3\python.exe
epsilon_cachee =
[[ 0.02943335 -0.07224246 -0.07153057  0.02402469]
 [ 0.02354668 -0.05779396 -0.05722445  0.01921975]
 [ 0.01766001 -0.04334547 -0.04291834  0.01441481]
 [ 0.01177334 -0.02889698 -0.02861223  0.00960988]]
```

Figure 2-44. Calcul de $\varepsilon_{4,4}^{cachée}$

<u>Calcul de δ sur la couche cachée</u>

$$\delta_{4,4}^{cachee} = df\left(h_{4,4}\right) \wedge \varepsilon_{4,4}^{cachee}$$

```
print ("df(h) = ")
print (df(h))
print()
print ("epsilon_cachee = ")
print (epsilon_cachee)
print ("")
delta_cachee = df(h) * epsilon_cachee
print ("delta_cachee = ")
print (delta_cachee)
print ("")
```

```
C:\Users\Philippe\Anaconda3\python.exe
epsilon_cachee =
[[ 0.02943335 -0.07224246 -0.07153057  0.02402469]
 [ 0.02354668 -0.05779396 -0.05722445  0.01921975]
 [ 0.01766001 -0.04334547 -0.04291834  0.01441481]
 [ 0.01177334 -0.02889698 -0.02861223  0.00960988]]

df=
 [[0.23500371 0.22878424 0.19661193 0.18736988]
 [0.22878424 0.2139097  0.19661193 0.17789444]
 [0.22171287 0.19661193 0.19661193 0.16829836]
 [0.2139097  0.17789444 0.19661193 0.1586849 ]]
delta_cachee =
[[ 0.00691695 -0.01652794 -0.01406376  0.0045015 ]
 [ 0.00538711 -0.01236269 -0.01125101  0.00341909]
 [ 0.00391545 -0.00852224 -0.00843826  0.00242599]
 [ 0.00251843 -0.00514061 -0.00562551  0.00152494]]
```

Figure 2-45. Calcul de $\delta_{4,4}^{cachée}$

<u>Calcul de ΔW</u>

$$\Delta W = \mu \times X_{3,4} \times \left(\delta_{4,4}^{cachée}\right)^T$$

```
print ("X = ")
print (X)
print ("")

print ("delta_cachee.T = ")
print (delta_cachee.T)
print ("")

Delta_W = mu * np.dot(X,delta_cachee.T)
print ("delta_W = ")
print (Delta_W)
```

```
C:\Users\Philippe\Anaconda3\python.exe
X =
[[0 0 1 1]
 [0 1 0 1]
 [1 1 1 1]]

delta_cachee.T =
[[ 0.00691695  0.00538711  0.00391545  0.00251843]
 [-0.01652794 -0.01236269 -0.00852224 -0.00514061]
 [-0.01406376 -0.01125101 -0.00843826 -0.00562551]
 [ 0.0045015   0.00341909  0.00242599  0.00152494]]

delta_W =
[[-0.00860603 -0.00704873 -0.00541104 -0.00369051]
 [-0.01082379 -0.00804924 -0.00548662 -0.0032541 ]
 [-0.01725592 -0.01332675 -0.00955715 -0.00605047]]
```

Figure 2-46. Calcul de ΔW

<u>Calcul de W</u>

$$W_{3,4} = W_{3,4} + \Delta W_{3,4}$$

```
W = W + Delta_W
print ("apres modif W = ")
print (W)
```

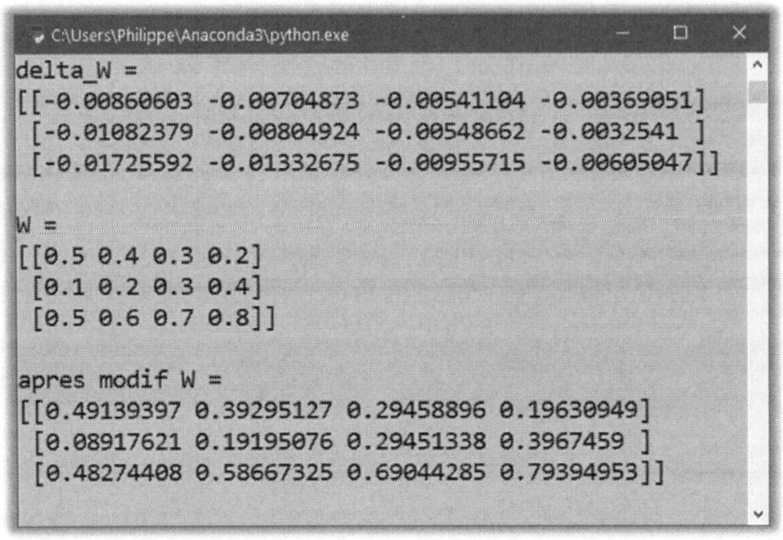

Figure 2-47. Calcul de W

2.7.4 Algorithme itératif réalisé en Python

Il se compose de deux parties :

- la partie 1 qui recherche les meilleurs poids ;
- la partie 2 qui restitue le réseau avec les meilleurs poids trouvés, ce qui peut permettre de tester la capacité de généralisation du réseau.

La partie 1 se compose de 2 boucles imbriquées. La première boucle réalise un choix aléatoire des poids du réseau et la deuxième réalise une descente du gradient.

```
mu = 0.9
iter=1
stop=0;
redemarrage=0;

best_W = 2*np.random.random((3,4)) - 1
best_Z = 2*np.random.random((4,1)) - 1
best_cout_total = 9999

while ((stop==0) and (redemarrage<=5000) ) :
   redemarrage=redemarrage+1

   # initialisation des poids
   if (redemarrage>1):
      # initialisation des poids
      W = 2*np.random.random((3,4)) - 1
      Z = 2*np.random.random((4,1)) - 1
   cout_total_prec=9999
   stop=0
```

```
while (iter<10000) and (stop==0) :

    <code du réseau>

    cout_total = np.dot(epsilon_abs, I1)

    if (cout_total<best_cout_total-0.001) :
        best_cout_total=cout_total
        best_W = W
        best_Z = Z

    if (abs(cout_total)<0.01) :
        stop=1
    else :

        difference = cout_total - cout_total_prec
        if (np.abs(difference)<0.01):
            nb_iter_cons_identique = nb_iter_cons_identique + 1
        else :
            nb_iter_cons_identique= 0

        if (nb_iter_cons_identique>10000):
            stop=2
        else :
            <code du réseau>

            iter = iter + 1
            mu = mu - 0.01
            if (mu<0.1):
                mu=0.9
```

La deuxième partie consiste, à partir des meilleurs poids trouvés, à évaluer la performance du réseau…

```
# restitution du meileur réseau
W = best_W
Z = best_Z

print ("")
print ("Les poids")
print ("W = ")
print (W)
print ("Z = ")
print (Z)

# évaluation pour toutes les entrées simultanément
b = np.dot(W.T, X)
h = f(b)
a = np.dot(Z.T, h)
o = f(a)
epsilon  = t - o.T

print ("t = ")
print (t)
print ("o = ")
print (o)
print ("epsilon = ")
print (epsilon)

print ("fin")
```

2.7.5 Test du modèle Python

Le test a été réalisé avec un nombre de redémarrages égal à 1 (**redemarrage<=1**), un nombre d'itérations par redémarrage égal à 10 000 et avec la recherche d'une erreur maximale de 0.09 (**abs(cout_total)<0.09**). La performance du modèle est très bonne comme le montre la Figure 2-48. En effet, $o = \begin{pmatrix} 0.99 \\ 0.02 \\ 0.02 \\ 0.97 \end{pmatrix}$ alors que le vecteur recherche est $t = \begin{pmatrix} 1 \\ 0 \\ 0 \\ 1 \end{pmatrix}$.

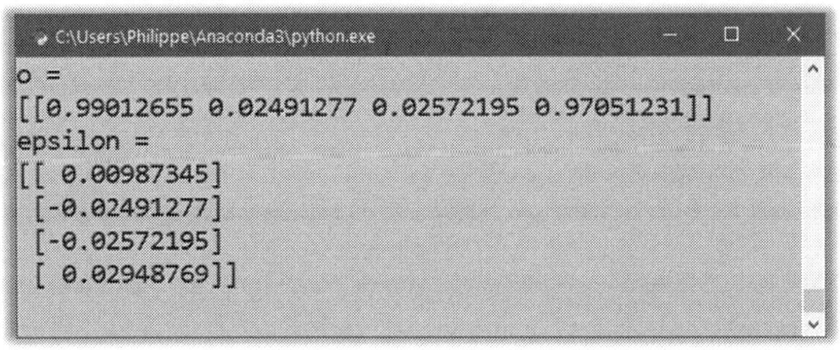

Figure 2-48. Performance du réseau à la fin de l'optimisation des poids

2.8 Conclusion

Ce chapitre est une introduction aux réseaux de neurones. Il n'aborde que peu les aspects théoriques. Cependant il permet au lecteur de réaliser des tests et devrait ainsi le convaincre que les réseaux de neurones possèdent des capacités d'apprentissage et de généralisation intéressantes. Il existe des livres qui constituent un approfondissement indispensable pour ceux qui souhaitent approfondir la méthode des réseaux de neurones. Il existe aussi un nombre impressionnant de documents sur internet qui sont des introductions aux réseaux de neurones. L'objectif de ce chapitre est de fournir une introduction "algorithmique" en levant le voile (en partie seulement) sur les mécanismes plus complexes dont par exemple la rétro-propagation. La partie Deep Learning et les réseaux de neurones à convolution ne sont abordés dans ce chapitre.

2.9 Références

Le lecteur à la recherche d'une introduction basée sur des exemples didactiques peut se référer au site http://playground.tensorflow.org/ qui offre une représentation graphique particulièrement agréable. Il offre la possibilité de tester différents types de réseau sur des jeux de données, sans aucun code à écrire : l'interface graphique permet de contrôler tous les paramètres du réseau.

L'exemple numérique de la section 2.2.1 sur la rétro-propagation a été initialement proposé par Hervé Abdi, qui propose dans son livre de 2013, une collection d'exemples numériques de grande qualité pédagogique.

Abdi H. "Réseaux de neurones", Collection : Sciences Cognitives. 2013.

Les deux documents de référence accessibles aux débutants sont le livre de Claude Touzet et le support de cours de Gérald Petitjean.

Touzet C. "Réseaux de neurones artificiels – introduction au connexionisme", Seconde Édition, Edit. La Machotte, 2016.

Petitjean G. "Introduction aux réseaux de neurones".

Le support de cours de Gérald Petitjean peut être librement consulté à l'adresse suivante :

https://www.lrde.epita.fr/~sigoure/cours_ReseauxNeurones.pdf

La thèse de Aymen Cherif et le support de cours de Ricco Rakotomolala constitueront deux points d'entrée indispensable pour approfondir les notions abordées dans ce chapitre.

Cherif A. "Réseaux de neurones, SVM et approches locales pour la prévision de séries temporelles". Thèse de l'Université François Rabelais de Tours. Soutenue le 17 juillet 2013.

Rakotomolala R. "Réseaux de neurones artificiels : perceptrons simples et multi-couches".

Le support de cours de Ricco Rakotomolala est accessible à l'adresse suivante :

http://eric.univ-lyon2.fr/~ricco/cours/slides/reseaux_neurones_perceptron.pdf

Notions abordées dans ce chapitre

- Définition d'un neurone
- Définition d'un réseau de neurones
- Création d'un réseau de neurones en C et en Python
- Formulation matricielle des calculs

CHAPITRE 3

Découverte de TensorFlow et de Keras

Objectifs : Ce chapitre est une introduction à la librairie TensorFlow. Le but principal est de permettre de réécrire facilement les exemples traités dans le chapitre 2 avec cet outil. La bibliothèque Keras est aussi utilisée dans ce chapitre et permet aux développeurs de se concentrer uniquement sur la spécification du réseau.

Outils utilisés : □ C ■ Python □ Java ■ Librairies tierces

3.1 Introduction à TensorFlow

3.1.1 Installation de TensorFlow

TensorFlow est une librairie open source développée par Google qui offre des outils de base pour créer des modèles de Machine Learning. Elle fournit des outils permettant de spécifier la structure d'un réseau de neurones, de réaliser la phase d'apprentissage et la phase de prédiction et elle décharge le programmeur de tous les détails d'implémentation.

Keras, qui fait l'objet de la deuxième partie de ce chapitre, est une librairie de haut niveau qui permet de réaliser des réseaux de neurones "classiques", des réseaux récurrents et des réseaux convolutionnels. Cette librairie permet de réaliser des codes qui s'exécutent sur le processeur (CPU) ou tirent profit d'un processeur graphique (GPU).

L'installation de TensorFlow n'est pas toujours simple et voici les étapes à suivre :

1) Télécharger **Python 3.7.5** en version **x64**. Attention, TensorFlow ne fonctionne pas encore avec des versions plus récentes ou des versions x32. Il est conseillé de vérifier avec quelles versions de Python TensorFlow est compatible sur la page officielle suivante : https://www.tensorflow.org/install/pip.
2) Installer Python en utilisant l'option ajouter option **Add Python to PATH**, comme le montre la Figure 3-1.
3) Ouvrir une console en mode **Administrateur**.
4) Aller dans le répertoire d'installation de Python et dans le sous répertoire Script : **\Python\Scripts** via la commande : **cd <chemin>**
5) Mettre à jour pip avec la commande : **pip install --upgrade pip**
6) Installer TensorFlow avec **pip install tensorflow==1.15.2** puis attendre quelques minutes. Cette version n'est pas la dernière disponible, mais elle est compatible avec

toutes les configurations et c'est la version utilisée pour cet ouvrage. L'utilisation de version plus récente de TensorFlow peut requérir d'ajouter **compat.v1** avant le nom des fonctions.

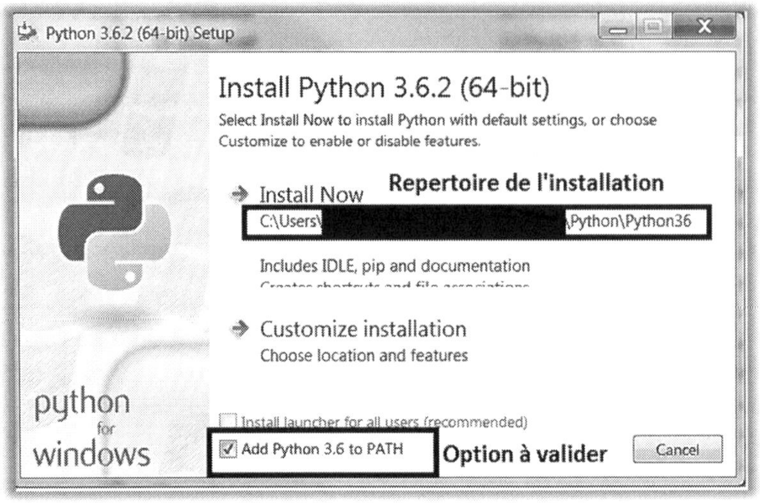

Figure 3-1. Installation de Python avec l'option PATH

En cas de problème, il faut vérifier les variables d'environnement du système et en particulier la variable PATH. Celle-ci doit contenir les chemins C:\XXX**Python** et C:\XXX**Python\Scripts.** Si ce n'est pas le cas, il faut ajouter ces chemins manuellement et redémarrer l'ordinateur.

Attention, s'il est nécessaire d'installer des packages Python, cela doit se faire dans une fenêtre de commande **cmd** en **mode administrateur** et avec la commande **pip**. La commande **pip** se trouve dans le répertoire C:\XXX**Python\Scripts**.

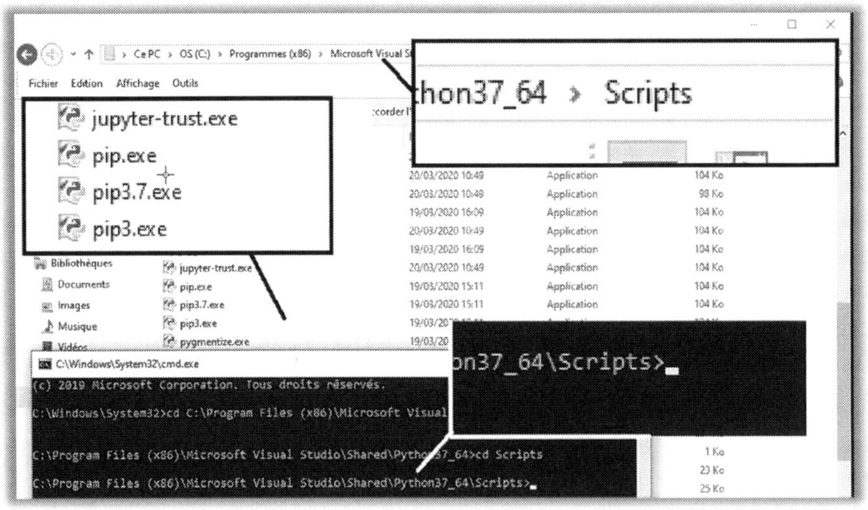

Figure 3-2. Installation des librairies Python dans le répertoire Scripts

Le point important dans le code est l'importation de TensorFlow pour obtenir l'accès à la librairie.

```
import tensorflow as tf
```

D'autres librairies de Python peuvent être nécessaires, et doivent être installées avec la commande **pip install <nomLibrairie>** qui se trouve dans le répertoire C:\XXX**Python\Scripts**

Par exemple, IPython, Matplotlib, Numpys, Pandas, Sklearn, Jupyter, etc. doivent être installées avec cette procédure.

Si un programme débute par une ligne telle que

```
from IPython import display
```

ou alors par

```
import numpy as np
```

et que cette ligne donne une erreur de compilation, il faut vérifier que la librairie est bien installée.

3.1.2 Premier programme TensorFlow

Le plus petit programme possible avec TensorFlow consiste à démarrer une session et à afficher un texte sur l'écran, ce qui donne :

```
import tensorflow as tf

hello = tf.constant('Hello, TensorFlow!')
sess = tf.Session()
print(sess.run(hello))
```

L'environnement Python lié à Visual Studio est accessible via le menu Outils / Python Tools (Figure 3-3).

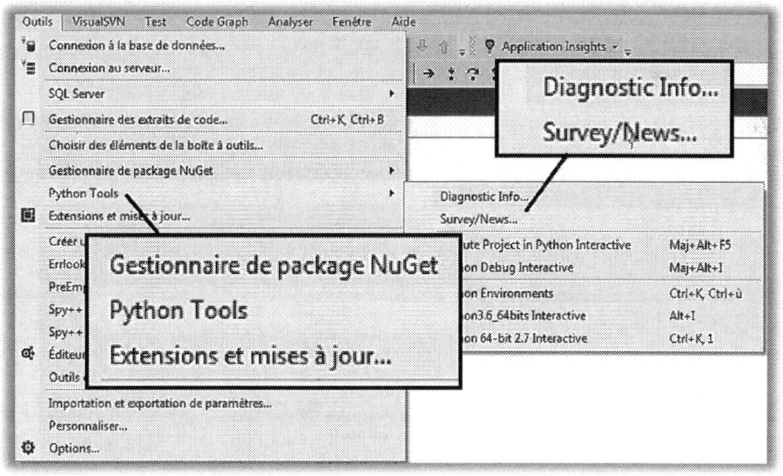

Figure 3-3. Accès à l'environnement Python sous Visual Studio

Une console spécifique (Figure 3-4) est disponible en cliquant sur l'environnement installé. Elle permet notamment de modifier la configuration si nécessaire.

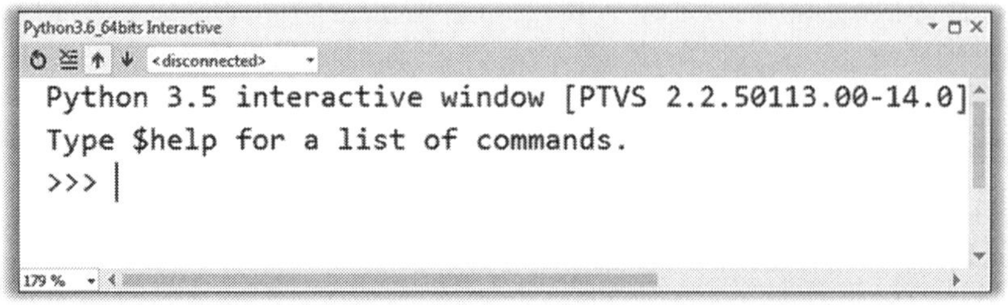

Figure 3-4. Environnement Python sous Visual Studio

Il est nécessaire de lier l'environnement Visual Studio avec l'environnement Python qui contient la librairie TensorFlow installée.

Dans le volet **Explorateur de solutions**, faire un clic droit sur **Environnements Python** puis **Ajouter/supprimer des environnements Python** et choisir l'environnement Python ad hoc (Figure 3-5).

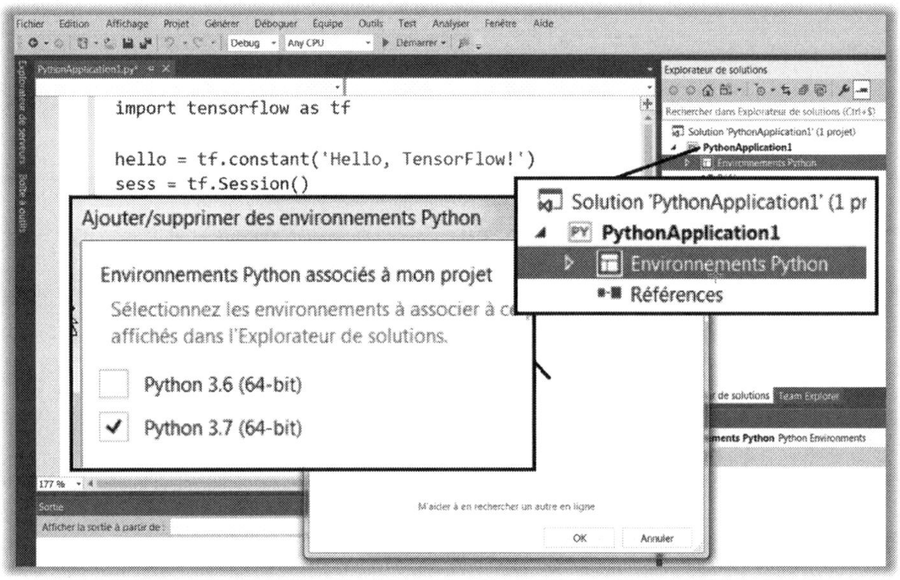

Figure 3-5. Sélection de l'environnement Python sous Visual Studio

Le programme suivant peut alors être exécuté normalement ou bien en mode pas à pas avec la touche F10 classique de l'environnement Visual Studio ou bien exécuté en intégralité.

```
import tensorflow as tf

hello = tf.constant('Hello, TensorFlow!')
sess = tf.Session()
print(sess.run(hello))
```

Un avantage important de l'environnement Visual Studio est sa capacité à offrir un débugger ligne à ligne performant qui permet d'analyser le contenu des variables car ceci facilite grandement la mise au point des programmes.

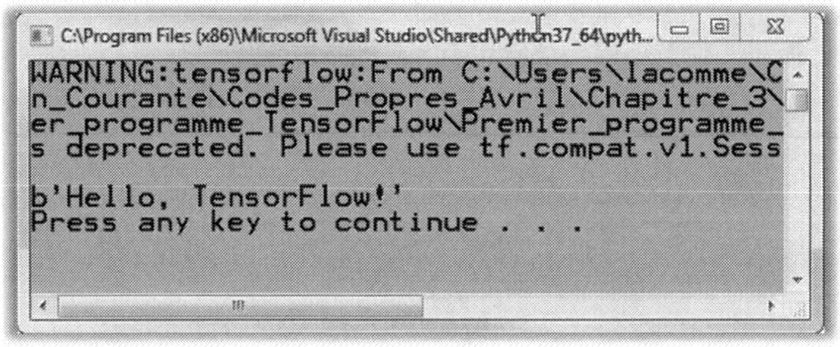

Figure 3-6. Première exécution de TensorFlow

Il est possible qu'un avertissement (warning) apparaisse sous la forme suivante :

"Your CPU supports instructions that this TensorFlow binary was not compiled to use: AVX2".

Ce message signale simplement que TensorFlow ne peut pas s'exécuter sur un GPU mais cela n'impacte pas l'exécution de TensorFlow sur la CPU et le fonctionnement classique sur la CPU de l'ordinateur est largement suffisant pour réaliser les exemples de ce chapitre. Seules les GPU Nvidia sont actuellement prises en charge par TensorFlow.

Afin de supprimer ces messages d'avertissement, il faut écrire les lignes de codes suivantes en début de programme Python.

```
import os
os.environ['TF_CPP_MIN_LOG_LEVEL']='2'
```

3.2 Premier réseau de neurones avec TensorFlow : un seul neurone et une seule couche

3.2.1 Exemple

Soit le problème de régression définie par le Tableau 3-1 avec des données qui sont linéairement séparables en 2 catégories.

Ce problème a été abordé en C et en Python dans le chapitre 2 et est traité dans ce nouveau chapitre avec Python et la librairie TensorFlow.

Tableau 3-1. Exemple de données d'apprentissage

	x_1	x_2	x_3	t
D_1	0	0	1	0
D_2	1	1	1	1
D_3	1	0	1	1
D_4	0	1	1	0

Dans le chapitre précédent, d'introduction aux réseaux de neurones afin de simplifier les explications, le biais de chaque neurone n'avait pas été représenté. Toutefois, ils sont introduits ici dans un souci de généricité. Le biais modélise un potentiel d'activation du neurone et il doit être soustrait à la somme des entrées pondérées par les poids. Un biais élevé (proche de 1) favorise l'activation du neurone.

Pour rappel, un neurone est une cellule qui reçoit des données X_1,...,X_i,...,X_n qui sont pondérées par un poids w_{i1}. Dans le cadre du réseau étudié (Figure 3-7) qui est composé d'un unique neurone, 4 données (D_1, D_2, D_3 et D_4) constituent la base d'apprentissage (Tableau 3-1). Une donnée d'entrée D_i est un vecteur de taille 3, chaque composante de D_i correspond à une entrée (un neurone) du réseau.

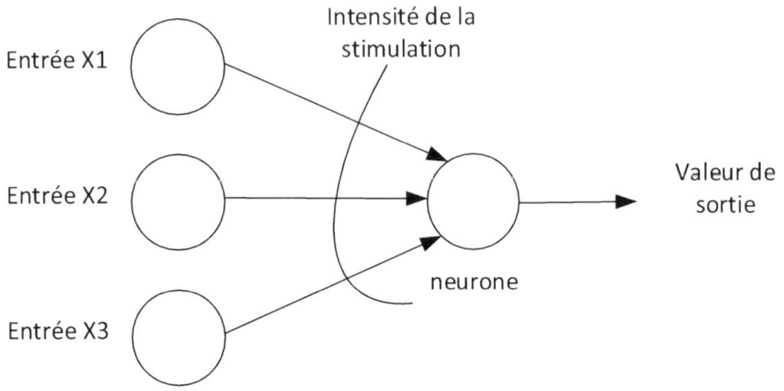

Figure 3-7. Modélisation d'un réseau avec un seul neurone

L'évaluation du réseau est décrite par :

$$a_{1,4} = \left(W_{3,1}\right)^T \times X_{3,4} + b_{1,4}^{sortie}$$

$$a_{1,4} = W_{1,3}^T \times X_{3,4} + b_{1,4}^{sortie}$$

$$o_{1,4} = f\left(a_{1,4}\right)$$

dans l'hypothèse de 4 jeux de données, de 3 entrées et de 1 neurone de sortie.

Soient :

- nd : le nombre de jeux de données proposés en entrée.
- ns : le nombre de sorties.
- ni : le nombre d'entrées.

Les formules précédentes se généralisent alors comme suit :

$$a_{ns,nd} = \left(W_{ni,ns}\right)^T \times X_{ni,nd} + b_{ns,nd}^{sortie}$$

$$a_{ns,nd} = W_{ns,ni}^T \times X_{ni,nd} + b_{ns,nd}^{sortie}$$

$$o_{ns,nd} = f\left(a_{ns,nd}\right)$$

Il faut noter que la dimension numéro 2 de $a_{ns,nd}$ par exemple, correspond au nombre de jeux de données disponibles dans la base d'apprentissage.

Ainsi $X_{ni,nd}[i,1]$ fait référence à la colonne numéro 1 de $X_{ni,nd}$ c'est-à-dire au jeu de données numéro 1 comme le montre la figure ci-dessous dans le cas particulier de 3 neurones en entrée et de 4 jeux de données :

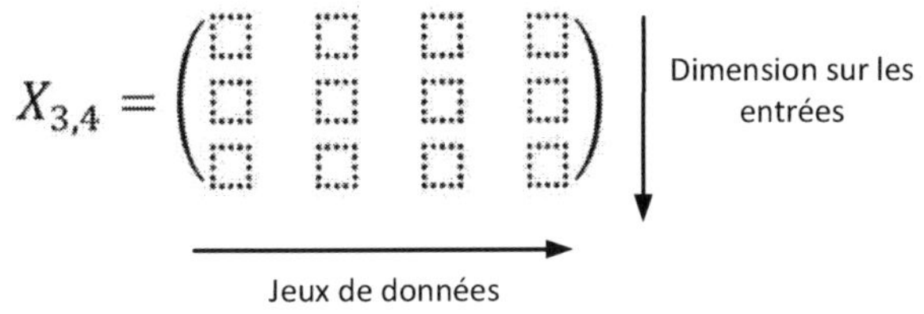

3.2.2 *Mise en œuvre avec TensorFlow : définition du réseau*

Le programme commence par définir la fonction f qui est ici la fonction logistique et 3 constantes définissant le réseau.

```
# La fonction logistique
def f(x):
   return 1/(1+np.exp(-x))
# Les trois constantes définissant le réseau
ni = 3 # 3 entrées
ns = 1 # 1 sortie
nd = 4 # 4 jeux de données
```

Les variables représentants les éléments du réseau sont toutes de type **Variable**, la matrice de poids $W_{ni,ns}$ est initialisée avec des 1 et le biais $b_{ns,nd}^{sortie}$ est fixé à 0. L'affectation des valeurs 1 se fait avec la fonction **tf.ones**, tandis que l'affectation des valeurs 0 s'effectue avec la fonction **tf.zeros**. Les données x et t sont de type **placeholder()** qui correspond de facto à la définition des informations à fournir au réseau d'une part et d'autre part au résultat attendu.

```
W = tf.Variable(tf.ones([ni, ns]))
a = tf.Variable(tf.ones([nd]))
o = tf.Variable(tf.ones([nd]))
b_sortie = tf.Variable(tf.zeros([ns, nd]))

x = tf.placeholder("float", [ni, nd])
t = tf.placeholder("float", [ns, nd])
```

Le **réseau** en lui-même est décrit via les manipulations matricielles permettant de faire les calculs.

$$a_{ns,nd} = W_{ns,ni}^{T} \times X_{ni,nd} + b_{ns,nd}^{sortie}$$

$$o_{ns,nd} = f\left(a_{ns,nd}\right)$$

L'implémentation TensorFlow donne :

```
W1_Transposee = tf.transpose(W)
a = tf.add(tf.matmul(W1_Transposee, x),b_sortie)
o = tf.sigmoid(a)
```

La fonction objectif à minimiser durant la phase d'apprentissage du réseau est définie comme l'erreur moyenne en valeur absolue :

tf.subtract(o,t)	permet de calculer l'erreur pour chaque donnée d'entrée
tf.abs(……)	donne la valeur absolue de chaque erreur pour chaque donnée d'entrée

tf.reduce_mean() réalise la moyenne

Ceci donne l'expression compacte suivante :

```
erreur = tf.reduce_mean(tf.abs(tf.subtract(o,t)))
```

TensorFlow dispose déjà d'une méthode de descente de gradient et il suffit alors juste de l'appeler en lui donnant la fonction objectif et le taux d'apprentissage.

```
train_step = tf.train.AdadeltaOptimizer(learning_rate=1.0).minimize(erreur)
```

Cette méthode est une implémentation de type gradient stochastique dont la description et la justification sortent largement du cadre de ce livre Plus précisément, il s'agit de la méthode Adam publiée en 2014 par Diederik P. Kingma et Jimmy Lei Ba, et dont une description en Anglais est disponible ici : https://arxiv.org/pdf/1412.6980.pdf

La convergence de la méthode dépend en particulier, d'un taux d'apprentissage, noté α_t et qui entre en jeux dans le calcul des différentes parties du gradient. Des valeurs petites sont recommandées, mais ici, l'exemple traité est suffisamment simple pour ne pas accorder beaucoup d'importance à ce paramètre.

3.2.3 Mise en œuvre avec TensorFlow : définition d'un jeu de données et tests

Les données utilisées sont les suivantes

$$X_{3,4} = \begin{pmatrix} 0 & 1 & 1 & 0 \\ 0 & 1 & 0 & 1 \\ 1 & 1 & 1 & 1 \end{pmatrix} \text{ et } t = \begin{pmatrix} 0 \\ 1 \\ 1 \\ 0 \end{pmatrix}$$

et se modélisent sous la forme de matrice.

```
x_raw = np.array([   [0.0, 1.0, 1.0, 0.0],
                     [0.0, 1.0, 0.0, 1.0],
                     [1.0, 1.0, 1.0, 1.0]
                ])

t_raw = np.array([0,1,1,0]).T
t_raw = np.reshape(t_raw,(1,4))
```

Les calculs se font à l'intérieur d'une *Session* et se composent de trois parties :

- Un affichage des résultats du réseau avant l'apprentissage

```
valeur = o.eval({x: x_raw})
print("valeur avant apprentissage = ")
print(valeur)
```

- Une phase d'apprentissage

```
for epoch in range(10000):
   k = sess.run(train_step,feed_dict={x: x_raw,t: t_raw})
```

- Un affichage des résultats après l'apprentissage

```
valeur = o.eval({x: x_raw})
print("valeur obtenue apres apprentissage = ")
print(valeur)
```

Cela donne le code (simple !) suivant :

```
with tf.Session() as sess:
  sess.run(tf.global_variables_initializer())

  valeur = o.eval({x: x_raw})
  print("valeur avant apprentissage = ")
  print(valeur)

  for epoch in range(10000):
    k = sess.run(train_step,feed_dict={x: x_raw,t: t_raw})

  valeur = o.eval({x: x_raw})
  print("valeur obtenue apres apprentissage = ")
  print(valeur)

print ("fin")
```

3.2.4 Tests du réseau

Les données $X_{3,4} = \begin{pmatrix} 0 & 1 & 1 & 0 \\ 0 & 1 & 0 & 1 \\ 1 & 1 & 1 & 1 \end{pmatrix}$ et $t = \begin{pmatrix} 0 \\ 1 \\ 1 \\ 0 \end{pmatrix}$ ont été utilisées dans le chapitre 2 pour tester le programme implémentant le réseau avec un seul neurone. Les résultats sont rappelés dans le Tableau 3-2. Les résultats fournis par TensorFlow sont présentés sur la Figure 3-8.

Figure 3-8. Utilisation de TensorFlow avec un réseau composé d'un seul neurone

Les résultats peuvent facilement être comparés à ceux fournis par le programme C du chapitre 2 et ils sont cohérents avec des valeurs proches de 1 pour le jeu de données numéro 2 et le jeu de données numéro 3.

Tableau 3-2. Exemple de données d'apprentissage

				Version C (Chapitre 2)	Version TensorFlow
x_1	x_2	x_3	t	o	o
0	0	1	0	0.0838	0.0005
1	1	1	1	0.9326	0.9996
1	0	1	1	0.9472	0.9961
0	1	1	0	0.0658	0.0004

Le chapitre 2 propose un test en Python avec des données d'entrée légèrement différentes : $X_{3,4} = \begin{pmatrix} 0 & 0 & 1 & 1 \\ 0 & 1 & 0 & 1 \\ 1 & 1 & 1 & 1 \end{pmatrix}$ et $t = \begin{pmatrix} 0 \\ 0 \\ 1 \\ 1 \end{pmatrix}$. Les résultats correspondants à ces données sont présentés sur la Figure 3-9 et comparés avec les résultats Python sur le Tableau 3-3.

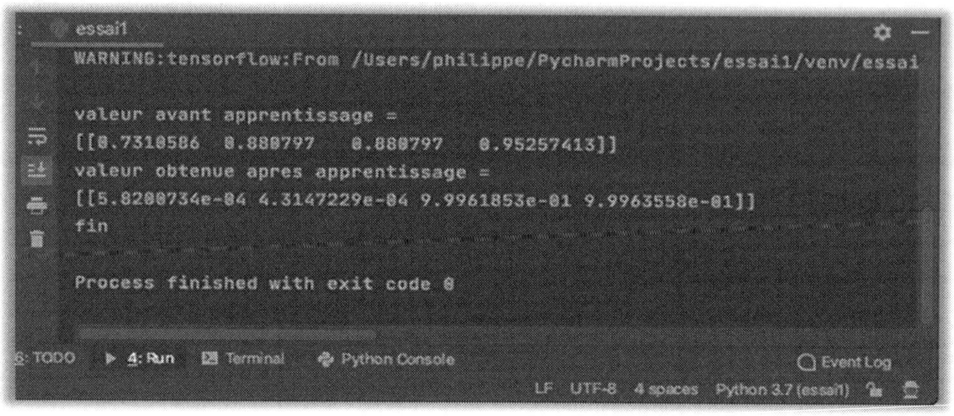

Figure 3-9. Utilisation de TensorFlow avec un réseau composé d'un seul neurone (test numéro 2) : exécution sur MacOS avec PyCharm

Tableau 3-3. Exemple numéro 2 de données d'apprentissage

				Version Python (Chapitre 2)	Version TensorFlow
x_1	x_2	x_3	t	o	o
0	0	1	0	0.0317	0.0005
0	1	1	0	0.0257	0.0004
1	0	1	1	0.9790	0.9961
1	1	1	1	0.9741	0.9961

Les résultats obtenus sont cohérents avec les résultats précédents et sont obtenus avec un effort de programmation très réduit puisque le programme ne dépasse pas les 20 lignes de code.

3.3 Régression avec TensorFlow avec un réseau à une couche cachée

3.3.1 Exemple

Ce code est librement inspiré de celui proposé à l'adresse suivante :

https://github.com/jmlipman/LAID/blob/master/Tensorflow/Tutorial/1_nn.py

Il s'agit du problème défini dans le Tableau 3-4 avec des données qui ne sont pas linéairement séparables en 2 catégories.

Tableau 3-4. Exemple de données d'apprentissage

x_1	x_2	x_3	t
0	0	1	0
1	1	1	0
1	0	1	1
0	1	1	1

Cet exemple est celui traité dans le chapitre précédent et qui est résolu ici avec la librairie TensorFlow. Dans le chapitre précédent, pour simplifier, les biais de chaque neurone n'avaient pas été représentés : ils sont introduits ici dans un souci de généricité et apparaissent sous la forme de petits cercles à côté des neurones sur la Figure 3-10.

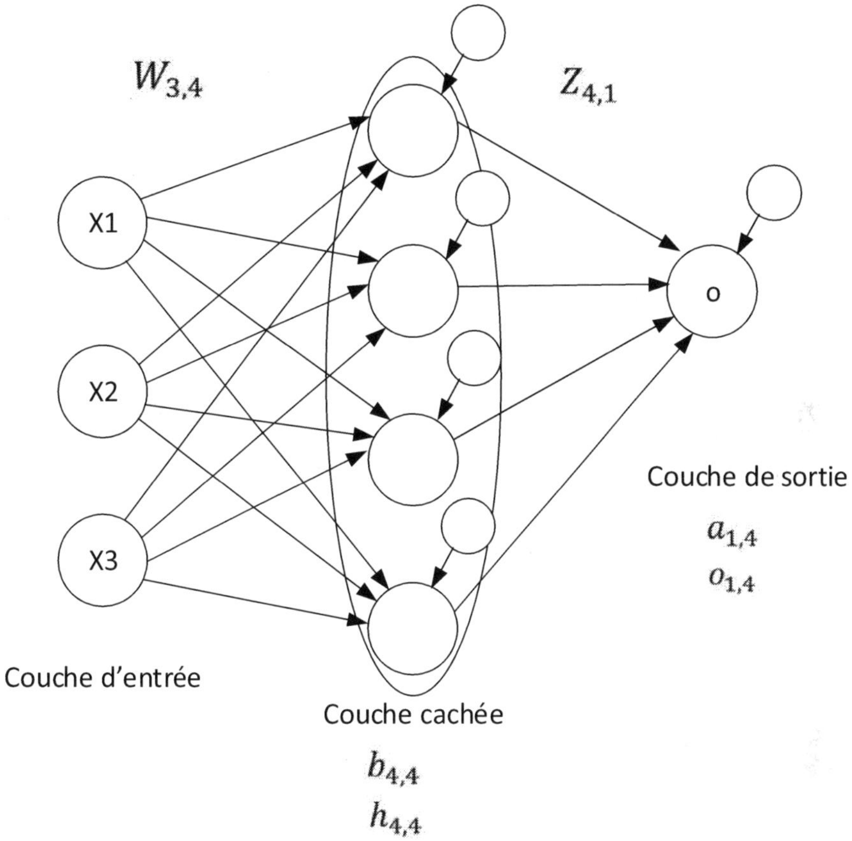

Figure 3-10. Problème de régression avec une couche cachée

3.3.2 Rappels et généralisation

Les données de la base d'apprentissage sont :

$$X_{3,4} = \begin{pmatrix} 0 & 0 & 1 & 1 \\ 0 & 1 & 0 & 1 \\ 1 & 1 & 1 & 1 \end{pmatrix} \text{ et } t = \begin{pmatrix} 1 \\ 0 \\ 0 \\ 1 \end{pmatrix}$$

Les règles pour définir le réseau ont été décrites en détails dans le chapitre 2, et peuvent se résumer comme suit :

- $W_{3,4}$: les poids entre l'entrée et la couche cachée ;
- $Z_{4,1}$: les poids entre la couche cachée et la couche de sortie ;
- $b_{4,4}$: les biais qui vaut l.

L'activation des neurones de la couche cachée.

$$b_{4,4} = \left(W_{3,4}\right)^T \times X_{3,4}$$

$$b_{4,4} = W_{4,3}^T \times X_{3,4} + b_{4,4}^{cachee}$$

$$h_{4,4} = f\left(b_{4,4}\right)$$

L'activation des neurones de la couche de sortie.

$$a_{1,4} = \left(Z_{4,1}\right)^T \times h_{4,4} + b_{4,4}^{sortie}$$

$$o_{1,4} = f\left(a_{1,4}\right)$$

Les calculs effectués dans le chapitre 2, montrent comment effectuer les opérations.

Ainsi pour l'exemple numérique suivant :

$$X_{3,4} = \begin{pmatrix} 0 & 0 & 1 & 1 \\ 0 & 1 & 0 & 1 \\ 1 & 1 & 1 & 1 \end{pmatrix} \text{ et } t = \begin{pmatrix} 1 \\ 0 \\ 0 \\ 1 \end{pmatrix}$$

$$W_{3,4} = \begin{pmatrix} 0.5 & 0.4 & 0.3 & 0.2 \\ 0.1 & 0.2 & 0.3 & 0.4 \\ 0.5 & 0.6 & 0.7 & 0.8 \end{pmatrix} \text{ et } Z_{4,1} = \begin{pmatrix} 0.5 \\ 0.4 \\ 0.3 \\ 0.2 \end{pmatrix}$$

On obtient pour la couche cachée :

$$b_{4,4} = \begin{pmatrix} 0.5 & 0.6 & 1 & 1.1 \\ 0.6 & 0.8 & 1 & 1.2 \\ 0.7 & 1.0 & 1.0 & 1.3 \\ 0.8 & 1.2 & 1.0 & 1.4 \end{pmatrix}$$

Nombre de neurones sur la couche cachée

Dimension des données

$$h_{4,4} = \begin{pmatrix} 0.622 & 0.645 & 0.731 & 0.750 \\ 0.645 & 0.689 & 0.731 & 0.768 \\ 0.668 & 0.731 & 0.731 & 0.785 \\ 0.689 & 0.768 & 0.731 & 0.802 \end{pmatrix}$$

Nombre de neurones sur la couche cachée

Dimension des données

Il faut noter que le nombre de colonnes de $b_{4,4}$ et de $h_{4,4}$ représente la dimension des données, ici 4 colonnes qui représentent les 4 jeux de données utilisés.

La couche de sortie : $a_{1,4} = (0.907; 0.971; 1.023; 1.078)$

$$o_{1,4} = f(a_{1,4}) \text{ et } o_{1,4} = (0.712; 0.725; 0.735; 0.746)$$

Il est important de remarquer que les colonnes des différents objets représentent la dimension des données. Ainsi, à la fin si le vecteur o se compose de 4 colonnes, c'est parce que 4 jeux de données différents ont été utilisés.

L'erreur à minimiser est l'erreur moyenne en valeur absolue :

$$\delta = \frac{1}{4}\sum_{i=1}^{4}\left|o_{1,i} - t_i\right|$$

La description se généralise en considérant les 4 variables suivantes :

- ni : nombre de neurones à l'entrée du réseau
- nh : nombre de neurones sur la couche cachée
- ns : nombre de neurones à la sortie du réseau
- nd : nombre de jeux de données utilisés pour l'apprentissage.

L'activation des neurones de la couche cachée.

$$b_{nh,nd} = \left(W_{ni,nh}\right)^T \times X_{ni,nd} + b_{nh,nd}^{cachee}$$

$$h_{nh,nd} = f\left(b_{nh,nd}\right)$$

L'activation des neurones de la couche de sortie.

$$a_{ns,nd} = \left(Z_{nh,ns}\right)^T \times h_{nh,nd} + b_{ns,nd}^{sortie}$$

$$o_{ns,nd} = f\left(a_{ns,nd}\right)$$

Durant la phase d'apprentissage, la fonction à minimiser est :

$$\delta = \frac{1}{nd}\sum_{i=1}^{nd}\left|o_{1,i} - t_i\right|$$

3.3.3 Mise en œuvre avec TensorFlow : définition du réseau

Le programme commence par définir f la fonction logistique et les 4 constantes paramétrant le réseau.

```
# La fonction logistique
def f(x):
   return 1/(1+np.exp(-x))

# Les trois constantes définissant le réseau
ni = 3 # 3 neurones en entrée
nh = 4 # 4 neurones sur la couche cachée
ns = 1 # 1 neurone en sortie
nd = 4 # 4 jeux de données
```

Les éléments du réseau sont de type **Variable**. Les matrices de poids W et Z sont initialisées avec des 1 à l'aide de la fonction **tf.ones()** et les biais $b_{nh,nd}^{cachee}$ et $b_{ns,nd}^{sortie}$ sont fixés à 0 avec la fonction **tf.zeros()**.

```
W = tf.Variable(tf.ones([ni, nh]))
b = tf.Variable(tf.ones([nh, nd]))
```

```
h = tf.Variable(tf.ones([nh, nd]))
b_hidden = tf.Variable(tf.zeros([nh, nd]))

Z = tf.Variable(tf.ones([nh, ns]))
a = tf.Variable(tf.ones([nd]))
o = tf.Variable(tf.ones([nd]))
b_sortie = tf.Variable(tf.zeros([ns, nd]))

x = tf.placeholder("float", [ni, nd])
t = tf.placeholder("float", [ns, nd])
```

Le **réseau** en lui-même est décrit via les manipulations matricielles permettant de faire les calculs.

Sur la couche cachée, les calculs sont :

$$b_{nh,nd} = \left(W_{ni,nh}\right)^T \times X_{ni,nd} + b_{nh,nd}^{cachee}$$

$$h_{nh,nd} = f\left(b_{nh,nd}\right)$$

L'implémentation TensorFlow donne :

```
W1_Transposee = tf.transpose(W)
M = tf.matmul(W1_Transposee, x)
b = tf.add(M,b_hidden)
h = tf.sigmoid(b)
```

Les calculs de la couche de sortie :

$$a_{ns,nd} = \left(Z_{nh,ns}\right)^T \times h_{nh,nd} + b_{ns,nd}^{sortie}$$

$$o_{ns,nd} = f\left(a_{ns,nd}\right)$$

se codent facilement comme suit :

```
Z_Transposee = tf.transpose(Z)
a = tf.add(tf.matmul(Z_Transposee, h),b_sortie)
o = tf.sigmoid(a)
```

La fonction objectif à minimiser durant la phase d'apprentissage du réseau est définie comme suit :

```
erreur = tf.reduce_mean(tf.abs(tf.subtract(o,t)))
train_step = tf.train.AdadeltaOptimizer(learning_rate=1.0).minimize(erreur)
```

3.3.4 Mise en œuvre avec TensorFlow : définition d'un jeu de données et tests

Les données utilisées sont les suivantes :

$$X_{3,4} = \begin{pmatrix} 0 & 0 & 1 & 1 \\ 0 & 1 & 0 & 1 \\ 1 & 1 & 1 & 1 \end{pmatrix} \text{ et } t = \begin{pmatrix} 0 \\ 0 \\ 1 \\ 1 \end{pmatrix}$$

Elles se modélisent sous la forme de matrice.

```
x_raw = np.array([ [0.0, 0.0, 1.0, 1.0],
                   [0.0, 1.0, 0.0, 1.0],
                   [1.0, 1.0, 1.0, 1.0]
                 ])
```

```
t_raw = np.array([0,0,1,1]).T # vecteur ligne
t_raw = np.reshape(t_raw,(1,4))
```

Les calculs se font à l'intérieur d'une **Session** et se composent de trois parties :

- Un affichage des résultats du réseau avant l'apprentissage.

```
valeur = o.eval({x: x_raw})
print("valeur avant apprentissage = ")
print(valeur)
```

- Une phase d'apprentissage de 1000 itérations (epochs selon la terminologie en vigeur).

```
for epoch in range(1000):
   k = sess.run(train_step,feed_dict={x: x_raw,t: t_raw})
```

- Un affichage des résultats après l'apprentissage.

```
valeur = o.eval({x: x_raw})
print("valeur obtenue apres apprentissage = ")
print(valeur)
```

Cela donne le code suivant :

```
with tf.Session() as sess:
   sess.run(tf.global_variables_initializer())
   valeur = o.eval({x: x_raw})
   print("valeur avant apprentissage = ")
   print(valeur)

   for epoch in range(1000):
      k = sess.run(train_step,feed_dict={x: x_raw,t: t_raw})

   valeur = o.eval({x: x_raw})
   print("valeur obtenue apres apprentissage = ")
   print(valeur)
print ("fin")
```

3.3.5 Le code complet

```
import numpy as np
import tensorflow as tf

def sigmoid(x):
   return 1/(1+np.exp(-x))

# Caractéristiques du réseau
# ---------------------------
ni = 3 # neurones en entrée
nh = 4 # 4 neurones sur la couche cachée
ns = 1 # 1 neurone en sortie
nd = 4 # 4 jeux de données

W = tf.Variable(tf.ones([ni, nh]))
b = tf.Variable(tf.ones([nh, nd]))
h = tf.Variable(tf.ones([nh, nd]))
a = tf.Variable(tf.ones([nd]))
o = tf.Variable(tf.ones([nd]))
Z = tf.Variable(tf.ones([nh, ns]))
b_hidden = tf.Variable(tf.zeros([nh, nd]))
```

```
b_sortie = tf.Variable(tf.zeros([ns, nd]))

x = tf.placeholder("float", [ni, nd])
t = tf.placeholder("float", [ns, nd])

# Calculs
W1_Transposee = tf.transpose(W)
M = tf.matmul(W1_Transposee, x)
b = tf.add(M,b_hidden)
h = tf.sigmoid(b)

Z_Transposee = tf.transpose(Z)
a = tf.add(tf.matmul(Z_Transposee, h),b_sortie)
o = tf.sigmoid(a)

erreur = tf.reduce_mean(tf.abs(tf.subtract(o,t)))

train_step = tf.train.AdadeltaOptimizer(learning_rate=1.0).minimize(erreur)

x_raw = np.array([ [0.0, 0.0, 1.0, 1.0],
                   [0.0, 1.0, 0.0, 1.0],
                   [1.0, 1.0, 1.0, 1.0]
                 ])
t_raw = np.array([0,0,1,1]).T
t_raw = np.reshape(t_raw,(1,4))

# affichage
normal_rv = tf.Variable( tf.truncated_normal([2,3],stddev = 0.1))

with tf.Session() as sess:
   sess.run(tf.global_variables_initializer())

   valeur = o.eval({x: x_raw})
   print("valeur avant apprentissage = ")
   print(valeur)

   for epoch in range(1000):
      k = sess.run(train_step,feed_dict={x: x_raw,t: t_raw})

   valeur = o.eval({x: x_raw})
   print("valeur obtenue apres apprentissage = ")
   print(valeur)
print ("fin")
```

3.3.6 Tests numériques

Les valeurs attendues sont $t = \begin{pmatrix} 0 \\ 0 \\ 1 \\ 1 \end{pmatrix}$ et le réseau donne $o = \begin{pmatrix} 0.198 \\ 0.102 \\ 0.968 \\ 0.971 \end{pmatrix}$ après seulement quelques secondes de temps de calcul (Figure 3-11).

Figure 3-11. Résultats d'exécution

3.4 Approximation du cosinus avec TensorFlow

3.4.1 Structure du réseau

Le réseau se compose d'une couche d'entrée, de 2 couches cachées et d'une couche de sortie (Figure 3-12). Chacune des couches est définie par une constante :

- ni : nombre de neurones sur la couche d'entrée (ici $ni = 1$) ;
- ns : nombre de neurones sur la couche de sortie (ici $ns = 1$) ;
- $nh1$: nombre de neurones sur la couche cachée numéro 2 (ici $nh1 = 10$) ;
- $nh2$: nombre de neurones sur la couche cachée numéro 2 (ici $nh2 = 5$) ;
- nh : nombre de jeux de données (ici $nd = 17$).

Les poids associés à chaque couche sont :

- $M_{ni,nh1}$: la matrice de poids de la couche d'entrée vers la couche cachée 1 ;
- $W_{nh1,nh2}$: la matrice de poids de la couche cachée 1 vers la couche cachée 2 ;
- $Z_{nh2,ns}$: la matrice de poids de la couche cachée 2 vers la sortie.

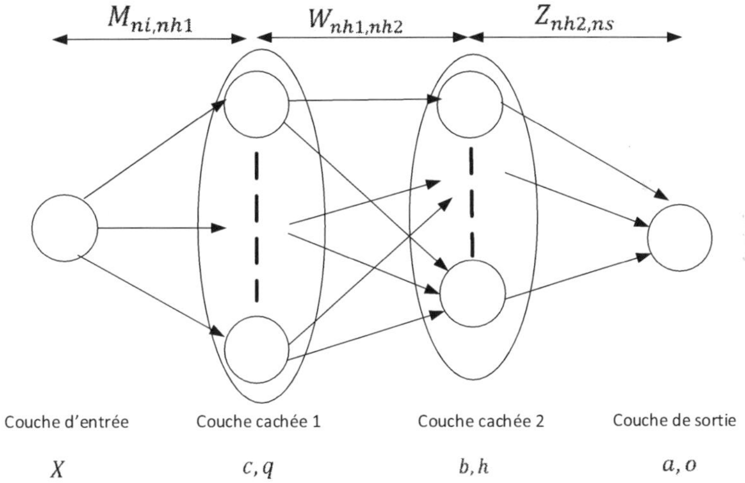

Figure 3-12. Structure du réseau pour l'approximation du cosinus

Par analogie avec le chapitre 2, notons :

- $c_{nh1,nd}$: les valeurs sur la couche cachée numéro 1 ;
- $q_{nh1,nd}$: les valeurs de sortie de la couche cachée numéro 1 ;

- $b_{nh2,nd}$: les valeurs sur la couche cachée numéro 2 ;
- $h_{nh2,nd}$: les valeurs de sortie de la couche cachée numéro 2 ;
- $a_{ns,nd}$: les valeurs sur la couche de sortie ;
- $o_{ns,nd}$: les valeurs de sortie de la couche de sortie ;
- $b^{h1}_{nh1,nd}$: les biais des neurones sur la couche cachée numéro 1 ;
- $b^{h2}_{nh2,nd}$: les biais des neurones sur la couche cachée numéro 2 ;
- $b^{sortie}_{ns,nd}$: les biais des neurones sur la couche de sortie.

3.4.2 Calculs à effectuer pour évaluer le réseau sur chacune des couches

L'évaluation du réseau sur la couche cachée numéro 1 :

$$c_{nh1,nd} = \left(M_{nh1,ni}\right)^T \times X_{ni,nd} + b^{h1}_{nh1,nd}$$

$$q_{nh1,nd} = M^T_{ni,nh1} \times X_{nh1,nd} + b^{h1}_{nh1,nd}$$

$$o_{nh1,nd} = f\left(q_{nh1,nd}\right)$$

L'évaluation du réseau sur la couche cachée numéro 2 :

$$b_{nh2,nd} = \left(W_{nh1,nh2}\right)^T \times o_{nh1,nd} + b^{h2}_{nh2,nd}$$

$$b_{nh2,nd} = W^T_{nh2,nh1} \times o_{nh1,nd} + b^{h1}_{nh2,nd}$$

$$h_{nh2,nd} = f\left(b_{nh2,nd}\right)$$

L'évaluation du réseau sur la couche de sortie :

$$a_{ns,nd} = \left(Z_{nh2,ns}\right)^T \times h_{nh2,nd} + b^{sortie}_{ns,nd}$$

$$a_{ns,nd} = Z^T_{ns,nh2} \times h_{nh2,nd} + b^{sroie}_{ns,nd}$$

$$o_{ns,nd} = f\left(a_{ns,nd}\right)$$

3.4.3 Mise en œuvre avec TensorFlow : définition du réseau

Le programme commence par définir la fonction **sigmoid(x)**, qui est ici la fonction logistique, puis se poursuit avec la définition des 5 constantes caractérisant le réseau.

```
def sigmoid(x):
   return 1/(1+np.exp(-x))

# Caractéristiques du réseau
# -------------------------
ni = 1     # neurone en entrée
nh1 = 10   # 10 neurones sur la couche cachée 1
nh2 = 5    # 5 neurones sur la couche cachée 2
ns = 1     # 1 neurone en sortie
nd = 17    # 17 jeux de données
```

Les variables représentants les éléments du réseau sont toutes de type **Variable** et sont initialisées avec des 1 et les biais avec des valeurs 1. Notons que x et t ne sont pas des variables mais des constantes et sont donc de type **placeholder**.

```
M = tf.Variable(tf.ones([ni, nh1]))

c = tf.Variable(tf.ones([nh1, nd]))
q = tf.Variable(tf.ones([nh1, nd]))

W = tf.Variable(tf.ones([nh1, nh2]))
b = tf.Variable(tf.ones([nh2, nd]))
h = tf.Variable(tf.ones([nh2, nd]))

Z = tf.Variable(tf.ones([nh2, ns]))

a = tf.Variable(tf.ones([nd]))
o = tf.Variable(tf.ones([nd]))

b_hidden1 = tf.Variable(tf.ones([nh1, nd]))
b_hidden2 = tf.Variable(tf.ones([nh2, nd]))
b_sortie = tf.Variable(tf.ones([ns, nd]))

x = tf.placeholder("float", [ni, nd])
t = tf.placeholder("float", [ns, nd])
```

Le **réseau** en lui-même est décrit via les manipulations matricielles "classiques", avec une attention particulière portée à la sortie du neurone de la couche de sortie, dont le résultat compris entre 0 et 1 doit être translaté entre -1 et 1 (pour l'exemple du cosinus).

```
M_Transposee = tf.transpose(M)

M_Multi = tf.matmul(M_Transposee, x)
c = tf.add(M_Multi,b_hidden1)
q = tf.sigmoid(c)

W1_Transposee = tf.transpose(W)
W_Multi = tf.matmul(W1_Transposee, q)
b = tf.add(W_Multi,b_hidden2)
h = tf.sigmoid(b)

Z_Transposee = tf.transpose(Z)
Z_Multi = tf.matmul(Z_Transposee, h)
a = tf.add(Z_Multi,b_sortie)
o = 2*tf.sigmoid(a)-1
```

La définition de l'erreur et la définition du coût à minimiser sont "classiques" :

```
erreur = tf.reduce_mean(tf.abs(tf.subtract(o,t)))
train_step = tf.train.AdadeltaOptimizer(learning_rate=1.0).minimize(erreur)
```

3.4.4 Mise en œuvre avec TensorFlow : définition d'un jeu de données et tests

Les données utilisées sont celles du Tableau 3-5.

Tableau 3-5. Les valeurs d'apprentissage utilisées pour le cosinus

x : les valeurs	t : les valeurs attendues
0.1	0.99500417
0.2	0.98006658
0.3	0.95533649
0.4	0.92106099
1.4	0.16996714
1.5	0.07073720
2.8	-0.94222234
2.9	-0.97095817
3.0	-0.98999250
4.6	-0.11215253
4.7	-0.01238866
6.4	0.99318492
6.5	0.97658763
7.4	0.43854733
7.5	0.34663532
7.9	-0.04600213
9.0	-0.91113026

Les données se modélisent sous la forme de matrice.

```
x_raw = np.array([ [0.1, 0.2, 0.3, 0.4, 1.4, 1.5,
                   2.8, 2.9, 3.0, 4.6, 4.7, 6.4, 6.5,
                   7.4, 7.5, 7.9, 9.0]])
x_raw = np.reshape(x_raw,(1,17))

t_raw = np.array([np.cos(0.1), np.cos(0.2), np.cos(0.3), np.cos(0.4),
                 np.cos(1.4), np.cos(1.5), np.cos(2.8), np.cos(2.9), np.cos(
3.0),
                 np.cos(4.6), np.cos(4.7), np.cos(6.4), np.cos(6.5),
                 np.cos(7.4), np.cos(7.5), np.cos(7.9), np.cos(9.0)] ).T
t_raw = np.reshape(t_raw,(1,17))
```

Les calculs se font à l'intérieur d'une **Session** et se composent de trois parties :

- Un affichage des résultats du réseau avant l'apprentissage :

```
valeur = o.eval({x: x_raw})
print("valeur avant apprentissage = ")
print(valeur)
```

- Une phase d'apprentissage :

```
for epoch in range(10000):
  k = sess.run(train_step,feed_dict={x: x_raw,t: t_raw})
```

- Un affichage des résultats après l'apprentissage :

```
valeur = o.eval({x: x_raw})
print("valeur obtenue apres apprentissage = ")
print(valeur)
```

Cela donne le code (simple !) suivant :

```
with tf.Session() as sess:
  sess.run(tf.global_variables_initializer())
```

```
    valeur = o.eval({x: x_raw})
    print("valeur avant apprentissage = ")
    print(valeur)

    for epoch in range(10000):
        k = sess.run(train_step,feed_dict={x: x_raw,t: t_raw})

    valeur = o.eval({x: x_raw})
    print("valeur obtenue apres apprentissage = ")
    print(valeur)

print ("fin")
```

3.4.5 Code complet

```
import numpy as np
import tensorflow as tf

def sigmoid(x):
    return 1/(1+np.exp(-x))

# Caractéristiques du réseau
# ---------------------------
ni = 1     # neurone en entrée
nh1 = 10   # 10 neurones sur la couche cachée 1
nh2 = 5    # 5 neurones sur la couche cachée 2
ns = 1     # 1 neurone en sortie
nd = 17    # 4 jeux de données

M = tf.Variable(tf.ones([ni, nh1]))
c = tf.Variable(tf.ones([nh1, nd]))
q = tf.Variable(tf.ones([nh1, nd]))

W = tf.Variable(tf.ones([nh1, nh2]))
b = tf.Variable(tf.ones([nh2, nd]))
h = tf.Variable(tf.ones([nh2, nd]))
Z = tf.Variable(tf.ones([nh2, ns]))
a = tf.Variable(tf.ones([nd]))
o = tf.Variable(tf.ones([nd]))

b_hidden1 = tf.Variable(tf.ones([nh1, nd]))
b_hidden2 = tf.Variable(tf.ones([nh2, nd]))
b_sortie = tf.Variable(tf.ones([ns, nd]))

x = tf.placeholder("float", [ni, nd])
t = tf.placeholder("float", [ns, nd])

# description du réseau
# ----------------------
M_Transposee = tf.transpose(M)
M_Multi = tf.matmul(M_Transposee, x)
c = tf.add(M_Multi,b_hidden1)
q = tf.sigmoid(c)

W1_Transposee = tf.transpose(W)
W_Multi = tf.matmul(W1_Transposee, q)
b = tf.add(W_Multi,b_hidden2)
```

```
h = tf.sigmoid(b)

Z_Transposee = tf.transpose(Z)
Z_Multi = tf.matmul(Z_Transposee, h)
a = tf.add(Z_Multi,b_sortie)
o = 2*tf.sigmoid(a)-1

erreur = tf.reduce_mean(tf.abs(tf.subtract(o,t)))

train_step = tf.train.AdadeltaOptimizer(learning_rate=1.0).minimize(erreur)

x_raw = np.array([ [0.1, 0.2, 0.3, 0.4, 1.4, 1.5,
                    2.8, 2.9, 3.0, 4.6, 4.7, 6.4, 6.5,
                    7.4, 7.5, 7.9, 9.0]])
x_raw = np.reshape(x_raw,(1,17))

t_raw = np.array([np.cos(0.1), np.cos(0.2), np.cos(0.3), np.cos(0.4),
                  np.cos(1.4), np.cos(1.5), np.cos(2.8), np.cos(2.9), np.cos(
3.0),
                  np.cos(4.6), np.cos(4.7), np.cos(6.4), np.cos(6.5),
                  np.cos(7.4), np.cos(7.5), np.cos(7.9), np.cos(9.0)] ).T
t_raw = np.reshape(t_raw,(1,17))

# affichage
normal_rv = tf.Variable( tf.truncated_normal([2,3],stddev = 0.1))

with tf.Session() as sess:
  sess.run(tf.global_variables_initializer())

  valeur = o.eval({x: x_raw})
  print("valeur avant apprentissage = ")
  print(valeur)

  for epoch in range(10000):
    k = sess.run(train_step,feed_dict={x: x_raw,t: t_raw})

  valeur = o.eval({x: x_raw})

  print("valeur obtenue apres apprentissage = ")
  print(valeur)

print ("fin")
```

3.4.6 Tests du réseau

L'apprentissage par le réseau donne une très bonne approximation des 17 valeurs comme le montre la Figure 3-13. Cette figure montre les valeurs avant l'apprentissage, qui ont été initialisées avec des valeurs proches de 1, puis les valeurs obtenues après l'apprentissage. La valeur de départ n'influence que très peu la valeur finale obtenue après apprentissage.

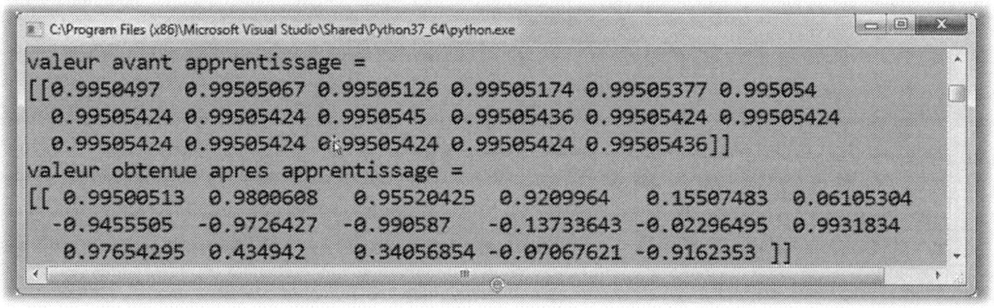

Figure 3-13. Performance du réseau sur les 17 valeurs d'apprentissage

Le Tableau 3-6 présente les valeurs du cosinus attendues ($t = \cos(x)$), et les valeurs o obtenues par le réseau. Les valeurs sont semblables, et montrent l'efficacité du réseau à apprendre.

Tableau 3-6. Estimations fournies par le réseau sur les valeurs d'apprentissage

x : les valeurs	t : les valeurs attendues	o : les valeurs calculées par le réseau
0.1	0.9950	0.9953
0.2	0.9800	0.9814
0.3	0.9553	0.9584
0.4	0.9210	0.9262
1.4	0.1699	0.2074
1.5	0.0707	0.1153
2.8	-0.9422	-0.9415
2.9	-0.9709	-0.9706
3.0	-0.9899	-0.9898
4.6	-0.1121	-0.0911
4.7	-0.0123	0.0233
6.4	0.9931	0.9936
6.5	0.9765	0.9781
7.4	0.4385	0.4623
7.5	0.3466	0.3848
7.9	-0.0460	-0.0373
9.0	-0.9111	-0.9101

3.5 Approximation du cosinus avec Keras

3.5.1 Structure du réseau

Il s'agit de créer un réseau composé de 2 couches cachées. La bibliothèque Keras propose un ensemble de primitives qui permette de s'abstraire complètement des calculs à effectuer.

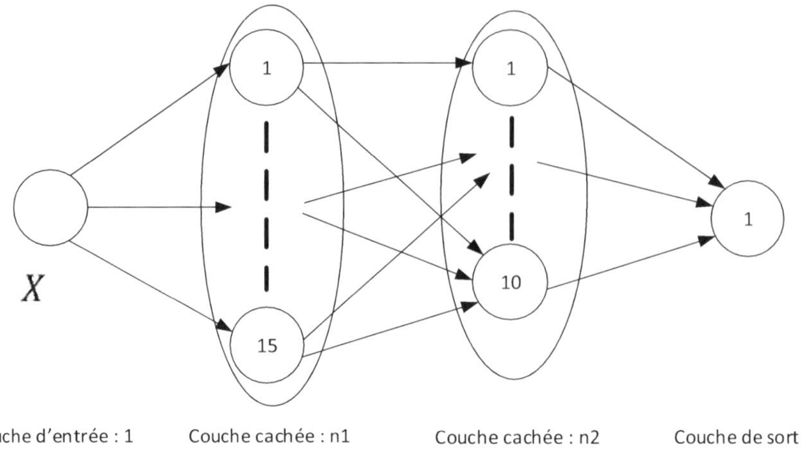

Figure 3-14. Structure du réseau à 2 couches cachées

Alors que le code TensorFlow modélise explicitement les opérations de calcul, le code Python Keras modélise uniquement la structure du réseau. L'apprentissage se fait par un simple appel à une méthode.

3.5.2 Utilisation de la bibliothèque Keras

Il faut modifier les "**import**" comme suit :

```
import numpy as np
import tensorflow as tf
from tensorflow.python.keras import layers
from tensorflow.python.keras.layers import Activation, Dense
import matplotlib.pyplot as plt
```

Ces imports comportent en plus, l'importation de **pyplot** pour permettre de réaliser des courbes qui montreront par la suite, la différence entre la courbe du cosinus et celle estimée par le réseau de neurones qui fait l'objet de ce chapitre.

3.5.3 Définition du réseau avec Keras

La couche d'entrée est de type **tf.keras.Input** et se caractérise par le nombre de neurones constituant la couche, ici 1 neurone.

```
inputs = tf.keras.Input(shape=(1,))
```

La définition d'une couche cachée se fait en précisant : le nombre de neurones de la couche, la fonction d'activation du neurone, ici une sigmoïde (qui est la fonction de répartition de la loi logistique), et pour finir le nom de la couche précédente. Deux couches cachées sont définies : la première composée de 15 neurones, est nommée *h1* et est reliée à *inputs* et la seconde composée de 10 neurones, nommée *h2*. Par exemple, cela donne :

```
h1 = tf.keras.layers.Dense(15, activation=tf.sigmoid)(inputs)
```

Une fois que les variables *inputs*, *h1*, *h2* et *outputs* sont définies, il suffit de déclarer une variable de type *Model* et de passer en paramètre, la couche d'entrée et de sortie.

Le code correspondant à la définition du réseau est le suivant :

```
inputs = tf.keras.Input(shape=(1,))
```

```
h1 = tf.keras.layers.Dense(15, activation=tf.sigmoid)(inputs)
h2 = tf.keras.layers.Dense(10, activation=tf.sigmoid)(h1)
outputs = tf.keras.layers.Dense(1, activation=tf.sigmoid)(h2)
mon_model = tf.keras.Model(inputs=inputs, outputs=outputs)
mon_model.summary()
```

3.5.4 Définition des données d'apprentissage

Les données d'apprentissage sont identiques à celles utilisées dans le chapitre 2 et elle se compose de 17 valeurs. Deux vecteurs sont définis : le vecteur **x_raw** qui contient les abscisses et le vecteur **t_raw** qui contient les valeurs à trouver par le réseau. Les valeurs sont normalisées entre 0 et 1.

```
# les données d'apprentissage
x_raw = np.array([0.1, 0.2, 0.3, 0.4, 1.4, 1.5,
                  2.8, 2.9, 3.0, 4.6, 4.7, 6.4, 6.5,
                  7.4, 7.5, 7.9, 9.0])
t_raw=(np.cos(x_raw)+1)/2.0
```

3.5.5 Apprentissage

Pour réaliser l'apprentissage il faut dans un premier temps "**compiler**" le réseau en définissant la méthode à utiliser, ici la méthode du gradient avec le critère d'optimisation **mse**, c'est-à-dire, **Mean Square Error**. L'apprentissage se fait via la méthode **fit()** qui reçoit en paramètre les deux tableaux des données et deux paramètres : **epochs** qui définit le nombre d'itérations, et la taille du batch d'apprentissage avec **batch_size=17**.

Le paramètre du batch présente un intérêt dans le cas (courant en pratique) de milliers de données. Un **batch** est un regroupement de ces données en paquet (batch) sur lequel l'algorithme du gradient va s'appliquer et donc sur lequel il est réalisé une "rétro-propagation". Par exemple, avec 10 000 données et un batch de taille 1 000 cela correspond à 10 rétro-propagations.

```
mon_model.compile( optimizer=tf.train.GradientDescentOptimizer(0.25),
                   loss='mse',
                   metrics=['mse'])

mon_model.fit(x_raw, t_raw, epochs=100000, batch_size=17)
```

3.5.6 Évaluation des performances du réseau

Il s'agit d'évaluer les performances du réseau sur des valeurs comprises entre 0.1 et 9 par pas de 0.1. Cela se fait via une boucle "while" qui permet, en plus, de calculer l'erreur moyenne en valeur absolue. Un point important est l'utilisation de deux tableaux **liste_x** et **liste_y** pour stocker les valeurs obtenues. Pour des raisons pratiques, les résultats sont stockés dans un fichier texte sous forme : <abscisse> <valeur estimée> <valeur souhaitée>.

```
mon_fichier = open("fichier.txt", "w")

liste_y = []
liste_x = []

valeur = 0.1
erreur = 0
nb_valeur=0
```

```
while (valeur<9):
   nb_valeur = nb_valeur +1

   <faire la prévision>
   <mettre à jour l'erreur>
   <sauvegarder les valeurs>

mon_fichier.close()
```

Le code détaillé est le suivant :

```
mon_fichier = open("fichier.txt", "w")

liste_y = []
liste_x = []
valeur = 0.1
erreur = 0
nb_valeur=0

while (valeur<9):
   nb_valeur = nb_valeur +1
   x_essai2 = np.array([[valeur]])

   res = mon_model.predict(x_essai2,1,1)
   v = res[0]

   print('{0:.3f} - {1:.3f} - {2:.3f}'.format(valeur,2*v[0]-
            1,np.cos(valeur)))

   mon_fichier.write ('{0:.3f} {1:.3f} {2:.3f} \n'.
            format(valeur,2*v[0]-1,np.cos(valeur)))

   valeur = valeur + 0.1
   erreur = np.abs(np.cos(valeur)+2*v[0]-1)

   liste_y.append(2*v[0]-1);
   liste_x.append(valeur);

mon_fichier.close()
```

3.5.7 Visualisation des résultats

La librairie **pyplot** fournit une méthode **plot** qui accepte en paramètre une liste d'abscisse et d'ordonnées. Tracer une ligne se fait simplement en deux étapes : la première est la définition de la ligne et la deuxième est l'ajout de la ligne au graphique.

Pour la première ligne qui correspond aux valeurs "estimées" par le réseau, le code est :

```
lines = plt.plot(x, y)
plt.setp(lines[0], linewidth=4)
```

Le code détaillé est le suivant :

```
x = liste_x
y = liste_y

lines = plt.plot(x, y)
```

```
plt.setp(lines[0], linewidth=4)

lines_cos = plt.plot(x, np.cos(x))
plt.setp(lines_cos[0], linewidth=2, color='r')

plt.legend(('f'),loc='upper left')
plt.title('test du reseau de neurones')
plt.grid(True)
plt.show()
```

3.5.8 Le code complet

```
import numpy as np
import tensorflow as tf
from tensorflow.python.keras import layers
from tensorflow.python.keras.layers import Activation, Dense

import matplotlib.pyplot as plt

def sigmoid(x):
    return 1/(1+np.exp(-x))

# les données d'apprentissage
x_raw = np.array([0.1, 0.2, 0.3, 0.4, 1.4, 1.5,
                  2.8, 2.9, 3.0, 4.6, 4.7, 6.4, 6.5,
                  7.4, 7.5, 7.9, 9.0])
t_raw=(np.cos(x_raw)+1)/2.0

# affichage
normal_rv = tf.Variable( tf.truncated_normal([2,3],stddev = 0.1))

# le réseau
inputs = tf.keras.Input(shape=(1,)) # 1 nb entrées, 1 dimension

h1 = tf.keras.layers.Dense(15, activation=tf.sigmoid)(inputs)
h2 = tf.keras.layers.Dense(10, activation=tf.sigmoid)(h1)
outputs = tf.keras.layers.Dense(1, activation=tf.sigmoid)(h2)
mon_model = tf.keras.Model(inputs=inputs, outputs=outputs)

mon_model.summary()

# Apprentissage
mon_model.compile(optimizer=tf.train.GradientDescentOptimizer(0.25),
                  loss='mse',
                  metrics=['mse'])
mon_model.fit(x_raw, t_raw, epochs=100000, batch_size=17)

# test
mon_fichier = open("fichier.txt", "w")

liste_y = []
liste_x = []

valeur = 0.1
erreur = 0
nb_valeur=0
```

```
while (valeur<9):
   nb_valeur = nb_valeur +1

   x_essai2 = np.array([[valeur]])
   res = mon_model.predict(x_essai2,1,1)
   v = res[0]

   print('{0:.3f} - {1:.3f} - {2:.3f}'.
                format(valeur,2*v[0]-1,np.cos(valeur)))
   valeur = valeur + 0.1
   mon_fichier.write ('{0:.3f} {1:.3f} {2:.3f} \n'.
                format(valeur,2*v[0]-1,np.cos(valeur)))

   erreur = np.abs(np.cos(valeur)+2*v[0]-1)

   liste_y.append(2*v[0]-1);
   liste_x.append(valeur);

mon_fichier.close()
#--- erreur ---#
erreur = erreur/nb_valeur
print (erreur)

#--- dessin ---#
x = liste_x
y = liste_y

lines = plt.plot(x, y)
plt.setp(lines[0], linewidth=4)

lines_cos = plt.plot(x, np.cos(x))
plt.setp(lines_cos[0], linewidth=2, color='r')

plt.legend(('f'),loc='upper left')

plt.title('test du reseau de neurones')
plt.grid(True)
plt.show()

print ("fin")
```

3.5.9 Évaluation des performances du réseau

La durée nécessaire à la phase d'apprentissage est très supérieure au temps nécessaire pour le programme C du chapitre 2. Toutefois, l'approximation obtenue et évaluée sur les mêmes données que celle du chapitre 2, est très satisfaisante et très proche de celle précédemment obtenue. La Figure 3-15 donne une représentation des points estimés par le réseau.

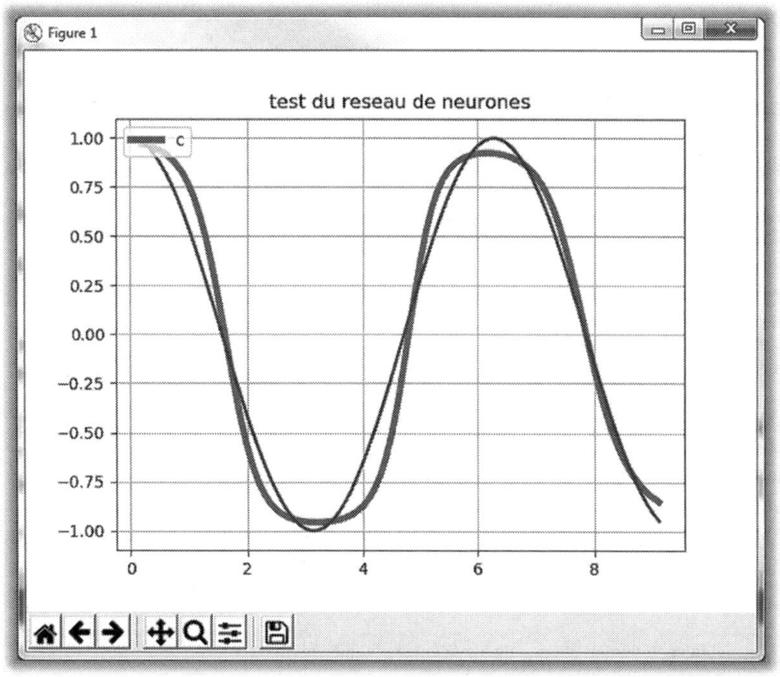

Figure 3-15. Estimation du cosinus après 100 000 itérations

Le code génère aussi un fichier texte qui contient la valeur estimée par le réseau de neurone et la valeur du cosinus (Figure 3-16).

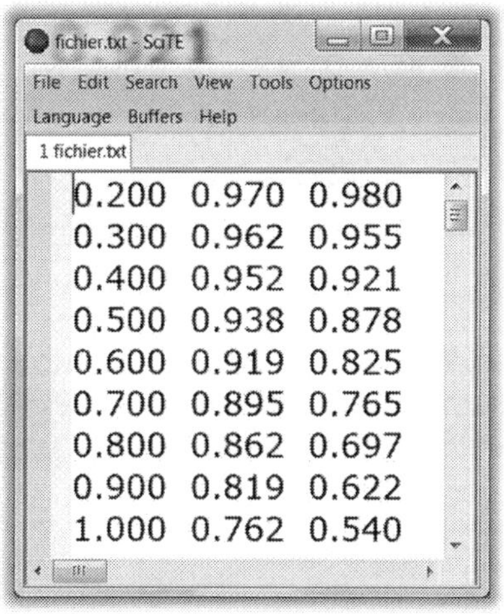

0.200	0.970	0.980
0.300	0.962	0.955
0.400	0.952	0.921
0.500	0.938	0.878
0.600	0.919	0.825
0.700	0.895	0.765
0.800	0.862	0.697
0.900	0.819	0.622
1.000	0.762	0.540

Figure 3-16. Les estimations stockées dans le fichier

Sur l'ensemble des 90 abscisses utilisées, l'erreur moyenne en valeur absolue est de 2% environ ce qui reste raisonnable surtout si ce résultat est analysé par rapport au nombre de valeurs utilisées pour l'apprentissage, apprentissage réalisé avec 17 valeurs seulement (Figure 3-17).

Figure 3-17. Erreur moyenne obtenue

3.6 Classification avec TensorFlow et Keras : une couche cachée

3.6.1 Exemple

Soit le problème de régression défini par le Tableau 3-7 avec des données qui ne sont pas linéairement séparables en 2 catégories.

Tableau 3-7. Exemple de données d'apprentissage non linéairement séparables

x_1	x_2	x_3	t
0	0	1	0
1	1	1	0
1	0	1	1
0	1	1	1

Il s'agit du même exemple, que celui fait dans le chapitre précédent et traité précédemment dans le chapitre avec uniquement les primitives de TensorFlow. Il est étudié ici avec Keras, de sorte que l'implémentation proposée ne comprend que la partie spécification du réseau.

3.6.2 Définition de la base d'apprentissage

Elles sont identiques à celles utilisées dans le chapitre 2 et elle se compose de 4 triplets de valeurs. Dans la définition de X, le nombre de colonnes représente le nombre d'éléments dans la base d'apprentissage ; et le nombre de lignes représente le nombre de neurones en entrée du réseau. Ici, pour des raisons pratiques et pour éviter la transposition qui serait alors nécessaire au moment de l'appel à la fonction Keras qui fait le "training", les deux dimensions sont inversées.

```
x_raw = np.array([ [0.0, 0.0, 1.0],
                   [1.0, 1.0, 1.0],
                   [1.0, 0.0, 1.0],
                   [0.0, 1.0, 1.0]
                 ])
t_raw = np.array([0,0,1,1]).T
```

3.6.3 Définition du réseau

Le code est similaire à celui utilisé pour le cosinus. Les différences notables portent sur la définition de la couche d'entrée (**inputs**) qui se compose de 3 neurones.

```
inputs = tf.keras.Input(shape=(3,))
x = tf.keras.layers.Dense(3, activation=tf.sigmoid)(inputs)
h = tf.keras.layers.Dense(4, activation=tf.sigmoid)(x)
outputs = tf.keras.layers.Dense(1, activation=tf.sigmoid)(h)
mon_model = tf.keras.Model(inputs=inputs, outputs=outputs)
```

La phase d'apprentissage se fait comme précédemment avec la méthode **fit()**.

```
mon_model.fit(x_raw, t_raw, epochs=100000, batch_size=1000)
```

3.6.4 Test de prédiction

Par analogie avec le tableau **x_raw**, il suffit de définir un vecteur **x_essai** et d'utiliser la méthode **predict()**.

```
x_essai = np.array([[1.0, 1.0, 1.0]])
res = mon_model.predict(x_essai,1,1)
print(res)
```

Il est possible de tester le comportement du réseau en testant successivement des points $X(x_1, x_2, x_3)$ se rapprochant de $(1;1;1)$, ce qui devrait, en tout logique produire une approximation tendant vers 0.

```
valeur = 0.5
while (valeur<0.9):
   x_essai = np.array([
                 [valeur, valeur, valeur]
                 ])
   res = mon_model.predict(x_essai,1,1)

   print('{0:.3f} - {1}'.format(valeur,res))

   valeur = valeur + 0.1
```

3.6.5 Le code complet

```
import numpy as np
import tensorflow as tf

def sigmoid(x):
     return 1/(1+np.exp(-x))

# Les données
x_raw = np.array([ [0.0, 0.0, 1.0],
                   [1.0, 1.0, 1.0],
                   [1.0, 0.0, 1.0],
                   [0.0, 1.0, 1.0]
                 ])

t_raw = np.array([0,0,1,1]).T

# affichage
normal_rv = tf.Variable( tf.truncated_normal([2,3],stddev = 0.1))

inputs = tf.keras.Input(shape=(3,))

x = tf.keras.layers.Dense(3, activation=tf.sigmoid)(inputs)
h = tf.keras.layers.Dense(4, activation=tf.sigmoid)(x)
outputs = tf.keras.layers.Dense(1, activation=tf.sigmoid)(h)
```

```
mon_model = tf.keras.Model(inputs=inputs, outputs=outputs)

mon_model.compile(optimizer=tf.train.GradientDescentOptimizer(0.1),
              loss='mse',
              metrics=['mse'])


mon_model.fit(x_raw, t_raw, epochs=100000, batch_size=1000)


# test 1
print('\n test de prediction 1 \n')
x_essai = np.array([[0.0, 0.0, 1.0]])
res = mon_model.predict(x_essai,1,1)
print(res)


# test 2
print('\n test de prediction 2 \n')
x_essai = np.array([[1.0, 1.0, 1.0]])
res = mon_model.predict(x_essai,1,1)
print(res)

# test 3
print('\n test de prediction 3 \n')
x_essai = np.array([[1.0, 0.0, 1.0]])
res = mon_model.predict(x_essai,1,1)
print(res)

# test 4
print('\n test de prediction 4 \n')
x_essai = np.array([[0.0, 1.0, 1.0]])
res = mon_model.predict(x_essai,1,1)
print(res)


#test5
print('\n test de prediction 2 \n')
valeur = 0.5

while (valeur<0.9):
       x_essai = np.array([[valeur, valeur, valeur]])
       res = mon_model.predict(x_essai,1,1)
       print('{0:.3f} - {1}'.format(valeur,res))
       valeur = valeur + 0.1

print ("fin")
```

3.6.6 Évaluation du réseau

La phase d'apprentissage se termine avec une erreur moyenne de l'ordre de 10^{-5} comme le montre la Figure 3-18.

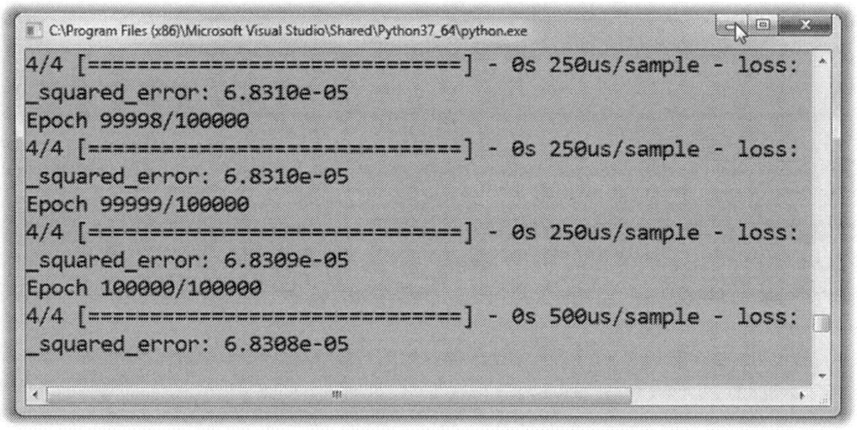

Figure 3-18. Erreur moyenne

La prévision pour le vecteur (1.0; 1.0; 1.0) donne une valeur de 0.008 soit une valeur proche de la valeur attendue 0.

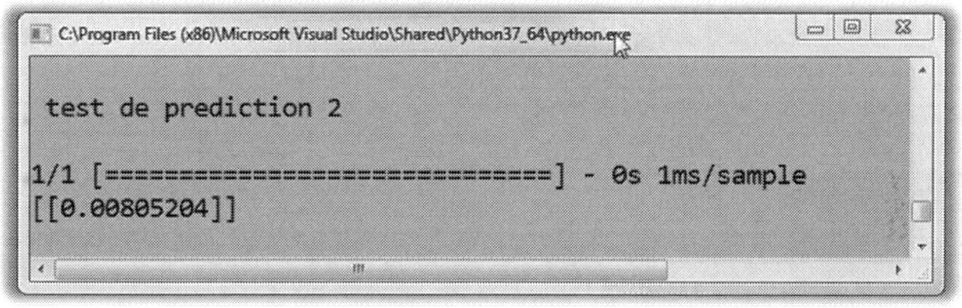

Figure 3-19. Estimation associée au vecteur (1.0; 1.0; 1.0)

La suite $X(0.5,0.5,0.5)\ldots X(0.9,0.9,0.9)$ génère des estimations convergeant vers 0.0 comme le montre la Figure 3-20.

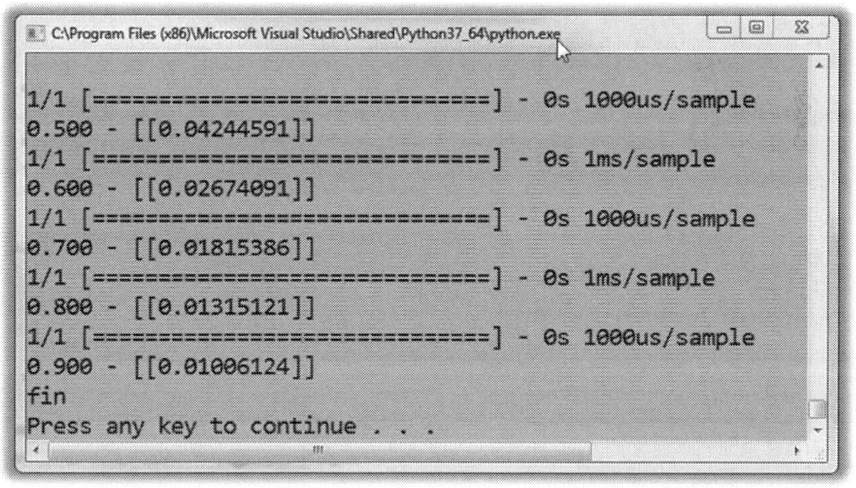

Figure 3-20. Problème de régression avec une couche cachée

Tout ceci conduit à des comportements qui sont ceux attendus avec une performance tout à fait acceptable et pour un effort de programmation modeste.

3.7 Conclusion

Ce chapitre est une introduction à TensorFlow et propose deux types d'utilisation de la librairie. La première est une utilisation de "base" qui nécessite de spécifier les opérations à effectuer sur les différentes couches des réseaux ; la deuxième basée sur Keras, permet d'obtenir un code de haut niveau et de spécifier uniquement, les caractéristiques du réseau.

3.8 Références

TensorFlow est une librairie Open Source développée par Google et qui connaît un grand succès, probablement, par l'abondance de documentation et d'exemples disponibles, ce qui rend TensorFlow assez facilement accessible.

Le point d'entrée de référence dans le domaine est la page Google suivante :

https://developers.google.com/machine-learning/crash-course/first-steps-with-tensorflow/toolkit?hl=fr

Les supports et livres qui concernent TensorFlow sont très nombreux. Les meilleurs livres comprennent (la liste n'est pas exhaustive), le livre d'Aurélien Géron publié en 2017 et qui est une référence en la matière.

Géron A. "Machine Learning on Scikit-Learn & TensorFlow". Ed. O'Reilly. 2017.

Ce livre a fait l'objet d'une traduction en Français, et une version plus accessible aux francophones est proposée chez Dunod.

Géron A. "Deep Learning avec TensorFlow : mises en œuvre et cas concrets." Ed. Dunod. Parution : 22/11/2017.

La lecture peut être poursuivie avec 3 ouvrages :

Hope T., C.R. Yehezkel and I. Lieder. "Learning TensorFlow: A Guide to building Deep Learning System". O'Reilly. 2017.

Raschka S. and V. Mirjalili. "Python Machine Learning. Second Edition". Ed. Packt. Publishing Ltd. 2017.

Ramsunda B. "Tensorflow for Deep Learning: From Linear Regression to Reinforcement Learning". Ed. O'Reilly. 2018

Notions abordées dans ce chapitre
• Introduction à TensorFlow • Notion de variables et de placeholder • Utilisation de Session • Apprentissage avec TensorFlow • Introduction à la librairie Keras

CHAPITRE 4

Réseaux Bayésiens

Objectifs : Un réseau Bayésien est un outil de modélisation permettant de représenter les relations probabilistes entre différents concepts et d'automatiser le calcul des probabilités conditionnelles. Il permet de mettre en évidence des corrélations non évidentes a priori. Des librairies permettent de décharger le programmeur de nombreux calculs souvent longs et fastidieux.

Outils utilisés : ☐ C ■ Python ☐ Java ■ Librairies tierces

4.1 Les outils pour manipuler des réseaux Bayésiens

Il existe de nombreuses librairies permettant de manipuler des réseaux Bayésiens. Elles présentent toutes des avantages qui leur sont propres. Ce chapitre est basé sur la librairie PyAgrum qui offre l'avantage d'être disponible pour une utilisation en C/C++ et en Python. Cette caractéristique est suffisamment rare pour être soulignée.

La librairie est librement téléchargeable sur le site web :

https://agrum.gitlab.io/

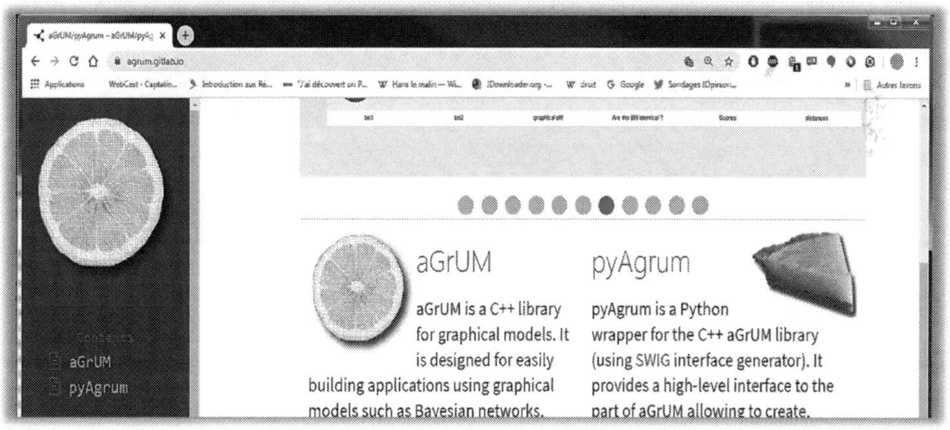

Figure 4-1. La bibliothèque PyAgrum

L'installation de la bibliothèque Python se fait classiquement via une commande :

pip install pyAgrum.

Attention, cette commande est à exécuter dans un terminal (ou console) en mode administrateur, de préférence dans le répertoire Scripts de l'installation Python.

La bibliothèque pyAgrum offre des représentations graphiques intéressantes des réseaux qui sont uniquement disponibles si le code est exécuté dans un environnement notebook Jupyter. Attention, la bibliothèque propose des fonctionnalités avancées qui ne sont disponibles que pour des versions de Python **postérieures à 3.7.**

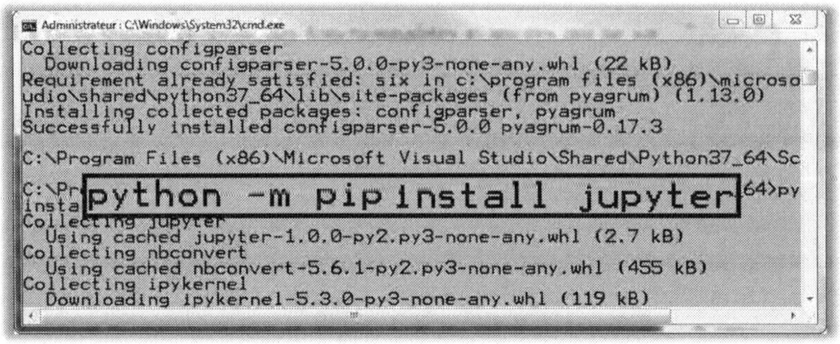

Figure 4-2. Installation de Jupyter

Dans l'environnement Python, l'installation se fait via la commande (Figure 4-2) :

python -- m pip install jupyter

Pour démarrer Jupyter, il faut, dans le répertoire Scripts, utiliser la commande :

jupyter notebook

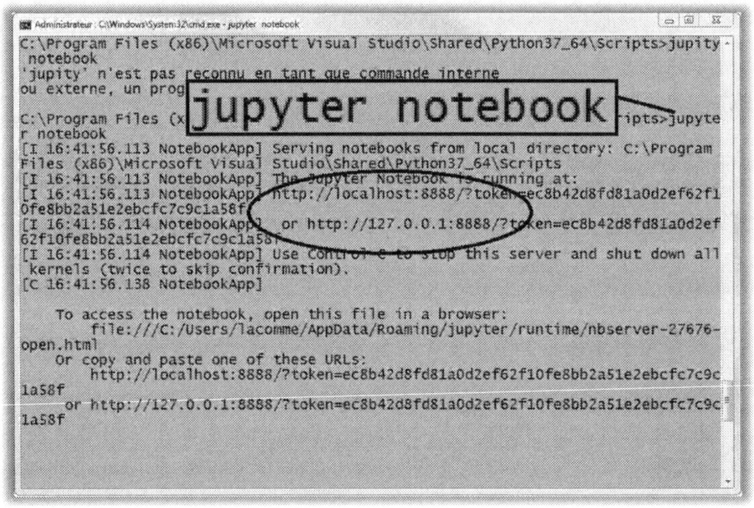

Figure 4-3. Démarrage de Jupyter

Au démarrage, le navigateur par défaut se lance avec l'adresse **localhost** (ou 127.0.0.1) sur le port 8888 comme le montre les affichages réalisés sur la console (Figure 4-3).

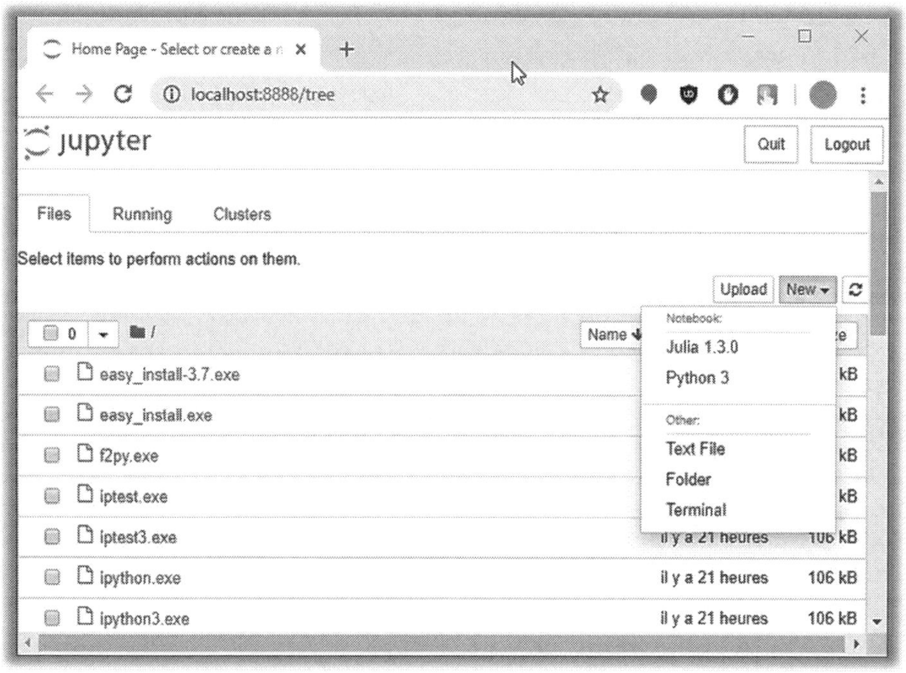

Figure 4-4. L'environnement Jupyter

L'affichage par défaut est celui de la Figure 4-4, et il suffit de sélectionner l'environnement souhaité dans le menu **New**. Ceci permet de basculer en mode "Python" (Figure 4-5).

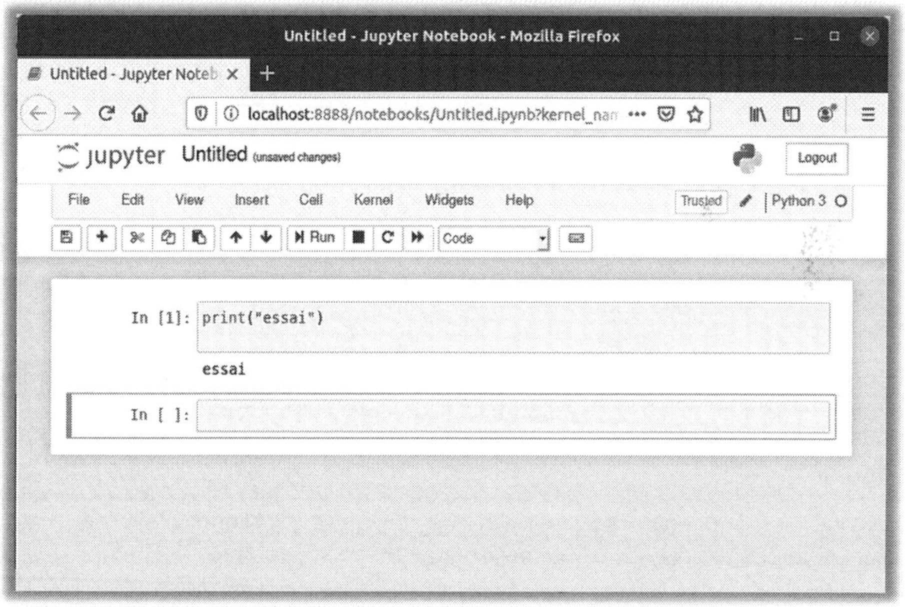

Figure 4-5. Exécution de code Python dans l'environnement Jupyter (sous Ubuntu)

4.1.1 Introduction aux réseaux Bayésiens

Un réseau Bayésien est un graphe orienté acyclique dont chaque sommet porte une variable aléatoire. Un arc définit une relation de dépendance entre la variable aléatoire à l'origine de l'arc et la variable aléatoire à l'extrémité finale de l'arc. Dans la terminologie des réseaux Bayésiens, un nœud A est parent d'un nœud B (et donc B est un enfant de A) si un arc va de A vers B.

Un nœud A est un ancêtre (ou un ascendant) d'un nœud B (et donc B est un descendant de A) si un chemin existe de A vers B.

Un graphe Bayésien fournit une modélisation efficace pour faire des raisonnements probabilistes. Pour illustrer le propos, ce chapitre reprend l'exemple, désormais célèbre, introduit par Judea Pearl et explicité sur le site Agrum à l'adresse suivante :

http://www-desir.lip6.fr/~phw/aGrUM/docs/last/notebooks/51-Causality_Tobacco.ipynb.html

Les données de la Figure 4-6 spécifient que 60% des personnes sont non fumeuses et que 40% des personnes sont fumeuses. La deuxième table associée au nœud cancer donne les probabilités d'avoir un cancer ou non selon que la personne soit fumeuse ou non fumeuse. Dans la représentation, pour la variable Smoking (ou S), 0 signifie "Non Fumeur" et 1 signifie "Fumeur". Pour la variable Cancer (ou C), 0 signifie "pas de cancer" et 1 signifie "cancer détecté".

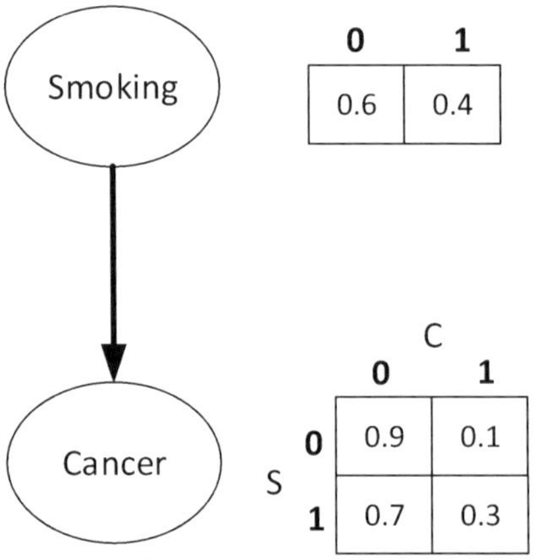

Figure 4-6. Les données brutes concernant l'utilisation de la cigarette et du risque de développer un cancer

L'intérêt principal des réseaux Bayésiens est de permettre l'analyse de situations où des évènements (le fait de fumer ou non, le fait de développer un cancer ou non sont des évènements) n'ont pas de lien direct mais sont uniquement reliés par des distributions de probabilité.

Soit $P(X_1 \wedge X_2)$ la **probabilité conjointe** de X_1 et X_2 (i.e. probabilité d'avoir X_1 et X_2) et la probabilité (conditionnelle) d'obtenir X_1 connaissant X_2 est notée $P(X_1|X_2)$.

Ceci permet d'obtenir la formule bien connue des étudiants car généralement introduite avant le bac :

$$P(X_1 \wedge X_2) = P(X_1|X_2).P(X_2)$$

Ou encore

$$\frac{P(X_1 \wedge X_2)}{P(X_2)} = P(X_1|X_2)$$

Ceci peut facilement se généraliser à 3 variables :

$$P(X_1 \wedge X_2 \wedge X_3) = P(X_1|X_2 \wedge X_3) \,.\, P(X_2 \wedge X_3) = P(X_1|X_2 \wedge X_3) \,.\, P(X_2|X_3) \,.\, P(X_3)$$

Ce qui donne, pour le cas général:

$$P(X_1 \wedge \ldots \wedge X_n) = P(X_n|X_1 \wedge \ldots \wedge X_{n-1}). \quad P(X_{n-1}|X_1 \wedge \ldots \wedge X_{n-2}) \ \ldots \ P(X_3|X_1 \wedge X_2). \ P(X_2|X_1)$$

L'exemple suivant fournit un exemple simple d'application. Le code Python proposé peut être exécuté à la fois sous un environnement Python quelconque mais aussi sur un Notebook qui permet d'obtention de résultats visuels plus agréables à interpréter. La totalité de cet exemple introductif est donc réalisée avec un Notebook sous Python 3.7.

Les librairies à inclure sont les suivantes :

```
from IPython.display import display, Math, Latex,HTML

import pyAgrum as gum
import pyAgrum.lib.notebook as gnb
import pyAgrum.causal as csl
import pyAgrum.causal.notebook as cslnb
```

La première étape consiste à définir le réseau ainsi que la table liée à **Smoking**.

```
obs1 = gum.fastBN("Smoking->Cancer")

obs1.cpt("Smoking")[:]=[0.6,0.4]
obs1.cpt("Smoking")
```

Le résultat est celui de la Figure 4-7.

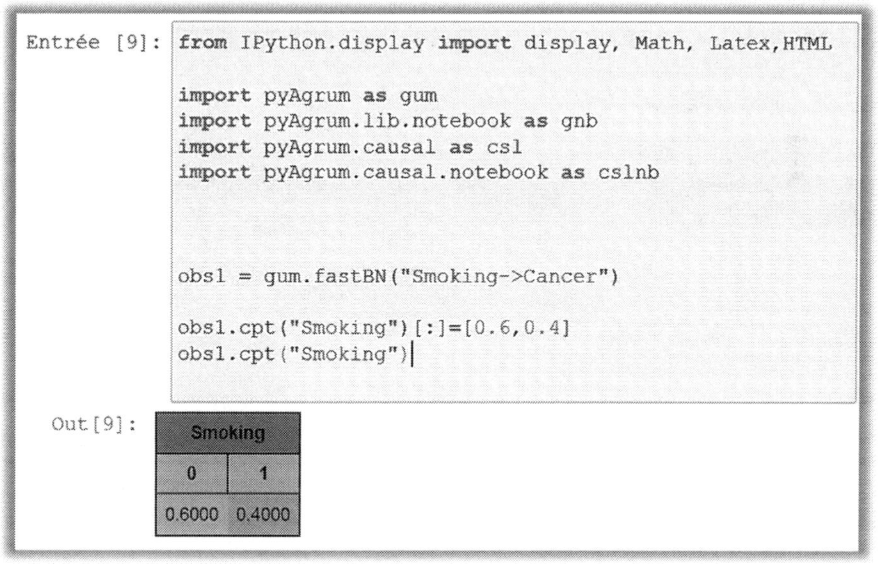

Figure 4-7. Définition du réseau et de la table de la variable Smoking

Pour chaque valeur possible de S, il est alors possible de donner la distribution de probabilité de C.

$$P(C \mid S = 0) = (0.9\,;0.1)$$

C'est-à-dire

$$P(C = 0 \mid S = 0) = 0.9$$

$$P(C = 1 \mid S = 0) = 0.1$$

Ceci traduit le fait que "si une personne ne fume pas ($S = 0$), la probabilité de ne pas avoir de cancer est de 0.9 et celui d'avoir un cancer est de 0.1".

De manière similaire, il faut définir : $P(C \mid S = 1) = (0.7\,;0.3)$

Le code Python est :

```
obs1.cpt("Cancer")[{"Smoking":0}]=[0.9,0.1]
obs1.cpt("Cancer")[{"Smoking":1}]=[0.7,0.3]
obs1.cpt("Cancer")
```

Et le résultat celui de la Figure 4-8.

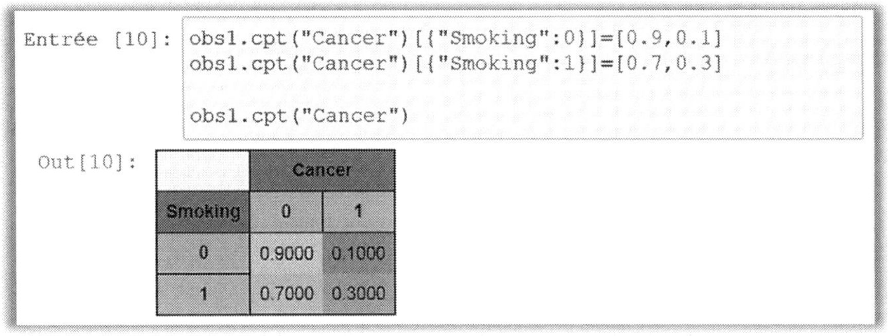
Entrée [10]:

```
obs1.cpt("Cancer")[{"Smoking":0}]=[0.9,0.1]
obs1.cpt("Cancer")[{"Smoking":1}]=[0.7,0.3]

obs1.cpt("Cancer")
```

Out[10]:

	Cancer	
Smoking	0	1
0	0.9000	0.1000
1	0.7000	0.3000

Figure 4-8. Définition du réseau et de la table de la variable Cancer qui dépend de la variable Smoking

En définissant la table de Cancer il a été créé une dépendance avec la table Smoking, de sorte que le réseau se compose de deux nœuds qu'il est possible de visualiser simplement par la commande suivante (Figure 4-9) :

```
gnb.sideBySide(obs1)
```

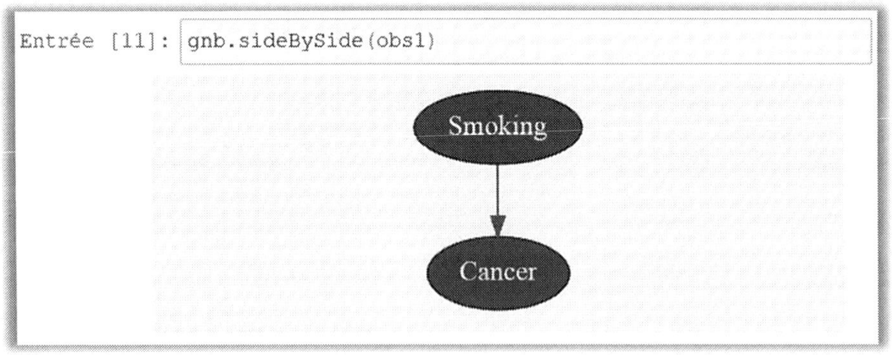

Figure 4-9. Structure du réseau

La formule rappelée au début du chapitre

$$P(X_1 \wedge X_2) = P(X_1|X_2) \times P(X_2)$$

Permet de calculer les probabilités conjointes :

$$P(C = 0 \wedge S = 0) = P(C = 0|\, S = 0) \times P(S = 0) = 0.9 \times 0.6 = 0.54$$
$$P(C = 0 \wedge S = 1) = P(C = 0|\, S = 1) \times P(S = 1) = 0.7 \times 0.4 = 0.28$$
$$P(C = 1 \wedge S = 0) = P(C = 1|\, S = 0) \times P(S = 0) = 0.1 \times 0.6 = 0.06$$
$$P(C = 1 \wedge S = 1) = P(C = 1|\, S = 1) \times P(S = 1) = 0.3 \times 0.4 = 0.12$$

La somme des probabilités conjointes vaut 1. Ainsi indépendamment du fait de fumer ou non, la probabilité de ne pas avoir de cancer est de 0.82 (somme des 2 premières lignes) et d'avoir un cancer de 0.18 (somme des probabilités des 2 dernières lignes).

Le calcul se fait via le code Python ci-dessous qui spécifie le calcul. Dans le code Python, la multiplication **obs1.cpt("Smoking")*obs1.cpt("Cancer")** correspond à $P(C \wedge S)$.

```
gnb.sideBySide(obs1.cpt("Smoking")*obs1.cpt("Cancer"),
                    captions=["the joint distribution"])
```

Ce qui donne le résultat de la Figure 4-10, résultat conforme aux résultats attendus.

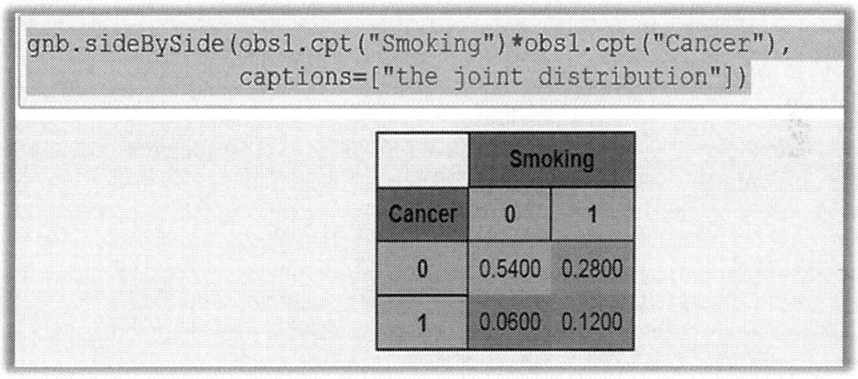

```
gnb.sideBySide(obs1.cpt("Smoking")*obs1.cpt("Cancer"),
                    captions=["the joint distribution"])
```

	Smoking	
Cancer	0	1
0	0.5400	0.2800
1	0.0600	0.1200

Figure 4-10. La probabilité jointe

Il est possible de mettre en évidence la relation entre le fait de fumer et le développement d'un cancer via une analyse **CausalModel()**.

```
modele1=csl.CausalModel(obs1)
cslnb.showCausalImpact(modele1,"Cancer", "Smoking", values={"Smoking":1})
```

Le résultat montre qu'un fumeur à 70% de chance de ne pas avoir de cancer et 30% de chance d'avoir un cancer (Figure 4-11).

```
modele1=csl.CausalModel(obs1)

cslnb.showCausalImpact(modele1,"Cancer", "Smoking", values={"Smoking":1})
```

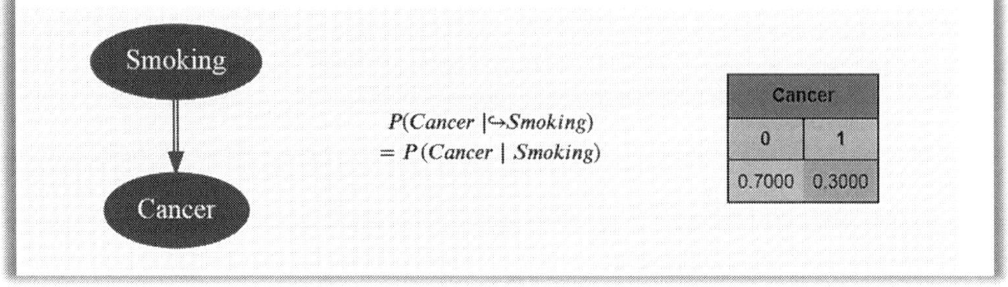

Figure 4-11. Analyse des relations entre cancer et le fait de fumer

4.1.2 Un réseau Bayésien pour des maladies chroniques

Le principal avantage des réseaux Bayésiens est de permettre l'automatisation du calcul des probabilités conditionnelles lorsque le nombre de variables est trop grand pour qu'une étude "classique" soit facile à réaliser.

Le propos est illustré par le réseau de la Figure 4-12 qui met en évidence des phénomènes connus en biologie entre des données individuelles (Indice de Masse Corporelle – IMC – et l'âge), des données comportementales limitées à l'alimentation et à l'activité physique (Alim, Phys) et l'apparition de maladies chroniques que sont l'hyper cholestérolémie (Chol), le diabète de type 2 (DiabT2) et les maladies cardiaques (Card). Le schéma appelle les commentaires suivants :

- La variable IMC prend 3 valeurs possibles : M (Mince), N (Normal), H (Haut).
- La variable Age prend 2 valeurs possibles : A (Adulte ayant un âge entre 18 et 65 ans), S (senior) pour désigner des personnes de plus de 65 ans.
- Pour les deux variables comportementales (Alim et Phys) les valeurs possibles sont B (bonne) et M (mauvaise).
- Pour les 3 pathologies étudiées (Chol, DiabT2, Card) les valeurs possibles sont O (développer la maladie) et N (ne pas développer la maladie).

Les tables de probabilités conditionnelles du réseau (et les deux tables de probabilités (non) conditionnelles des nœuds **IMC** et **Age**, puisqu'il s'agit des deux seules variables n'ayant pas de parents dans le graphe) et la topologie même du ont été définies ici dans un but illustratif et ne sont pas représentatives des connaissances actuelles en médecine.

Il faut garder à l'esprit qu'il s'agit uniquement d'un exemple à visée pédagogique. Cet exemple est utilisé dans la section 4.3 pour illustrer les apports des outils de type "réseaux Bayésiens".

M	N	H
0.1	0.7	0.2

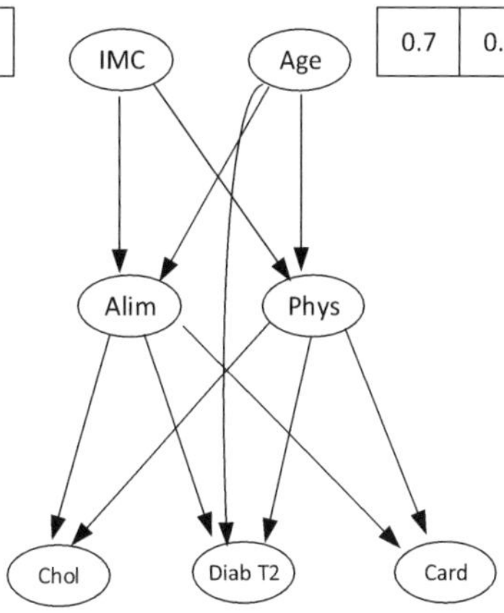

A	S
0.7	0.3

Age	IMC	B	M
A	M	0.2	0.8
A	N	0.9	0.1
A	H	0.1	0.9
S	M	0.4	0.6
S	N	0.5	0.5
S	H	0.1	0.9

Age	IMC	B	M
A	M	0.3	0.7
A	N	0.5	0.5
A	H	0.2	0.8
S	M	0.2	0.8
S	N	0.5	0.5
S	H	0.1	0.9

Alim	Phys	N	O
M	M	0.2	0.8
M	B	0.4	0.6
B	M	0.6	0.4
B	B	0.9	0.1

Age	Alim	Phys	N	O
A	M	M	0.5	0.5
A	M	B	0.6	0.4
A	B	M	0.4	0.6
A	B	B	0.9	0.1
S	M	M	0.4	0.6
S	M	B	0.5	0.5
S	B	M	0.3	0.7
S	B	B	0.8	0.2

Alim	Phys	N	O
M	M	0.1	0.9
M	B	0.6	0.4
B	M	0.3	0.7
B	B	0.9	0.1

Figure 4-12. Étude des maladies chroniques

4.2 Formalisation des calculs

Pour une probabilité *P*, deux variables aléatoires *A* et *B* sont dites ***P*-indépendantes** (ou simplement : indépendantes) si $P(A = a \wedge B = b) = P(A = a) \times P(B = b)$ (pour tout a et tout b).

La probabilité peut être conditionnelle : deux variables aléatoires *A* et *B* sont $\boldsymbol{P(.\,|C,D)}$**-indépendantes** (ou encore : indépendantes sachant *C* et *D*) si $P(A = a \wedge B = b|C,D) = P(A = a|C,D) \times P(B = b|C,D)$ (pour tout a et tout b).

Intuitivement, ces deux propriétés traduisent qu'un nœud est indépendant de ses "grands parents" lorsque ses parents sont connus et que dans certaines conditions, il peut être indépendant de ses non ancêtres et/ou de ses non descendants.

L'exemple fourni dans (Yannick Bridé, 2016) illustre le concept de couverture de Markov avec la définition suivante "La couverture de Markov d'une variable *X* (notée MB(*X*)) correspond à l'ensemble des parents, enfants et époux du nœud *X*." en définissant que deux nœuds Y et Z sont époux si $\exists X|Y \in Pa(X)$ et $Z \in Pa(X)$ (*i.e.* $Z \rightarrow X \leftarrow Y$), où $Y \in Pa(X)$ signifie que Y est un parent de X (et donc que X est un enfant de Y).

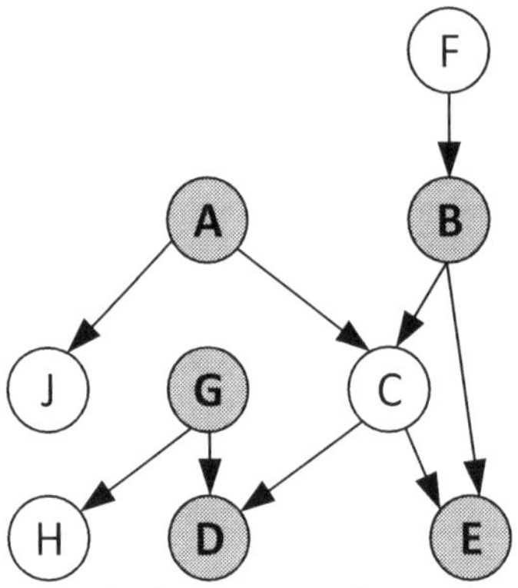

Figure 4-13. Couverture de Markov de la variable C (Yannick Bridé, 2016)

La Figure 4-13 présente la couverture de Markov de C , elle comprend les sommets : A et B qui sont les parents ; D et E qui sont les enfants et G qui est le parent de D.

Définition

Deux nœuds X et Y sont **D-séparés** par rapport à un ensemble non vide noté Z de variables, si et seulement ils se trouvent dans l'une des situations suivantes :

- $X \rightarrow Z \rightarrow Y$ ou le cas symétrique $X \leftarrow Z \leftarrow Y$
- $X \leftarrow Z \rightarrow Y$
- $X \rightarrow W \leftarrow Y$ où W un ensemble avec $W \notin Z$ et W n'est pas un descendant de Z

La D-séparation définit un blocage de l'information : Z est un ensemble de nœuds qui bloquent le passage de X à Y. Dans le cas numéro 3, X et Y ne sont pas D-séparés par W, mais naturellement par un ensemble vide ou tout ensemble correspondant à Z.

Le théorème de Pearl proposé en 2009 clarifie ce concept : "Un nœud satisfait l'hypothèse de Markov, si et seulement si, il est indépendant de tous ses non descendants conditionnellement à ses parents".

Par définition, un réseau Bayésien respecte nécessairement ce théorème et une conséquence de la propriété de Markov et qu'en notant $X = \{X_1 .. X_n\}$, un ensemble de variables aléatoires du réseau Bayésien alors

$$P(X_1 \wedge ... \wedge X_n) = \prod_{i=1}^{n} P(X_i | parents(X_i))$$

où la notation $parents(X_i)$ désigne les parents de X_i.

Ceci signifie que la probabilité conjointe des variables peut se calculer en considérant **uniquement** les parents de chaque nœud, c'est-à-dire que seules des informations locales sont nécessaires pour ce calcul. Il s'agit ici d'un point très important dont les calculs vont tirer parti.

La formule des probabilités conjointes peut être illustrée en calculant la probabilité d'avoir **simultanément** du diabète et du cholestérol **sachant** que le comportement alimentaire est jugé mauvais (Alim $= M$), que l'activité physique est insuffisante (Phys $= M$) et ceci pour un individu ayant un IMC normal (IMC $= N$) et sachant de plus qu'il s'agit d'un adulte (Age $= A$).

Ceci donne alors :

$$P(\text{Chol} = O \wedge \text{DiabT2} = O \wedge \text{Alim} = M \wedge \text{Phys} = M \wedge \text{IMC} = N \wedge \text{Age} = A) =$$

$$P(\text{Chol} = O|\text{Alim} = M \wedge \text{Phys} = M) \times$$

$$P(\text{DiabT2} = O|\text{Alim} = M \wedge \text{Phys} = M \wedge \text{Age} = A) \times$$

$$P(\text{Alim} = M|\text{IMC} = N \wedge \text{Age} = A) \times$$

$$P(\text{Phys} = M|\text{IMC} = N \wedge \text{Age} = A)$$

En remplaçant les probabilités conditionnelles par leur valeur et en simplifiant :

$$P(\text{Chol} = O \wedge \text{DiabT2} = O \wedge \text{Alim} = M \wedge \text{Phys} = M \wedge \text{IMC} = N \wedge \text{Age} = A)$$

$$= 0.8 \times 0.5 \times 0.1 \times 0.5 = 0.02$$

Ainsi, la probabilité d'avoir simultanément du diabète et du cholestérol en cas de comportement alimentaire délétère (Alim $= M$), et d'activité physique insuffisante (Phys $= M$) pour un individu adulte (Age $= A$) ayant un IMC normal (IMC $= N$) est estimée à 20%.

4.2.1 Probabilités marginales

Une **probabilité marginale** est une probabilité calculée sur un sous-ensemble des variables. Le principe est illustré sur un réseau simplifié limité à 4 variables et présenté sur la Figure 4-14. L'exemple consiste à calculer la probabilité marginale d'avoir simultanément une IMC normale (IMC $= N$) et d'avoir une activité physique insuffisante (Phys $= M$).

La probabilité d'avoir une IMC "normale" et une activité physique "insuffisante" est la somme des probabilités des variables dont la valeur n'est pas encore connue.

Ainsi

$$P(\text{IMC} = N \wedge \text{Phys} = M) =$$

$$\sum_{age=A}^{age=S} \sum_{alim=B}^{alim=M} P(\text{Age} = age \wedge \text{Alim} = alim \wedge \text{IMC} = N \wedge \text{Phys} = M)$$

Soit

$$P(\text{IMC} = N \wedge \text{Phys} = M) =$$

$$\sum_{age=A}^{age=S} \sum_{alim=B}^{alim=M} P(age) \times P(alim|\text{IMC} = N \wedge age) \times P(\text{Phys} = M|age \wedge \text{IMC} = N) \times P(\text{IMC} = N)$$

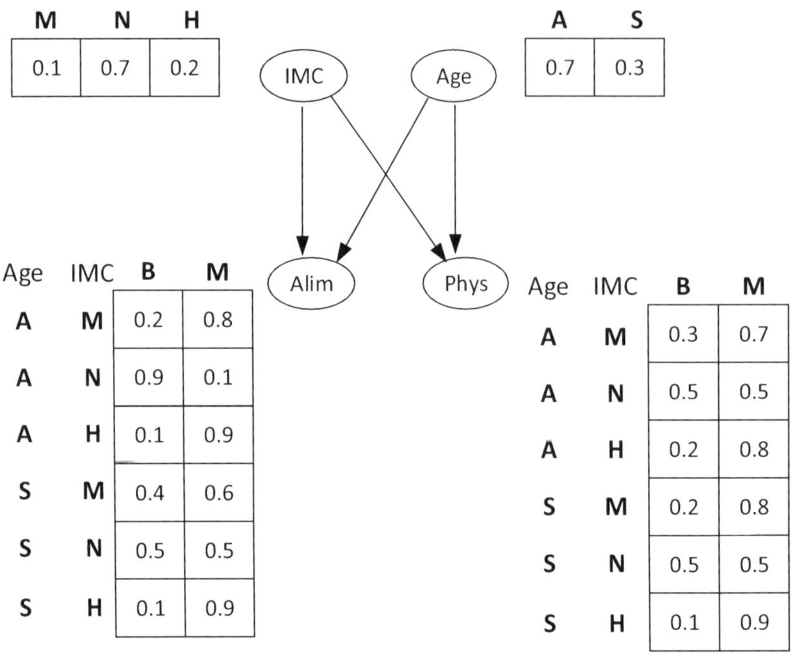

Figure 4-14. Réseau simplifié pour illustrer le calcul des probabilités marginales

$P(\text{IMC} = N \wedge \text{Phys} = M) =$

$P(\text{Age} = A) \times P(\text{Alim} = B|\text{IMC} = N \wedge \text{Age} = A) \times P(\text{Phys} = M|\text{Age} = A \wedge \text{IMC} = N) \times P(\text{IMC} = N)$

$P(\text{Age} = A) \times P(\text{Alim} = M|\text{IMC} = N \wedge \text{Age} = A) \times P(\text{Phys} = M|\text{Age} = A \wedge \text{IMC} = N) \times P(\text{IMC} = N)$

$P(\text{Age} = S) \times P(\text{Alim} = M|\text{IMC} = N \wedge \text{Age} = S) \times P(\text{Phys} = M|\text{Age} = S \wedge \text{IMC} = N) \times P(\text{IMC} = N)$

$P(\text{Age} = S) \times P(\text{Alim} = M|\text{IMC} = N \wedge \text{Age} = S) \times P(\text{Phys} = M|\text{Age} = S \wedge \text{IMC} = N) \times P(\text{IMC} = N)$

Soit

$$P(\text{IMC} = N \wedge \text{Phys} = M) =$$
$$(0.7 \times 0.9 \times 0.5 \times 0.7) + (0.7 \times 0.1 \times 0.5 \times 0.7)$$
$$+(0.3 \times 0.5 \times 0.5 \times 0.7) + (0.3 \times 0.5 \times 0.5 \times 0.7)$$

Ou encore

$$P(\text{IMC} = N \wedge \text{Phys} = M) = 0.35$$

Remarque :

Le calcul aurait pu être réalisé sur l'intégralité du réseau, ce qui aurait donné une formulation plus complexe :

$$P(\text{IMC} = N \wedge \text{Phys} = M) = \sum_{age=A}^{age=S} \sum_{alim=B}^{alim=M} \sum_{choles=O}^{choles=N} \sum_{diabT2=O}^{diabT2=N} \sum_{card=O}^{card=N} P(\dots.)$$

Le résultat final aurait été difficile à réaliser sans l'aide d'un outil informatique. Notons que le calcul des probabilités marginales peut se faire en ignorant les descendants des nœuds non observés.

4.2.2 Indépendances conditionnelles entre enfant-parent-grand-parent

Un réseau Bayésien permet d'identifier facilement les indépendances conditionnelles pour réduire les calculs à effectuer.

Ici aussi, le réseau est simplifié (les arcs $Alim - DiabT2$ et $Phys - Card$ ont été supprimés) et il présenté sur la Figure 4-15. Il appartient au lecteur de refaire, dans un contexte plus général, les raisonnements introduits ici.

M	N	H
0.1	0.7	0.2

A	S
0.7	0.3

Age	IMC	B	M
A	M	0.2	0.8
A	N	0.9	0.1
A	H	0.1	0.9
S	M	0.4	0.6
S	N	0.5	0.5
S	H	0.1	0.9

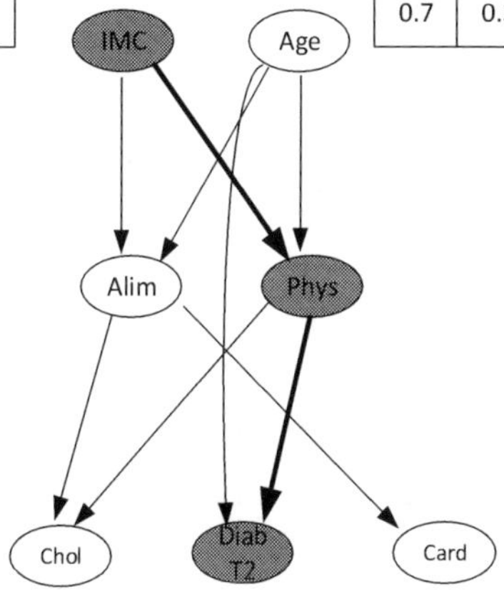

Age	IMC	B	M
A	M	0.3	0.7
A	N	0.5	0.5
A	H	0.2	0.8
S	M	0.2	0.8
S	N	0.5	0.5
S	H	0.1	0.9

Alim	Phys	N	O
M	M	0.2	0.8
M	B	0.4	0.6
B	M	0.6	0.4
B	B	0.9	0.1

Age	Phys	N	O
A	M	0.5	0.5
A	B	0.6	0.4
S	M	0.4	0.6
S	B	0.5	0.5

Alim	N	O
M	0.1	0.9
B	0.3	0.7

Figure 4-15. Réseau simplifié pour illustrer le calcul des indépendances conditionnelles

Il s'agit d'étudier la relation particulière entre un nœud, un parent et un grand parent comme cela est mis en évidence sur la Figure 4-15 avec les variables DiabT2, Phys et IMC.

L'objectif est de calculer $P(\text{DiabT2}|\text{IMC} \wedge \text{Phys})$ qui représente la probabilité d'avoir du diabète en fonction de l'IMC et de l'activité physique (Phys), ce qui de manière formelle se traduit par :

$$P(\text{DiabT2}|\text{IMC} \wedge \text{Phys}) = \frac{P(\text{DiabT2} \wedge \text{IMC} \wedge \text{Phys})}{P(\text{IMC} \wedge \text{Phys})}$$

Le but est de montrer que : $P(\text{DiabT2}|\text{IMC} \wedge \text{Phys}) = P(\text{DiabT2}|\text{Phys})$

Le calcul du numérateur est un simple calcul des probabilités marginales qui se fait via la formule :

$$P(DiabT2 \wedge IMC \wedge Phys) =$$

$$\sum_{alim=B}^{alim=M} \sum_{choles=0}^{choles=N} \sum_{card=0}^{card=N} \sum_{age=A}^{age=S} P(DiabT2 \wedge IMC \wedge Phys \wedge Age = age \dots.)$$

La remarque effectuée dans la section précédente "Le calcul des probabilités marginales, peut se faire en ignorant les descendants des nœuds non observés", permet ici de simplifier encore l'expression en ignorant les variables Alim, Card et Chol.

$$P(\text{DiabT2} \wedge \text{IMC} \wedge \text{Phys}) = \sum_{age=A}^{age=S} P(\text{DiabT2} \wedge \text{Phys} \wedge \text{IMC} \wedge \text{Age} = age)$$

Pour des raisons similaires, le calcul du dénominateur donne

$$P(\text{Phys} \wedge \text{IMC}) = \sum_{age=A}^{age=S} P(\text{Phys} \wedge \text{IMC} \wedge \text{Age} = age)$$

Donc

$$P(DiabT2|IMC \wedge Phys) = \frac{P(DiabT2 \wedge Phys \wedge IMC)}{P(Phys \wedge IMC)}$$

Et pour conclure :

$$P(DiabT2|IMC \wedge Phys) = \frac{\sum_{age=A}^{age=S} P(DiabT2 \wedge Phys \wedge IMC \wedge Age = age)}{\sum_{age=A}^{age=S} P(Phys \wedge IMC \wedge Age = age)}$$

$$= \frac{\sum_{\text{age=A}}^{\text{age=S}} \text{P(DiabT2|Phys} \wedge \text{Age = age)} \times \text{P(Phys|IMC} \wedge \text{Age = age)} \times \text{P(Age = age)}}{\sum_{\text{age=A}}^{\text{age=S}} \text{P(Phys|IMC} \wedge \text{Age = age)} \times \text{P(Age = age)}}$$

et $P(\text{DiabT2}|\text{IMC} \wedge \text{Phys}) = P(\text{DiabT2}|\text{Phys})$

Conclusion : ce calcul montre que la probabilité d'avoir du diabète dépend du niveau d'activité physique mais ne dépend pas de l'IMC.

Le théorème de Pearl (proposé en 2009) qui s'explicite comme "Un nœud satisfait l'hypothèse de Markov, si et seulement s'il est indépendant de tous ses non descendants conditionnellement à ses parents" apporte sur cet exemple un éclairage nouveau.

Le calcul précédent vérifie le théorème de Pearl : un nœud est indépendant de tous ses non descendants conditionnellement à ses parents. Donc le nœud DiabT2, à partir du moment où l'activité physique est connue, est indépendant de toutes les variables qui ne font pas partie de ces descendants et donc en particulier de l'IMC.

Ceci conduit directement à l'affirmation suivante $P(\text{DiabT2}|\text{IMC} \wedge \text{Phys}) = P(\text{DiabT2}|\text{Phys})$ qui été démontrée précédemment par le calcul.

4.2.3 Indépendances conditionnelles entre 2 enfants et un parent

Deux enfants sont indépendants si le parent est connu. Ainsi les variables Chol et Card sont indépendantes (Figure 4-16) à partir du moment où la variable Alim est connue alors même que les deux enfants sont a priori dépendants tant qu'aucune information n'est disponible pour le parent.

M	N	H
0.1	0.7	0.2

A	S
0.7	0.3

Age	IMC	B	M
A	M	0.2	0.8
A	N	0.9	0.1
A	H	0.1	0.9
S	M	0.4	0.6
S	N	0.5	0.5
S	H	0.1	0.9

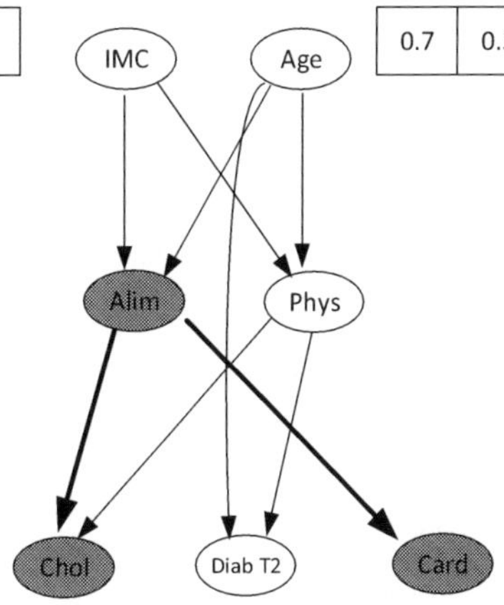

Age	IMC	B	M
A	M	0.3	0.7
A	N	0.5	0.5
A	H	0.2	0.8
S	M	0.2	0.8
S	N	0.5	0.5
S	H	0.1	0.9

Alim	Phys	N	O
M	M	0.2	0.8
M	B	0.4	0.6
B	M	0.6	0.4
B	B	0.9	0.1

Age	Phys	N	O
A	M	0.5	0.5
A	B	0.6	0.4
S	M	0.4	0.6
S	B	0.5	0.5

Alim	N	O
M	0.1	0.9
B	0.3	0.7

Figure 4-16. Relation entre deux enfants

Ainsi le fait d'avoir du cholestérol et des maladies cardiaques (variable Chol et Card) sont deux informations P-dépendantes mais elles sont $P(.|\text{Alim})$-indépendantes (à partir du moment où le comportement alimentaire est connu).

Ce calcul vérifie le théorème de Pearl : un nœud est indépendant de tous ses non descendants conditionnellement à ses parents. Donc le nœud Chol, à partir du moment où le comportement alimentaire est connu, est indépendant de toutes les variables qui ne font pas partie de ces descendants et donc en particulier de Card.

Cette situation peut se résumer comme suit :

$$P(\text{Card}|\text{Alim} \wedge \text{Chol}) = P(\text{Card}|\text{Alim})$$

La terminologie des réseaux Bayésiens, résume ceci avec l'expression : "le parent bloque le chemin entre les deux enfants".

4.2.4 Indépendances conditionnelles entre 2 parents étant donné un enfant

Les variables IMC et Age sont P-indépendantes (Figure 4-17) (à partir du moment où les variables Alim et Phys sont inconnues) alors même que les deux parents sont possiblement dépendants si une information est disponible pour un des enfants.

M	N	H
0.1	0.7	0.2

A	S
0.7	0.3

Age	IMC	B	M
A	M	0.2	0.8
A	N	0.9	0.1
A	H	0.1	0.9
S	M	0.4	0.6
S	N	0.5	0.5
S	H	0.1	0.9

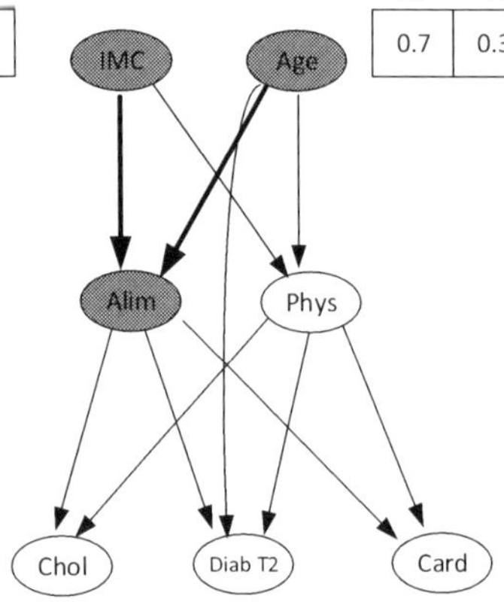

Age	IMC	B	M
A	M	0.3	0.7
A	N	0.5	0.5
A	H	0.2	0.8
S	M	0.2	0.8
S	N	0.5	0.5
S	H	0.1	0.9

Alim	Phys	N	O
M	M	0.2	0.8
M	B	0.4	0.6
B	M	0.6	0.4
B	B	0.9	0.1

Age	Phys	N	O
A	M	0.5	0.5
A	B	0.6	0.4
S	M	0.4	0.6
S	B	0.5	0.5

Alim	N	O
M	0.1	0.9
B	0.3	0.7

Figure 4-17. Relation entre deux parents

Les variables IMC et Age sont P-indépendantes, mais elles sont $P(.|\text{Alim})$-dépendantes (étant donnée la variable Alim). La conséquence est que $P(\text{IMC}|\text{Alim} \wedge \text{Age})$ ne peut pas être simplifiée.

La terminologie des réseaux Bayésiens, résume ce résultat sous la forme : "le fait de ne pas connaître l'enfant bloque le chemin entre les deux parents".

Cette conclusion peut se vérifier sur cet exemple en faisant le calcul explicite d'une part de

$$P(\text{IMC} = H \wedge \text{Age} = A|\text{Alim} = B)$$

Et d'autre part de

$$P(\text{IMC} = H|\text{Alim} = B) \times P(\text{Age} = A|\text{Alim} = B)$$

Si les deux variables IMC et Age sont dépendantes alors que l'alimentation est connue ($\text{Alim} = B$), le résultat devrait prouver que :

$$P(IMC = H \wedge Age = A|Alim = B) \neq P(IMC = H|Alim = B) \times P(Age = A|Alim = B)$$

Calcul de $P(\text{IMC} = H \wedge \text{Age} = A|\text{Alim} = B)$

$$P(IMC = H \wedge Age = A|Alim = B) = \frac{P(IMC = H \wedge Age = A \wedge Alim = B)}{P(Alim = B)}$$

$$= \frac{P(Alim = B|IMC = H \wedge Age = A) \times P(IMC = H \wedge Age = A)}{\sum_{IMC}\sum_{Age} P(Alim = B \wedge IMC \wedge Age)}$$

$$= \frac{0.1 \times P(IMC = H) \times P(Age = A)}{\sum_{IMC}\sum_{Age} P(Alim = B|IMC \wedge Age) \times P(IMC) \times P(Age)} =$$

$$\frac{0.1 \times 0.2 \times 0.7}{0.7 \times (0.2 \times 0.1 + 0.9 \times 0.7 + 0.1 \times 0.2) + 0.3 \times (0.4 \times 0.1 + 0.5 \times 0.7 + 0.1 \times 0.2)}$$

$$= \frac{0.014}{0.592} \approx 0.024$$

Calcul de : $P(\text{IMC} = H|\text{Alim} = B) \times P(\text{Age} = A|\text{Alim} = B)$

$$P(IMC = H|Alim = B) \times P(Age = A|Alim = B) =$$

$$= \frac{P(IMC = H \wedge Alim = B)}{P(Alim = B)} \times \frac{P(Age = A \wedge Alim = B)}{P(Alim = B)}$$

$$= \frac{\sum_{Age} P(IMC = H \wedge Alim = B \wedge Age)}{0.592} \times \frac{\sum_{IMC} P(Age = A \wedge Alim = B \wedge IMC)}{0.592}$$

$$= \frac{\sum_{Age} P(Alim = B|IMC = H \wedge Age) \times P(IMC = H \wedge Age)}{0.592}$$

$$\times \frac{\sum_{IMC} P(Alim = B|Age = A \wedge IMC) \times P(Age = A \wedge IMC)}{0.592}$$

$$= \frac{\sum_{Age} P(Alim = B|IMC = H \wedge Age) \times P(IMC = H).P(Age)}{0.592}$$

$$\cdot \frac{\sum_{IMC} P(Alim = B|Age = A \wedge IMC) \times P(Age = A).P(IMC)}{0.592}$$

$$= \frac{0.2 \times \sum_{Age} P(Alim = B|IMC = H \wedge Age).P(Age)}{0.592}$$

$$\cdot \frac{0.7 \times \sum_{IMC} P(Alim = B|Age = A \wedge IMC).P(IMC)}{0.592}$$

$$= \frac{0.2 \times (0.1 \times 0.7 + 0.1 \times 0.3)}{0.592} \times \frac{0.7 \times (0.2 \times 0.1 + 0.9 \times 0.7 + 0.1 \times 0.2)}{0.592}$$

$$= \frac{0.02}{0.592} \times \frac{0.469}{0.592} \approx 0.0268$$

La valeur 0.0268 est effectivement différente de 0.024 ce qui pouve la non indépendance.

4.2.5 Chaînes bloquantes

La propriété de Markov (ou D-séparation) permet d'identifier des indépendances conditionnelles entre une variable X et une variable Y dans un réseau Bayésien par rapport à un ensemble d'autres nœuds $\Gamma = \{Z_1, \dots Z_m\}$ **observés**.

Rappel de la règle de Markov : la variable aléatoire en un nœud est indépendante de ses non descendants par rapport à la probabilité conditionnelle relative à ses parents.

D'un point de vue algorithmique, il suffit d'appliquer la règle suivante pour identifier si deux variables sont indépendantes ou non.

X et Y sont $P(.|Z)$-indépendants si toutes **les chaînes entre X et Y sont bloquées** par Z. Rappelons qu'une chaîne est une suite d'arêtes (ici, les arcs peuvent être considérés comme des arêtes).

La structure du graphe permet d'identifier 3 situations pour lesquelles l'indépendance de A et B sont facile à identifier.

Règle 1 :

Considérons une chaîne de la forme suivante, où Z est une variable observée ($\Gamma = \{Z\}$), la valeur de Z est connue et est z.

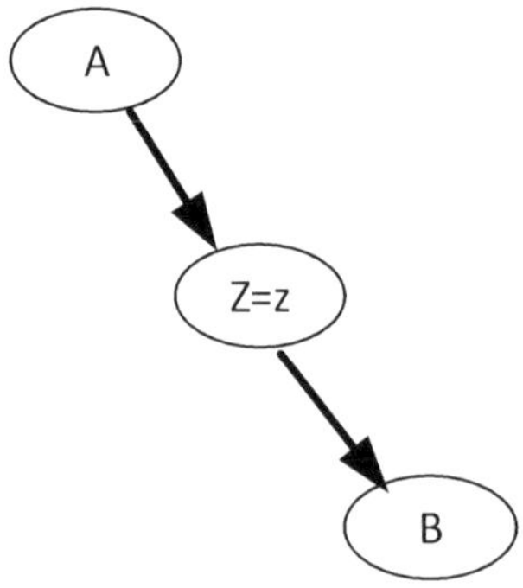

Une chaîne de la forme $A \to Z \to B$ est bloquée au niveau du nœud Z. Par conséquent :

$$P(A \wedge B|Z = z) = P(A|Z = z) \times P(B|Z = z)$$

Règle 2 :

Considérons une chaîne de la forme suivante où Z est une variable observée ($\Gamma = \{Z\}$) prenant la valeur z.

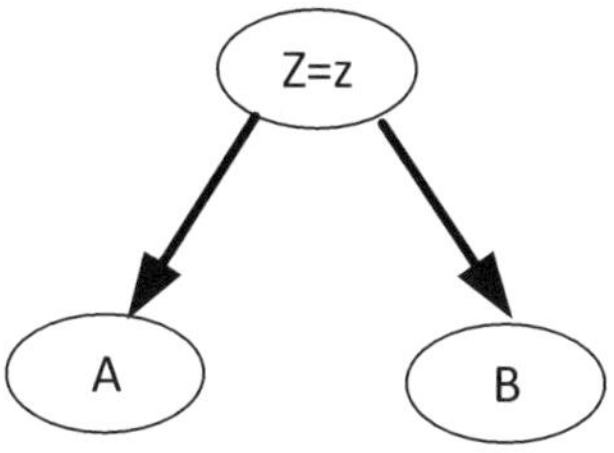

Une chaîne de la forme $A \to Z \to B$ est bloquée au niveau du nœud Z, ce qui signifie que A et B sont indépendants.

Règle 3 :

Considérons une chaîne de la forme suivante où Z est une variable **non observée** (l'ensemble des variables observées se réduit à l'ensemble vide, $\Gamma = \emptyset$).

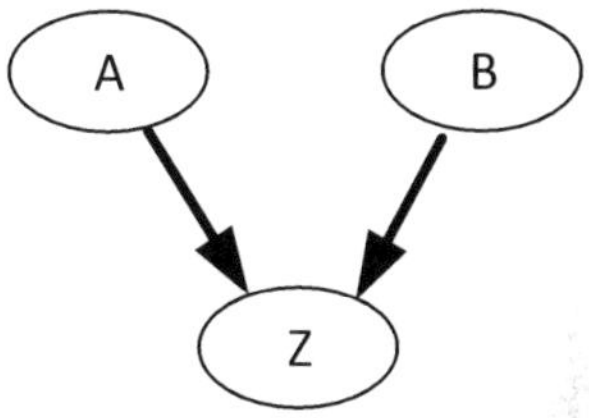

Une chaîne de la forme $A \to Z \to B$ est bloquée au niveau du nœud Z, ce qui signifie que A et B sont indépendants.

Les trois règles sont illustrées par trois exemples dans les sections suivantes. Le Tableau 4-1 présente les trois cas qui vont être étudiés et les règles associées à chacun d'entre eux, ainsi que le résultat de dépendance.

Tableau 4-1. Les chaînes bloquantes sur l'exemple

	A	B	Γ	Règles illustrées	Dépendances
Exemple 1	IMC	Age	∅	3	Non
Exemple 2	IMC	DiabT2	Phys	1	Oui
Exemple 3	Alim	Phys	IMC; DiabT2	2 ; 3	Oui

4.2.6 Premier exemple de D-Séparation

La première question concerne l'indépendance des variables IMC et Age, (réseau de la Figure 4-18) avec $\Gamma = \emptyset$, c'est-à-dire qu'il n'y a aucune variable observée. Il s'agit d'identifier toutes les chaînes de IMC vers Age et de déterminer si elles sont bloquées par un nœud.

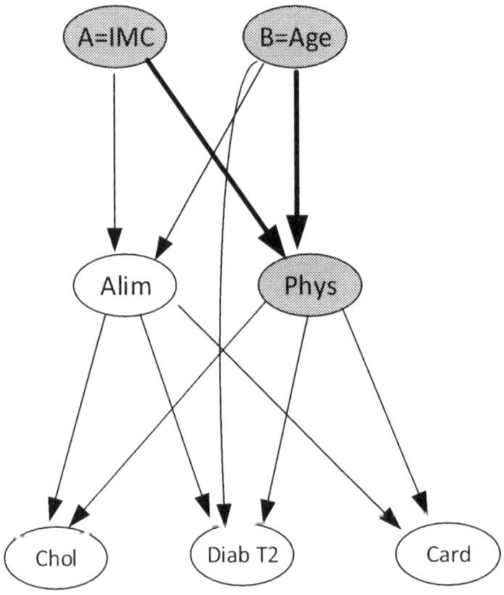

Figure 4-18. Exemple de chemin bloqué

La chaîne IMC → Phys → Age est bloquée au niveau de Phys puisque ceci correspond la configuration numéro 3 de la page précédente.

La configuration identifiée est donc :

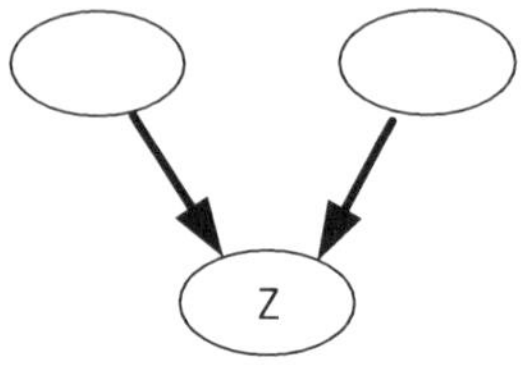

Les descendants du nœud Phys sont les nœuds Chol, DiabT2 et Card qui ne sont pas dans Γ.

Le chemin est donc bloqué au niveau de Phys.

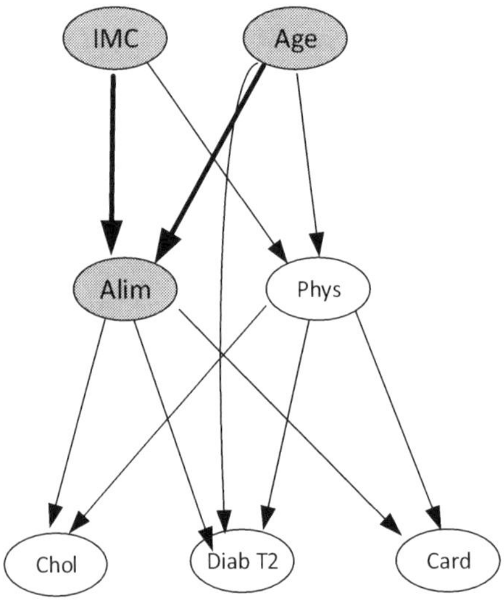

Figure 4-19. Exemple de chemin bloqué

La chaîne IMC → Alim → Age est bloquée au niveau de Alim puisque ceci correspond la configuration numéro 3 de la page précédente.

La configuration identifiée est donc :

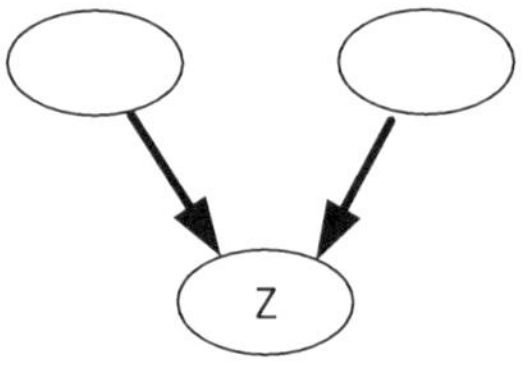

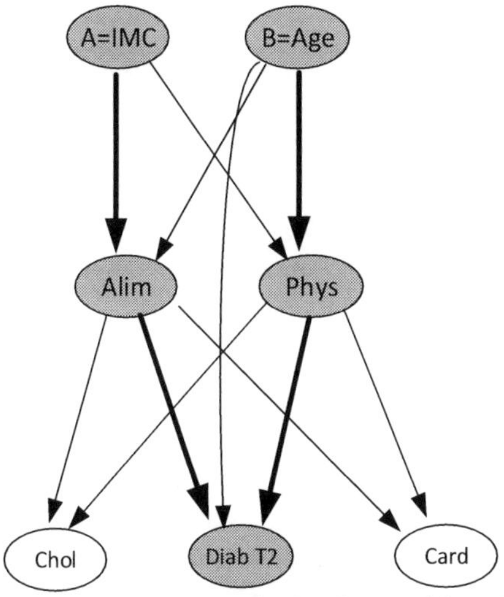

Figure 4-20. Exemple de chemin bloqué

Le circuit IMC → Alim → DiabT2 → Phys → Age est bloqué au niveau de Phys puisque ceci correspond la configuration numéro 3 de la page précédente.

Il s'agit d'un cas similaire au précédent.

La même remarque s'applique aux chemins :

IMC→Alim→Chol→Phys→Age

IMC→Alim→Card→Phys→Age

Deux autres chemins ont les mêmes caractéristiques bloquantes :

IMC→Alim→DiabT2 →Age

IMC→ DiabT2→Age

Sept chemins sont identifiables entre IMC et Age, et les 7 chemins sont bloqués entre IMC et Age, ce qui permet de conclure que les deux variables sont indépendantes.

4.2.7 Deuxième exemple de D-Séparation

La deuxième question concerne l'indépendance des variables IMC et DiabT2, connaissant le niveau d'activité physique, ce qui correspond à Γ = {Phys}, ce qui signifie que le niveau d'activité physique est connu (la variable Phys a été observée).

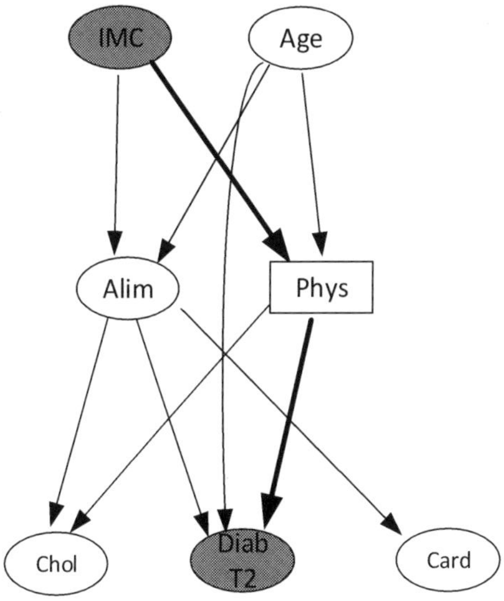

Figure 4-21. Chemin bloqué en Phys

Le premier chemin IMC→Phys→DiabT2 est bloqué au niveau du nœud Phys car dans la configuration suivante :

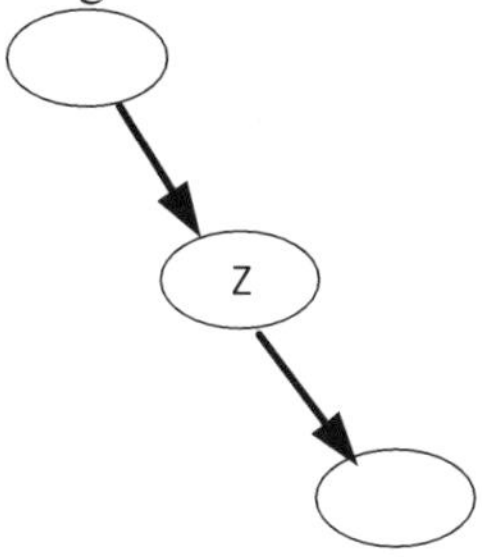

Il faut que la variable soit connue, ce qui est le cas ici puisque Phys a été observée (Γ = {Phys}).

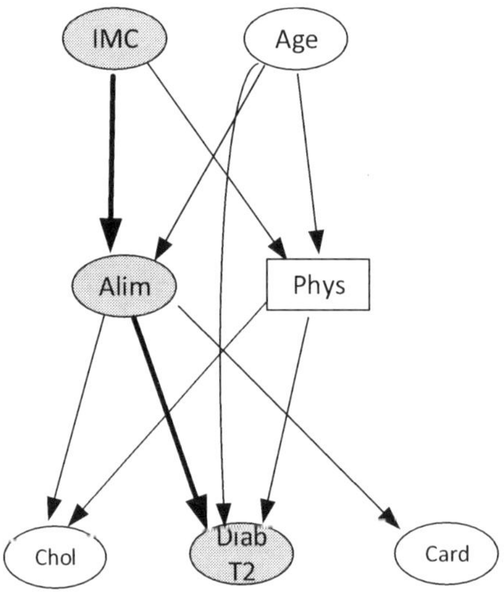

Figure 4-22. Chemin non bloqué au niveau de Alim

Le deuxième chemin IMC → Alim →DiabT2 n'est pas bloqué niveau du nœud Alim. Il s'agit bien de la configuration suivante :

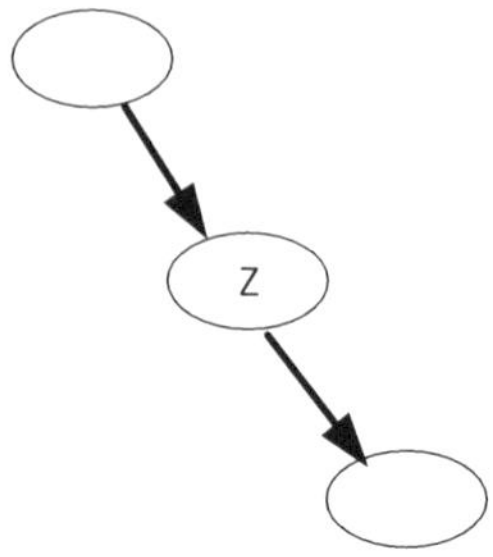

Mais la variable Alim n'est pas connue c'est-à-dire qu'Alim ne fait pas partie de l'ensemble des variables observées (Alim $\notin \Gamma$). Le chemin existe dont entre IMC et DiabT2.

Il est donc possible de conclure que les deux variables IMC et DiabT2 ne sont pas indépendantes. Un résultat similaire peut être obtenu est appliquant directement le théorème de Pearl qui précise qu'une "variable aléatoire en un nœud est indépendante de ses non descendants par rapport à la probabilité conditionnelle relative à ses parents."

4.2.8 Troisième exemple de D-Séparation

La troisième question concerne l'indépendance des variables Alim et Phys connaissant l'IMC et la variable DiabT2, soit $\Gamma = \{\text{IMC}; \text{DiabT2}\}$.

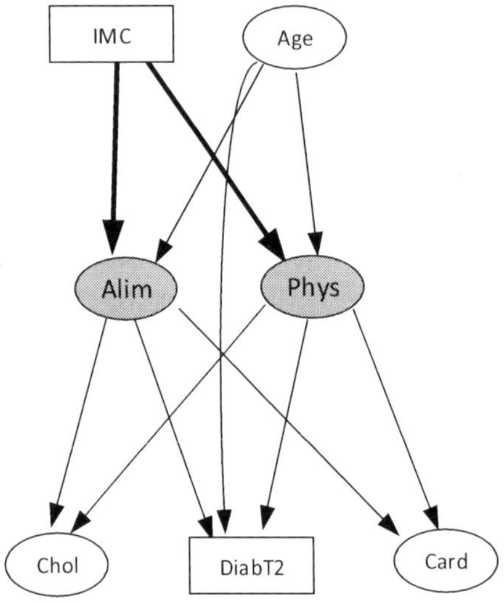

Figure 4-23. Exemple de D-Séparation

Il est clair que Alim et Phys sont $P(.|\text{IMC})$ -indépendantes : il suffit d'appliquer la propriété de Markov à Alim.

Dans ce type de configuration, la règle précédemment définie, définit Z comme bloquant si la variable Z est observée. C'est le cas ici, ce qui veut dire que le chemin est bloqué.

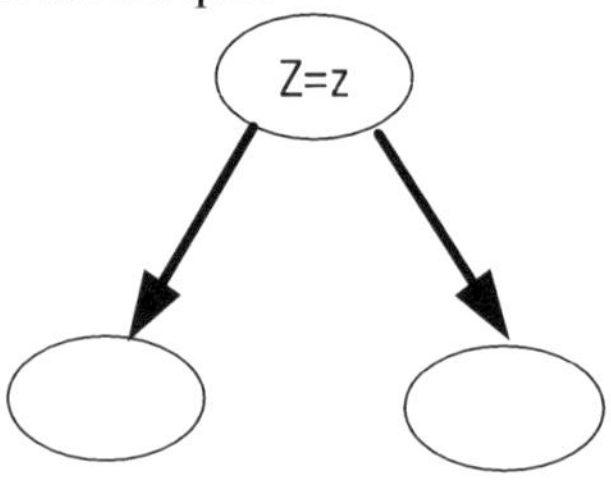

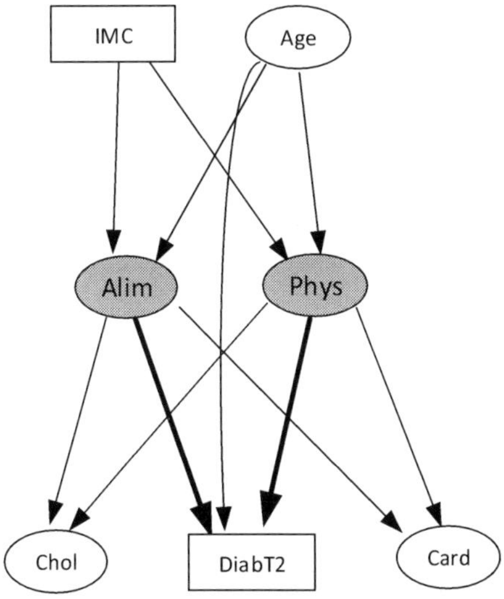

Figure 4-24. Exemple de D-Séparation

Le deuxième chemin Alim→DiabT2 → Phys passe par le nœud DiabT2 qui est un nœud observé.

Dans ce type de configuration, la règle précédemment définie, définit Z comme bloquant si la variable Z n'est pas observée.

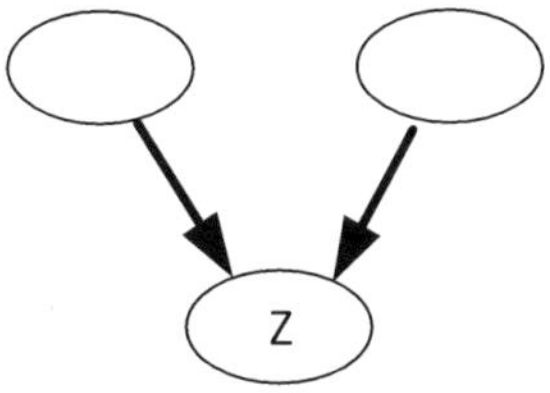

avec $Z \notin \Gamma$

Ce chemin n'est donc pas bloquant.

Le fait d'avoir identifié un chemin non bloquant permet de conclure que les deux variables ne sont pas indépendantes. Formellement, les deux variables Alim et Phys ne sont pas $P(.\,|\mathrm{DiabT2})$-indépendantes ;

4.3 Implémentation d'un réseau Bayésien pour les maladies chroniques

4.3.1 Implémentation du réseau Bayésien des maladies chroniques

Le problème se modélise sous la forme d'un réseau Bayésien composé de 7 nœuds modélisant les 7 variables qui sont l'IMC et l'Age pour les variables biologiques, l'Alim et Phys pour désigner l'alimentation et l'activité physique (il s'agit ici de 2 variables comportementales) et de 3 variables liées aux pathologies (Chol pour le cholestérol, DiabT2 pour le diabète de type 2, et les maladies cardiaques avec la variable Card).

Il s'agit de l'exemple introduit au début de ce chapitre, pour lequel les calculs sont trop complexes pour être réalisés manuellement (Figure 4-25).

Les librairies à inclure sont les suivantes :

```
from IPython.display import display, Math, Latex,HTML
import pyAgrum as gum
import pyAgrum.lib.notebook as gnb
import pyAgrum.causal as csl
import pyAgrum.causal.notebook as cslnb
```

M	N	H
0.1	0.7	0.2

A	S
0.7	0.3

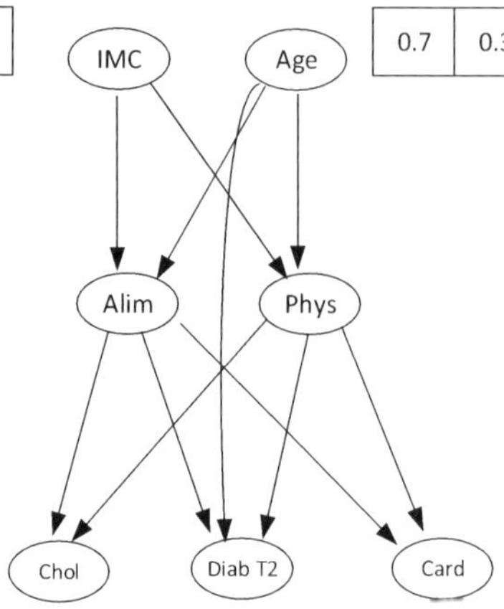

Age	IMC	B	M
A	M	0.2	0.8
A	N	0.9	0.1
A	H	0.1	0.9
S	M	0.4	0.6
S	N	0.5	0.5
S	H	0.1	0.9

Age	IMC	B	M
A	M	0.3	0.7
A	N	0.5	0.5
A	H	0.2	0.8
S	M	0.2	0.8
S	N	0.5	0.5
S	H	0.1	0.9

Alim	Phys	N	O
M	M	0.2	0.8
M	B	0.4	0.6
B	M	0.6	0.4
B	B	0.9	0.1

Age	Alim	Phys	N	O
A	M	M	0.5	0.5
A	M	B	0.6	0.4
A	B	M	0.4	0.6
A	B	B	0.9	0.1
S	M	M	0.4	0.6
S	M	B	0.5	0.5
S	B	M	0.3	0.7
S	B	B	0.8	0.2

Alim	Phys	N	O
M	M	0.1	0.9
M	B	0.6	0.4
B	M	0.3	0.7
B	B	0.9	0.1

Figure 4-25. Étude des maladies chroniques

La première étape consiste à définir les nœuds du réseau et le nom de chaque valeur possible de la variable. Contrairement au premier exemple de ce chapitre, c'est une description explicite du réseau qui est utilisée ici.

Pour faciliter la lecture, les noms choisis sont ceux introduits sur la Figure 4-25.

```
IMC=bn.add(gum.LabelizedVariable('IMC','Valeur de IMC ?',["M","N","H"]))
Age=bn.add(gum.LabelizedVariable('Age','Age?',["A","S"]))
Alim=bn.add(gum.LabelizedVariable('Alim','Qualite de
                                  l"alimentation?',["B","M"]))
Phys=bn.add(gum.LabelizedVariable('Phys','Niveau d"activité physique
Phys=bn.add(gum.LabelizedVariable('Phys','Niveau activité
                                  physique ?',["B","M"]))
Chol=bn.add(gum.LabelizedVariable('Chol','Cholesterol ?',["N","O"]))
DiabT2=bn.add(gum.LabelizedVariable('DiabT2','Diabete de type 2 ?',["N","O"]))
Card=bn.add(gum.LabelizedVariable('Card','Maladie Cardique ?',["N","O"]))
```

Il faut noter la syntaxe particulière pour la définition des nœuds. Par exemple pour ajouter un nœud IMC, il faut d'une part définir le nom du nœud (ici IMC), définir un label (ici "Valeur de IMC") et ensuite donner la liste ordonnée des caractéristiques. Pour le nœud IMC, ces caractéristiques sont M pour Mince, N pour Normal et H pour Haut.

La deuxième étape concerne la définition des arcs entre les nœuds du graphe.

```
bn.addArc(IMC,Alim)
bn.addArc(IMC,Phys)
bn.addArc(Age,Alim)
bn.addArc(Age,Phys)
bn.addArc(Age,DiabT2)

bn.addArc(Alim,Chol)
bn.addArc(Alim,DiabT2)
bn.addArc(Alim,Card)

bn.addArc(Phys,Chol)
bn.addArc(Phys,DiabT2)
bn.addArc(Phys,Card)
```

La troisième étape consiste à définir les tables de chaque nœud. Les nœuds IMC et Age n'ayant pas de parent, il est possible d'utiliser une version "compacte" basée sur la méthode **fillwith()** qui accepte en paramètre une liste de valeur correspondant aux probabilités de chaque caractéristique.

```
# table de la variable IMC
bn.cpt(IMC).fillWith([0.1,0.7, 0.2])
# table de la variable Age
bn.cpt(Age).fillWith([0.7,0.3])
```

Ceci permet de renseigner les distributions de probabilité des 2 nœuds conformément au schéma de la Figure 4-26.

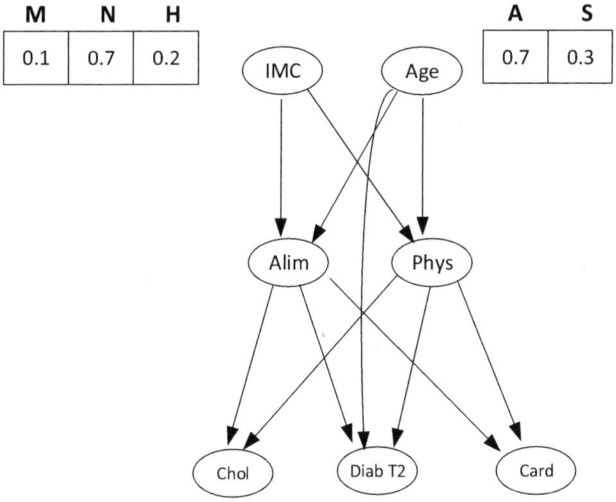

Figure 4-26. Les distributions de probabilité des nœuds IMC *et* Age

Pour les autres tables, la syntaxe est un peu plus complexe et doit se faire en précisant les "arcs" concernés.

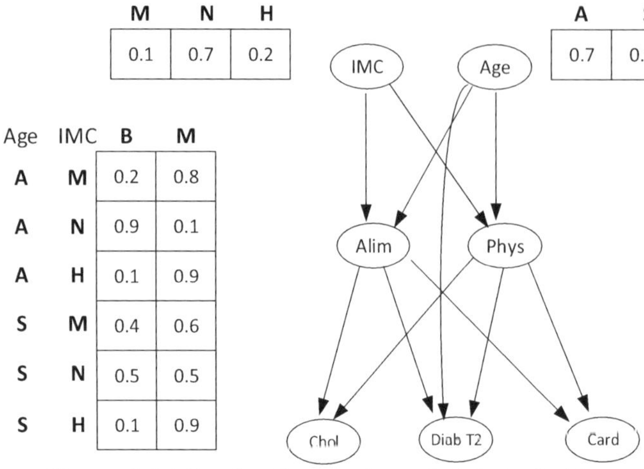

Figure 4-27. La distribution de probabilités de Alim

Le code définissant la table de Alim (Figure 4-27) est le suivant :

```
# table de la variable Alim
bn.cpt(Alim)[{'IMC':'M','Age':'A'}]=[0.2,0.8]
bn.cpt(Alim)[{'IMC':'N','Age':'A'}]=[0.9,0.1]
bn.cpt(Alim)[{'IMC':'H','Age':'A'}]=[0.1,0.9]
bn.cpt(Alim)[{'IMC':'M','Age':'S'}]=[0.4,0.6]
bn.cpt(Alim)[{'IMC':'N','Age':'S'}]=[0.5,0.5]
bn.cpt(Alim)[{'IMC':'H','Age':'S'}]=[0.1,0.9]
```

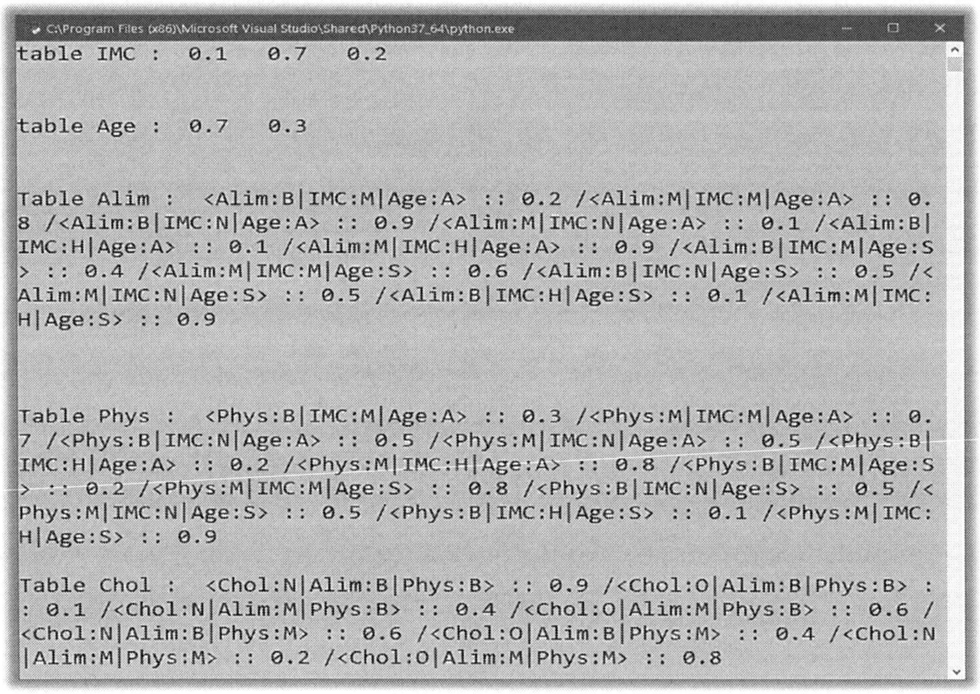

```
C:\Program Files (x86)\Microsoft Visual Studio\Shared\Python37_64\python.exe
table IMC :  0.1   0.7   0.2


table Age :  0.7   0.3


Table Alim :  <Alim:B|IMC:M|Age:A> :: 0.2 /<Alim:M|IMC:M|Age:A> :: 0.
8 /<Alim:B|IMC:N|Age:A> :: 0.9 /<Alim:M|IMC:N|Age:A> :: 0.1 /<Alim:B|
IMC:H|Age:A> :: 0.1 /<Alim:M|IMC:H|Age:A> :: 0.9 /<Alim:B|IMC:M|Age:S
> :: 0.4 /<Alim:M|IMC:M|Age:S> :: 0.6 /<Alim:B|IMC:N|Age:S> :: 0.5 /<
Alim:M|IMC:N|Age:S> :: 0.5 /<Alim:B|IMC:H|Age:S> :: 0.1 /<Alim:M|IMC:
H|Age:S> :: 0.9



Table Phys :  <Phys:B|IMC:M|Age:A> :: 0.3 /<Phys:M|IMC:M|Age:A> :: 0.
7 /<Phys:B|IMC:N|Age:A> :: 0.5 /<Phys:M|IMC:N|Age:A> :: 0.5 /<Phys:B|
IMC:H|Age:A> :: 0.2 /<Phys:M|IMC:H|Age:A> :: 0.8 /<Phys:B|IMC:M|Age:S
> :: 0.2 /<Phys:M|IMC:M|Age:S> :: 0.8 /<Phys:B|IMC:N|Age:S> :: 0.5 /<
Phys:M|IMC:N|Age:S> :: 0.5 /<Phys:B|IMC:H|Age:S> :: 0.1 /<Phys:M|IMC:
H|Age:S> :: 0.9

Table Chol :  <Chol:N|Alim:B|Phys:B> :: 0.9 /<Chol:O|Alim:B|Phys:B> :
: 0.1 /<Chol:N|Alim:M|Phys:B> :: 0.4 /<Chol:O|Alim:M|Phys:B> :: 0.6 /
<Chol:N|Alim:B|Phys:M> :: 0.6 /<Chol:O|Alim:B|Phys:M> :: 0.4 /<Chol:N
|Alim:M|Phys:M> :: 0.2 /<Chol:O|Alim:M|Phys:M> :: 0.8
```

Figure 4-28. Affichage des éléments du réseau

La quatrième étape consiste à afficher le réseau, ce qui peut se faire via la méthode **print()** et si le code est exécuté dans un Jupyter, simplement en invoquant **bn**.

```
# affichage du réseau
import pyAgrum.lib.notebook as gnb
print(bn) # pour une utilisation sous Jupyter remplacer cette ligne par : bn
```

Le résultat est celui de la Figure 4-28 pour une exécution sous Visual Studio et celui de la Figure 4-29 pour une exécution dans Jupyter.

Le code complet est le suivant :

```
from IPython.display import display, Math, Latex,HTML
import pyAgrum as gum
import pyAgrum.lib.notebook as gnb
import pyAgrum.causal as csl
import pyAgrum.causal.notebook as cslnb

bn=gum.BayesNet('Analyse des maladies chroniques')

# définition du noeud IMC
IMC=bn.add(gum.LabelizedVariable('IMC','Valeur de IMC ?',["M","N","H"]))
print(bn.cpt(IMC).var_names)
# définition du noeud Age
```

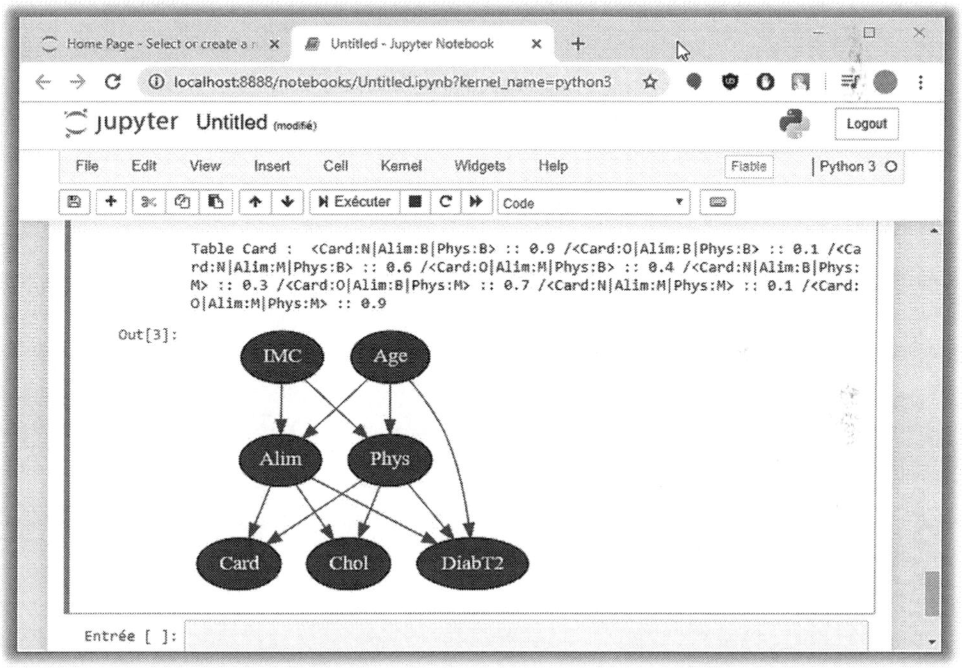

Figure 4-29. Affichage des éléments du réseau sous Jupyter

```
Age=bn.add(gum.LabelizedVariable('Age','Age ?',["A","S"]))
print(bn.cpt(Age).var_names)
```

```
# définition du noeud Alim
Alim=bn.add(gum.LabelizedVariable('Alim','Qualite de
                    l"alimentation ?',["B","M"]))
print(bn.cpt(Alim).var_names)

# définition du noeud Phys
Phys=bn.add(gum.LabelizedVariable('Phys','Niveau d"activité
                    physique ?',["B","M"]))
print(bn.cpt(Phys).var_names)

# définition du noeud Chol
Chol=bn.add(gum.LabelizedVariable('Chol','Cholesterol ?',["N","O"]))
print(bn.cpt(Chol).var_names)

# définition du noeud DiabT2
DiabT2=bn.add(gum.LabelizedVariable('DiabT2','Diabete de type 2 ?',["N","O"]))
print(bn.cpt(DiabT2).var_names)

# définition du noeud Card
Card=bn.add(gum.LabelizedVariable('Card','Maladie Cardique ?',["N","O"]))
print(bn.cpt(Card).var_names)

# ajout des connexions entre les noeuds
bn.addArc(IMC,Alim)
bn.addArc(IMC,Phys)
bn.addArc(Age,Alim)
bn.addArc(Age,Phys)
bn.addArc(Age,DiabT2)

bn.addArc(Alim,Chol)
bn.addArc(Alim,DiabT2)
bn.addArc(Alim,Card)

bn.addArc(Phys,Chol)
bn.addArc(Phys,DiabT2)
bn.addArc(Phys,Card)


# table de la variable IMC
bn.cpt(IMC).fillWith([0.1,0.7, 0.2])
print("table IMC : ",str(bn.cpt(IMC)[0])+"   "+str(bn.cpt(IMC)[1])+
                "   "+str(bn.cpt(IMC)[2]))
print("\n")

# table de la variable Age
bn.cpt(Age).fillWith([0.7,0.3])
print("table Age : ",str(bn.cpt(Age)[0])+"   "+str(bn.cpt(Age)[1]))
print("\n")


# table de la variable Alim
bn.cpt(Alim)[{'IMC':'M','Age':'A'}]=[0.2,0.8]
bn.cpt(Alim)[{'IMC':'N','Age':'A'}]=[0.9,0.1]
bn.cpt(Alim)[{'IMC':'H','Age':'A'}]=[0.1,0.9]

bn.cpt(Alim)[{'IMC':'M','Age':'S'}]=[0.4,0.6]
```

```
bn.cpt(Alim)[{'IMC':'N','Age':'S'}]=[0.5,0.5]
bn.cpt(Alim)[{'IMC':'H','Age':'S'}]=[0.1,0.9]

print("Table Alim : " , bn.cpt(Alim),"\n")
print("\n")


# table de la variable Phys
bn.cpt(Phys)[{'IMC':'M','Age':'A'}]=[0.3,0.7]
bn.cpt(Phys)[{'IMC':'N','Age':'A'}]=[0.5,0.5]
bn.cpt(Phys)[{'IMC':'H','Age':'A'}]=[0.2,0.8]

bn.cpt(Phys)[{'IMC':'M','Age':'S'}]=[0.2,0.8]
bn.cpt(Phys)[{'IMC':'N','Age':'S'}]=[0.5,0.5]
bn.cpt(Phys)[{'IMC':'H','Age':'S'}]=[0.1,0.9]

print("Table Phys : " , bn.cpt(Phys),"\n")


# table de la variable Chol
bn.cpt(Chol)[{'Alim':'M','Phys':'M'}]=[0.2,0.8]
bn.cpt(Chol)[{'Alim':'M','Phys':'B'}]=[0.4,0.6]
bn.cpt(Chol)[{'Alim':'B','Phys':'M'}]=[0.6,0.4]
bn.cpt(Chol)[{'Alim':'B','Phys':'B'}]=[0.9,0.1]

print("Table Chol : " , bn.cpt(Chol),"\n")

# table de la variable DiabT2
bn.cpt(DiabT2)[{'Age':'A','Alim':'M','Phys':'M'}]=[0.1,0.9]
bn.cpt(DiabT2)[{'Age':'A','Alim':'M','Phys':'B'}]=[0.6,0.4]
bn.cpt(DiabT2)[{'Age':'A','Alim':'B','Phys':'M'}]=[0.3,0.7]
bn.cpt(DiabT2)[{'Age':'A','Alim':'B','Phys':'B'}]=[0.9,0.1]


bn.cpt(DiabT2)[{'Age':'S','Alim':'M','Phys':'M'}]=[0.1,0.9]
bn.cpt(DiabT2)[{'Age':'S','Alim':'M','Phys':'B'}]=[0.6,0.4]
bn.cpt(DiabT2)[{'Age':'S','Alim':'B','Phys':'M'}]=[0.3,0.7]
bn.cpt(DiabT2)[{'Age':'S','Alim':'B','Phys':'B'}]=[0.9,0.1]


print("Table DiabT2 : " , bn.cpt(DiabT2),"\n")


# table de la variable Card
bn.cpt(Card)[{'Alim':'M','Phys':'M'}]=[0.1,0.9]
bn.cpt(Card)[{'Alim':'M','Phys':'B'}]=[0.6,0.4]
bn.cpt(Card)[{'Alim':'B','Phys':'M'}]=[0.3,0.7]
bn.cpt(Card)[{'Alim':'B','Phys':'B'}]=[0.9,0.1]


print("Table Card : " , bn.cpt(Card))

# affichage du réseau
print(bn)
```

4.3.2 Un réseau Bayésien pour les maladies chroniques

L'intérêt principal d'un réseau Bayésien est d'automatiser le calcul des probabilités étant donné un ensemble de variables observées.

Les notations sont les suivantes :

- $E = \{...\}$: l'ensemble des variables observées et e_i la valeur de la variable i.
- $X = \{...\}$: l'ensemble des variables dont la distribution doit être évaluée.
- $Y = \{...\}$: l'ensemble des variables cachées ou non observées. Il s'agit de variables pour lesquelles il faut calculer des probabilités marginales.

Dans la terminologie des réseaux Bayésiens, une requête désigne l'inférence de $(X|e)$, notation dans laquelle e est l'ensemble des valeurs affectées aux variables qui sont dans E. Les exemples proposés ci-dessous font référence au réseau de la Figure 4-30.

Exemple de requête :

Sachant que l'IMC est élevée (IMC $= H$) et que l'âge est celui d'un individu adulte (Age $= A$), quelle est la probabilité d'avoir du cholestérol (i.e. il s'agit donc de calculer $P(Chol = o|IMC = H \wedge Age = A)$. Pour effectuer ce type de requête, il faut spécifier les variables observées avec la méthode **setEvidence** et choisir le type de calculs à effectuer. Pour l'exemple, il s'agit d'un calcul exact via la méthode **LazyPropagation()**.

M	N	H
0.1	0.7	0.2

A	S
0.7	0.3

Age	IMC	B	M
A	M	0.2	0.8
A	N	0.9	0.1
A	H	0.1	0.9
S	M	0.4	0.6
S	N	0.5	0.5
S	H	0.1	0.9

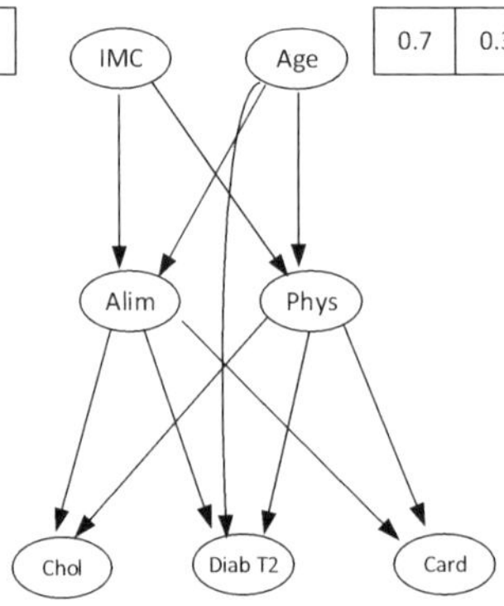

Age	IMC	B	M
A	M	0.3	0.7
A	N	0.5	0.5
A	H	0.2	0.8
S	M	0.2	0.8
S	N	0.5	0.5
S	H	0.1	0.9

Alim	Phys	N	O
M	M	0.2	0.8
M	B	0.4	0.6
B	M	0.6	0.4
B	B	0.9	0.1

Age	Alim	Phys	N	O
A	M	M	0.5	0.5
A	M	B	0.6	0.4
A	B	M	0.4	0.6
A	B	B	0.9	0.1
S	M	M	0.4	0.6
S	M	B	0.5	0.5
S	B	M	0.3	0.7
S	B	B	0.8	0.2

Alim	Phys	N	O
M	M	0.1	0.9
M	B	0.6	0.4
B	M	0.3	0.7
B	B	0.9	0.1

Figure 4-30. Étude des maladies chroniques

Les différents types d'inférences proposées dans PyAgrum sont disponibles sur le site du Lip6 à l'adresse suivante :

http://www-desir.lip6.fr/~phw/aGrUM/docs/last/notebooks/22-relevanceReasoning.ipynb.html

Le code Python est le suivant :

```
ie=gum.LazyPropagation(bn)
ie.setEvidence({'IMC':'H', 'Age': 'A'})
ie.makeInference()
print(ie.posterior(Chol))
```

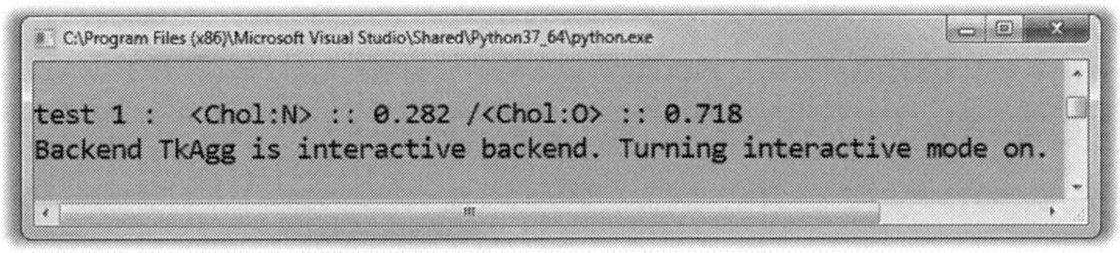

Figure 4-31. Calcul de P(Chol| $IMC = H \wedge$ Age=A)

Le code correspondant dans un Jupyter notebook est un peu différent et donne le résultat de la Figure 4-32.

```
ie=gum.LazyPropagation(bn)
ie.setEvidence({'IMC':'H', 'Age': 'A'})
ie.makeInference()
ie.posterior(Chol)
```

Chol	
N	O
0.2820	0.7180

Figure 4-32. Application de l'inférence sous un Jupyter notebook pour $IMC = H$ et $Age = A$

Les résultats montrent une probabilité de 71.80% d'avoir du cholestérol pour un individu ayant une IMC élevée et d'âge adulte.

Exemple de requête :

Sachant que la variable DiabT2 $= O$ (un examen confirme un diabète de type 2) et qu'un autre examen confirme un taux de cholestérol élevé (Chol $= O$), quelle est la probabilité que le patient possède un IMC faible (IMC $= M$) ?

Le code correspondant dans un Jupyter notebook est celui donné ci-dessous et donne le résultat de la Figure 4-33.

```
print("\n")
ie=gum.LazyPropagation(bn)
ie.setEvidence({'DiabT2':'O', 'Chol': 'O'})
ie.makeInference()
ie.posterior(IMC)
```

IMC		
M	N	H
0.1523	0.4759	0.3718

Figure 4-33. Application de l'inférence sous un Jupyter notebook pour $Chol = O$ et $DiabT2 = O$

Il y a une probabilité de 15.23% seulement d'avoir affaire à un individu mince (IMC = M) dans le cas où, du cholestérol a été détecté (Chol = O) et simultanément du diabète (DiabT2 = O).

L'utilisation d'un Jupyter notebook offre un autre système de représentation plus avantageux via la méthode **showPosterior()** qui permet d'avoir la fonction de répartition.

```
gnb.showPosterior(bn, evs={'DiabT2':'O', 'Chol': 'O'}, target="IMC")
```

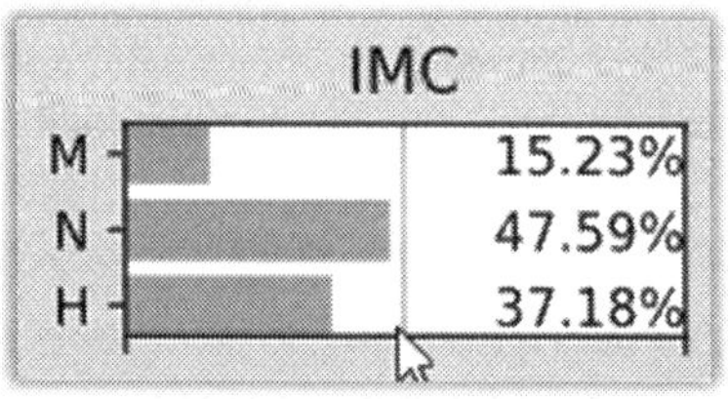

Figure 4-34. La fonction de répartition de l'IMC sachant que $Chol = O$ et $DiabT2 = O$

Évidemment la méthode appliquée directement à une variable (avec aucune information spécifique **evs={}**) permet d'obtenir la distribution de probabilité.

Par exemple, appliquée au cholestérol, la répartition est celle de la Figure 4-35 et de la Figure 4-36.

```
gnb.showPosterior(bn, evs={}, target="Chol")
```

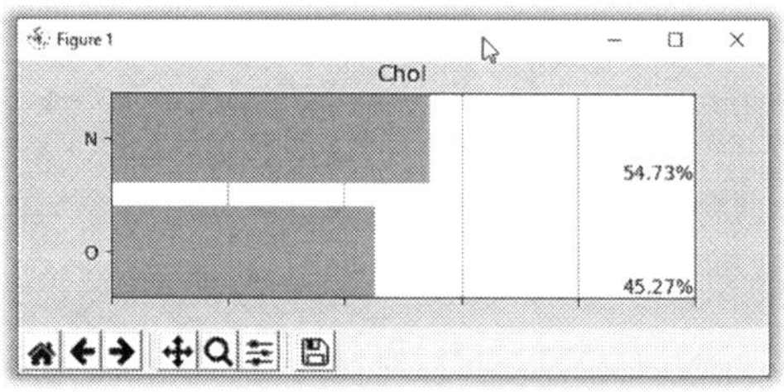

Figure 4-35. Probabilité d'avoir du cholestérol (sous Visual Studio)

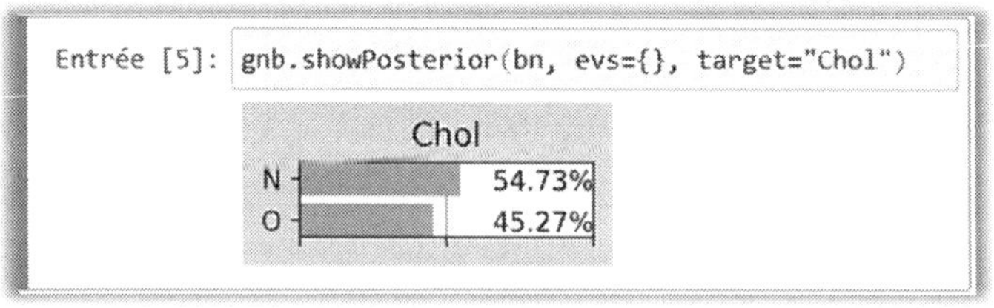

Figure 4-36. Probabilité d'avoir du cholestérol (sous Jupyter notebook)

S'il s'agit d'un individu ayant une IMC élevée (IMC = H) le risque d'avoir du cholestérol passe à 72.43% comme le montre la Figure 4-37.

```
gnb.showPosterior(bn, evs={'IMC':'H'}, target="Chol")
```

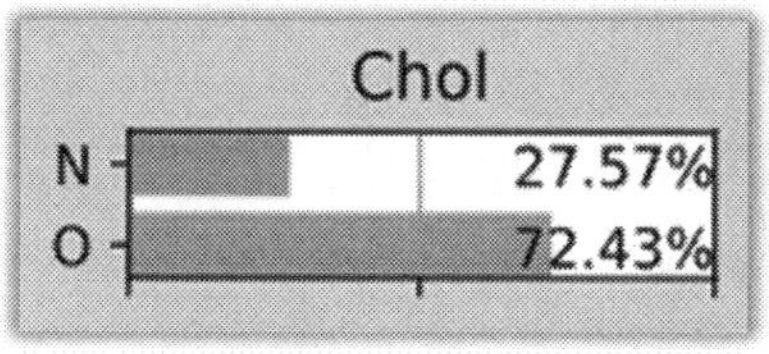

Figure 4-37. Probabilité d'avoir du cholestérol pour un individu ayant un IMC élevé

Exemple de requête :

Quelle relation existe-t-il entre l'âge d'une part et le cholestérol d'autre part pour une personne de type Senior ?

```
modele1=csl.CausalModel(bn)
cslnb.showCausalImpact(modele1,"Chol", "Age", values={"Age":"S"})
```

Dans ce cas particulier, ceci doit donner le même résultat que :

```
gnb.showPosterior(bn, evs={'Age':'A'}, target="Chol")
```

Ce qui est confirmé par le résultat de la Figure 4-38.

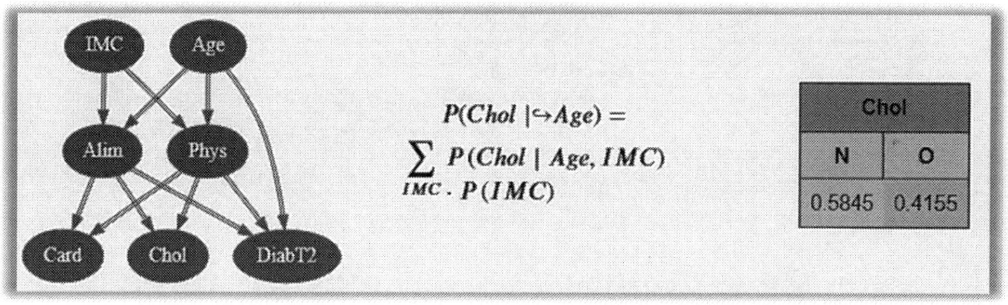

Figure 4-38. Analyse causale entre le cholestérol et l'âge

Le résultat fourni par PyAgrum peut être vérifié par le calcul :

$$P(\mathrm{Chol}|\mathrm{Age} = A) = P\left(\mathrm{Chol} \wedge \sum_{imc=M}^{imc=H} \mathrm{IMC} = imc \,|\mathrm{Age} = A\right)$$

$$P(\mathrm{Chol}|\mathrm{Age} = A) = \sum_{imc=M}^{imc=H} P(\mathrm{Chol} \wedge \mathrm{IMC} = imc|\mathrm{Age} = A)$$

$$P(\mathrm{Chol}|\mathrm{Age} = A) = \sum_{imc=M}^{imc=H} P(\mathrm{Chol}|\mathrm{Age} = A \wedge \mathrm{IMC} = imc).P(\mathrm{IMC} = imc|\mathrm{Age} = A)$$

$$P(\mathrm{Chol}|\mathrm{Age} = A) = \sum_{imc=M}^{imc=H} P(\mathrm{Chol}|\mathrm{Age} = A \wedge \mathrm{IMC} = imc).P(\mathrm{IMC} = imc)$$

Exemple de requête :

Sachant que l'IMC est élevée, il s'agit de calculer les distributions de probabilité des autres variables.

```
gnb.showInference(bn,evs={"IMC":"H"})
```

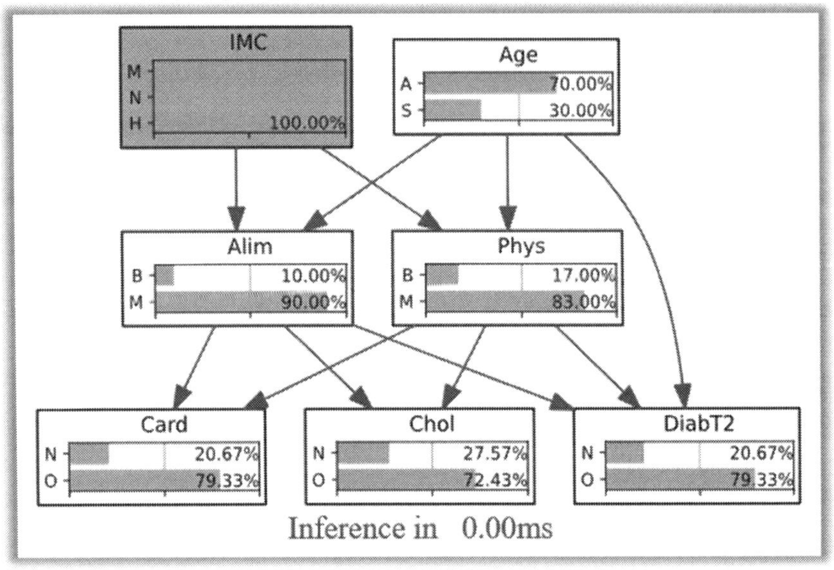

Figure 4-39. Répartition des probabilités pour une IMC=H

4.4 L'état d'une pelouse avec des Réseaux Bayésiens

Le lecteur trouvera sur le site du lip6 à l'adresse suivante le code complet et les indispensables explications :

http://www-desir.lip6.fr/~phw/aGrUM/docs/last/notebooks/01-tutorial.ipynb.html#Create-the-arcs

Cet exemple a été, à notre connaissance, initialement introduit par Judea Pearl. Le lecteur intéressé par une présentation vidéo peut consulter celle de Judea Pearl qui est disponible sur YouTube : https://www.youtube.com/watch?v=ZaPV1OSEpHw

Au même titre que les réseaux Bayésiens concernant le lien entre le fait de fumer et celui de développer un cancer, cet exemple est emblématique des réseaux Bayésiens et il figure, sous des formes diverses, dans tous les livres et supports de cours. Le contexte de cet exemple n'est pas rappelé ici, mais le lecteur peut facilement l'imaginer ou consulter le site du Lip6 par exemple.

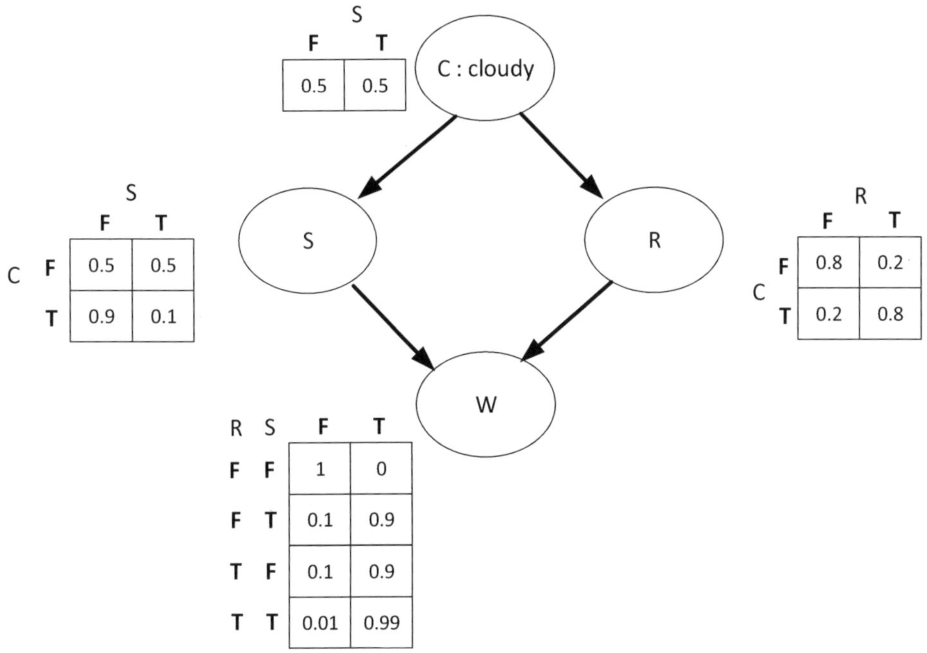

Figure 4-40. Exemple de réseau Bayésien proposé sur le site de PyAgrum

La Figure 4-40 reprend l'exemple proposé sur le site et il a été conservé ici les noms choisis par l'auteur. Il s'agit de :

- Cloudy pour temps nuageux
- Sprinkler pour désigner le système d'arrosage automatique de la pelouse
- Rain pour la pluie
- Wet Grass le fait que l'herbe soit humide

4.5 Conclusion

Les réseaux Bayésiens constituent un outil très puissant et très utile pour le calcul des probabilités conditionnelles et ils sont maintenant accessibles via des librairies Python simples dont en particulier pyAgrum.

4.6 Références

Un excellent cours (en Français !) est de lui de Hugo Larochelle qui réalise sur sa chaîne YouTube une excellente introduction aux Réseaux Bayésiens :

https://www.youtube.com/watch?v=bXyTTtEeVTs

Sa lecture peut être complétée par la lecture du rapport de (Yannick Bridé, 2016) :

Bridé Y. "Méthodes de construction de réseaux Bayésiens". Stage de Master II, Biostatistiques et Statistiques Industrielles. Réalisé au laboratoire de Biostatistique et informatique médicale, Laboratoire ICube, UMR CNRS 7357. 2016.

Le livre de référence sur les calculs de probabilités, hélas en Anglais, est le livre de Judea Pearl paru en 2009 dans sa seconde édition.

Pearl J. "Causalities: models, reasoning and inference." Cambridge Univeristy Press. Seconde Édition. 2009.

Plusieurs exemples sont disponibles sur le site web de la librairie PyAgrum :

https://agrum.gitlab.io/pages/pyagrum-code-samples.html

Et il existe des vidéos facilitant l'apprentissage dont en particulier la vidéo de Lionel Torti :

https://pyvideo.org/pycon-fr-2016/modelisation-inference-et-apprentissage-de-reseaux-bayesien-avec-pyagrum.html

Il faut souligner la présentation (en Français) réalisée à la deuxième Journée Aquitaine IA, RO et DataScience et qui est librement consultable à l'adresse suivante :

http://roadef.org/journee_aquitaine/pdf/aGrUM_LTO.pdf

La présentation de l'analyse des "causes" sort largement du domaine couvert par ce chapitre et le lecteur peut compléter sa lecture en consultant la page (excellente page) disponible ici :

http://www-desir.lip6.fr/~phw/aGrUM/docs/last/notebooks/53-Causality_examples.ipynb.html

La référence en Français sur les réseaux Bayésiens est le livre de P. Naïm, P.H. Wuillemen, P. Leray, O. Pourret, et A. Becker :

Naïm P., P.H. Wuillemen, P. Leray, O. Pourret, et A. Becker. "Réseaux Bayésiens". Ed. Ellipses. 3ième Édition. 2007.

Un mot de remerciement à Pierre-Henri Wuillemin du Lip6 pour ses réponses rapides et constructives sur PyAgrum.

Notions abordées dans ce chapitre
• Introduction aux réseaux Bayésiens • Réseaux Bayésiens et indépendance conditionnelle • Probabilités conditionnelles

CHAPITRE 5

Les méthodes de classification

Objectifs : Ce chapitre ambitionne de présenter quelques outils de classification. Il s'intéresse dans un premier temps aux méthodes des centres mobiles, puis aux arbres de décision avec la librairie **sklearn.** Ce chapitre introduit également le logiciel **Weka** mais propose aussi, de manière plus anecdotique, un exemple avec **xgboost**. Le chapitre présente une méthode descendante sous la forme de dendrogramme et contient aussi présentation des ACP (Analyse en Composantes Principales) car ce type d'outil est très utile pour classer des attributs entre eux et/ou les regrouper. Les grands principes des méthodes SVM sont aussi présentés dans la dernière partie du chapitre.

Outils utilisés : □ C ■ Python □ Java ■ Librairies tierces

5.1 Introduction

5.1.1 Les différentes méthodes

L'objectif des méthodes de classification est d'identifier automatiquement des sous-ensembles distincts de données similaires. Elles nécessitent toutefois un grand nombre de données en entrée afin de proposer des classes convenables. Les méthodes de classifications sont régulièrement présentées à travers des problèmes de classification d'individus suivant leurs caractéristiques au sein d'une population. Les diverses méthodes utilisées portent le nom de **partitionnement de données** ou de **cluster analysis**.

En résumé, les problèmes de classification concernent n individus (en ligne sur la matrice) et de p attributs (les colonnes). Selon les ouvrages, les attributs sont remplacés par le mot "dimension" ou "caractère". Les attributs peuvent être quantitatifs ou qualitatifs et dans ce cas, ils sont généralement représentés par un code (souvent numérique).

$$X_{np} = \begin{pmatrix} x_{11} & x_{12} & \dots & x_{1p} \\ x_{i1} & x_{i2} & \dots & x_{ip} \\ x_{n1} & x_{n2} & \dots & x_{np} \end{pmatrix}$$

Jordane Creusier et Franck Biétry définissent, dans la Revue Interdisciplinaire Management, Homme & Entreprise, (article disponible en ligne à l'adresse https://www.cairn.info/revue-rimhe-2014-1-page-105.htm) deux types d'approches :

- Elles qui tentent d'identifier des sous-ensembles homogènes, appelés profils ou classes selon les algorithmes, et tels que l'appartenance à un sous-ensemble (à un groupe, à une classe), correspondent à un concept choisi.
- Celles qui s'appuient sur un effet moyen.

Il n'existe pas de consensus sur le classement des méthodes les unes par rapport aux autres. Toutefois, il est possible de considérer le classement (discutable) suivant :

- Les **méthodes simples de classification** sont les plus rapides à mettre en œuvre car elles ne nécessitent pas de compétences statistiques particulières : il suffit de choisir un ou plusieurs points de coupure au sein de la population étudiée. Les individus compris entre deux bornes sont considérés comme faisant partie de la même classe. La méthode **Kmean** (ou des centres mobiles) est la plus connue de ces méthodes de classification. Des indices permettent d'évaluer la qualité du partitionnement, par exemple les indices de connectivité.
- Les **méthodes de classification hiérarchique** se divisent en méthodes ascendantes et descendantes. Ces méthodes débutent en considérant chaque individu comme une classe puis tentent de fusionner deux ou plusieurs classes de manière appropriée pour former une nouvelle classe (Boullé et al., 2012). Dans cette famille de méthodes, les plus connues sont le Dendrogramme (méthode ascendante hiérarchique) mais aussi DIANA (méthode descendante hiérarchique).
- Les méthodes de **classification avancée ou mixte**, catégorie à laquelle les méthodes LPA (Latest Profil Analysis) ou FMA (Factor Mixture Analysis) appartiennent (Muthen and Muthen, 2007) et les méthodes probabilistes.

Disponible en ligne, la revue Interdisciplinaire Management, Homme & Entreprise, propose à l'adresse, https://www.cairn.info/revue-rimhe-2014-1-page-105.htm, un article sur "L'analyse comparative des méthodes de classifications". Écrit par Jordane Creusier et Franck Biétry, il offre une présentation synthétique des différentes méthodes.

5.1.2 Installation des librairies tierces : sklearn et xgboost

Ce chapitre va tirer profit de la libairie **sklearn** qui s'installe simplement via la commande pip : **pip install sklearn (**Figure 5-1**)**

Figure 5-1. Installation de scikit-learn

La librairie **xgboost** s'installe simplement via la commande pip : **pip install xgboost**

Cette librairie jouit d'une très bonne réputation dans le milieu du Machine Learning.

5.2 Méthode non supervisée : les centres mobiles

5.2.1 Présentation de la méthode

L'objectif de la méthode est, ayant choisi un entier non nul m, de partitionner l'ensemble des individus en m sous-ensembles, couramment notés classes. Les individus sont vus comme des points de l'espace ayant pour coordonnées les valeurs de leurs attributs. Il s'agit donc de regrouper les n individus les plus semblables (du point de vue d'un critère choisi) et de séparer le plus possible les m sous-ensembles les uns des autres. Ceci sous-entend qu'il existe une mesure de similarité qui peut prendre différentes formes. Par exemple, il est possible de considérer diverses distances parmi lesquelles la distance Euclidienne, de Minkowski, de Camberra, de Manhattan ou encore la distance L^{∞}.

$$d(x_i, x_j) = \sqrt{\sum_{k=1}^{k=p} \left(x_i^k - x_j^k\right)^2}$$ Distance euclidienne

$$d(x_i, x_j) = \left(\sqrt{\sum_{k=1}^{k=p} \left|x_i^k - x_j^k\right|^p}\right)^{1/p}$$ Distance de Minkowski (avec $p > 1$)

$$d(x_i, x_j) = \sum_{k=1}^{k=p} \frac{\left|x_i^k - x_j^k\right|}{\left|x_i^k\right| + \left|x_j^k\right|}$$ Distance de Canberra

$$d(x_i, x_j) = \sum_{k=1}^{k=p} \left|x_i^k - x_j^k\right|$$ Distance de Manhattan ou distance L^1

$$d(x_i, x_j) = \max_{1 \le k \le p} \left|x_i^k - x_j^k\right|$$ Distance du sup ou distance L^{∞}

La méthode des centres mobiles (ou Kmean) commence par la sélection (éventuellement au hasard) de m individus, puis par agrégations des individus restants autour des centres des classes précédemment constituées. À chaque itération, le centre de chaque sous-ensemble est mis à jour (ce qui donne son nom à la méthode).

Généralement, le résultat dépend des individus de départ. Par conséquent, une expertise dans le choix des m individus de départ est utile, mais non indispensable puisqu'il est possible d'exécuter itérativement la méthode (avec des points de départ différents éventuellement choisis aléatoirement) pour peu qu'on dispose de quelques secondes de temps de calcul.

5.2.2 Un exemple de mise en œuvre

Le lecteur trouvera sur le site datatofish.com un excellent exemple de mise en œuvre de la méthode avec des données à deux dimensions. Le site à consulter est le suivant :

https://datatofish.com/k-means-clustering-python/

Les librairies indispensables se trouvent dans **sklearn.cluster** et les importations de bibliothèques doivent être les suivantes :

```
from pandas import DataFrame
import matplotlib.pyplot as plt
from sklearn.cluster import KMeans
```

Les données doivent être définies par des vecteurs de n dimensions. Pour l'exemple il est choisi des vecteurs de dimension 2 (2 attributs) ce qui facilite la représentation graphique. Un simple appel à un **DataFrame()** permet de définir les données dans une **variable df**.

```
Data = {'x': [25,34,22,27,33,33,31,22,35,34,67,54,

            57,43,50,57,59,52,65,47,49,48,35,33,
              44,45,38,43,51,46],
        'y': [79,51,53,78,59,74,73,57,69,75,51,32,
              40,47,53,36,35,58,59,50,25,20,14,12,
              20,5,29,27,8,7]
        }

df = DataFrame(Data,columns=['x','y'])
```

Il est possible de calculer les clusters en définissant le nombre de cluster à 3 par exemple.

```
kmeans = KMeans(n_clusters=3).fit(df)
centroids = kmeans.cluster_centers_
print(centroids)
```

Ceci donne le résultat suivant qui correspond à 3 centres de classes (numérotés 0, 1, 2) :

```
[[29.6 66.8] [43.2 16.7] [55.1 46.1]]
```

Il est possible d'obtenir une représentation graphique comme suit :

```
plt.scatter(df['x'], df['y'], c= kmeans.labels_.astype(float), s=50,alpha=0.5)
plt.scatter(centroids[:, 0], centroids[:, 1], c='red', s=50)
```

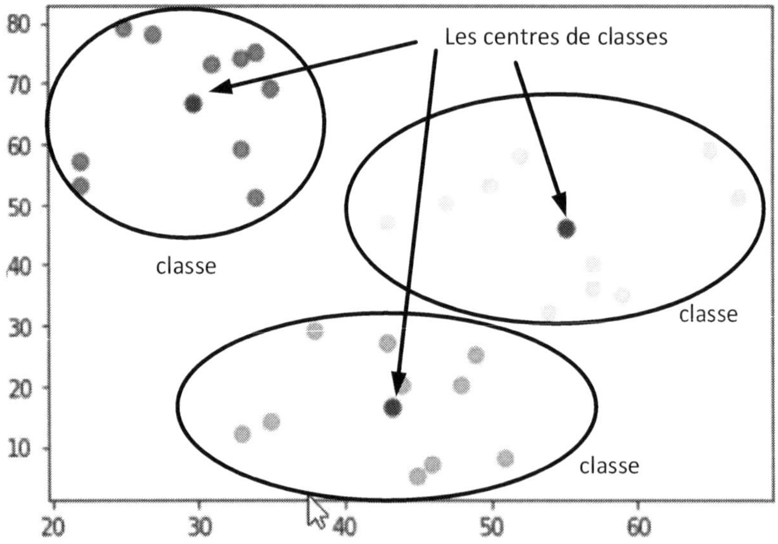

Figure 5-2. Représentation graphique des individus et des 3 centres de classe

Les centres de classe sont proches du centre de gravité de chaque classe comme le montre la Figure 5-2, qui donne une représentation conforme à ce à quoi, intuitivement, il était possible de s'attendre.

Il est possible de tester l'appartenance d'un individu à l'une des classes : il s'agit de faire de la prédiction dans ce cas sur un modèle entrainé.

Par exemple, l'individu (65; 50) devrait, en analysant le graphique de la Figure 5-2, appartenir à la classe numéro 2. Calculer le "rattachement" d'un individu à une classe, se fait par la méthode **predict()**.

```
import numpy as np

X = np.array([[65, 50]])
pred = kmeans.predict(X)
pred
```

L'analyse graphique est confirmée par une valeur 2 (Figure 5-3) affectée à l'individu (65; 50), ce qui signifie que cet individu doit être affecté à la classe numéro 2.

```
Entrée [15]: import numpy as np
             X = np.array([
                             [65, 50]

                         ])
             pred = kmeans.predict(X)
             pred

   Out[15]: array([2])
```

Figure 5-3. Test de classification

Code complet (source https://datatofish.com/k-means-clustering-python/)

```
from pandas import DataFrame

import matplotlib.pyplot as plt
from sklearn.cluster import KMeans

Data = {'x': [25,34,22,27,33,33,31,22,
              35,34,67,54,57,43,50,57,
              59,52,65,47,49,48,35,33,
              44,45,38,43,51,46],

        'y': [79,51,53,78,59,74,73,57,
              69,75,51,32,40,47,53,36,
              35,58,59,50,25,20,14,12,
              20,5,29,27,8,7]
       }

df = DataFrame(Data,columns=['x','y'])

kmeans = KMeans(n_clusters=3).fit(df)
```

```
centroids = kmeans.cluster_centers_
print(centroids)

plt.scatter(df['x'], df['y'], c= kmeans.labels_.astype(float),
                    s=50, alpha=0.5)
plt.scatter(centroids[:, 0], centroids[:, 1], c='red', s=50)

# exemple de prévision

import numpy as np

X = np.array([[65, 50]])
pred = kmeans.predict(X)
pred
```

5.2.3 Jeux de données

Il existe des bibliothèques de jeux de données utilisées au niveau mondial. L'une de ces bibliothèques est disponible à l'adresse suivante (Figure 5-4) :

http://archive.ics.uci.edu/ml/index.php

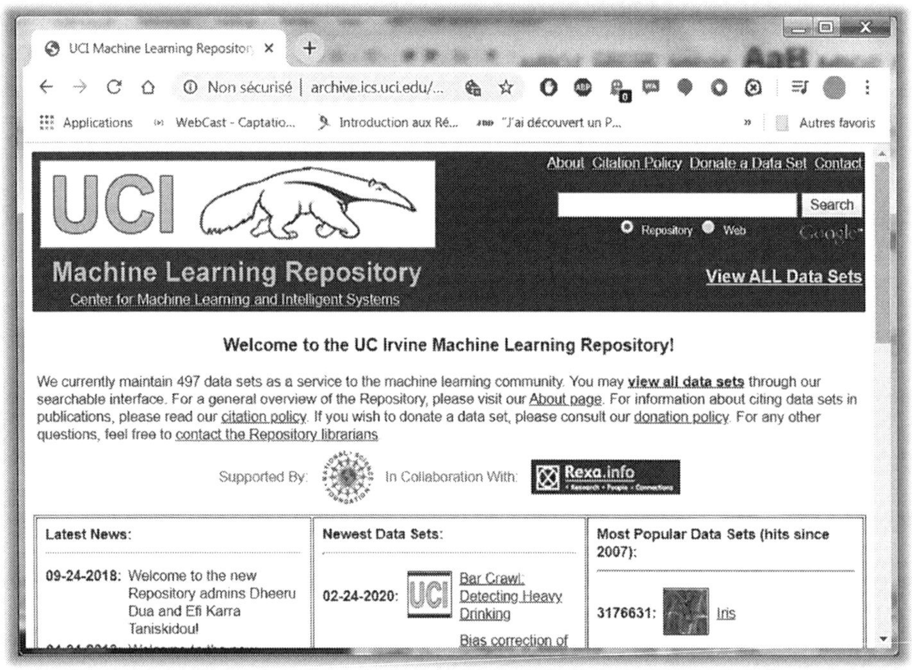

Figure 5-4. Différents exemples

La page https://waikato.github.io/weka-wiki/datasets/ (Figure 5-5) contient plusieurs exemples de classification regroupés dans la section "37 classification problems originally obtained from the UCI repository of machine learning datasets (datasets-UCI.jar, 1,190,961 Bytes)" (Figure 5-6).

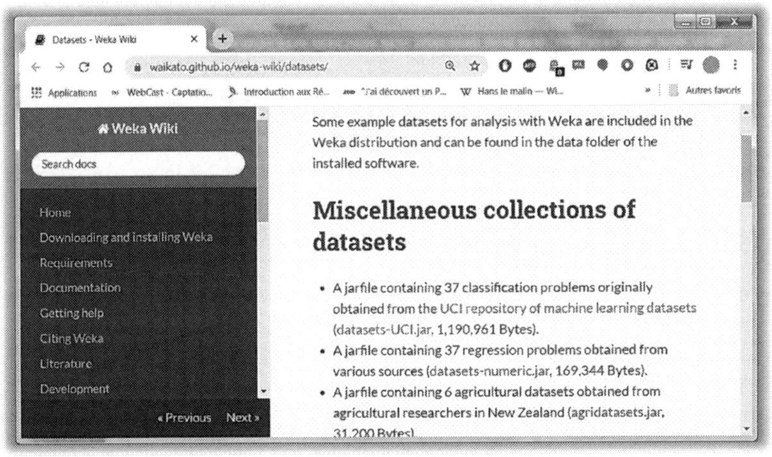

Figure 5-5. Les différents "datasets"

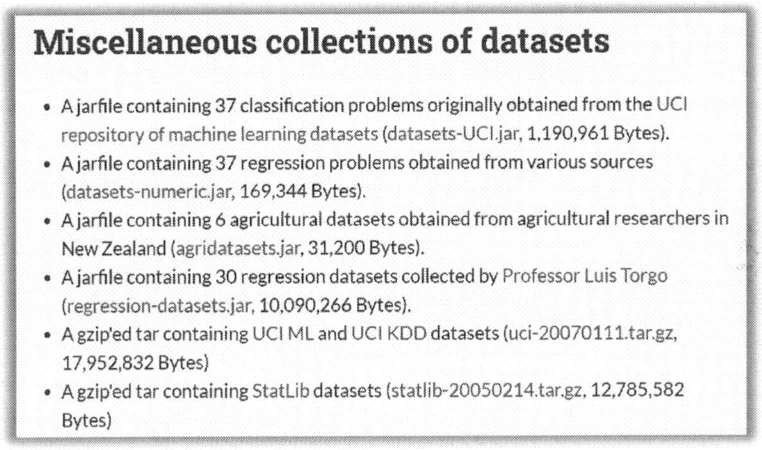

Miscellaneous collections of datasets

- A jarfile containing 37 classification problems originally obtained from the UCI repository of machine learning datasets (datasets-UCI.jar, 1,190,961 Bytes).
- A jarfile containing 37 regression problems obtained from various sources (datasets-numeric.jar, 169,344 Bytes).
- A jarfile containing 6 agricultural datasets obtained from agricultural researchers in New Zealand (agridatasets.jar, 31,200 Bytes).
- A jarfile containing 30 regression datasets collected by Professor Luis Torgo (regression-datasets.jar, 10,090,266 Bytes).
- A gzip'ed tar containing UCI ML and UCI KDD datasets (uci-20070111.tar.gz, 17,952,832 Bytes)
- A gzip'ed tar containing StatLib datasets (statlib-20050214.tar.gz, 12,785,582 Bytes)

Figure 5-6. Différents exemples

Ces problèmes sont regroupés dans le ficher **.jar** nommé **datasets-UCI.jar** qui contient de nombreux fichiers de données (Figure 5-7).

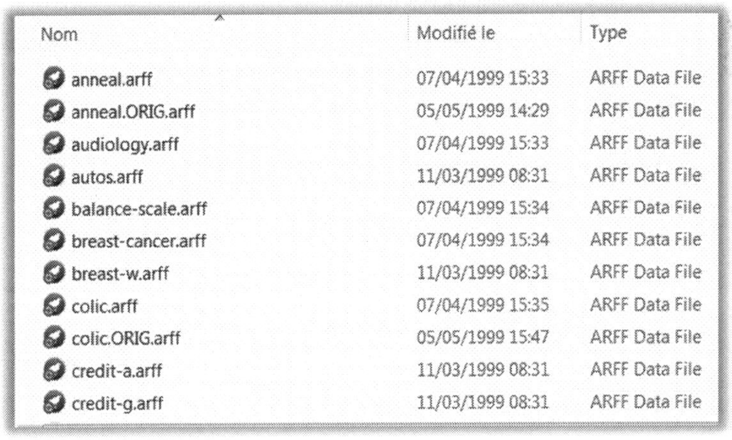

Nom	Modifié le	Type
anneal.arff	07/04/1999 15:33	ARFF Data File
anneal.ORIG.arff	05/05/1999 14:29	ARFF Data File
audiology.arff	07/04/1999 15:33	ARFF Data File
autos.arff	11/03/1999 08:31	ARFF Data File
balance-scale.arff	07/04/1999 15:34	ARFF Data File
breast-cancer.arff	07/04/1999 15:34	ARFF Data File
breast-w.arff	11/03/1999 08:31	ARFF Data File
colic.arff	07/04/1999 15:35	ARFF Data File
colic.ORIG.arff	05/05/1999 15:47	ARFF Data File
credit-a.arff	11/03/1999 08:31	ARFF Data File
credit-g.arff	11/03/1999 08:31	ARFF Data File

Figure 5-7. Contenu de l'archive

Le reste de l'étude porte sur le fichier **diabetes.arff** (Figure 5-8) car il offre un bon compromis entre la difficulté d'analyse d'une part et une thématique proche de notre vie courante et donc aisée à appréhender.

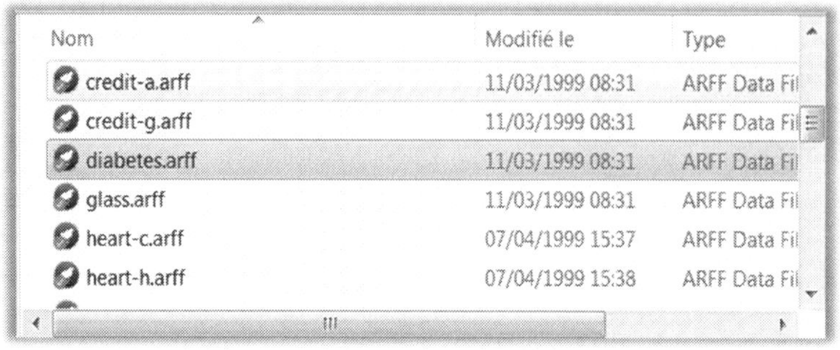

*Figure 5-8. Fichier **diabetes.arff***

Les données d'entrées se composent de 8 attributs décrits dans le fichier **diabetes.arff** et la colonne numéro 9 modélise la classe à laquelle l'individu appartient (1 correspond au fait que l'individu a développé du diabète et 0 au fait que l'individu n'a pas de diabète).

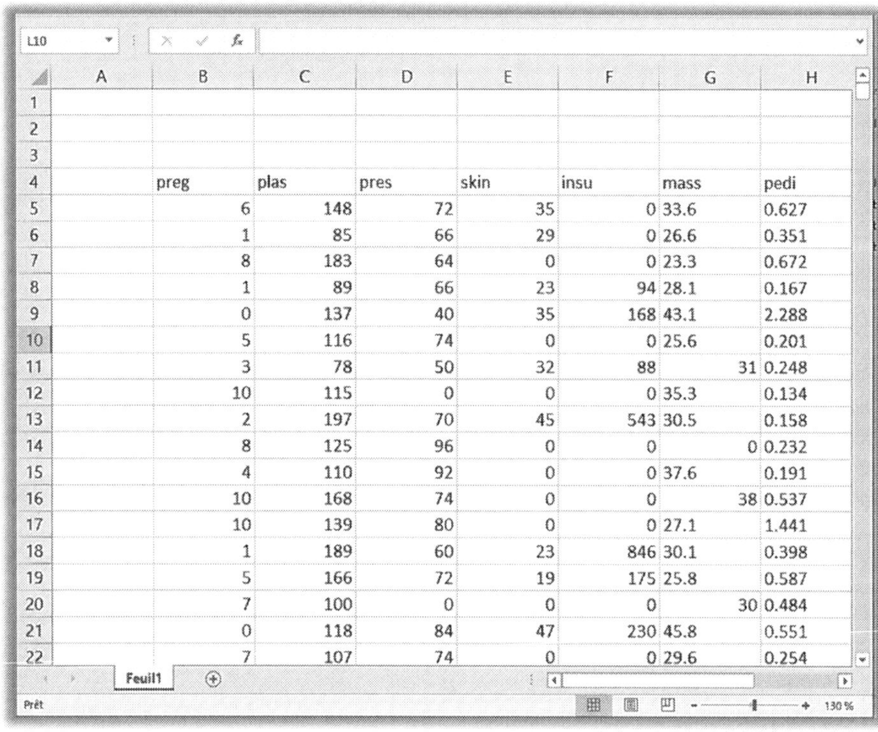

	A	B	C	D	E	F	G	H
1								
2								
3								
4		preg	plas	pres	skin	insu	mass	pedi
5		6	148	72	35	0	33.6	0.627
6		1	85	66	29	0	26.6	0.351
7		8	183	64	0	0	23.3	0.672
8		1	89	66	23	94	28.1	0.167
9		0	137	40	35	168	43.1	2.288
10		5	116	74	0	0	25.6	0.201
11		3	78	50	32	88	31	0.248
12		10	115	0	0	0	35.3	0.134
13		2	197	70	45	543	30.5	0.158
14		8	125	96	0	0	0	0.232
15		4	110	92	0	0	37.6	0.191
16		10	168	74	0	0	38	0.537
17		10	139	80	0	0	27.1	1.441
18		1	189	60	23	846	30.1	0.398
19		5	166	72	19	175	25.8	0.587
20		7	100	0	0	0	30	0.484
21		0	118	84	47	230	45.8	0.551
22		7	107	74	0	0	29.6	0.254

*Figure 5-9. Contenu du fichier **diabete.csv***

% 1. Number of times pregnant
% 2. Plasma glucose concentration a 2 hours in an oral glucose tolerance test
% 3. Diastolic blood pressure (mm Hg)
% 4. Triceps skin fold thickness (mm)
% 5. 2-Hour serum insulin (mu U/ml)

```
%   6. Body mass index (weight in kg/(height in m)^2)
%   7. Diabetes pedigree function
%   8. Age (years)
%   9. Class variable (0 or 1)
```

Pour des raisons pratiques, les données ont été transformées au format csv et regroupées dans **diabete.csv** (Figure 5-9). Ces données définissent des données biologiques et comportementales qui sont mise en relation avec le fait d'avoir du diabète ou non.

5.2.4 Traitement des données liées au diabète par une méthode de centres mobiles

Le principe consiste à lire dans un premier temps les données et à les formater dans des tableaux. L'étude réalisée ici porte **uniquement** sur les **8** premiers attributs, car dans le cas d'un apprentissage non supervisé, l'étiquette qui classe les individus n'a pas à être prise en compte. Cette étiquette existe dans les données du fichier **diabete.csv** mais cette donnée **n'est pas utilisée**. Avec ce type de méthodes, il s'agit de regrouper les individus qui se "ressemblent" dans des classes identiques et l'idée est d'essayer de comprendre si, des individus n'ont pas des caractéristiques identiques ou proches, qu'ils seraient possibles d'analyser pour comprendre, par exemple, si les individus atteints de diabète ne possèdent pas des caractéristiques communes.

Souvent, dans les études qui visent à comprendre de telles corrélations sur l'apparition d'une maladie par exemple, il est légitime de s'interroger des caractéristiques communes à des sujets ayant déjà développés une pathologie, des individus sains et des individus à risques. Dans la suite de cet exemple, qui est un exemple à visée pédagogique, il s'agit de déterminer trois classes qui pourraient correspondre aux cas précédents. Un point intéressant, et qui sort du cadre de ce livre, pourrait être, par exemple, d'analyser les trois classes et de déterminer le nombre d'individus malades et d'individus sains à l'intérieur de ces trois classes. Une discussion avec les experts du domaine, dont les médecins, pourrait permettre d'analyser les classes obtenues pour comprendre si elles correspondent à des considérations médicales.

```
import numpy as np
import matplotlib.pyplot as plt

from sklearn import metrics
from sklearn.cluster import KMeans
from sklearn.datasets import load_digits
from sklearn.decomposition import PCA
from sklearn.preprocessing import scale

from mpl_toolkits.mplot3d import Axes3D

import csv

X = np.array([ [0, 0, 0, 0 , 0 , 0 , 0, 0],
               [0, 0, 0, 0 , 0 , 0 , 0, 0]
              ])

Y = np.array([ 'essai', 'essai'])

with open('../../diabetes.csv', newline='') as csvfile:
    reader = csv.DictReader(csvfile)
```

```
    for row in reader:
        print(row['preg'], row['plas'], row['pres'],
              row['skin'], row['insu'], row['mass'],
              row['pedi'], row['age'], row['class'])
        vecteur = np.array([ [ row['preg'], row['plas'], row['pres'],
                               row['skin'], row['insu'], row['mass'],
                               row['pedi'], row['age'] ]
                           ])
        if (row['class']=="tested_positive"):
         vecteur2 = np.array( [ 0] )
        else:
         vecteur2 = np.array( [1] )

        X = np.append(X, vecteur,axis=0)
        Y = np.append(Y, vecteur2,axis=0)

# supprimer les 2 premières valeurs
les_valeurs_X=np.copy(X[1:])
les_valeurs_X=np.copy(les_valeurs_X[1:])
les_valeurs_Y=np.copy(Y[2:])
```

Les données peuvent être recopiées dans un tableau de nombre réels et il est possible, pour vérification, d'afficher le nombre d'individus et le nombre d'attributs.

```
#conversion en tableau de float
data = les_valeurs_X.astype(float)

#un peu d'affichage
n_samples, n_features = data.shape
print("nb de lignes = ", n_samples)
print("nb de colonnes = ", n_features)
```

La méthode des centres mobiles est implémentée dans la méthode **Kmeans()** qui prend comme paramètre le nombre de classes recherchées (trois sur l'exemple traité ici). Le nombre de classes recherchées est un paramètre important de la méthode. Ici, le nombre trois a été fixé avec l'idée que peut être, cela pourrait correspondre à trois types d'individus : ceux ayant déjà la pathologie de déclarées, ceux n'ayant pas la pathologie et enfin les individus à risque.

```
kmeans = KMeans(n_clusters=3).fit(data)
```

Divers indicateurs de qualité des clusters sont disponibles dont en particulier la métrique **silhouette**. Un coefficient de silhouette est calculé pour chaque point. Il représente la différence entre d'une part la distance moyenne de ce point avec les autres points de la même classe, et d'autre part la distance moyenne avec les points des autres classes. Si la différence est négative, le classement du point est mauvais puisqu'il semble plus proche d'une autre classe que la classe à laquelle il est actuellement rattaché. Un coefficient de silhouette positif est représentatif d'une affectation correcte d'un point à une classe. En faisant la moyenne pour tous les points, il est possible de définir un coefficient de silhouette représentatif de la qualité de la classification effectuée.

```
qualite_classement = metrics.silhouette_score(data,les_valeurs_Y)
print("qualite du clustering = ", qualite_classement)
```

Il est alors possible d'afficher les différents centres de classe qui sont stockés dans l'attribut **cluster_centers**. Le résultat est donné sur la Figure 5-10.

```
centroids = kmeans.cluster_centers_
print("Centre classe 0 : ", centroids[0])
print("Centre classe 1 : ", centroids[1])
print("Centre classe 2 : ", centroids[2])
```

```
C:\Program Files (x86)\Microsoft Visual Studio\Shared\Python37_64\python.exe
nb de lignes =  768
nb de colonnes =  8
qualite du clustering =  0.10426011347558613
Centre classe 0 :  [  3.98181818 114.00808081  67.77171717  14.9979798   14.4
  30.80545455   0.43193131  33.75959596]
Centre classe 1 :  [  4.02631579 158.44736842  72.          32.26315789 441.2894
7368
  35.10789474   0.56921053  34.76315789]
Centre classe 2 :  [  3.52765957 129.32765957  71.44680851  30.30638298 159.1021
2766
  33.9893617    0.5402766   31.90212766]
Backend TkAgg is interactive backend. Turning interactive mode on.
```

Figure 5-10. Les 3 centres de classe

Une fois les classes calculées, la méthode **predict()** permet de connaître la classe de rattachement de chaque donnée d'entrée stockée dans le tableau **data**.

```
pred = kmeans.predict(data)
print("prevision : ", pred)
```

L'affichage de la variable **pred** donne l'affectation de chaque individu à une classe sous une forme peu lisible (Figure 5-11) par la méthode **print()**. Il faut retenir, par exemple, de cet exemple que le premier individu est affecté à la classe numéro 1, le deuxième à la classe numéro 1, le troisième à la classe numéro 3 et le quatrième individu à la classe numéro 0.

```
C:\Program Files (x86)\Microsoft Visual Studio\Shared\Python37_64\python.exe
prevision :  [0 0 0 2 2 0 0 0 1 0 0 0 0 1 2 0 2 0 0 2 2 0 0 0 2 2 0 2 2
0 0 2 0
 0 0 2 0 0 0 2 0 0 0 0 0 0 0 0 1 1 0 1 2 0 2 0 0 0 2 0 0 0 0 0 2 2 2
 0 0 0 0 0 0 0 0 0 0 0 2 0 0 2 0 0 2 0 0 0 2 0 0 0 2 0 0 0 0 0 2 0 2 0
 1 0 0 2 0 0 0 0 0 2 0 2 0 0 2 2 2 2 0 2 0 2 0 0 2 0 2 0 1 0 0 0 0 2 0
 0 0 2 0 2 1 0 0 2 2 0 2 0 2 2 0 0 2 0 0 0 0 0 2 0 0 0 2 0 2 0 0 0 2 0
 0 1 0 2 2 0 2 0 0 0 2 0 0 2 1 0 0 0 0 2 0 2 0 0 0 0 0 0 2 2 2 2 2 0 0
 0 2 0 0 0 0 1 0 0 1 0 0 0 0 2 0 0 0 0 0 0 2 2 0 0 1 1 0 0 0 0 0 2 0 0
 2 2 0 0 0 0 0 0 0 0 0 0 0 0 0 0 0 2 0 2 0 2 2 0 0 2 1 2 0 0 0 0 0 2 2
 1 2 2 0 0 2 0 0 0 2 2 2 2 2 0 2 2 0 0 2 0 0 2 0 2 0 0 0 0 2 2 0 2 0 0
 0 0 2 0 0 2 0 2 0 0 0 0 2 0 0 0 0 0 0 0 0 0 0 2 0 0 2 1 0 0 0 2 0 0 0
 1 2 0 2 2 1 0 0 0 0 0 0 2 0 2 0 0 0 2 0 2 0 1 0 0 2 2 0 0 0 0 0 2 0 0
 0 0 1 0 2 1 0 2 1 0 0 0 2 2 0 0 0 2 2 0 2 2 2 0 0 0 0 0 0 0 0 0 0 0 0
 0 0 0 2 0 0 2 0 2 0 2 0 0 0 2 0 0 0 0 0 0 2 0 2 0 2 0 0 0 0 0 0 2 2 0
 0 0 2 0 2 1 2 0 0 0 0 0 2 0 0 0 0 2 2 0 0 0 0 0 0 2 2 0 0 0 2 0 0 0 2
 0 1 0 2 0 0 0 0 0 2 2 0 2 0 0 0 0 0 0 2 2 2 2 0 0 0 2 2 2 0 0 0 0 2 0
 2 0 0 0 0 0 2 0 0 0 0 0 2 2 2 0 0 0 2 1 0 2 0 0 0 0 0 0 1 0 0 0 2 0
 0 2 2 2 0 0 0 2 0 0 0 2 0 0 2 0 2 2 2 2 1 0 2 0 0 0 0 0 2 0 0 2 0 0 0
 0 0 2 0 2 0 0 0 0 2 0 2 0 0 0 2 1 2 2 2 0 2 2 0 0 2 1 2 2 0 0 0 0 2 2
 0 0 2 2 2 0 0 2 0 0 0 0 0 2 0 0 2 0 0 2 0 0 2 2 0 0 2 2 0 1 2 0 2 0 2
 0 2 0 0 1 0 2 1 0 0 2 0 1 2 0 2 0 0 2 2 2 0 0 2 0 0 0 0 0 2 2 0 0 2 0
 2 2 2 0 2 2 0 0 2 0 0 0 0 1 0 2 0 0 0 0 0 0 0 0 2 0 2 0 0]
```

Figure 5-11. Affectation des classes aux individus

En limitant la représentation aux 3 premiers attributs, il est possible d'obtenir une représentation graphique des individus avec une couleur affectée à chaque point (individu) en fonction de la classe d'affectation.

```
fig = plt.figure()

ax = fig.add_subplot(111, projection='3d')
ax.scatter(data[:,0], data[:,1], data[:,2], c=pred)
plt.show()
```

Il s'agit d'une représentation peu satisfaisante car elle ne prend en compte que 3 attributs parmi les 8, et il faudrait réaliser plusieurs choix pour compléter cette représentation.

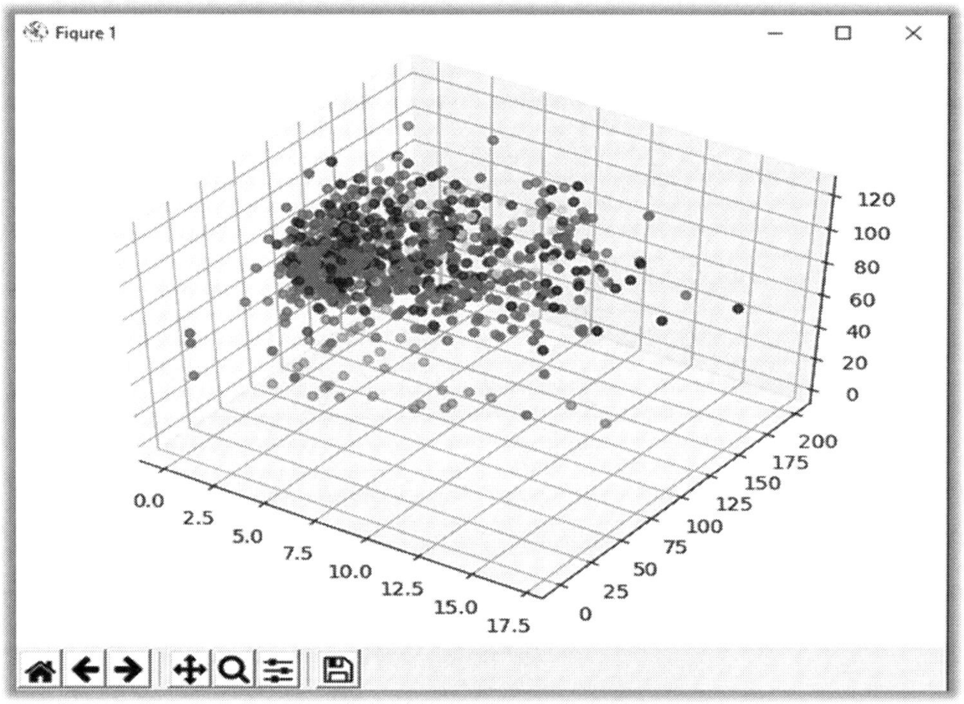

Figure 5-12. Représentation en niveaux de gris des 3 classes obtenues (représentation des 3 premiers attributs)

La représentation proposée dans ce chapitre sur la Figure 5-12, n'étant pas en couleur, elle est un peu plus difficile à interpréter, mais les différentes classes sont facilement identifiables.

Les classes étant constituées, il est possible d'analyser l'affectation des individus aux classes en sélectionnant par exemple, l'individu numéro 4 du fichier **diabetes.csv** (Figure 5-13).

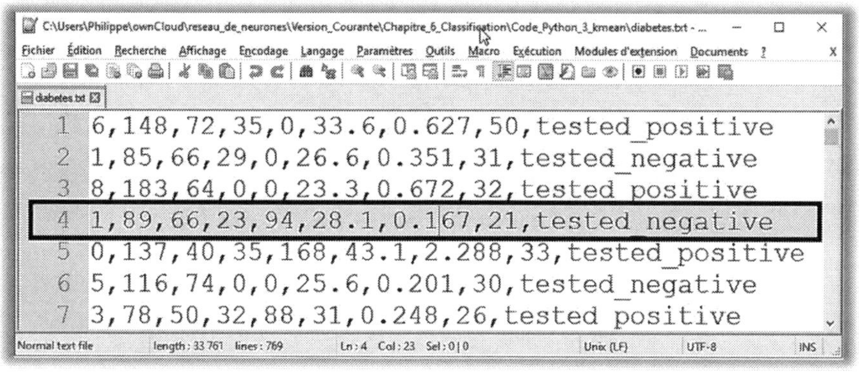

Figure 5-13. Choix d'un individu dans la base d'apprentissage

L'analyse des résultats de la Figure 5-11, montre que cet individu est affecté à la classe 0, information qu'il est possible de "retrouver" en interrogeant la méthode **predict()**.

```
import numpy as np
X = np.array([[1,89,66,23,94,28.1,0.167,21]])
pred = kmeans.predict(X)
print("classe : ", pred)
```

L'intérêt principal réside dans le fait qu'il est possible de tester l'appartenance à une classe, pour un individu ne faisant pas parti de la base d'apprentissage.

Par exemple, [1,90,70,23,94,28.1,0.167,21] est suffisamment "proche" de l'individu précédent, pour qu'il soit raisonnable de penser que lui aussi doit être considéré comme étant de classe 2. Le code Python qui permet de tester cette hypothèse est le suivant

```
X = np.array([[1,90,70,23,94,28.1,0.167,21]])
print("X= ", X)
pred = kmeans.predict(X)
print("classe : ", pred)
```

Et il donne le résultat de la Figure 5-14.

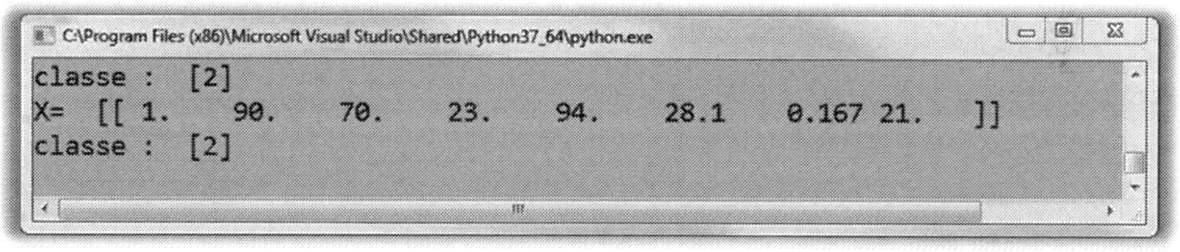

Figure 5-14. Classe de l'individu [1,90,70,23,94,28.1,0.167,21]

L'individu $X = [4.0, 158.442, 72.0, 32.26, 441.28, 35.10, 0.56, 34.76]$ est suffisamment proche du centre de la deuxième classe (Figure 5-10) pour qu'il soit raisonnable de le rattacher à la classe numéro 1.

```
X = np.array([[4.0, 158.442,72.0, 32.26, 441.28,35.10, 0.56, 34.76]])
print("X= ", X)
pred = kmeans.predict(X)
print("classe : ", pred)
```

Ceci est confirmé par le résultat de la Figure 5-15.

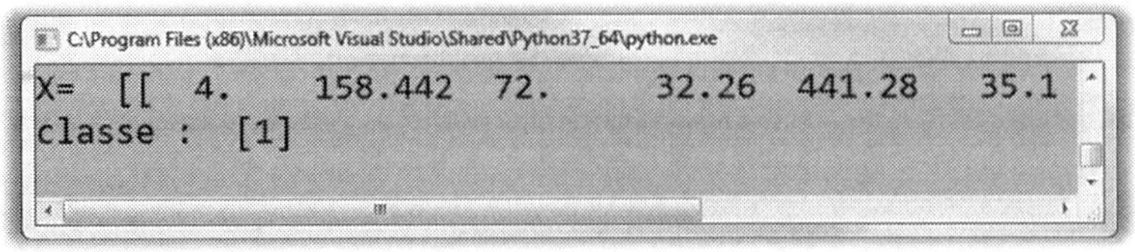

Figure 5-15. Classe de l'individu [4.0,158.442,72.0, 32.26, 441.28,35.10, 0.56, 34.76]

5.2.5 Code complet

```
import numpy as np
import matplotlib.pyplot as plt
from sklearn import metrics
from sklearn.cluster import KMeans
from sklearn.datasets import load_digits
from sklearn.decomposition import PCA
from sklearn.preprocessing import scale
from mpl_toolkits.mplot3d import Axes3D
import csv

X = np.array([ [0, 0, 0, 0 , 0 , 0 , 0, 0],
               [0, 0, 0, 0 , 0 , 0 , 0, 0]
              ])
Y = np.array([ 'essai', 'essai'])

with open('../../diabetes.csv', newline='') as csvfile:
    reader = csv.DictReader(csvfile)
    for row in reader:
        print(row['preg'], row['plas'], row['pres'], row['skin'],
              row['insu'], row['mass'], row['pedi'], row['age'],
              row['class'])
        vecteur = np.array([ [ row['preg'], row['plas'], row['pres'],
                               row['skin'], row['insu'], row['mass'],
                               row['pedi'], row['age'] ]
                             ])
        if (row['class']=="tested_positive"):
         vecteur2 = np.array( [ 0] )
        else:
         vecteur2 = np.array( [1] )

        X = np.append(X, vecteur,axis=0)
        Y = np.append(Y, vecteur2,axis=0)

# supprimer les 2 premières valeurs
les_valeurs_X=np.copy(X[1:])
les_valeurs_X=np.copy(les_valeurs_X[1:])
les_valeurs_Y=np.copy(Y[2:])

#conversion en tableau de float
data = les_valeurs_X.astype(float)

#un peu d'affichage
n_samples, n_features = data.shape
```

```
print("nb de lignes = ", n_samples)
print("nb de colonnes = ", n_features)


#exécution de la méthode
kmeans = KMeans(n_clusters=3).fit(data)

#récupération des centres de classe
centroids = kmeans.cluster_centers_
print("Centre classe 0 : ", centroids[0])
print("Centre classe 1 : ", centroids[1])
print("Centre classe 2 : ", centroids[2])

# faire une prédiction sur les données d'entrée
pred = kmeans.predict(data)
print("prevision : ", pred)

# représentation graphique du nuage de point
fig = plt.figure()
ax = fig.add_subplot(111, projection='3d')
ax.scatter(data[:,0], data[:,1], data[:,2], c=pred)
plt.show()

# test avec une donnée de la base d'apprentissage
X = np.array([[1,89,66,23,94,28.1,0.167,21]])

pred = kmeans.predict(X)
print("classe : ", pred)

# test avec une donnée n'appartenant pas à la base d'apprentissage
# et qui est "tested_negative"
X = np.array([[1,90,70,23,94,28.1,0.167,21]])
print("X= ", X)
pred = kmeans.predict(X)
print("classe : ", pred)

# test avec une donnée n'appartenant pas à la base d'apprentissage
# et qui est "tested_positive"
X = np.array([[0,137,40,35,168,43.1,2.288,33]])
print("X= ", X)
pred = kmeans.predict(X)
print("classe : ", pred)

# test avec une donnée n'appartenant pas à la base d'apprentissage
X = np.array([[4.0,158.442,72.0,32.26,441.28,35.10,0.56,34.76]])
print("X= ", X)
pred = kmeans.predict(X)
print("classe : ", pred)

# test avec une donnée n'appartenant pas à la base d'apprentissage
X = np.array([[3.52,129.32,71.44,30.30,159.10,33.98,0.54,31.90]])
print("X= ", X)
pred = kmeans.predict(X)
print("classe : ", pred)
```

5.2.6 Conclusion

La méthode des centres mobiles est très utile pour "regrouper" des individus ayant des caractéristiques communes. Dans le chapitre sur les Réseaux Bayésiens, il s'agit de comprendre les liens entre des comportements, des données biologiques et l'apparition de maladie.

Si les données brutes étaient disponibles en nombre suffisant (par exemple 1000 individus avec leur pathologie), il serait alors possible d'analyser si des classes d'individus "semblables" existent et ainsi d'identifier des attributs représentatifs "du risque" d'avoir ou non du diabète.

5.3 Méthode non supervisée : Classification Ascendante Hiérarchique

5.3.1 Principe

L'algorithme consiste en la création de sous-ensembles qui, au début, ne contiennent qu'un seul individu, puis qui sont itérativement modifiés en recherchant les deux sous-ensembles les plus proches pour les fusionner, et qui se termine lorsqu'un seul ensemble est disponible.

Une classification ascendante aboutit ainsi à une représentation graphique appelée dendrogramme : il s'agit d'un arbre binaire dont les feuilles (qui sont les individus) sont alignées sur l'axe des abscisses et dont les nœuds correspondent aux regroupements successivement effectués.

Pour mettre en œuvre cet algorithme, il convient de définir préalablement, non seulement une distance entre individus, mais surtout une distance entre sous-ensembles disjoints.

Plusieurs distances peuvent être utilisées entre deux sous-ensembles A et B et il est possible de citer sans chercher à être exhaustif :

- La distance des individus les plus proches
$$\delta(A,B) = \min_{x\in A, y\in B} d(x,y)$$
- La distance des individus les plus éloignés
$$\delta(A,B) = \max_{x\in A, y\in B} d(x,y)$$
- La distance moyenne des individus
$$\delta(A,B) = \text{moyenne}_{x\in A, y\in B} d(x,y)$$
- La distance entre les centres de gravité
$$\delta(A,B) = d(\mathrm{G}_A, \mathrm{G}_B)$$
où G_A est le centre de gravité de A et G_A celui de B,
- La distance de Ward
$$\delta(A,B) = \frac{P_A . P_B}{P_A + P_B} . d^2(G_A, G_B)$$
où P_A est le nombre d'éléments de A et P_A celui de B.

5.3.2 *Principes de mise en œuvre avec Python*

Le fichier de données étant le fichier **diabetes.csv**, la lecture du fichier se fait de manière identique aux exemples précédents. Les données doivent être transformées en **DataFrame** en précisant le nom des colonnes.

L'étude réalisée ici porte **uniquement** sur les **8** premiers attributs pour les mêmes raisons que celles évoquées pour la méthode des centres mobiles (exemple de classification non supervisée).

Un affichage de **df.shape** permet d'obtenir le nombre de lignes et le nombre de colonnes du **DataFrame** et l'affichage de **df.describe()** fournit les statistiques de base sur les données à traiter.

```
import pandas

df = pd.DataFrame(les_valeurs_X, columns=['preg','plas','pres','skin',
                  'insu','mass','pedi','age'])

print(df.shape)
print(df.describe())
print("\nNumber of columns:")
print(len(df.columns))
```

Les résultats sont présentés sur la Figure 5-16.

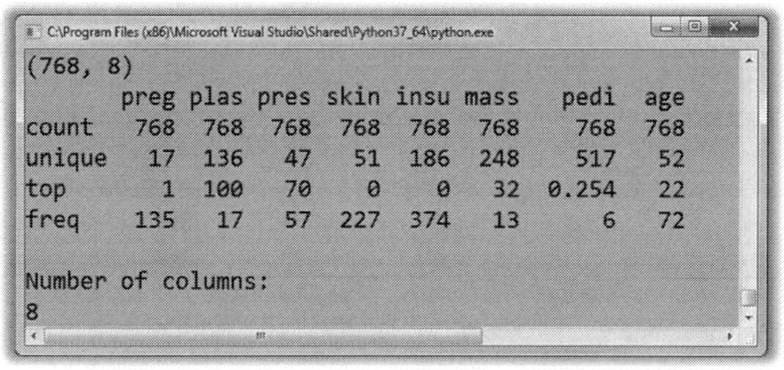


```
(768, 8)
       preg plas pres skin insu mass   pedi  age
count   768  768  768  768  768  768    768  768
unique   17  136   47   51  186  248    517   52
top       1  100   70    0    0   32  0.254   22
freq    135   17   57  227  374   13      6   72

Number of columns:
8
```

Figure 5-16. Les statistiques de base sur la population

Il est alors possible de lancer une analyse hiérarchique descendante et d'afficher le dendrogramme associé au calcul et qui "suggère" un découpage en 2 classes (Figure 5-17).

```
#générer la matrice des liens
Z = linkage(df,method='ward',metric='euclidean')
print("Z= ", Z)

#affichage du dendrogramme
plt.title("CAH")
dendrogram(Z,labels=df.index,orientation='left',color_threshold=0)
plt.show()
```

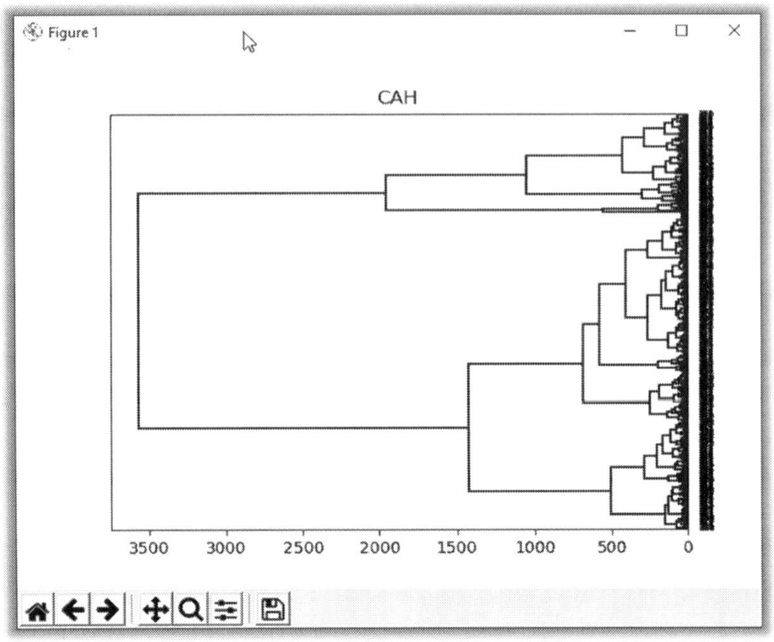

Figure 5-17. Le dendrogramme

Le découpage en cluster se fait via **fcluster()** et un simple affichage permet d'obtenir, pour chacun des 768 éléments, son numéro de cluster comme le montre la Figure 5-18. Les clusters (contrairement aux classes obtenues avec les arbres de décisions) sont numérotés à partir de 1.

```
groupes_cah = fcluster(Z,t=2000,criterion='distance')
print("groupes_cah= ", groupes_cah)
```

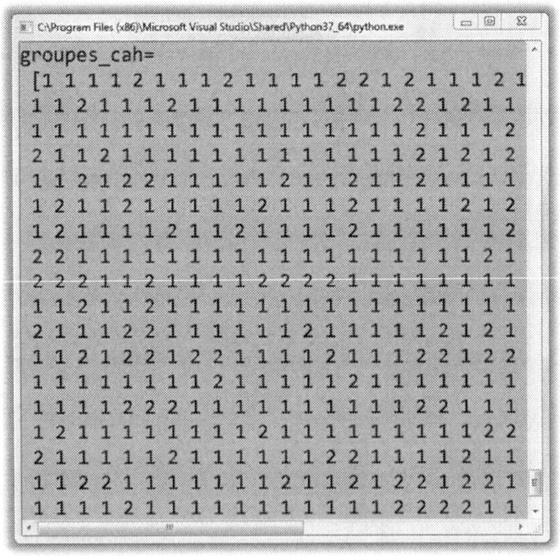

Figure 5-18. Classement des individus (affectation à des clusters)

Les résultats sont légèrement différents de ceux obtenus avec les arbres de décisions mais restent cohérents dans l'ensemble. Ainsi les individus 1, 2, 3, 6, 7, 8 étaient de classe 1 et les individus 4 et 5 étaient de classe 0 avec la méthode précédente. Ici les résultats donnent les individus 1, 2, 3, 4, 6, 7 et 9 dans le cluster 1, ce qui est "peu" différent.

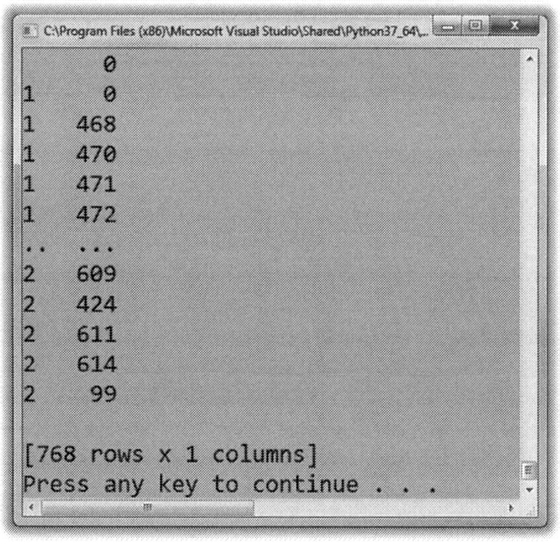

Figure 5-19. Classement des individus (affectation à des clusters)

Pour plus de lisibilité, il est possible de regrouper les individus par cluster et de les afficher (Figure 5-19).

```
#index trié des groupes
import numpy as np
idg = np.argsort(groupes_cah)

#affichage des observations et leurs groupes
print(pandas.DataFrame(df.index[idg],groupes_cah[idg]))
```

5.3.3 Le code complet

```
from matplotlib import pyplot as plt
from scipy.cluster.hierarchy import dendrogram, linkage
import pandas as pd
import numpy as np
import csv

X = np.array([ [0, 0, 0, 0 , 0 , 0 , 0, 0],
               [0, 0, 0, 0 , 0 , 0 , 0, 0]
             ])
Y = np.array(['essai', 'essai'])

with open('../../diabetes.csv', newline='') as csvfile:
    reader = csv.DictReader(csvfile)
    for row in reader:
        print(row['preg'], row['plas'], row['pres'], row['skin'],
              row['insu'], row['mass'], row['pedi'], row['age'],
              row['class'])
        vecteur = np.array([ [ row['preg'], row['plas'], row['pres'],
```

```
                          row['skin'], row['insu'], row['mass'],
                          row['pedi'], row['age'] ]
                      ])
        if (row['class']=="tested_positive"):
         vecteur2 = np.array( [ 0] )
        else:
         vecteur2 = np.array( [1] )

        X = np.append(X, vecteur,axis=0)
        Y = np.append(Y, vecteur2,axis=0)

# supprimer les 2 premières valeurs
les_valeurs_X=np.copy(X[1:])
les_valeurs_X=np.copy(les_valeurs_X[1:])
les_valeurs_Y=np.copy(Y[2:])

#importation des données
df = pd.DataFrame(les_valeurs_X, columns=['preg','plas','pres','skin',
                  'insu','mass','pedi','age'])
print(df.shape)
print(df.describe())

print("\nNumber of columns:")
print(len(df.columns))

#générer la matrice des liens
Z = linkage(df,method='ward',metric='euclidean')
print("Z= ", Z)

#affichage du dendrogramme
plt.title("CAH")
dendrogram(Z,labels=df.index,orientation='left',color_threshold=0)
plt.show()
```

5.4 Méthode non supervisée : Analyse en Composantes Principales

5.4.1 Principe d'une ACP illustré sur l'exemple de Ricco Rakotomalla

Étant donnés n individus, chacun ayant p attributs (numériques), ce qui peut être vu comme un nuage de n points x_i (avec $1 \leq i \leq n$) dans l'espace R^p à p dimensions, il s'agit de trouver deux droites (Ox) et (Oy) (ou plus) sur lesquelles les projections orthogonales de ces points ont le maximum d'inertie (Figure 5-20).

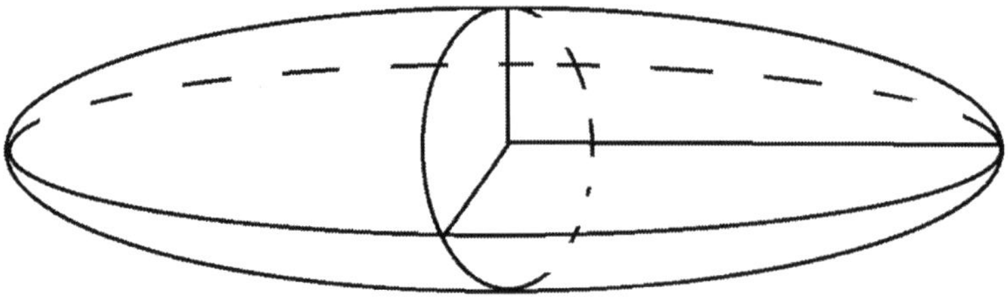

Figure 5-20. Un ellipsoïde et ses trois axes principaux

Ainsi, il est possible de dessiner, dans le plan (xOy), le projeté du nuage en conservant le maximum de l'inertie de ce nuage, ce qui revient à dire que le nuage projeté est aussi "proche" que possible du nuage originel.

À titre d'exemple, avec $p = 3$, si le nuage originel est un ellipsoïde (c'est-à-dire un ballon de rugby un peu aplati), les deux droites sont pour (Ox) le grand axe et pour (Oy) le premier axe secondaire de l'ellipsoïde.

Le projeté sur ce plan est alors une ellipse. L'inertie de cette ellipse est d'autant plus proche de celle de l'ellipsoïde de départ que celui-ci est plus aplati, c'est-à-dire que son troisième axe est plus petit.

Soit x_{ij} la valeur correspondante à l'individu i pour l'attribut j. Un point $x_{i.}$ du nuage est défini par ses coordonnées $(x_{ij})_{1\leq j\leq p}$. Selon ce principe de notation, il est possible d'introduire les notations suivantes :

- $\overline{x_{.j}}$ la moyenne de l'attribut j.
- $\sigma_{.j}(x)$ l'écart-type de l'attribut j, c'est-à-dire : $\sigma_{.j}(x) = \sqrt{\frac{1}{n}.\sum_{i=1}^{n}(x_{ij} - \overline{x_{.j}})^2}$.

Il est possible de définir les données centrées réduites $x'_{ij} = (x_{ij} - \overline{x_{.j}})/\sigma_{.j}(\mathrm{x})$. Ceci permet d'obtenir $\sigma_{.j}(x') = 1$ d'une part et d'autre part une moyenne nulle c'est-à-dire $\overline{x'_{.j}} = 0$. Les données centrées réduites sont essentiellement utilisées lorsque les unités sur les axes de départ n'ont rien en commun.

Il vaut mieux éviter de manipuler des nombres trop disparates. Par exemple si l'on a, sur des personnes, des données comme la taille en mètre, le poids en kilogramme et le nombre de lymphocytes par litre de sang, il est possible que dans les données, la taille varie de 1 à 2, le poids de 30 à 120 et le nombre de lymphocytes de 3.10^9 à plus de 100.10^9. Les échelles de ces trois unités sont très différentes les unes et des autres, pour une étude conjointe, et une normalisation s'impose pour éviter qu'un critère ne prenne, lors de l'analyse, plus d'importance que les autres.

Ce principe est particulièrement bien expliqué dans le support de cours de Ricco Rakotomalla de l'Université Lumière Lyon 2, support qui est disponible en ligne à l'adresse suivante :

http://eric.univ-lyon2.fr/~ricco/cours/slides/ACP.pdf

Les données proposées par Ricco Rakotomalla concernent des marques de véhicules avec leurs caractéristiques (Tableau 5-1). Il est proposé, dans les pages qui suivent, un résumé de l'exemple proposé par Ricco Rakotomalla et le lecteur est invité à consulter le document original qui propose un grand nombre de détails qui ne sont pas évoqués ici.

Tableau 5-1. Les données du problème fournies par Ricco Rakotomalla

Modèle	CYL	PUISS	LONG	LARG	POIDS	V.MAX
Toyota	1 166	55	399	157	815	140
Citroën	1 222	59	412	161	930	151
Lada	1 294	68	404	161	955	140
Simca	1 294	68	424	168	1050	152
Lancia	1 297	82	429	169	1080	160
Alfasud	1 350	79	393	161	870	165
Rancho	1 442	80	431	166	1129	144
Renault	1 565	55	424	163	1010	140
Alfetta	1 570	109	428	162	1060	175
Fiat	1 585	98	439	164	1105	165
Audi	1 588	85	468	177	1110	160
Mazda	1 769	83	440	165	1095	165
Peugeot	1 796	79	449	169	1160	154
Princess	1 798	82	445	172	1160	158
Opel	1 979	100	459	173	1120	173
Taunus	1 993	98	438	170	1080	167
Datsun	1 998	115	469	169	1370	160
Renault	2 664	128	452	173	1320	180
Écart-type	363.39	19.80	21.48	5.16	133.09	11.79
Moyenne	1 631.66	84.61	433.50	166.66	1 078.83	158.27
Variance	132 055.55	392.12	461.58	26.66	17 715.36	139.20

La normalisation des données permet d'obtenir les données du Tableau 5-2 où, pour chaque attribut, l'écart-type vaut 1 et la moyenne est nulle.

Tableau 5-2. Les données centrées/réduites fournies par Ricco Rakotomalla

Modèle	CYL	PUISS	LONG	LARG	POIDS	V.MAX
Toyota	-1.281	-1.495	-1.606	-1.872	-1.982	-1.549
Citroën	-1.127	-1.293	-1.001	-1.097	-1.118	-0.617
Lada	-0.929	-0.839	-1.373	-1.097	-0.930	-1.549
Simca	-0.929	-0.839	-0.442	0.258	-0.217	-0.532
Lancia	-0.921	-0.132	-0.209	0.452	0.009	0.146
Alfasud	-0.775	-0.283	-1.885	-1.097	-1.569	0.570
Rancho	-0.522	-0.233	-0.116	-0.129	0.377	-1.210
Renault	-0.183	-1.495	-0.442	-0.710	-0.517	-1.549
Alfetta	-0.170	1.232	-0.256	-0.904	-0.141	1.417
Fiat	-0.128	0.676	0.256	-0.516	0.197	0.570
Audi	-0.120	0.020	1.606	2.001	0.234	0.146
Mazda	0.378	-0.081	0.303	-0.323	0.121	0.570
Peugeot	0.452	-0.283	0.721	0.452	0.610	-0.363
Princess	0.458	-0.132	0.535	1.033	0.610	-0.024
Opel	0.956	0.777	1.187	1.226	0.309	1.248
Taunus	0.994	0.676	0.209	0.645	0.009	0.739
Datsun	1.008	1.535	1.652	0.452	2.188	0.146
Renault	2.841	2.191	0.861	1.226	1.812	1.841
Écart-type	**1**	**1**	**1**	**1**	**1**	**1**
Moyenne	**0**	**0**	**0**	**0**	**0**	**0**
Variance	**1**	**1**	**1**	**1**	**1**	**1**

Il est possible de visualiser les conséquences sur le nuage de cette opération en s'intéressant aux deux premières caractéristiques que sont la cylindrée (CYL) et la puissance (PUISS).

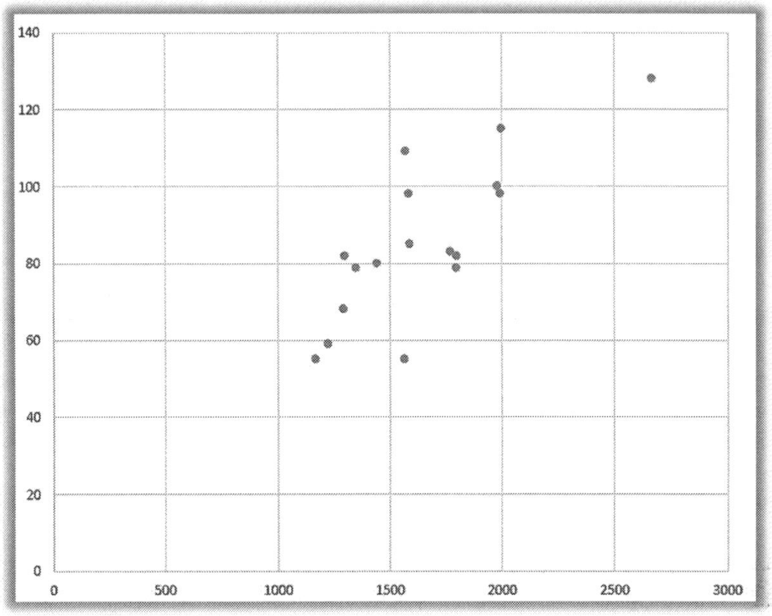

Figure 5-21. Visualisation des deux premiers attributs

Le nuage initial de points (limité aux colonnes 1 et 2) représenté sur la Figure 5-21, donne le nuage de la Figure 5-22 après que les données aient été centrées/réduites.

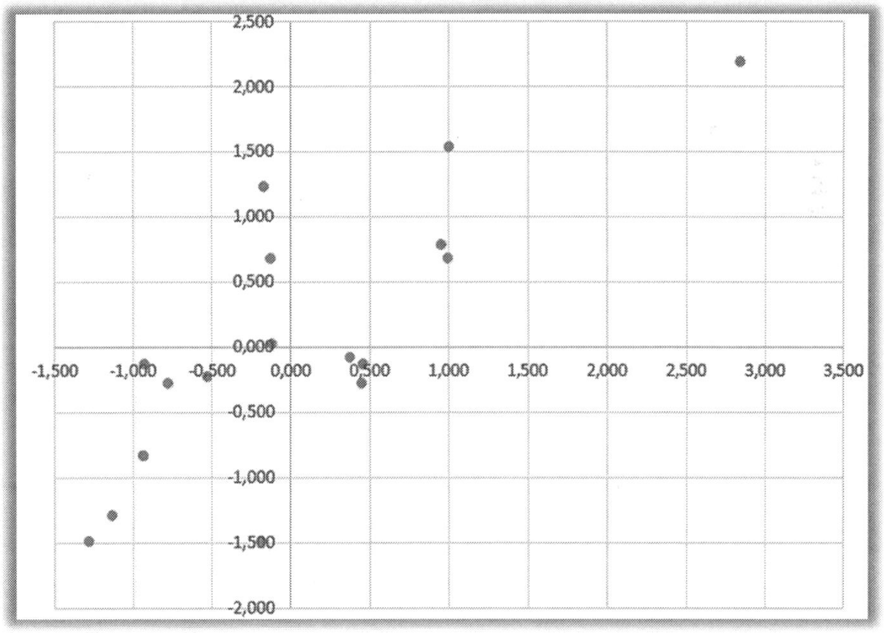

Figure 5-22. Visualisation des deux premiers attributs avec les données

centrées/réduites

L'inertie du nuage est la somme des écarts-types des données centrées/réduites x', soit 6 sur l'exemple et les formules sur l'écart-type et l'inertie sont :

$$\sigma'_{.j}(x) = \sqrt{\frac{1}{n} \cdot \sum_{i=1}^{n} (x'_{ij} - \overline{x'_{.j}})^2}$$

$$I = \sigma_{.1}(x') + \sigma_{.2}(x') \ldots + \sigma_{.6}(x')$$

Il est possible de retrouver ce résultat en appliquant directement la formule de l'inertie.

Soit la définition suivante de la distance entre deux individus $x_{i\cdot}$ et $x_{j\cdot}$:

$$d^2(x_{i\cdot};\, x_{j\cdot}) = \sum_{k=1}^{p} (x_{ik} - x_{jk})^2$$

L'inertie est : $I = \frac{1}{2n^2} \cdot \sum_{i=1}^{n} \sum_{j=1}^{n} d^2(x_{i\cdot};\, x_{j\cdot})$

Considérons un vecteur z' normé ($\|z\| = 0.999$) définit par :

$$z = (0.424936;\ 0.421794;\ 0.421459;\ 0.386922;\ 0.430512;\ 0.358944)$$

La projection de x'_{ij} sur le vecteur z' est notée y_{ij}, et correspond à un produit vectoriel : $y_{ij} = < x'_{ij}; z' >$. Graphiquement, il s'agit de projeter orthogonalement le point sur la droite comme le montre la Figure 5-23.

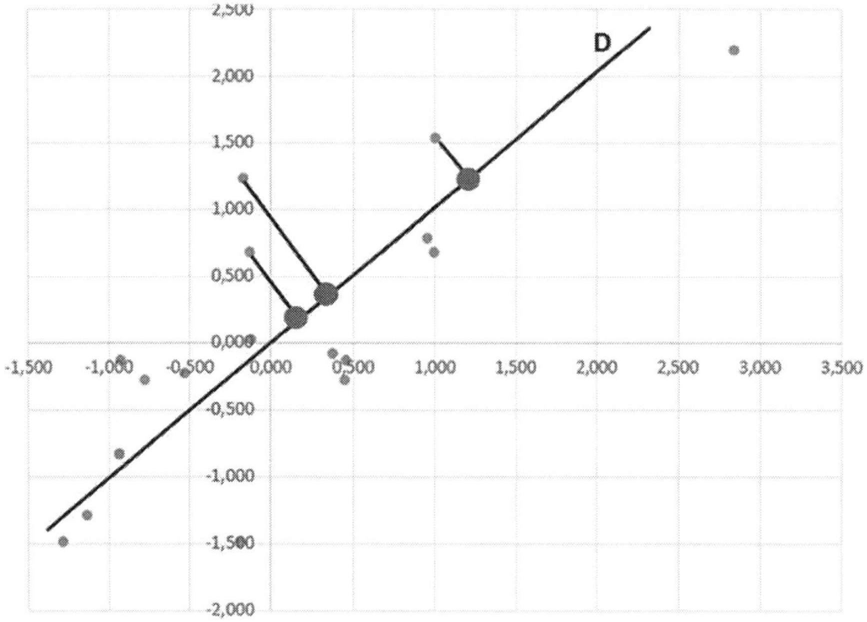

Figure 5-23. Projection orthogonale des points sur la droite

Tableau 5-3. Les points projetés sur la droite (données de Ricco Rakotomalla)

	y_{ij}
Toyota	-3.986
Citroën	-2.574
Lada	-2.709
Simca	-1.119
Lancia	-0.304
Alfasud	-2.139
Rancho	-0.691
Renault	-1.948
Alfetta	0.438
Fiat	0.428
Audi	1.561
Mazda	0.386
Peugeot	0.684
Princess	1.018
Opel	2.290
Taunus	1.315
Datsun	2.941
Renault	4.410
Écart-type	**2.10**
Moyenne	**0.00**
Variance	**4.42**

La variance est égale à l'inertie dans ce cas puisque

$$Var(y_{i.}) = \frac{1}{n}.\sum_{i=1}^{n}(y_{i\cdot} - \overline{y_{i\cdot}})^2$$

Ce qui donne une inertie sur la droite de valeur 4.42.

Le ratio $\frac{4.42}{6} = 0.7368$ représente le pourcentage d'inertie capturée par l'axe modélisé par le vecteur

$$z' = (0.424 \ldots;\ 0.42179 \ldots;$$
$$0.4214 \ldots; 0.3869 \ldots; 0.4305 \ldots; 0.3589 \ldots)$$

Ainsi 73.68% du nuage est "capturé" par l'axe modélisé par z'.

Parmi tous les axes possibles, la difficulté principale consiste à choisir les axes qui maximisent le pourcentage du nuage capturé par l'axe.

5.4.2 *Principe d'une ACP : choisir les axes*

Pour un problème composé de p attributs (dimensions), il existe a priori un grand nombre d'axes possibles et parmi tous les axes possibles, il faut en retenir 2 tels que :

- les deux axes constituent une base de l'espace vectoriel ;
- ils maximisent l'inertie portée par chaque axe.

La recherche de ces deux axes est liée à la notion de vecteur propre : ainsi, un vecteur non nul V est vecteur propre de la matrice carrée C si et seulement s'il existe un réel λ tel que $C \times V = \lambda \times V$.

Ces concepts sont illustrés avec 4 exemples ci-dessous :

Soit $X = \begin{pmatrix} 1 & 0 & 1 \\ -1 & 2 & 1 \\ 0 & 0 & 2 \end{pmatrix}$, alors $V = \begin{pmatrix} 1 \\ 0 \\ 1 \end{pmatrix}$ est un vecteur propre et 2 est la valeur propre associée. En effet, $X_{np} \times V_p = \begin{pmatrix} 1 & 0 & 1 \\ -1 & 2 & 1 \\ 0 & 0 & 2 \end{pmatrix} \times \begin{pmatrix} 1 \\ 0 \\ 1 \end{pmatrix} = \begin{pmatrix} 2 \\ 0 \\ 2 \end{pmatrix} = 2 \times \begin{pmatrix} 1 \\ 0 \\ 1 \end{pmatrix} = 2 \times V_p$, ce qui montre que 2 est la valeur propre associée.

$V_p = \begin{pmatrix} 0 \\ -1 \\ 0 \end{pmatrix}$ est un autre vecteur propre et -2 est la valeur propre associée.

En effet, $X_{np} \times V_p = \begin{pmatrix} 1 & 0 & 1 \\ -1 & 2 & 1 \\ 0 & 0 & 2 \end{pmatrix} \times \begin{pmatrix} 0 \\ -1 \\ 0 \end{pmatrix} = \begin{pmatrix} 0 \\ -2 \\ 0 \end{pmatrix} = -2 \times \begin{pmatrix} 0 \\ -1 \\ 0 \end{pmatrix} = -2 \times V_p$

$V_p = \begin{pmatrix} 2 \\ 1 \\ 2 \end{pmatrix}$ est un vecteur propre et 2 est la valeur propre associée.

En effet, $X_{np} \times V_p = \begin{pmatrix} 1 & 0 & 1 \\ -1 & 2 & 1 \\ 0 & 0 & 2 \end{pmatrix} \times \begin{pmatrix} 2 \\ 1 \\ 2 \end{pmatrix} = \begin{pmatrix} 4 \\ 2 \\ 4 \end{pmatrix} = 2 \times \begin{pmatrix} 2 \\ 1 \\ 2 \end{pmatrix} = 2 \times V_p$

Dans le cadre d'une ACP, il s'agit généralement de déterminer les deux plus grandes valeurs propres et les vecteurs propres associés. Comme la matrice de variance-covariance est définie positive, ses vecteurs propres constituent une base de l'espace vectoriel et ses valeurs propres sont strictement positives.

Un algorithme efficace pour calculer un vecteur propre est celui de la matrice itérée qui permet de calculer le vecteur propre associée à la valeur propre de plus grand module d'une matrice C. L'algorithme de principe (algorithme de la matrice itérée) pour calculer le vecteur propre correspondant à la valeur propre de plus grand module d'une matrice C est :

```
choisir V vecteur non nul et une précision ε>0
répéter
   W: = V
   V: = C.V
   V:=V/||V||
jusqu'à ce que ||W − V||< ε
```

La valeur propre λ correspondant à ce vecteur propre V est alors le réel par lequel il faut multiplier le vecteur V pour obtenir le vecteur $C \times V$. Ensuite, il est aisé de montrer que, puisque C est une matrice symétrique, la matrice C' définie par

$$C' = C - \frac{\lambda}{\|V\|^2} V^t . V \text{ (où } V^t \text{ désigne le vecteur transposé de } V\text{)}$$

possède les mêmes éléments propres que C à l'exception de λ qui est remplacé par 0. Pour trouver le vecteur propre correspondant à la valeur propre suivante, il suffit donc d'appliquer l'algorithme de la matrice itérée à C'.

Le code Python permettant de calculer le premier vecteur propre est le suivant (code réalisé avec une simple boucle for) :

```
from math import *
import numpy as np
A=np.mat('[1 0 2 ; -1 2 1 ; 0 0 2] ')
u=np.mat('[0.1 ; 0.2 ; 0.3]')
print("A= ", A)
print("u= ", u)

for i in range(50):
    B=A * u
```

```
    print('B=', B)
    norme = sqrt(B[0]*B[0]+B[1]*B[1]+B[2]*B[2])
    print('norme = ', norme)
    B = B / norme
    print(B)
    u=B
print("\n vecteur propre calcule = ", B)
print("")
```

Ce code permet d'obtenir le vecteur propre $(0; -1; 0)$ comme le montre la Figure 5-24.

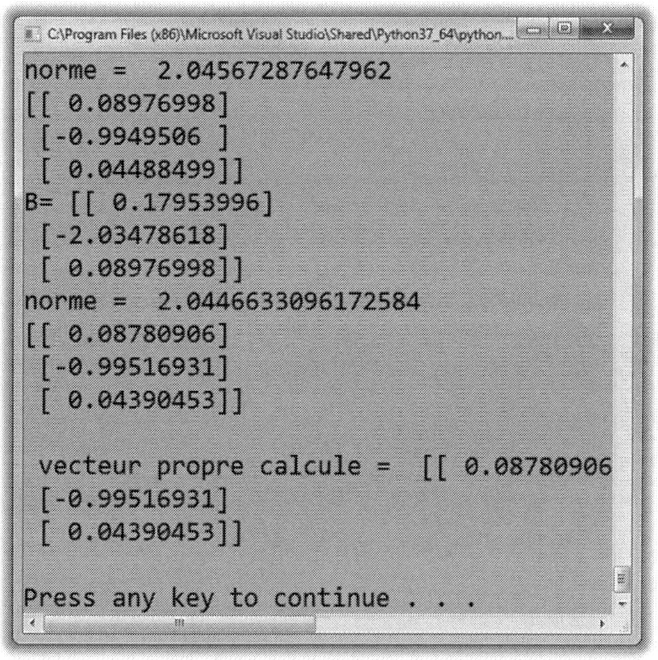

Figure 5-24. Résultats du calcul

Une manière plus simple et plus élégante d'obtenir la bonne réponse consiste à utiliser le package **linalg**.

```
from numpy import *
from numpy.linalg import *
v, P = eig(A)
vx1 = P[:, 0]
print("v1= ", vx1, "avec valpropre = ", v[0])
vx2 = P[:, 1]
print("v2= ", vx2, "avec valpropre = ", v[1])
vx3 = P[:, 2]
print("v3= ", vx3, "avec valpropre = ", v[2])
```

Le package **linalg** fournit deux vecteurs propres (Figure 5-25).

$V = \begin{pmatrix} 0 \\ 1 \\ 0 \end{pmatrix}$ est vecteur propre car $C \times V = \begin{pmatrix} 1 & 0 & 1 \\ -1 & 2 & 1 \\ 0 & 0 & 2 \end{pmatrix} \times \begin{pmatrix} 0 \\ 1 \\ 0 \end{pmatrix} = \begin{pmatrix} 0 \\ 2 \\ 0 \end{pmatrix} = 2. \begin{pmatrix} 0 \\ 1 \\ 0 \end{pmatrix} = 2. V$

$U = \begin{pmatrix} 0.7 \\ 0.7 \\ 0.0 \end{pmatrix}$ est vecteur propre car $C \times U = \begin{pmatrix} 1 & 0 & 1 \\ -1 & 2 & 1 \\ 0 & 0 & 2 \end{pmatrix} \times \begin{pmatrix} 0.7 \\ 0.7 \\ 0.0 \end{pmatrix} = \begin{pmatrix} 0.7 \\ 0.7 \\ 0 \end{pmatrix} = 1.\begin{pmatrix} 0.7 \\ 0.7 \\ 0.0 \end{pmatrix} = 1.U$

Les bibliothèques qui implémentent l'ACP permettent de choisir automatiquement les axes définissant une base de l'espace vectoriel et qui sont associées aux plus grandes valeurs propres possibles, ainsi les deux axes retenus "capturent" le maximum d'inertie du nuage (visuellement ces deux axes capturent le nuage dans ces plus grandes dimensions).

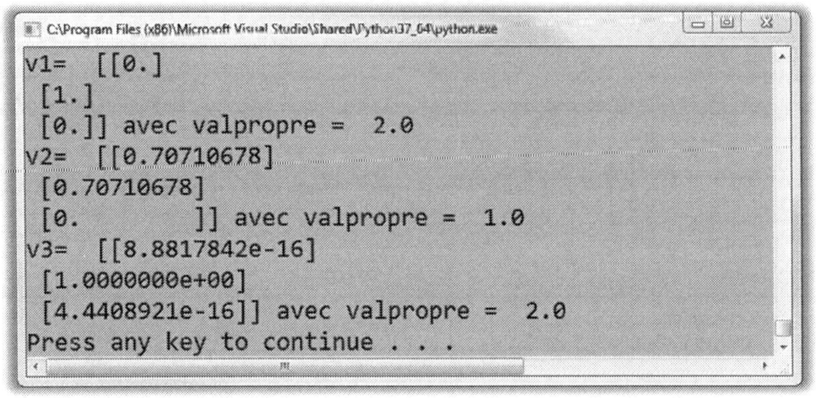

```
v1=  [[0.]
 [1.]
 [0.]] avec valpropre =  2.0
v2=  [[0.70710678]
 [0.70710678]
 [0.        ]] avec valpropre =  1.0
v3=  [[8.8817842e-16]
 [1.0000000e+00]
 [4.4408921e-16]] avec valpropre =  2.0
Press any key to continue . . .
```

Figure 5-25. Résultats du calcul avec la bibliothèque Python

5.4.3 Mise en œuvre Python sur le fichier diabete.csv

Cette section propose l'implémentation d'une ACP avec les données du fichier **diabete.csv**. Après la lecture des données, l'étape numéro 2 consiste à centrer/réduire les données de sorte que la moyenne soit nulle et que l'écart-type vaille 1.

```
#classe pour standardisation
from sklearn.preprocessing import StandardScaler

#instanciation
sc = StandardScaler()
Z = sc.fit_transform(X)
```

La classe **StandardScaler()** permet de standardiser les données en soustrayant la moyenne et en divisant par la variance.

```
print("")
print("X normalise = Z ")
print("")
print(Z)
print("\n verifions les moyennes qui doivent etre nulles")
import numpy as np
print('moyenne= ', np.mean(Z,axis=0))
print('ecart-type = ', np.std(Z,axis=0,ddof=0))
```

Ceci permet d'obtenir le résultat de la Figure 5-26.

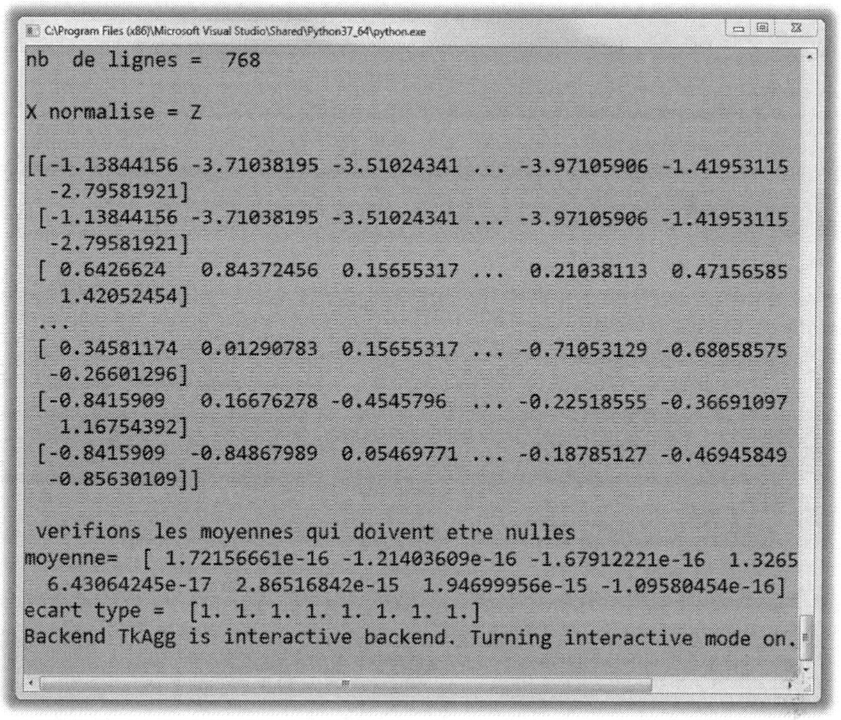

```
C:\Program Files (x86)\Microsoft Visual Studio\Shared\Python37_64\python.exe
nb  de lignes =  768

X normalise = Z

[[-1.13844156 -3.71038195 -3.51024341 ... -3.97105906 -1.41953115
  -2.79581921]
 [-1.13844156 -3.71038195 -3.51024341 ... -3.97105906 -1.41953115
  -2.79581921]
 [ 0.6426624   0.84372456  0.15655317 ...  0.21038113  0.47156585
   1.42052454]
 ...
 [ 0.34581174  0.01290783  0.15655317 ... -0.71053129 -0.68058575
  -0.26601296]
 [-0.8415909   0.16676278 -0.4545796  ... -0.22518555 -0.36691097
   1.16754392]
 [-0.8415909  -0.84867989  0.05469771 ... -0.18785127 -0.46945849
  -0.85630109]]

 verifions les moyennes qui doivent etre nulles
moyenne=  [ 1.72156661e-16 -1.21403609e-16 -1.67912221e-16  1.3265
  6.43064245e-17  2.86516842e-15  1.94699956e-15 -1.09580454e-16]
ecart type =  [1. 1. 1. 1. 1. 1. 1. 1.]
Backend TkAgg is interactive backend. Turning interactive mode on.
```

Figure 5-26. Les données normalisées

Il suffit ensuite de lancer le calcul de l'ACP et de récupérer les vecteurs propres calculés.

```
acp = PCA(svd_solver='full')
print(acp);

#calculs
coord = acp.fit_transform(Z)

#nombre de composantes calculées
print("nb composantes : ", acp.n_components_)
```

L'étape suivante consiste à analyser le poids relatif de chaque axe dans l'explication de la variance.

```
print("\n % explicatif de chaque axe ")
print (acp.explained_variance_ratio_)
print("\n la somme doit valoir 100% et vaut : ")
print (acp.explained_variance_ratio_.sum())
```

Comme le montre la Figure 5-27, le vecteur 1 explique 27% de la variance.

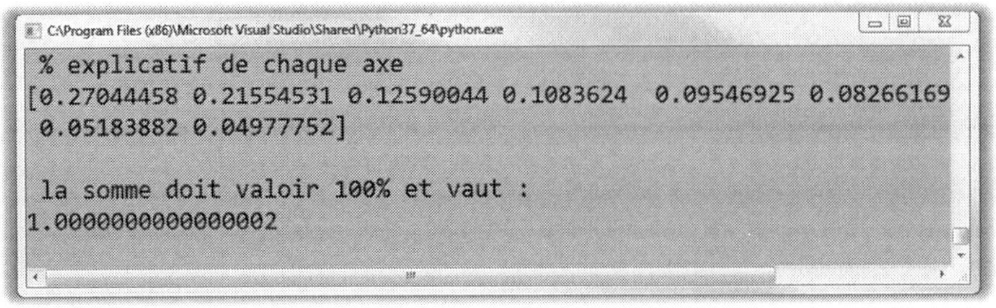

Figure 5-27. Poids relatif de chaque axe dans la dispersion du nuage de points

Les 8 vecteurs propres obtenus (Figure 5-28) peuvent être affichés simplement par la méthode **print()**.

```
vecteur = acp.components_
print("vecteur propres : ")
print(vecteur)
```

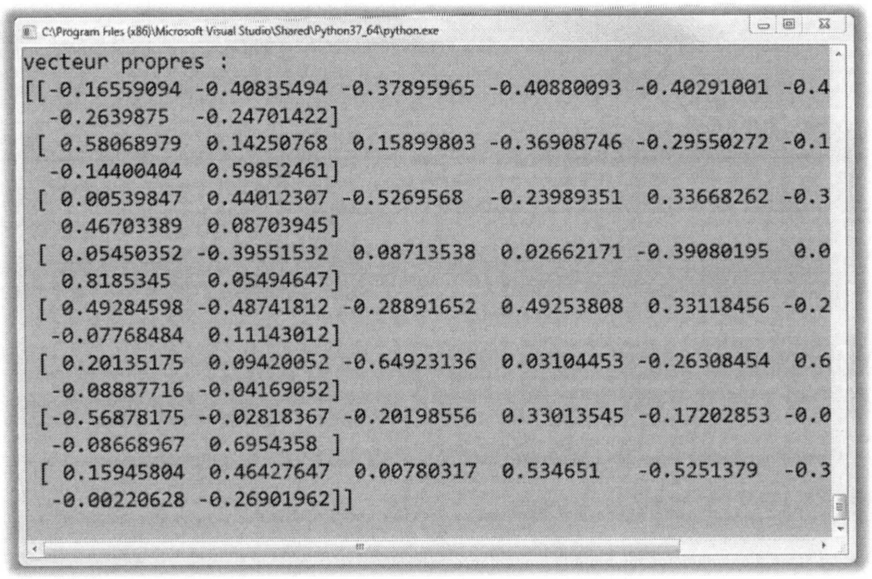

Figure 5-28. Les vecteurs propres trouvés

Il est aussi possible de les afficher séparément (Figure 5-29).

```
vecteur_1 = vecteur[0]
print("detail du vecteur_1 = ", vecteur_1)
vecteur_2 = vecteur[1]
print("detail du vecteur_2 = ", vecteur_2)
```

L'analyse des vecteurs propres laisse à penser que les attributs 2, 3, 4, 5, 6 (attributs ayant des coefficients de même importance dans le vecteur 1, autour de -0.40) pourraient représenter un ensemble d'attributs qu'il serait possible de regrouper et/ou d'analyser simultanément avec les experts du domaine.

Ce paquet d'attributs semble faire référence à des données biologiques liées à des mesures médicales ou assimilées :

```
2. Plasma glucose concentration a 2 hours in an oral glucose tolerance test
3. Diastolic blood pressure (mm Hg)
4. Triceps skin fold thickness (mm)
5. 2-Hour serum insulin (mu U/ml)
6. Body mass index (weight in kg/(height in m)^2)
```

La prépondérance de l'attribut 1 dans le vecteur 2, conduit à identifier une nouvelle caractéristique de l'individu de nature très différente des caractéristiques 2,3,4,5 et 6.

Il faut noter que les attributs 7 et 8 sont sous "représentés" dans ces vecteurs, ce qui pourrait laisser penser que ces deux attributs dépendent d'autres attributs, ou bien qu'ils auraient pour le moins, un poids secondaire par rapport aux autres.

```
%   7. Diabetes pedigree function
%   8. Age (years)
```

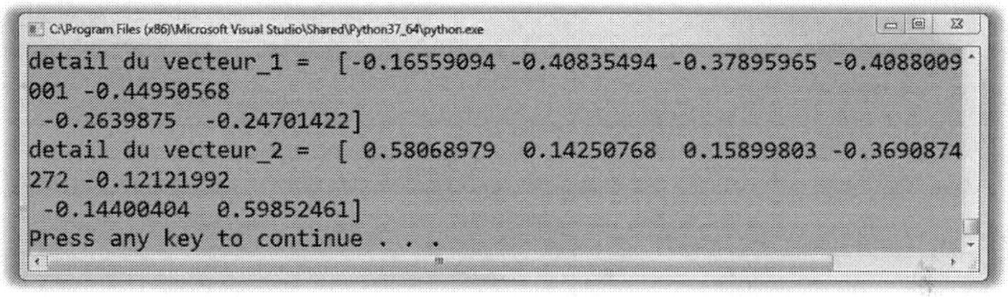

Figure 5-29. Les vecteurs propres 1 et 2

5.4.4 Le code complet

```
import numpy as np
import matplotlib.pyplot as plt
from sklearn import metrics
from sklearn.cluster import KMeans
from sklearn.datasets import load_digits
from sklearn.decomposition import PCA
from sklearn.preprocessing import scale
import csv

X = np.array([ [0, 0, 0, 0 , 0 , 0 , 0, 0],
               [0, 0, 0, 0 , 0 , 0 , 0, 0]
              ])
Y = np.array([ 'essai', 'essai' ])

with open('../../diabetes.csv', newline='') as csvfile:
    reader = csv.DictReader(csvfile)
    for row in reader:
        print(row['preg'], row['plas'], row['pres'], row['skin'],
              row['insu'], row['mass'], row['pedi'], row['age'],
              row['class'])
        vecteur = np.array([ [ row['preg'], row['plas'], row['pres'],
                               row['skin'], row['insu'], row['mass'],
                               row['pedi'], row['age'] ]
                            ])
        if (row['class']=="tested_positive"):
         vecteur2 = np.array( [ 0] )
```

```
        else:
         vecteur2 = np.array( [1] )

        X = np.append(X, vecteur,axis=0)
        Y = np.append(Y, vecteur2,axis=0)

# supprimer les 2 premières valeurs
les_valeurs_X=np.copy(X[1:])
les_valeurs_X=np.copy(les_valeurs_X[1:])
les_valeurs_Y=np.copy(Y[2:])
#conversion en tableau de float
data = les_valeurs_X.astype(float)
n=len(data)
print("nb de lignes = ", n)
#classe pour standardisation
from sklearn.preprocessing import StandardScaler
#instanciation
sc = StandardScaler()
Z = sc.fit_transform(X)

print("")
print("X normalise = Z ")
print("")
print(Z)

print("\n verifions les moyennes qui doivent etre nulles")
import numpy as np
print('moyenne= ', np.mean(Z,axis=0))
print('ecart-type = ', np.std(Z,axis=0,ddof=0))

# calcul des composantes principales
#classe pour l'ACP
from sklearn.decomposition import PCA

acp = PCA(svd_solver='full')
print(acp);

#calculs
coord = acp.fit_transform(Z)
#nombre de composantes calculées
print("nb composantes : ", acp.n_components_)

eigval = (n-1)/n*acp.explained_variance_
print("variances des axes VALEUR_PROPRE : ", eigval)

print("\n % explicatif de chaque axe ")
print (acp.explained_variance_ratio_)
print("\n la somme doit valoir 100% et vaut : ")
print (acp.explained_variance_ratio_.sum())

vecteur = acp.components_
print("vecteur propres : ")
print(vecteur)

#proportion de variance expliquée
print("% d'explication : ", acp.explained_variance_ratio_)
```

```
print(type(vecteur))
vecteur_1 = vecteur[0]
print("detail du vecteur_1 = ", vecteur_1)
vecteur_2 = vecteur[1]
print("detail du vecteur_2 = ", vecteur_2)
```

5.5 Méthode supervisée : les arbres de décision

5.5.1 Définition

Les arbres de décision sont une représentation graphique d'un résultat fourni par des d'algorithmes d'apprentissage basés sur la représentation des choix sous la forme de nœuds modélisant les différentes décisions. Ils offrent une représentation hiérarchique des données sous forme des séquences de décisions (tests) permettant, in fine, de prédire un résultat ou l'appartenance à une classe.

Soit $x_i = (x_{i1}, x_{i1}, x_{i1}, ... x_{ip})$ une donnée qui définit des valeurs dans les p dimensions (ou p attributs). Pour reprendre partiellement l'exemple du chapitre précédent concernant la probabilité d'occurrence des maladies, il pourrait s'agir par exemple :

- Pour la dimension 1, modélisée par x_{i1}, de l'IMC du patient.
- Pour la dimension 2, modélisée par x_{i2}, de l'âge du patient.
- Pour la dimension 3, modélisée par x_{i3}, du comportement alimentaire du patient.
- Pour la dimension 4, modélisée par x_{i4}, du niveau d'activité physique du patient.
- Pour la dimension 5, modélisée par x_{i5}, le fait qu'il soit ou non atteint de cholestérol.
- Pour la dimension 6, modélisée par x_{i6}, le fait qu'il soit ou non atteint de diabète.
- Pour la dimension 7, modélisée par x_{i7}, le fait qu'il soit ou non atteint de maladie cardiaque.

Le principe de construction d'un arbre obéit à deux règles simples :

- L'arbre est construit par partition successive de chaque nœud en fonction d'une valeur d'un attribut choisi parmi les attributs non encore choisi. Le choix de l'attribut (ou de la dimension) est fait en maximisant l'homogénéité des descendants par rapport à la variable cible. La variable testée dans un nœud est celle qui maximise cette homogénéité.
- Le processus s'arrête quand les éléments d'un nœud ont la même valeur pour la variable cible (homogénéité).

5.5.2 Premier programme pour l'analyse du diabète

L'exemple repris est celui de l'analyse du diabète et concerne le fichier **diabete.csv**. Les librairies indispensables sont **numpy** et **csv**.

```
import numpy as np
import csv
```

La méthode permettant d'effectuer le calcul de l'arbre prend deux paramètres en entrée : un tableau de vecteur de taille 8 contenant les attributs et un tableau contenant la classe à laquelle appartient la donnée.

Il est donc possible de définir deux tableaux comme suit :

```
X = np.array([ [0, 0, 0, 0, 0, 0, 0, 0],
               [0, 0, 0, 0, 0, 0, 0, 0]
             ])

Y = np.array([['essai'],['essai']])
```

Et de lire séquentiellement le fichier **diabete.csv** pour remplir ces deux tableaux.

```
with open('../../diabetes.csv', newline='') as csvfile:
    reader = csv.DictReader(csvfile)
    for row in reader:
        print(row['preg'], row['plas'], row['pres'],
              row['skin'], row['insu'], row['mass'],
              row['pedi'], row['age'], row['class'])
        vecteur = np.array([ [ row['preg'], row['plas'], row['pres'],
                                row['skin'], row['insu'], row['mass'],
                                row['pedi'], row['age'] ]
                            ])
        vecteur2 = np.array([ [ row['class'] ]
                            ])
        X = np.append(X, vecteur,axis=0)
        Y = np.append(Y, vecteur2,axis=0)
```

Le calcul de l'arbre de décision se fait via la méthode **DecisionTreeClassifier()** qui accepte plusieurs paramètres d'entrée. Le paramètre **max_depth** permet de contrôler la profondeur de l'arbre recherché et pour les tests réalisés la profondeur est fixée à 3. La recherche du meilleur arbre possible se fait via la méthode **fit()**.

```
clf = tree.DecisionTreeClassifier(max_depth=3)
clf = clf.fit(les_valeurs_X, les_valeurs_Y)
```

Il est possible d'exporter l'arbre obtenu au format texte via la méthode **export_graphviz().**

```
import graphviz
dot_data = tree.export_graphviz(clf, out_file="sauve.txt")
```

Ceci permet d'obtenir le fichier de la Figure 5-30, qui contient le graphe.

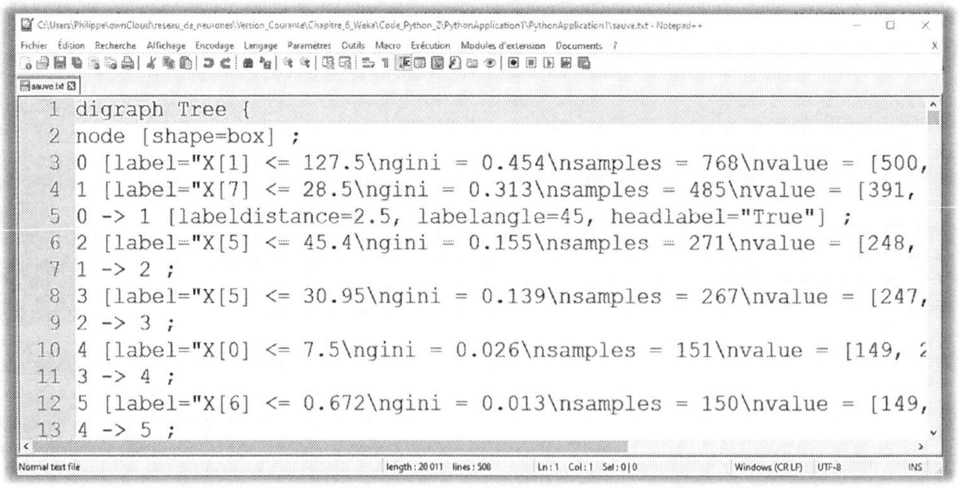

Figure 5-30. L'arbre au format textuel

La méthode peut aussi être utilisée en renseignant les paramètres d'entrée en fonction des besoins, ce qui peut donner, par exemple, une version plus "complète".

```
nom=["preg","plas", "pres", "skin", "insu", "mass", "pedi", "age"]
nom_target=["tested_negative ","tested_positive"]
dot_data = tree.export_graphviz(clf, out_file=None,
                     feature_names=nom,
                     class_names=nom_target,
                     filled=True, rounded=True,
                     special_characters=True)
```

Il est alors possible d'obtenir le graphe, et pour un code s'exécutant dans un notebook, une représentation graphique.

```
graph = graphviz.Source(dot_data)
graph
```

L'analyse du graphe (Figure 5-32) permet d'obtenir la règle de classification et schématiquement, l'arbre définit que :

- 485 personnes ont une concentration de glucose $\leq$ 127.
- 271 personnes ont une concentration de glucose $\leq$ 127 et un Age $\leq$ 28.5.

Le nœud décrivant cette situation est le suivant :

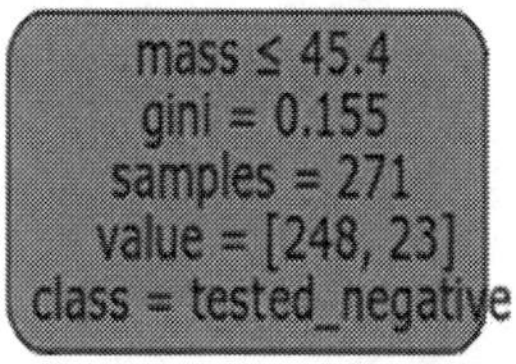

Le nœud donne le nombre d'éléments classés (ici 271) puis dans le champ **value**, le nombre d'individus appartenant à la classe **tested_negative** (ici 248 individus) et le nombre d'individus appartenant à la classe **tested_positive** (ici 23 individus).

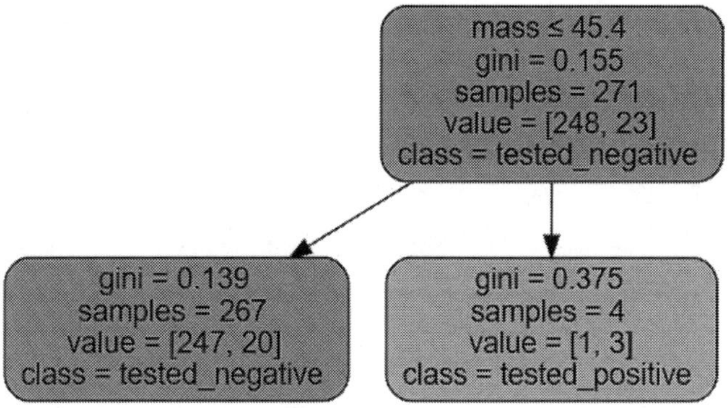

Figure 5-31. Visualisation d'une partie de l'arbre

La partie inférieure gauche de l'arbre traduit le fait que 267 individus sur les 271 (Figure 5-31) ont une $IMC \leq 45.4$. Ces 267 individus représentent 247 individus **tested_negative** et seulement 20 **tested_positive**.

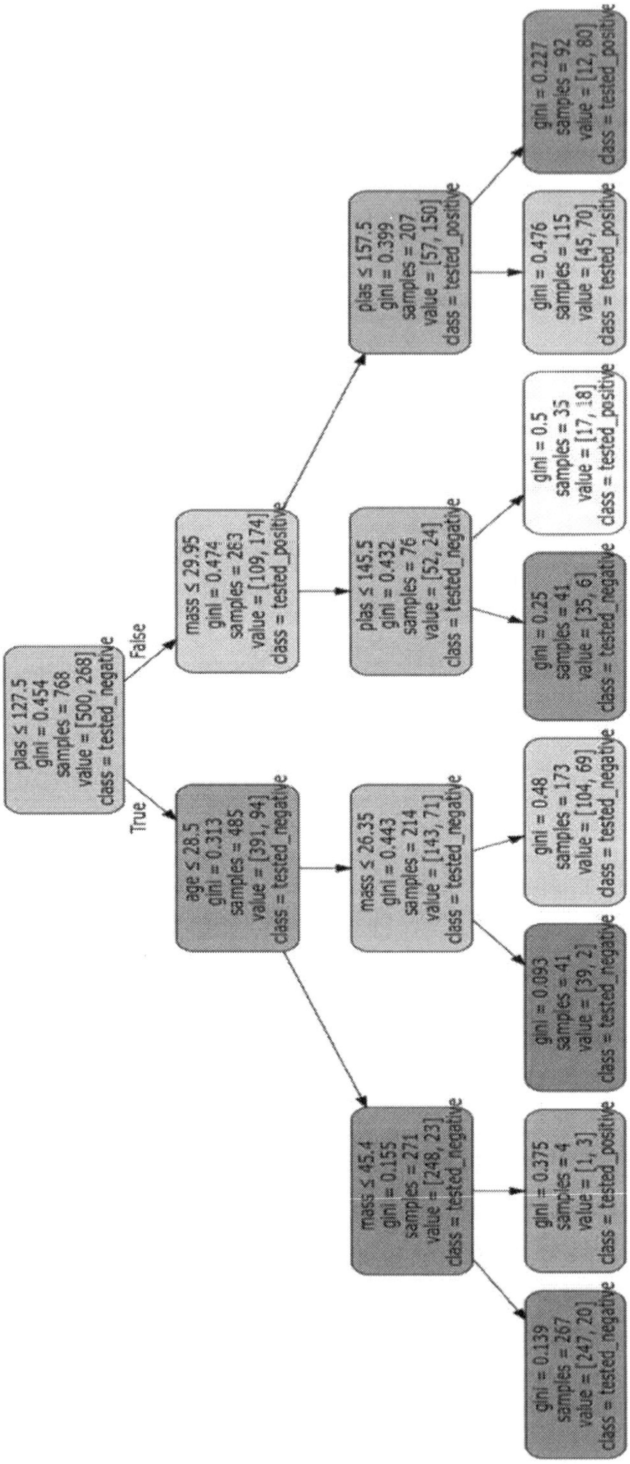

Figure 5-32. L'arbre de décision obtenu avec ***sklearn*** *(arbre limité à 3 niveaux)*

preg	plas	pres	skin	insu	mass	pedi	age	class
2	102	86	36	120	45,5	0,127	23	tested_positive
5	115	98	0	0	52,9	0,209	28	tested_positive
1	88	30	42	99	55	0,496	26	tested_positive
3	123	100	35	240	57,3	0,88	22	tested_negative

Figure 5-33. Les 4 individus avec une IMC > 45.4

La deuxième feuille de l'arbre en partant de la gauche correspond à 4 individus pour lesquels l'IMC est strictement supérieure à 45.4 (Figure 5-32).

Une analyse rapide sous Excel du fichier **Diabetes.xls** confirme ce résultat et permet facilement d'identifier les 4 individus concernés qui se trouve sur la Figure 5-33.

Le nœud de l'arbre indique qu'un individu est dans la classe **tested_negative** et 3 individus dans la classe **tested_positive**. Il est alors possible de prédire le classement d'un vecteur x en utilisant la méthode **predict()**. Un test peut se faire en prenant des données faisant partie (ou non) de la base d'apprentissage.

```
# prédire
resultat = clf.predict([[2,102,86,36,120,45.5,0.127,23 ]])
print("[2,102,86,36,120,45.5,0.127,23 ]", resultat)

resultat = clf.predict([[6,148,72,35,0,33.6,0.627,50]])
print("[6,148,72,35,0,33.6,0.627,50]", resultat)
```

Il est ensuite possible d'utiliser le graphe pour faire des classements avec des données n'appartenant pas à la base d'apprentissage et donc de "prédire" la classe d'appartenance.

```
resultat = clf.predict([[6, 100,72,35,0,33.6,0.627,50]])
print("[6,100,72,35,0,33.6,0.627,50]", resultat)
```

Les résultats obtenus sont ceux attendus (Figure 5-34) pour les deux premières données utilisées (elles font partie de la base d'apprentissage) et semblent cohérents pour la troisième qui ne fait pas partie de la base d'apprentissage (Figure 5-35).

```
C:\Program Files (x86)\Microsoft Visual Studio\Shared\Python37_64\python.exe
[2,102,86,36,120,45.5,0.127,23 ] -->  ['tested_positive']
[6,148,72,35,   0,33.6,0.627,50] -->  ['tested_positive']
[6,100,72,35,   0,33.6,0.627,50] -->  ['tested_negative']
Press any key to continue . . .
```

Figure 5-34. Tests de la "prédiction"

Le principe appliqué pour classifier un élément consiste à parcourir l'arbre en respectant les conditions exprimées au niveau de chaque nœud.

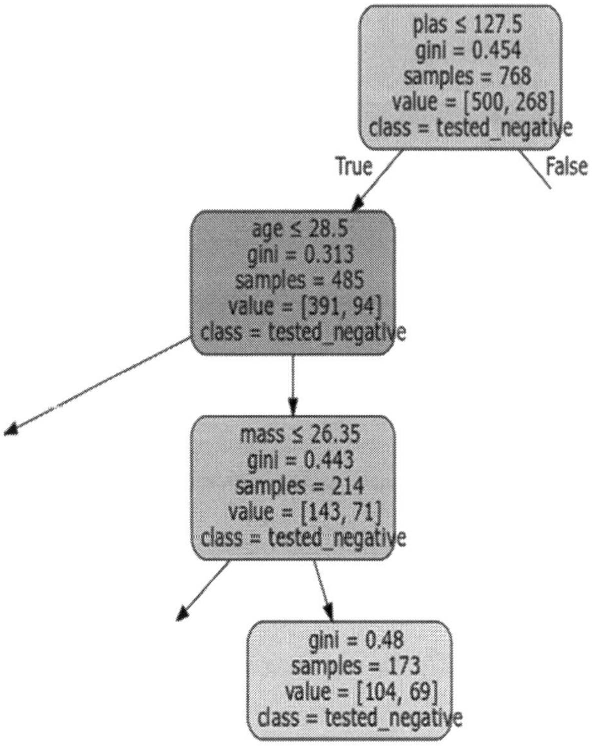

Figure 5-35. Classification effectuée pour $x = (6, 100, 72, 35\ ,0\ ,33\ .6, 0.627,50)$

5.5.3 Le code complet avec sklearn

```
from sklearn import tree
import numpy as np
import csv
import graphviz

X = np.array([ [0, 0, 0, 0 , 0 , 0 , 0, 0],
               [0, 0, 0, 0 , 0 , 0 , 0, 0]
              ])
Y = np.array([['essai'], ['essai']])

with open('../../diabetes.csv', newline='') as csvfile:
    reader = csv.DictReader(csvfile)
    for row in reader:
        print(row['preg'], row['plas'], row['pres'], row['skin'], row['insu'],
row['mass'], row['pedi'], row['age'], row['class'])
        vecteur = np.array([ [ row['preg'], row['plas'], row['pres'],
                               row['skin'], row['insu'], row['mass'],
                               row['pedi'], row['age'] ]
                            ])
        vecteur2 = np.array([ [ row['class'] ]
                            ])
        X = np.append(X, vecteur,axis=0)
        Y = np.append(Y, vecteur2,axis=0)
# supprimer les 2 premières valeurs
les_valeurs_X=np.copy(X[1:])
```

```
les_valeurs_X=np.copy(les_valeurs_X[1:])
les_valeurs_Y=np.copy(Y[2:])
clf = tree.DecisionTreeClassifier(max_depth=4)
clf = clf.fit(les_valeurs_X, les_valeurs_Y)

# représentation
print(tree.plot_tree(clf))
# représentation graphique
dot_data = tree.export_graphviz(clf, out_file="sauve.txt")
nom=["preg","plas", "pres", "skin", "insu", "mass", "pedi", "age"]
nom_target=["tested_positive","tested_negative"]
dot_data = tree.export_graphviz(clf, out_file="sauve.txt",
                     feature_names=nom,
                     class_names=nom_target,
                     filled=True, rounded=True,
                     special_characters=True)
graph = graphviz.Source(dot_data)
# prédire
resultat = clf.predict([[2, 102,86,36,120,45.5,0.127,23 ]])
print("[2,102,86,36,120,45.5,0.127,23 ] --> ", resultat)

resultat = clf.predict([[6, 148,72,35,0,33.6,0.627,50]])
print("[6,148,72,35, 0,33.6,0.627,50] --> ", resultat)
# test avec un élément qui n'est pas dans la base d'apprentissage
resultat = clf.predict([[6, 100,72,35,0,33.6,0.627,50]])
print("[6,100,72,35, 0,33.6,0.627,50] --> ", resultat)
```

5.5.4 Utilisation de la librairie Xgboost

Cette librairie jouit d'une très bonne réputation dans le milieu du Machine Learning. Les différences avec le code précédent sont assez limitées : elles portent sur les librairies à inclure qui concernent **xgboost**.

```
from xgboost import XGBClassifier
from sklearn.preprocessing import MinMaxScaler
import xgboost as xgb
import numpy as np
import csv
```

L'appel au classifieur se fait via la méthode **XGBClassifier** qui accepte en paramètres (entre autres éléments) la profondeur maximale de l'arbre recherché, et qui a été arbitrairement fixé à 3.

```
boost = XGBClassifier(max_depth=3)
boost.fit(les_valeurs_X, les_valeurs_Y)
```

La prédiction se fait par la méthode **predict()** de **boost** et en reprenant les mêmes exemples que précédemment, ceci donne le code suivant :

```
valeur_inconnue_X = np.array([[2,102,86,36,120,45.5,0.127,23]])
resultat = boost.predict(valeur_inconnue_X)
print("[2,102,86,36, 120,45.5,0.127,23]", resultat)
valeur_inconnue_X = np.array([[6,148,72,35,0,33.6,0.627,50]])
resultat = boost.predict(valeur_inconnue_X)
print("[6,148,72,35, 0,33.6,0.627,50]", resultat)
valeur_inconnue_X = np.array([[6,100,72,35,0,33.6,0.627,50]])
resultat = boost.predict(valeur_inconnue_X)
print("[6,100,72,35, 0,33.6,0.627,50]", resultat)
```

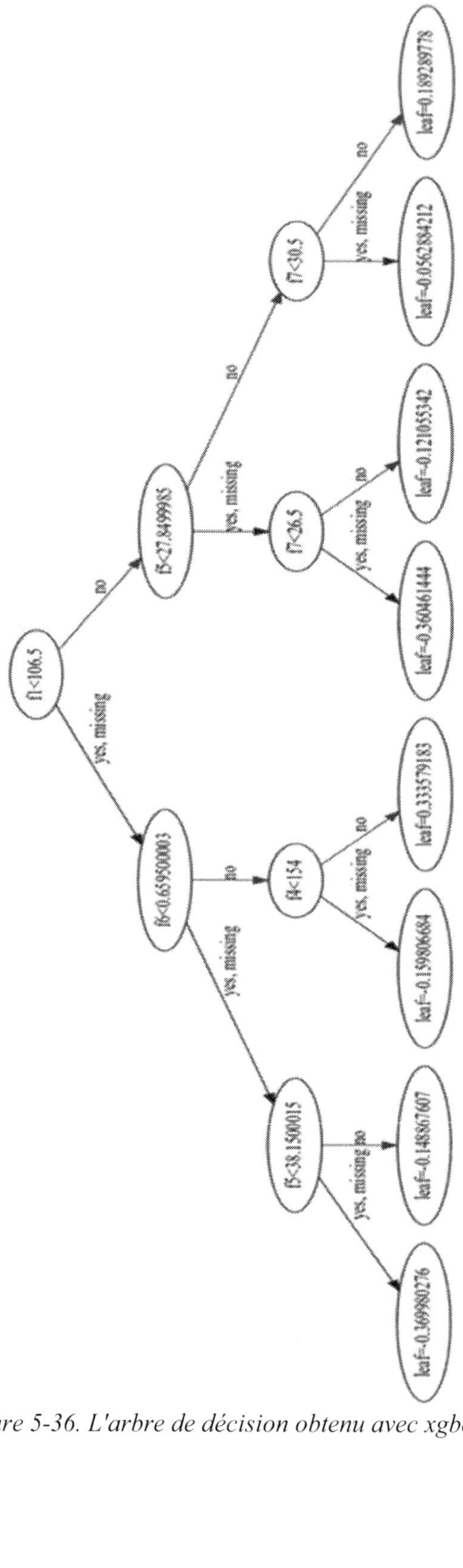

Figure 5-36. L'arbre de décision obtenu avec xgboost

Les résultats sont identiques à ceux obtenus avec **sklearn** comme le montre la Figure 5-37.

```
C:\Program Files (x86)\Microsoft Visual Studio\Shared\Python37_64\python.exe
[2,    102,   86,   36,   120,   45.5,  0.127,    23 ] ['tested_positive']
[6,    148,   72,   35,   0,     33.6,  0.627,    50] ['tested_positive']
[6,    100,   72,   35,   0,     33.6,  0.627,    50] ['tested_negative']
```

Figure 5-37. Résultats avec xgboost

Il est possible d'obtenir une représentation graphique de l'arbre via **xgb.to_graphviz()**.

```
xgb.to_graphviz(boost, num_trees=2)
```

Cet arbre (Figure 5-36) conforte les résultats obtenus précédemment mais, selon les algorithmes utilisés, il est possible d'obtenir des arbres légèrement différents en fonction des librairies.

5.5.5 Le code complet pour xgboost

```
from xgboost import XGBClassifier
from sklearn.preprocessing import MinMaxScaler
import xgboost as xgb
import numpy as np
import csv

X = np.array([ [0, 0, 0, 0, 0, 0, 0, 0],
               [0, 0, 0, 0, 0, 0, 0, 0]
              ])
Y = np.array([ ['essai'], ['essai'] ])

with open('../../diabetes.csv', newline='') as csvfile:
    reader = csv.DictReader(csvfile)
    for row in reader:
        print(row['preg'], row['plas'], row['pres'], row['skin'], row['insu'],
              row['mass'], row['pedi'], row['age'], row['class'])
        vecteur = np.array([ [ row['preg'], row['plas'], row['pres'],
                                row['skin'], row['insu'], row['mass'],
                                row['pedi'], row['age'] ]
                           ])
        vecteur2 = np.array([ [ row['class'] ]
                            ])
        X = np.append(X, vecteur,axis=0)
        Y = np.append(Y, vecteur2,axis=0)

# supprimer les 2 premières valeurs
les_valeurs_X=np.copy(X[1:])
les_valeurs_X=np.copy(les_valeurs_X[1:])
les_valeurs_Y=np.copy(Y[2:])

boost = XGBClassifier(max_depth=3)
boost.fit(les_valeurs_X, les_valeurs_Y)

valeur_inconnue_X = np.array([  [ 2,102,86,36,120,45.5,0.127,23 ]])
resultat = boost.predict(valeur_inconnue_X)
print("[2, 102, 86,  36,  120, 45.5, 0.127,  23 ]", resultat)
```

```
valeur_inconnue_X = np.array([  [6,148,72,35,0,     33.6,0.627,50]  ])
resultat = boost.predict(valeur_inconnue_X)
print("[6, 148,  72,   35,    0, 33.6, 0.627,50]", resultat)

valeur_inconnue_X = np.array([  [6,100,72,35,0,33.6,0.627,50]  ])
resultat = boost.predict(valeur_inconnue_X)
print("[6,100,72,35,0,33.6,0.627,50]", resultat)

# importance des attributs
xgb.plot_importance(boost)

# dessin de l'arbre
xgb.to_graphviz(boost, num_trees=2)
```

5.5.6 Utilisation du logiciel Weka

Le logiciel Weka est disponible sous **SourceForge** à l'adresse suivante :

https://sourceforge.net/projects/weka/

Il mérite une place particulière dans ce chapitre car c'est le plus connu des logiciels de "datamining" (Figure 5-38). Il est utilisé ici dans le cadre des arbres de décision qui n'est qu'une petite partie des fonctionnalités proposées par ce logiciel. Il est souvent utilisé par les consultants en Machine Learning.

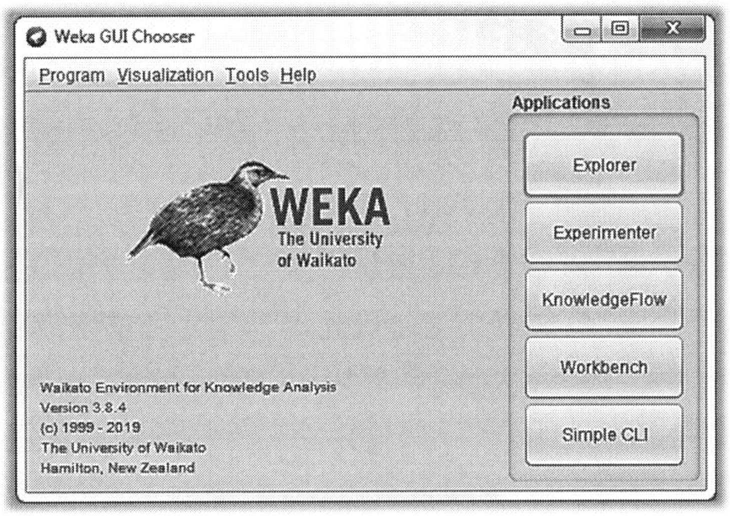

Figure 5-38. Weka version 3.8.4

5.5.7 Présentation de Weka

L'université de Waikato propose sur son site web, une liste d'exemples pour Weka, mais aussi de nombreuses documentations. Le site à consulter (Figure 5-39) est le suivant : https://www.cs.waikato.ac.nz/ml/weka/

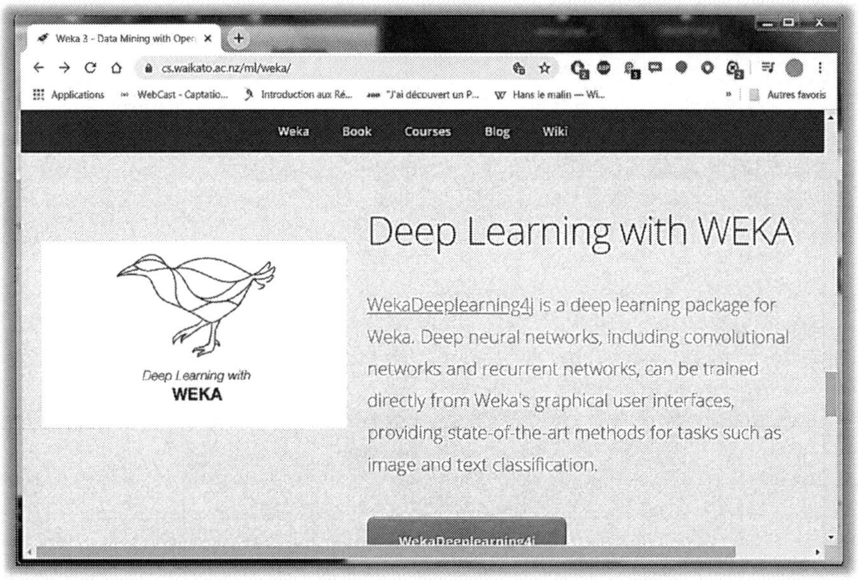

Figure 5-39. Différents exemples

5.5.8 Exemple d'utilisation de Weka

La section Explorer (Figure 5-40) permet d'ouvrir un fichier, dont en particulier un fichier local et ceci dans différent format dont en particulier le format **arff.**

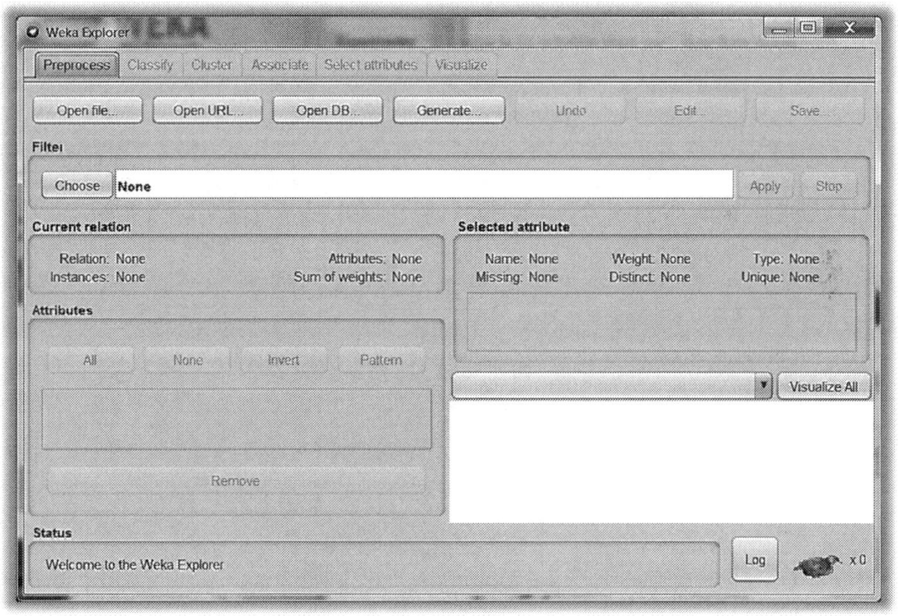

Figure 5-40. Section Explorer

Pour comparer les résultats avec ceux des sections précédentes, il suffit de choisir **diabetes.arff.**

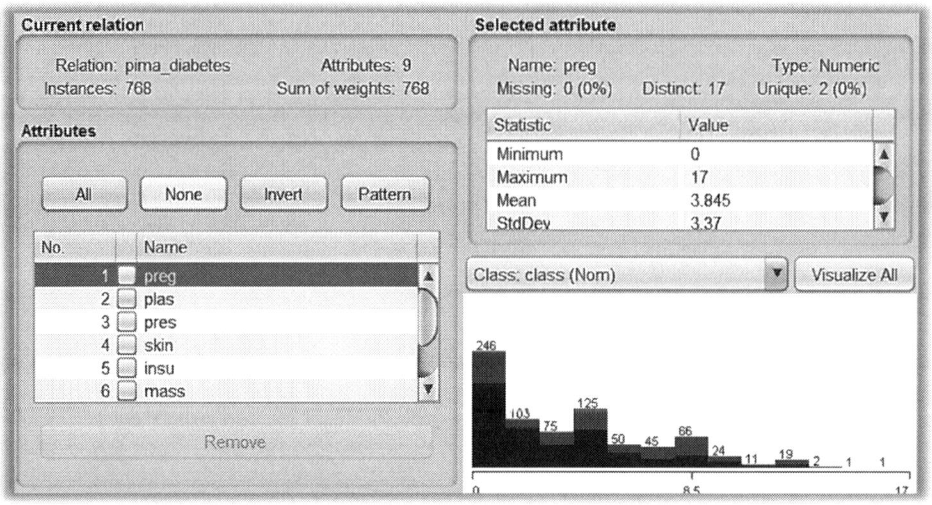

*Figure 5-41. Première analyse du fichier **diabetes.arff***

Le ficher se compose de 768 lignes et comprend 9 attributs qu'on retrouve facilement sur la Figure 5-41. Ce format de fichier décrit à la fois les attributs et définit l'ensemble des données : il peut être visualisé avec un éditeur de texte standard (Figure 5-42).

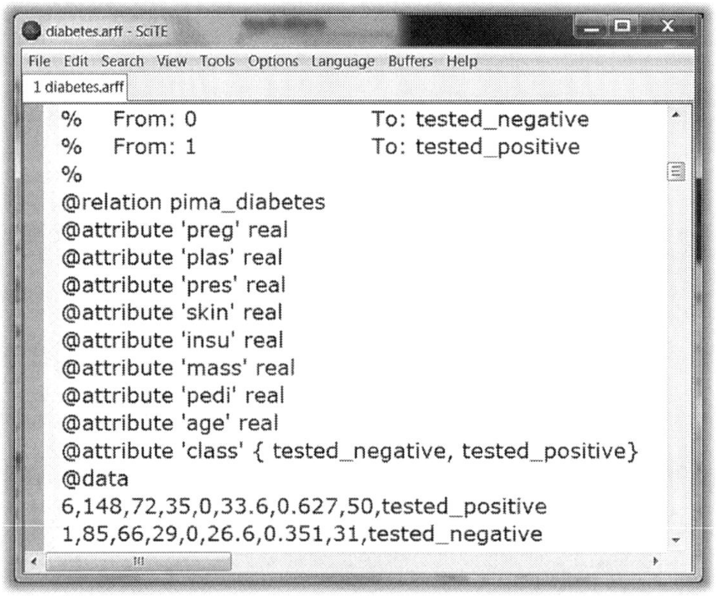

*Figure 5-42. Composition du fichier **diabetes.arff***

La partie du fichier qui décrit les attributs est constituée des lignes ayant l'annotation `@attribute`.

```
@relation pima_diabetes
@attribute 'preg' real
@attribute 'plas' real
@attribute 'pres' real
@attribute 'skin' real
```

```
@attribute 'insu' real
@attribute 'mass' real
@attribute 'pedi' real
@attribute 'age' real
@attribute 'class' { tested_negative, tested_positive}
```

Les méthodes de classification sont regroupées dans l'onglet **Classify**. Dans la section **trees**, il y a la méthode J48 qui correspond aux arbres de décision (Figure 5-43).

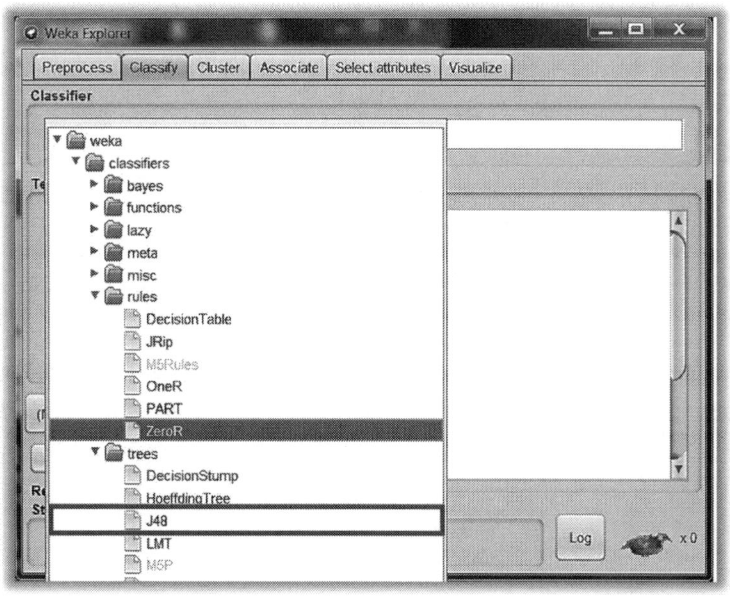

Figure 5-43. Choisir une méthode de classification

Exécuter la méthode avec les paramètres par défaut donne l'arbre de décision de la Figure 5-44. Le lecteur peut comparer cet arbre aux deux précédents et identifier les différences.

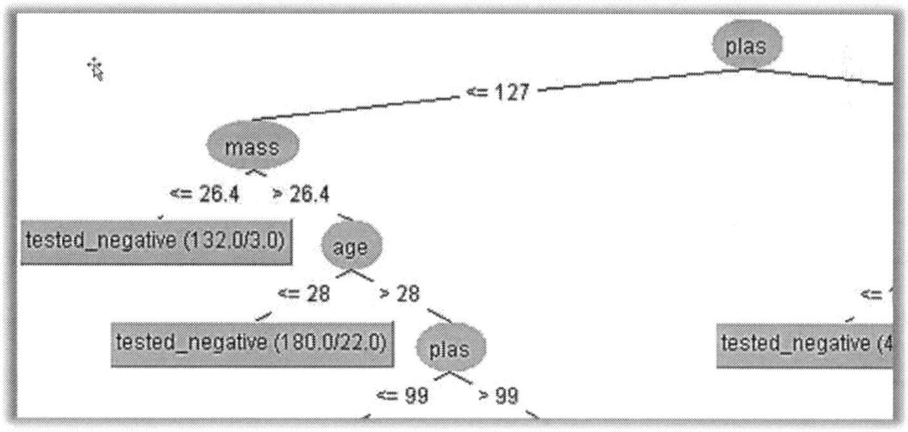

Figure 5-44. L'arbre de décision obtenu (représentation partielle)

5.6 Méthode supervisée : Support Vector Machine

Il s'agit de définir un hyperplan, permettant (lorsque c'est possible) de partager en deux parties, un ensemble de points en maximisant la marge entre l'hyperplan et les points. L'idée originale, introduite en 1995, est de Vapnik et Chervonenkis. La présentation détaillée de ce type de méthode sort très largement du cadre de ce livre. Il est toutefois donné ci-dessous, sur des exemples numériques simples, une idée des principes qui sous tentent ces méthodes. Ce type de méthode est adapté à la classification de données en deux classes comme la présentation ci-dessous le met en évidence. Avant d'introduire les principes de base des méthodes SVM, des rappels sur la relaxation lagrangienne sont réalisés dans les sections suivantes.

5.6.1 Rappels sur la relaxation lagrangienne : une contrainte

Considérons $f(x,y)$ une fonction à deux variables dont il faut rechercher la valeur minimale sous la contrainte $g(x,y) = 0$.

Par exemple : $f(x,y) = 2 - x^2 - 2.y^2$

$g(x,y) = x + y - 1 = 0$

Réaliser une relaxation lagrangienne consiste à minimiser une fonction $L(x,y,\lambda)$ qui comprend $f(x,y)$ et $\lambda.(0 - g(x,y))$. Le second terme mesure "la violation de la contrainte", c'est-à-dire l'écart entre le membre de gauche et le membre de droite.

Par exemple :

$f(x,y) = 2 - x^2 - 2.y^2$ donne

$g(x,y) = x + y - 1 = 0$ $L(x,y,\lambda) = 2 - x^2 - 2.y^2 - \lambda.(x + y - 1)$

Par exemple :

$f(x,y) = 2 - x^2 - 2.y^2$ donne

$g(x,y) = x + y - 1 > 4$ $L(x,y,\lambda) = 2 - x^2 - 2.y^2 - \lambda.(x + y - 1 - 4)$

Formellement, pour $f(x,y)$ une fonction à deux variables dont il faut calculer la valeur minimale sous la contrainte $g(x,y) = 0$, l'expression à considérer est la suivante :

$$L(x,y,\lambda) = f(x,y) - \lambda.g(x,y)$$

$L(x,y,\lambda)$ s'appelle le Lagrangien et la minimisation de $L(x,y,\lambda)$, consiste à résoudre $\nabla L(x,y,\lambda) = 0$, ce qui nécessite l'annulation des trois dérivées partielles suivantes :

$$\begin{cases} \dfrac{\partial L}{\partial x} = 0 \\ \dfrac{\partial L}{\partial y} = 0 \\ \dfrac{\partial L}{\partial \lambda} = 0 \end{cases}$$

Ceci peut se généraliser cela à un nombre quelconque de variables.

5.6.2 Rappels sur la relaxation lagrangienne : plusieurs contraintes

Dans le cas de plusieurs contraintes, il suffit de "remonter" toutes les contraintes dans la fonction objectif et d'associer à chaque contrainte un coefficient λ_i.

$$L(x,\lambda) = f(x) - \sum_i \lambda_i . g_i(x)$$

Une condition suffisante d'optimalité est donnée par l'annulation du gradient $\nabla L(x, \lambda_i)$:

$$\nabla L(x,\lambda_i) = \nabla f(x) - \sum_i \lambda_i . \nabla g_i(x) = 0$$

Le principe de l'optimisation par relaxation lagrangienne est illustré avec l'exemple ci-dessous qui concerne la minimisation de :

$$f(x,y,z) = x^2 + y^2 + z^2$$

Sous les contraintes : $g_1(x) = x + 1 = 0$

$$g_2(y) = y + 1 = 0$$

La formule $L(x,\lambda) = f(x) - \sum_i \lambda_i . g_i(x)$

donne : $L(x,y,z,\lambda_1,\lambda_2) = f(x,y,z) - \lambda_1 . g_1(x) - \lambda_2 . g_2(x)$

$$L(x,y,\lambda_1,\lambda_2) = x^2 + y^2 + z^2 - \lambda_1 .(x+1) - \lambda_2 .(y+1)$$

Le calcul de $\nabla L(x,y,\lambda_1,\lambda_2)$ donne :

$$\frac{\partial L}{\partial x} = 2.x - \lambda_1 \qquad \frac{\partial L}{\partial \lambda_1} = -x - 1$$

$$\frac{\partial L}{\partial y} = 2.y - \lambda_2 \qquad \frac{\partial L}{\partial \lambda_2} = -y - 1$$

$$\frac{\partial L}{\partial z} = 2.z$$

D'où le système à résoudre :

$$\begin{cases} \lambda_1 = 2.x \\ \lambda_2 = 2.y \\ z = 0, \\ x = -1 \\ y = -1 \end{cases}$$

La résolution donne de manière évidente :

$$\begin{cases} x = -1 \\ y = -1 \\ z = 0 \end{cases}$$

Effectivement, sachant que $x = -1$ et que $y = -1$, la valeur minimale de $f(x,y,z) = x^2 + y^2 + z^2 = 2 + z^2$ ne peut être obtenue que pour $z = 0$.

5.6.3 Principes de SVM sur un exemple composé de 5 points

Il s'agit d'illustrer le principe de SVM avec 5 points $M_1\binom{1}{1}$, $M_2\binom{2}{0}$, $M_3\binom{0}{1}$, $M_4\binom{-1}{0}$ et $M_5\binom{0}{-1}$ représentés sur la Figure 5-45. À chaque point M_i est associé un réel non nul c_i qui définit la classe à laquelle le point M_i appartient. La valeur de c_i figure dans les cercles blancs de la Figure 5-45. Les points qui possèdent une valeur de $c_i < 0$

appartiennent à la classe numéro 1 et ceux ayant une valeur de $c_i > 0$ appartiennent à la classe numéro 2.

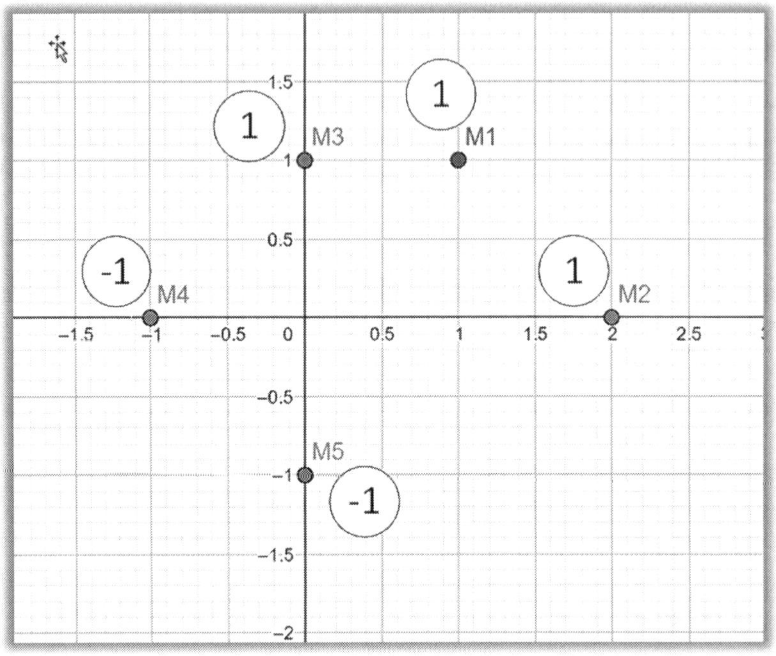

Figure 5-45. Représentation des points dans l'espace

Considérons un hyperplan H (ici une droite) définit par l'équation $< \omega, X > +b = 0$ avec $\omega = (\omega_1, \omega_2)$ qui possède 2 dimensions.

L'objectif est de partager l'ensemble des points x_i en deux classes : ceux qui vérifient $< \omega, M > +b > 0$ et pour lesquels $c_i > 0$ et ceux qui vérifient $< \omega, M > +b < 0$ et pour lesquels $c_i < 0$. Ces deux contraintes peuvent être regroupées en une seule contrainte : $c_i . (< \omega, M > +b) \geq 0$. Il est important de noter que les valeurs c_i sont des données du problème.

La distance entre le point x_i et l'hyperplan H vaut $\frac{\text{signe}(c_i).(<\omega,M_i>+b)}{\|\omega\|}$ et la distance minimale est donnée par : $\underset{1\leq i\leq 5}{\text{Min}} \frac{\text{signe}(c_i).(<\omega,M_i>+b)}{\|\omega\|}$.

Pour faciliter le calcul, il est possible de normaliser les vecteurs ω et b de sorte que pour tout i : $\text{signe}(c_i).(< \omega, M_i > +b) \geq 1$.

Puisque $\text{signe}(c_i).(< \omega, M_i > +b) \geq 1$, la plus petite valeur $\text{signe}(c_i).(< \omega, M_i > +b) = 1$ et donc

$$Max_{\ \omega} \left[Min_{x_i} \left(\frac{\text{signe}(c_i).(<\omega,M_i>+b)}{\|\omega\|} \right) \right] = Max_{\ \omega} \left[\frac{1}{\|\omega\|} \right] = Min_{\omega} \|\omega\|$$

Parmi tous les hyperplans, il faut choisir celui qui réalise $Min_{\omega}\|\omega\|$. Pour des raisons pratiques, il est plus simple de prendre : $Min \frac{1}{2}\|\omega\|^2$.

Ainsi sur l'exemple de la Figure 5-45, le problème à résoudre s'exprime comme suit :

```
Minimiser f(ω) = ½‖ω‖²
Sous les contraintes
(1)   (< ω, M₁ > +b) ≥ 1
(2)   (< ω, M₂ > +b) ≥ 1
(3)   (< ω, M₃ > +b) ≥ 1
(4)   −(< ω, M₄ > +b) ≥ 1
(5)   −(< ω, M₄ > +b) ≥ 1
```

Pour minimiser $f(\omega)$ sous les contraintes $g_i(\omega) \geq b_i$ le Lagrangien L s'écrit:

$$L(\omega, \lambda_1, \dots, \lambda_n) = f(\omega) + \sum_{i=1}^{i=n} \lambda_i (b_i - g_i(x))$$

Ou encore $L(\omega, \lambda_1, \dots, \lambda_n) = f(\omega) - \sum_{i=1}^{i=n} \lambda_i (g_i(\omega) - b_i)$

Dans notre cas, le Lagrangien s'exprime simplement comme :

$$L(\omega, b, \lambda_1, \lambda_2, \lambda_3, \lambda_4, \lambda_5) = \frac{\|\omega\|^2}{2} - \sum_{i=1}^{5} \lambda_i . [c_i . (< \omega, M_i > +b) - 1]$$

$$L(\omega, b, \lambda_1, \lambda_2, \lambda_3, \lambda_4, \lambda_5) = \frac{\|\omega\|^2}{2} + \sum_{i=1}^{5} \lambda_i . [1 - c_i . (< \omega, M_i > +b)]$$

Il s'agit donc de résoudre

$$\nabla L(\omega, b, \lambda_1, \lambda_2, \lambda_3, \lambda_4, \lambda_5) = 0$$

Comme $\|\omega\| =< \omega, \omega >$, les dérivées partielles deviennent :

$$\frac{\partial L(\omega, b, \lambda_1, \lambda_2, \lambda_3, \lambda_4, \lambda_5)}{\partial \omega} = \omega - \sum_{i=1}^{5} \lambda_i . c_i . M_i = 0$$ *Contraintes 1 et 2*

$$\frac{\partial L(\omega, b, \lambda_1, \lambda_2, \lambda_3, \lambda_4, \lambda_5)}{\partial b} = \sum_{i=1}^{5} \lambda_i . c_i = 0$$ *Contrainte 3*

$$\frac{\partial L(\dots)}{\partial \lambda_1} = 1 - \left(< \omega, \binom{1}{1} > +b\right) = 0$$ *Contrainte 4*

$$\frac{\partial L(\dots)}{\partial \lambda_2} = 1 - \left(< \omega, \binom{2}{0} > +b\right) = 0$$ *Contrainte 5*

$$\frac{\partial L(\dots)}{\partial \lambda_3} = 1 - \left(< \omega, \binom{0}{1} > +b\right) = 0$$ *Contrainte 6*

$$\frac{\partial L(\dots)}{\partial \lambda_4} = 1 + \left(< \omega, \binom{-1}{0} > +b\right) = 0$$ *Contrainte 7*

$$\frac{\partial L(\dots)}{\partial \lambda_5} = 1 + \left(< \omega, \binom{0}{-1} > +b\right) = 0$$ *Contrainte 8*

Les contraintes 1 et 2 s'expriment :

$$\frac{\partial L(\dots)}{\partial \omega} = \omega - \lambda_1.\begin{pmatrix}1\\1\end{pmatrix} - \lambda_2.\begin{pmatrix}2\\0\end{pmatrix} - \lambda_3.\begin{pmatrix}0\\1\end{pmatrix} + \lambda_4.\begin{pmatrix}-1\\0\end{pmatrix} + \lambda_5.\begin{pmatrix}0\\-1\end{pmatrix} = \begin{pmatrix}0\\0\end{pmatrix}$$

Ce qui donne :

$$\begin{cases}\dfrac{\partial \mathrm{L}}{\partial \omega_1} = \omega_1 - \lambda_1 - 2.\lambda_2 + \lambda_4\\ \dfrac{\partial \mathrm{L}}{\partial \omega_2} = \omega_2 - \lambda_1 - \lambda_3 - \lambda_5\end{cases}$$

La contrainte 3 devient, puisque $c_1 = c_2 = c_3 = 1$ et $c_4 = c_5 = -1$,

$$\frac{\partial L}{\partial b} = -\lambda_1 - \lambda_2 - \lambda_3 + \lambda_4 + \lambda_5$$

Les contraintes 4,5,6,7 et 8 donnent, comme $\frac{\partial L}{\partial \lambda_i} = -[c_i.(<\omega, M_i> +b) - 1]$:

$$\frac{\partial L(\dots)}{\partial \lambda_1} = 1 - \left(<\omega, \begin{pmatrix}1\\1\end{pmatrix}> +b\right) = 1 - \omega_1 - \omega_2 - b = 0$$

$$\frac{\partial L(\dots)}{\partial \lambda_2} = 1 - \left(<\omega, \begin{pmatrix}2\\0\end{pmatrix}> +b\right) = 1 - 2\omega_1 - b = 0$$

$$\frac{\partial L(\dots)}{\partial \lambda_3} = 1 - \left(<\omega, \begin{pmatrix}0\\1\end{pmatrix}> +b\right) = 1 - \omega_2 - b = 0$$

$$\frac{\partial L(\dots)}{\partial \lambda_4} = 1 + \left(<\omega, \begin{pmatrix}-1\\0\end{pmatrix}> +b\right) = 1 - \omega_1 + b = 0$$

$$\frac{\partial L(\dots)}{\partial \lambda_5} = 1 + \left(<\omega, \begin{pmatrix}0\\-1\end{pmatrix}> +b\right) = 1 - \omega_2 + b = 0$$

Le système d'équations à résoudre est donc :

$\omega_1 - \lambda_1 - 2.\lambda_2 + \lambda_4 = 0$	*Contrainte 1*
$\omega_2 - \lambda_1 - \lambda_3 - \lambda_5 = 0$	*Contrainte 2*
$-\lambda_1 - \lambda_2 - \lambda_3 + \lambda_4 + \lambda_5 = 0$	*Contrainte 3*
$1 - \omega_1 - \omega_2 - b = 0$	*Contrainte 4*
$1 - 2\omega_1 - b = 0$	*Contrainte 5*
$1 - \omega_2 - b = 0$	*Contrainte 6*
$1 - \omega_1 + b = 0$	*Contrainte 7*
$1 - \omega_2 + b = 0$	*Contrainte 8*

À l'optimum, l'inégalité $c_i(<\omega, M_i> +b) - 1) \geq 0$ des contraintes 5,6,7 et 8, se traduit par : $c_i(<\omega, M_i> +b) - 1 = 0$ ou $\lambda_i = 0$ (conditions de Kuhn et Tucker : conditions nécessaires pour être à l'optimum). Ainsi, puisque $\lambda_i \geq 0$, le système devient :

$\omega_1 = \lambda_1 + 2.\lambda_2 + \lambda_4$	*Contrainte 1*
$\omega_2 = \lambda_1 + \lambda_3 + \lambda_5$	*Contrainte 2*
$\lambda_1 + \lambda_2 + \lambda_3 = \lambda_4 + \lambda_5$	*Contrainte 3*
$\omega_1 + \omega_2 + b = 1 \; ou \; \lambda_1 = 0$	*Contrainte 4*
$2.\omega_1 + b = 1 \; ou \; \lambda_2 = 0$	*Contrainte 5*

$\omega_2 + b = 1 \; ou \; \lambda_3 = 0$ *Contrainte 6*
$\omega_1 - b = 1 \; ou \; \lambda_4 = 0$ *Contrainte 7*
$\omega_2 - b = 1 \; ou \; \lambda_5 = 0$ *Contrainte 8*

En ajoutant les deux inéquations C6 et C8 ($\omega_2 + b = 1$ et $\omega_2 - b = 1$), il vient que $\omega_2 = 1$ et donc $b = 0$. Comme $b = 0$, la contrainte 7 se réécrit comme $\omega_1 = 1$.

Sous ces hypothèses, le système devient :

$\lambda_1 + 2.\lambda_2 + \lambda_4 = 1$ *Contrainte 1*
$\lambda_1 + \lambda_3 + \lambda_5 = 1$ *Contrainte 2*
$\lambda_1 + \lambda_2 + \lambda_3 = \lambda_4 + \lambda_5$ *Contrainte 3*
$\omega_1 + \omega_2 = 1 \; ou \; \lambda_1 = 0$ *Contrainte 4*
$2.\omega_1 = 1 \; ou \; \lambda_2 = 0$ *Contrainte 5*
$\omega_2 = 1$ *Contrainte 6*
$\omega_1 = 1$ *Contrainte 7*
$b = 0$ *Contrainte 8*

Donc les trois relations $\begin{cases} \omega_2 = 1 \\ \omega_1 = 1 \\ b = 0 \end{cases}$ définissent l'optimum puisque les autres relations deviennent :

$\lambda_4 = 1$ *Contrainte 1*
$\lambda_3 + \lambda_5 = 1$ *Contrainte 2*
$\lambda_3 = 1 + \lambda_5$ *Contrainte 3*
$\lambda_1 = 0$ *Contrainte 4*
$\lambda_2 = 0$ *Contrainte 5*
$\omega_2 = 1$ *Contrainte 6*
$\omega_1 = 1$ *Contrainte 7*
$b = 0$ *Contrainte 8*

Et finalement, ceci définit la solution suivante :

$\lambda_4 = 1$ *Contrainte 1*
$\lambda_5 = 0$ *Contrainte 2*
$\lambda_3 = 1$ *Contrainte 3*
$\lambda_1 = 0$ *Contrainte 4*
$\lambda_2 = 0$ *Contrainte 5*
$\omega_2 = 1$ *Contrainte 6*
$\omega_1 = 1$ *Contrainte 7*
$b = 0$ *Contrainte 8*

Les conditions de Karush, Kuhn et Tucker montrent ainsi, que la droite cherchée est d'équation : $x + y = 0$ (Figure 5-46).

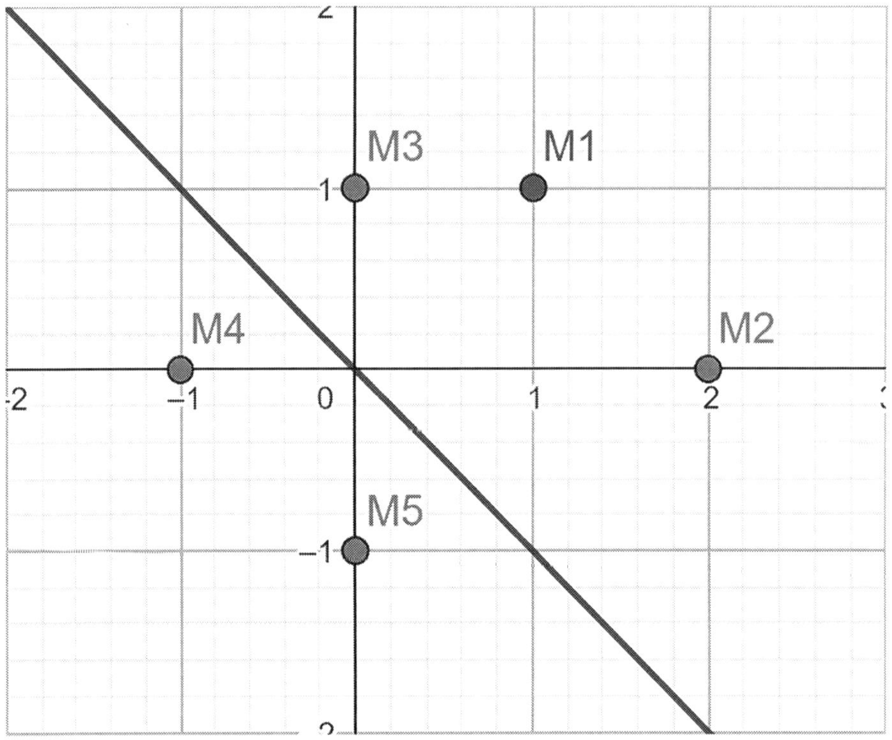

Figure 5-46. La droite qui sépare les 2 sous-ensembles de points

Quant à la marge trouvée, elle vaut $\frac{1}{\|\omega\|} = \frac{\sqrt{2}}{2}$. En pratique ce type ce calcul est relativement complexe et il suffit de retenir ici, que la méthode produit l'équation d'un hyperplan.

Pour connaître le classement d'un point, il suffit de calculer $< \omega, M > +b$ et de regarder le signe du résultat. Si le résultat du calcul donne une valeur négative, il faut en déduire que le point M fait partie de la première classe et si le résultat du calcul donne une valeur positive, il faut en conclure qu'il appartient à la deuxième classe.

Ainsi pour le point M4 qui se trouve dans la partie inférieure du plan ($c_4 = -1$) le calcul donne :

$$< \begin{pmatrix}1\\1\end{pmatrix}, \begin{pmatrix}-1\\0\end{pmatrix} >= (1;1) \times \begin{pmatrix}-1\\0\end{pmatrix} = -1$$

Soit un point ne faisant pas partie de la base d'apprentissage, par exemple $\begin{pmatrix}-1\\-1\end{pmatrix}$, et que visuellement il est facile d'identifier comme appartenant à la partie inférieure du plan. Ce point est donc sous l'hyperplan et il devrait appartenir à la classe numéro 1. Ceci est confirmé par le calcul, qui donne une valeur de -2.

$$< \begin{pmatrix}1\\1\end{pmatrix}, \begin{pmatrix}-1\\-1\end{pmatrix} >= (1;1) \times \begin{pmatrix}-1\\-1\end{pmatrix} = -2$$

Soit le point $\binom{2}{1}$, ne faisant pas partie de la base d'apprentissage, et qu'il est visuellement facile d'identifier comme appartenant à la partie supérieure du plan (il se trouve au-dessus de l'hyperplan).

Le calcul associé donne une valeur positive à ce point, comme le montre le calcul :

$$< \binom{1}{1}, \binom{2}{1} >= (1;1) \times \binom{2}{1} = 3$$

5.6.4 Utilisation librairie LibSVM

Il n'est pas possible de terminer ce chapitre sans faire référence à la librairie LibSVM qui propose une des implémentations les efficaces de la méthode. La page de référence est la page : https://www.csie.ntu.edu.tw/~cjlin/libsvm/ (Figure 5-47).

Figure 5-47. La librairie LibSVM

Cette librairie mérite l'attention de tout Data Scientist ayant besoin d'une implémentation efficace de SVM.

5.7 Conclusion

Ces méthodes ont pour objectif de regrouper des individus en classe, ce qui sous entend une notion de distance entre les individus. Il existe un grand nombre d'approches et de méthodes possibles et celles que l'on trouve le plus fréquemment dans les supports de cours "introductifs" sont la méthode des centres mobiles et l'analyse en composantes principales.

5.8 Références

Jordane Creusier et Franck Biétry proposent en 2014 une excellente classification des méthodes, classification qui peut être complétée avec celle de Muthen and Muthen de 2007.

Creusier J. et F. Biétry. "Identification des mérites respectifs des classifications par LPA/FMA et des méthodes traditionnelles : une illustration par l'étude du bien-être au travail". RIMHE : Revue Interdisciplinaire Management, Homme(s) & Entreprise, Association pour la recherche interdisciplinaire sur le management des entreprises, 2014.

Muthen L.K. and B.O. Muthen. "Mplus Users Guide". Fourth Edition. Los Angeles, CA: Muthen & Muthen. 2007.

Les deux pages de référence pour la librairie **scikit-learn** sont :

https://scikit-learn.org/stable/modules/tree.html#classification

https://scikit-learn.org/stable/modules/tree.html

Pour la librairie xgboost, le point d'entrée à consulter est le suivant :

https://www.datacorner.fr/xgboost/

Une présentation pédagogique, très pertinente est disponible sur le site de l'université de Toulouse : https://www.math.univ-toulouse.fr/~besse/Wikistat/pdf/st-m-explo-acp.pdf

Bien que dédié aux sciences sociales, l'article de Marc Guerrien paru en 2003, et disponible en ligne à l'adresse http://journals.openedition.org/cal/7364 mérite d'être consulté pour la qualité des exemples proposés.

Guerrien M. "L'intérêt de l'analyse en composantes principales (ACP) pour la recherche en sciences sociales. Présentation à partir d'une étude sur le Mexique". Cahiers des Amériques latines, Vol. 43. pp. 181-192. 2003.

Le support de cours de Ricco Rakotomalla de l'Université Lumière Lyon 2, support qui est disponible en ligne à l'adresse suivante, contient l'exemple détaillé qui concerne les marques de voiture et qui sert d'introduction à la section sur l'ACP.

http://eric.univ-lyon2.fr/~ricco/cours/slides/ACP.pdf

La majorité des documents qui concernent les algorithmes de type SVM ne sont pas d'un accès facile.

Deux sortent du lot : il s'agit d'une part d'un rapport en Anglais de Baxter Tyson Smith qui a introduit un exemple avec deux points du plan et d'autre part le support de cours de Sébastien Gadat.

Baxter T. "Lagrange Multipliers Tutorial in the Context of Support Vector Machines". Faculty of Engineering and Applied Science. Memorial University of Newfoundland. Canada. June 2004.

Gadat S. "Cours – Séance 12. Algorithmes de Support Vector Machine". Laboratoire de Statistique et Probabilités. Université de Toulouse.

Le cours de Sébastien Gadat est disponible en ligne à l'adresse suivante :

https://www.math.univ-toulouse.fr/~gadat/Ens/M2SID/12-m2-SVM.pdf

Notions abordées dans ce chapitre

- Méthodes centres mobiles
- Arbres de décisions
- Dendrogramme
- ACP
- SVM

CHAPITRE 6

Weka et le Data Mining

Objectifs : Ce chapitre introduit les notions de base en Pattern Mining et aborde plus généralement le problème du Data Mining. Il existe de nombreuses bibliothèques Python, mais aussi en C ou C++. Weka est un des logiciels de Machine Learning les plus connus et il offre un ensemble d'outils autour du Data et Pattern Mining. Il a été choisi de faire un focus sur ce logiciel car il est souhaitable pour tout Data Scientist d'avoir une connaissance, même sommaire, de ce logiciel.

Outils utilisés : □ C □ Python ■ Java ■ Librairies tierces

6.1 Introduction au Data Mining

6.1.1 Définition

L'expression Data Mining recouvre des notions très vastes et il est possible de citer, sans chercher à être exhaustif, la notion de data warehouses, la notion de cube OLAP, la notion de visualisation des données (avec BIRT par exemple).

De nombreux logiciels recouvrent tout ou une partie de ces thèmes et les plus connus sont SAS et RapidMiner. Il existe de nombreux livres et support de cours sur le sujet. Le but ici est se concentrer sur **une partie seulement** du Data Mining à savoir la recherche de régularités.

6.1.2 Recherche de régularités

Visuellement un pattern peut être "un morceau de courbe" qui semble se reproduire de manière pas exactement identique mais "presque" pendant une période de temps. Dans le cadre de l'optimisation discrète, une solution est souvent modélisée par un vecteur de chiffres de la forme, par exemple, $V = 45, 21, 33, 65, \ldots, 10, 8, 1, 9$. Un pattern peut être une séquence de chiffres identiques qui sont communs à un grand nombre de vecteurs. Un pattern est, par exemple, la séquence 21, 33, 65 qui est commune à 90% des "bonnes solutions" d'un problème. Dans un cadre médical, un pattern peut être par exemple des données comportementales communes aux individus ayant développé une pathologie : "95% des personnes ayant du diabète à 50 ans sont des personnes ayant une activité physique très faible durant leur vie, consommant beaucoup de produits sucrés et ayant des antécédents familiaux".

Dans la majorité des cas, il y a un intérêt à trouver (rechercher) une liste de patterns fréquents, c'est-à-dire de rechercher dans un ensemble de données des patterns dont la fréquence d'apparition est élevée avec les règles et les relations qui "relient" ces attributs entre eux. La littérature utilise la terminologie d'itemsets et d'itemsets fréquents.

La recherche de pattern "fréquents" est un domaine de recherche à part entière, qui répond à des besoins très nombreux, en particulier en bio-informatique (il s'agit, par exemple, de trouver des gènes qui s'expriment simultanément), ou dans les problèmes d'optimisation dans lesquels il est connu que les bonnes solutions se "ressemblent" (ce qui se traduit, plus scientifiquement, par "partagent beaucoup de patterns").

Une étude des itemsets porte déjà des éléments d'analyse intéressants en mettant en évidence les attributs qui apparaissent ensemble par exemple. La recherche d'itemsets fréquents est une étape indispensable à l'extraction de règles d'association qui mettent en évidence des liens de causalités. Une telle règle peut être par exemple une règle de la forme :

"Les individus seniors et ayant une mauvaise alimentation ont du cholestérol"

La terminologie en vigueur dans le domaine du Data Mining varie un peu de celle utilisée dans les chapitres précédents. Ainsi, les données sont supposées être composées de n lignes représentants des transactions (individus) et de p colonnes représentants non pas des attributs mais des **items**.

Items (attributs) →

$$X_{np} = \begin{pmatrix} x_{11} & x_{12} & \cdots & x_{1p} \\ \vdots & \vdots & \vdots & \vdots \\ x_{i1} & x_{i2} & \cdots & x_{ip} \\ \vdots & \vdots & \vdots & \vdots \\ x_{n1} & x_{n2} & \cdots & x_{np} \end{pmatrix}$$

↓ Individus (transactions)

Ainsi $\{i_1, i_2, i_4\}$ définit un itemset composé de 3 items qui sont l'item i_1, i_2 et i_4 qui correspondent, avec la terminologie classique, aux attributs 1, 2 et 4. La notion d'itemsets fréquents fait référence au support des items. Le support d'un item est le nombre de transactions dans lequel il apparaît, et un itemset est un ensemble d'items.

Définition du **support** :

Le support d'un itemset donne le nombre de transactions dans lesquelles les items de l'itemset apparaissent simultanément.

<u>Les définitions suivantes sont utilisées dans les différents algorithmes :</u>

- Un itemset est considéré comme un **itemset fréquent** si son support est supérieur à une valeur fixée à l'avance.
- Il existe une notion de **superset** qui définit un itemset B comme étant un superset de A si tous les items de A sont dans B, ce qui signifie que $Support(B) \leq Support(A)$. Si $B = \{\{i_1, i_2, i_4\}\}$ alors B est un superset de $A = \{i_1, i_2\}$.
- Un itemset B est un **itemset fermé** si tous les supersets de B ont un support strictement

plus petit.

- Un itemset B est un **itemset maximal** si aucun de ses supersets n'est un itemset fréquent.
- Un itemset B est **itemset générateur** s'il n'existe aucun itemset A tel que $A \subset B$ et que $Support(A) = Support(B)$ ce qui signifie que B est un itemset générateur si tous les sous-itemset ont un support strictement supérieur.

Il est très difficile de dresser une liste de tous les algorithmes utilisés dans le Pattern Mining mais l'algorithme le plus ancien est l'algorithme **Apriori** qui date de 1993 et qui a été proposé par Agrawal et Srikant. Cet algorithme porte sur un ensemble de données X_{np} et comporte un unique paramètre **minsup**. L'algorithme **FP-Growth** est un autre algorithme très connu en Patern Mining qui est fondé sur la création d'une structure compacte appelée FP-tree (Frequent Pattern tree). La dernière étape consiste à projeter les données sur des bases conditionnelles.

La liste des méthodes présentes dans le logiciel Weka est consultable dans la documentation (Figure 6-1) et elle donne une idée de ce qui existe dans le domaine. Le lien donnant accès à la liste des packages est :

https://weka.sourceforge.io/doc.dev/overview-tree.html

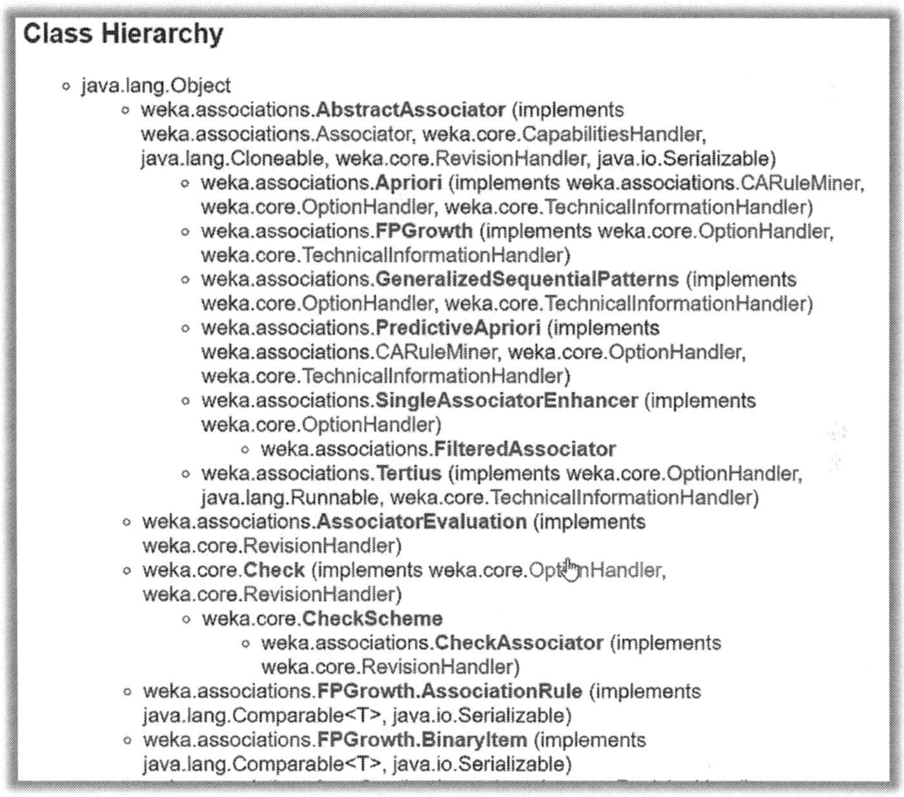

Class Hierarchy

- java.lang.Object
  - weka.associations.**AbstractAssociator** (implements weka.associations.Associator, weka.core.CapabilitiesHandler, java.lang.Cloneable, weka.core.RevisionHandler, java.io.Serializable)
    - weka.associations.**Apriori** (implements weka.associations.CARuleMiner, weka.core.OptionHandler, weka.core.TechnicalInformationHandler)
    - weka.associations.**FPGrowth** (implements weka.core.OptionHandler, weka.core.TechnicalInformationHandler)
    - weka.associations.**GeneralizedSequentialPatterns** (implements weka.core.OptionHandler, weka.core.TechnicalInformationHandler)
    - weka.associations.**PredictiveApriori** (implements weka.associations.CARuleMiner, weka.core.OptionHandler, weka.core.TechnicalInformationHandler)
    - weka.associations.**SingleAssociatorEnhancer** (implements weka.core.OptionHandler)
      - weka.associations.**FilteredAssociator**
    - weka.associations.**Tertius** (implements weka.core.OptionHandler, java.lang.Runnable, weka.core.TechnicalInformationHandler)
  - weka.associations.**AssociatorEvaluation** (implements weka.core.RevisionHandler)
  - weka.core.**Check** (implements weka.core.OptionHandler, weka.core.RevisionHandler)
    - weka.core.**CheckScheme**
      - weka.associations.**CheckAssociator** (implements weka.core.RevisionHandler)
  - weka.associations.**FPGrowth.AssociationRule** (implements java.lang.Comparable<T>, java.io.Serializable)
  - weka.associations.**FPGrowth.BinaryItem** (implements java.lang.Comparable<T>, java.io.Serializable)

Figure 6-1. Liste des méthodes de Weka pour le Pattern Mining

La librairie SPMF offre le plus large éventail possible de méthodes dans le domaine du "Pattern Mining" et environ 200 méthodes sont référencées à l'adresse suivante :

https://www.philippe-fournier-viger.com/spmf/documentation.php

C'est un point d'entrée intéressant pour celui qui souhaite avoir un rapide aperçu de ce qui existe, point d'entrée qui fournit en plus des références vers les articles originaux où les méthodes ont été définies (Figure 6-2).

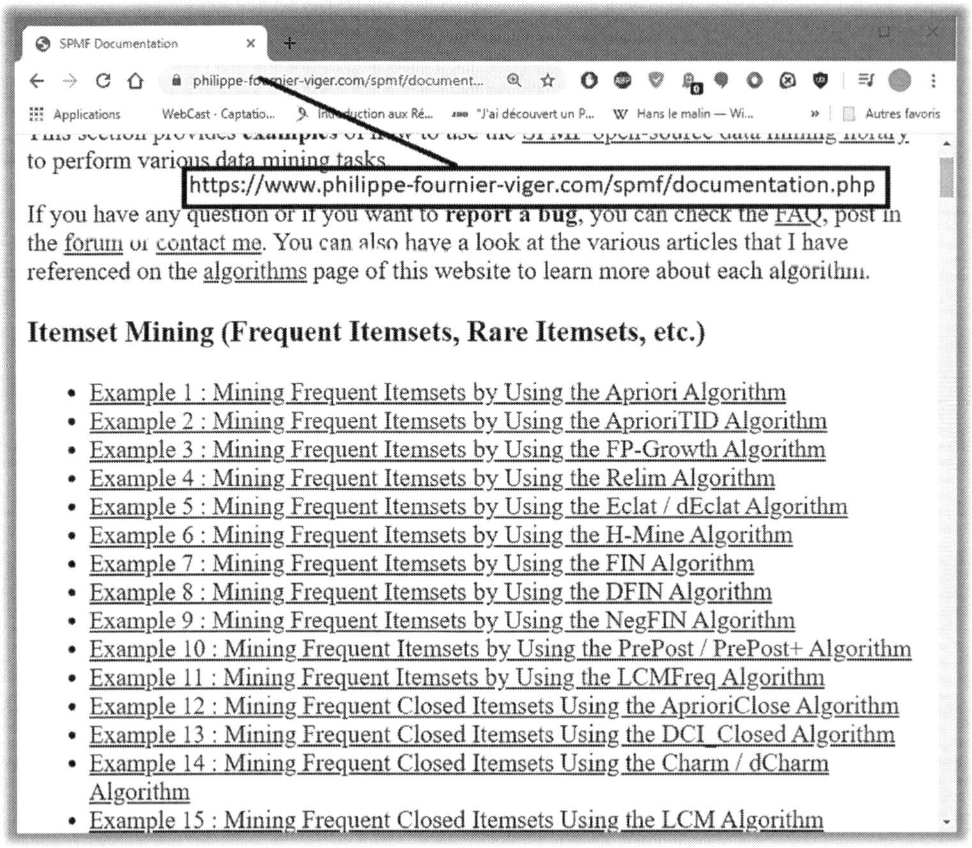

Figure 6-2. Liste des méthodes de SPMF

6.1.3 Conclusion sur les outils

Il est impossible de lister, et encore moins de donner une brève description, de toutes les librairies qui peuvent se classer dans la catégorie Data Mining.

Le site www.kdnuggets.com offre une liste (imparfaite) de ces logiciels en les classant en deux catégories : commerciales et non commerciales. Bien que non visible sur la Figure 6-3, Weka fait évidemment partie de la liste.

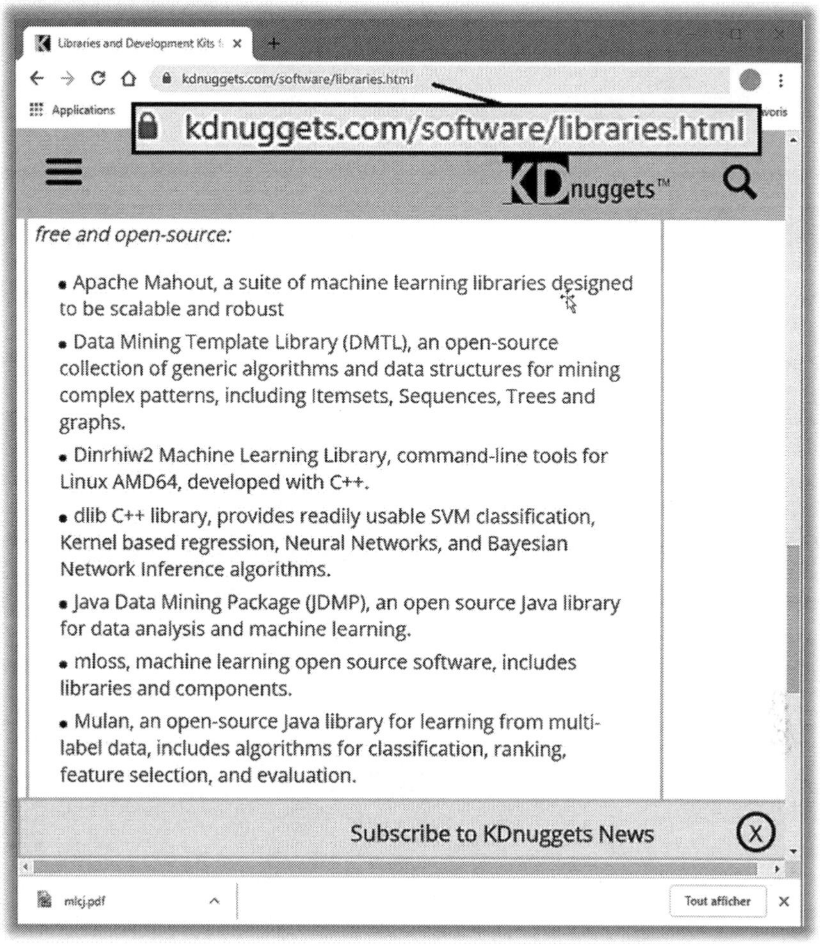

Figure 6-3. Liste de librairies dans le domaine du Data Mining

Dans la suite de ce chapitre, plusieurs exemples sont donnés avec Weka et ils se basent sur la librairie dont on peut trouver une description, en ligne, à l'adresse suivante :

https://weka.sourceforge.io/doc.stable/

6.2 Premier programme Weka avec Java

6.2.1 Configuration du projet

Comme cela a été rappelé dans le chapitre sur méthodes de classification, le logiciel Weka est disponible à l'adresse suivante : https://www.cs.waikato.ac.nz/ml/weka/

Weka est couramment utilisé en mode "graphique" mais il est possible d'utiliser les librairies Weka dans un programme Java.

Les librairies correspondent aux fichiers **weka.jar** et **weka-scr.jar** (Figure 6-4).

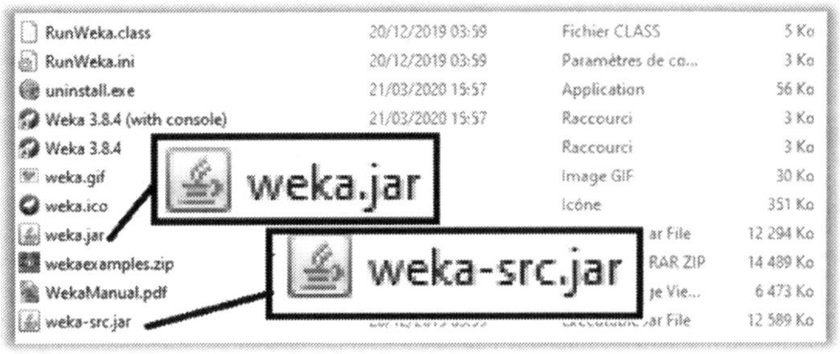

Figure 6-4. Les librairies Weka

Pour ce premier programme, il suffit de créer une *Java Application*, qui sous Netbeans se trouve dans la catégorie Java (Figure 6-5).

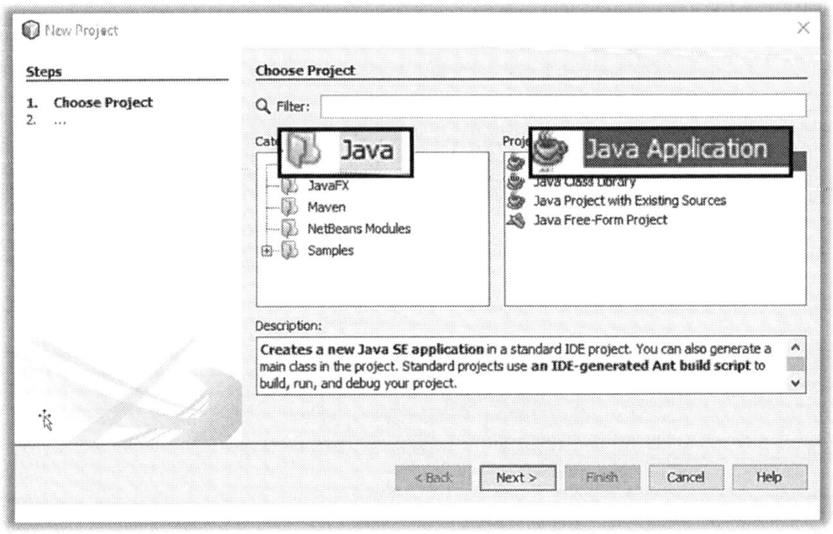

Figure 6-5. Création d'un programme Java

Une fois créé le programme Java, il faut ajouter les librairies dans le projet. Sous **Netbeans**, un clic droit sur **Libraries** suffit et il ne reste plus qu'à sélectionner les deux fichiers **Jar**. La configuration correcte du projet est donnée sur la Figure 6-6.

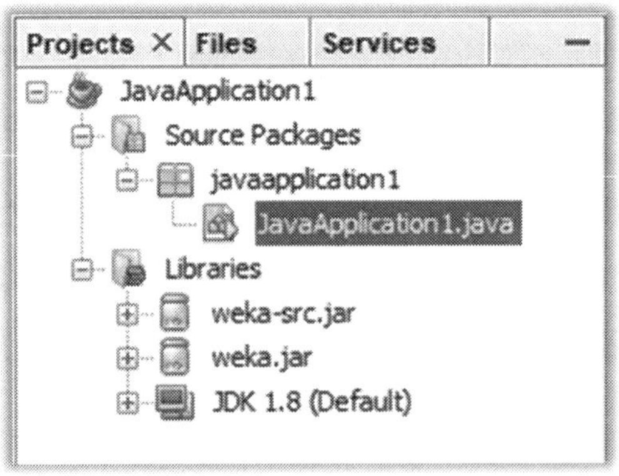

Figure 6-6. Ajout des librairies dans le programme Java

6.2.2 Lecture et accès au fichier Diabetes.arff

Les imports concernent à la fois les outils de manipulation de fichier (java.io) et les bibliothèques Weka de manipulation des instances (ressources lues).

```
import java.io.File;
import weka.*;
import weka.core.Instance;
import weka.core.Instances;
import weka.core.ResourceUtils;
import weka.core.converters.ArffLoader;
import weka.core.converters.ArffSaver;
```

La librairie permet d'accéder à un fichier **.arff** en donnant directement le nom du fichier à relire. Il existe une classe **ArffLoader** qui contient une méthode **setSource(...)** qui permet de faire le lien avec le fichier à relire. Dans la suite, l'exemple traité est celui du diabète, à travers le fichier **diabetes.arff** qui a déjà été utilisé dans le chapitre 5.

```
ArffLoader lecture = new ArffLoader();
File inputFile = new File("../data/diabetes.arff");
lecture.setSource(inputFile);
```

Les données peuvent être stockées dans une variable de type **Instances** et pour vérification, il suffit de les afficher à l'écran.

```
Instances data = lecture.getDataSet();
System.out.println("les donnees lues : \n" + data);
```

Le résultat de la Figure 6-7 confirme la lecture correcte du fichier.

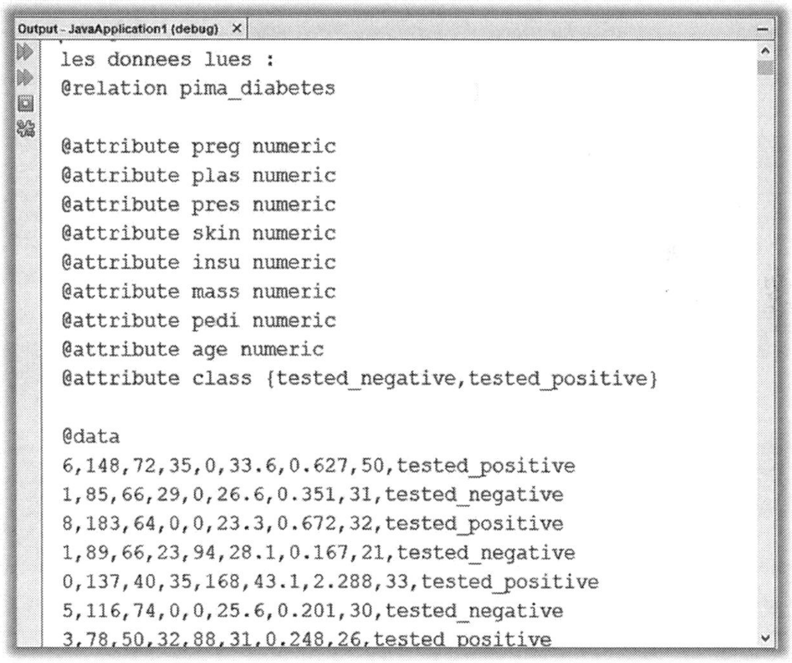
Output - JavaApplication1 (debug)
```
les donnees lues :
@relation pima_diabetes

@attribute preg numeric
@attribute plas numeric
@attribute pres numeric
@attribute skin numeric
@attribute insu numeric
@attribute mass numeric
@attribute pedi numeric
@attribute age numeric
@attribute class {tested_negative,tested_positive}

@data
6,148,72,35,0,33.6,0.627,50,tested_positive
1,85,66,29,0,26.6,0.351,31,tested_negative
8,183,64,0,0,23.3,0.672,32,tested_positive
1,89,66,23,94,28.1,0.167,21,tested_negative
0,137,40,35,168,43.1,2.288,33,tested_positive
5,116,74,0,0,25.6,0.201,30,tested_negative
3,78,50,32,88,31,0.248,26,tested_positive
```

Figure 6-7. Les données récupérées dans le fichier

La description des attributs est stockée dans le champ numéro 0 des données récupérées et il est possible d'y accéder en instanciant la classe **Instances** avec deux paramètres : le premier étant les données et le second la valeur 0 pour la première partie des données.

```
System.out.println("\nHeader of dataset:\n");
Instances entete = new Instances(data, 0);
System.out.println(entete);
```

Les entêtes sont **preg, plas...age** et se terminent par la classe à laquelle les individus sont affectés qui prend deux valeurs possibles (**tested_negative, tested_positive**).

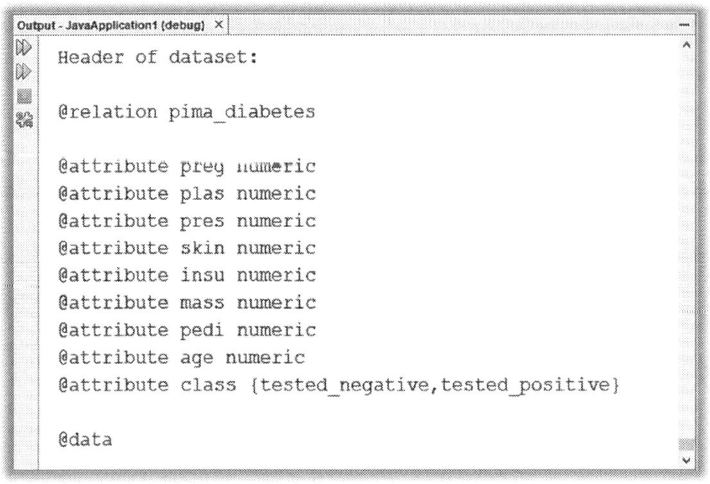

Figure 6-8. Affichage des entêtes

La partie du fichier qui décrit les individus commence après **@data**, et il est possible d'accéder aux informations des individus en utilisant la méthode **get()** qui prend en paramètre le numéro de l'individu. Ainsi **data.get(0)** fait référence à l'individu numéro 0.

Par exemple, le code java permettant d'afficher les 3 premiers individus est le suivant :

```
System.out.println("les lignes lues");
Instance ii = data.get(0);
System.out.println("ligne 1 : " + ii);
Instance ii1 = data.get(1);
System.out.println("ligne 2 : " + ii1);
```

La méthode **toSummaryString()** permet d'obtenir une synthèse sur les données lues. Le résultat est donné sur la Figure 6-9.

```
String resume = data.toSummaryString();
System.out.println("Synthese : " + resume);
```

Il existe une classe **ArffSaver()** qui permet de sauvegarder les données selon un principe très similaire à celui utilisé pour la lecture des données.

```
ArffSaver Sauve = new ArffSaver();
Sauve.setInstances(data);
File outputFile = new File("../data/new_diabetes.arff");
Sauve.setFile(outputFile);
Sauve.writeBatch();
```

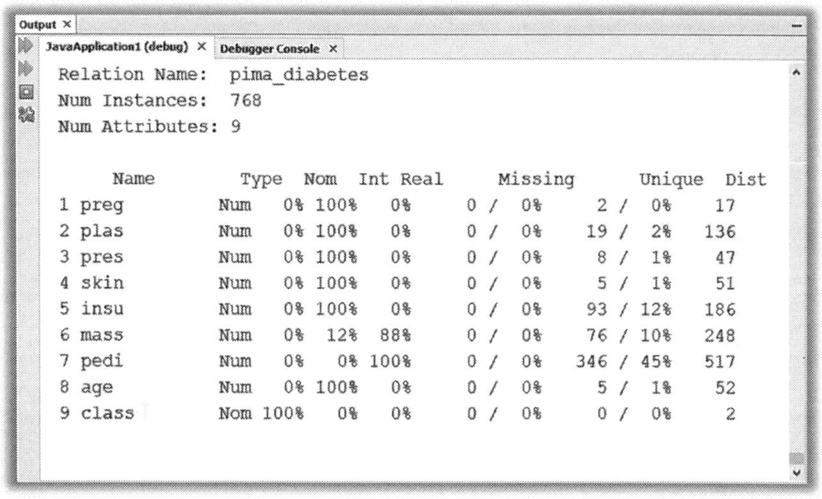

Figure 6-9. Synthèse des données lues

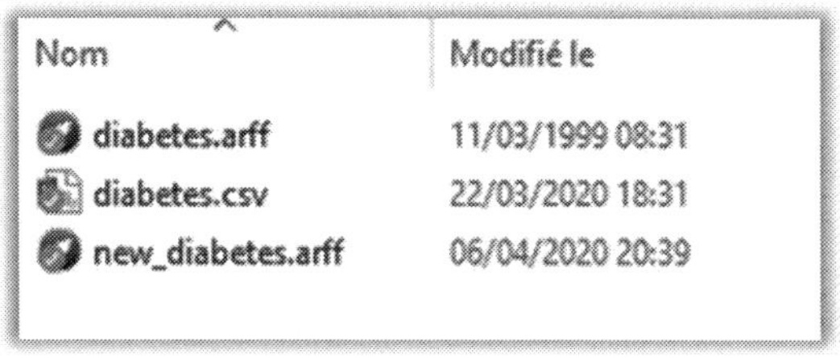

Figure 6-10. Synthèse des données lues

Le code proposé permet de copier le fichier **diabete.arff** dans **new_diabetes.arff** (Figure 6-10).

Les librairies Weka permettent aussi de relire facilement les fichiers au format **csv** en utilisant la classe **CSVLoader**.

```
CSVLoader lecture_csv = new CSVLoader();
File inputFile_csv = new File("../data/diabetes.csv");
lecture_csv.setSource(inputFile_csv);
Instances data_csv = lecture_csv.getDataSet();
System.out.println("\nLes donnees lues dans le CSV : \n" + data_csv);
```

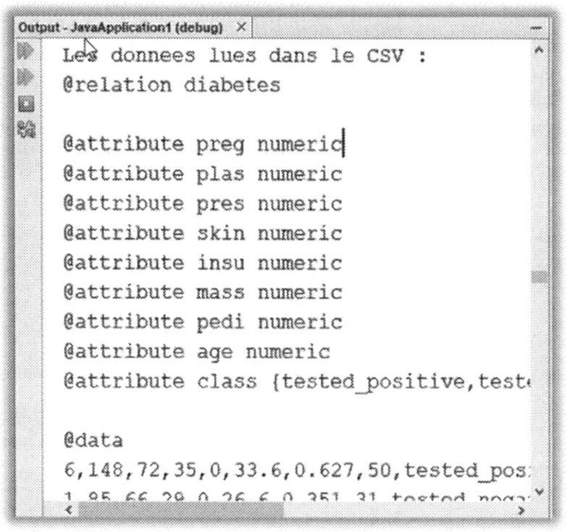

Figure 6-11. Les données lues dans le fichier csv

Le code complet est le suivant :

```
package javaapplication1;

import java.io.File;
import weka.*;
import weka.core.Instance;
import weka.core.Instances;
import weka.core.ResourceUtils;
import weka.core.converters.ArffLoader;
import weka.core.converters.ArffSaver;
import weka.core.converters.CSVLoader;

public class JavaApplication1 {
    public static void main(String[] args) {
        try{
            ArffLoader lecture = new ArffLoader();
            File inputFile = new File("../data/diabetes.arff");
            lecture.setSource(inputFile);
            Instances data = lecture.getDataSet();
            System.out.println("les donnees lues : \n" + data);
            System.out.println("\nHeader of dataset:\n");
            Instances entete = new Instances(data, 0);
            System.out.println(entete);

            // affichage des éléments
            System.out.println("les lignes lues");
            Instance ii = data.get(0);
            System.out.println("ligne 1 : " + ii);
            Instance ii1 = data.get(1);
            System.out.println("ligne 2 : " + ii1);

            //Affichage de la synthèse
            String resume = data.toSummaryString();
            System.out.println("\n  Synthese : \n" + resume);

            //sauvegarde des éléments
            ArffSaver Sauve = new ArffSaver();
            Sauve.setInstances(data);
            File outputFile = new File("../data/new_diabetes.arff");
            Sauve.setFile(outputFile);
            Sauve.writeBatch();

            // lecture de fichier csv
            CSVLoader lecture_csv = new CSVLoader();
            File inputFile_csv = new File("../data/diabetes.csv");
            lecture_csv.setSource(inputFile_csv);
            Instances data_csv = lecture_csv.getDataSet();
            System.out.println("\nLes donnees lues dans
              le CSV : \n" + data_csv);
        }catch(Exception E)
            {
              System.out.print("Message : "+E.getMessage());
            }
    }
}
```

6.3 Manipulation des attributs

Les librairies de Weka permettent de "modifier" les données lues en manipulant les attributs (les dimensions), et en particulier elle permet de supprimer une dimension. Ceci est indispensable pour réaliser de l'apprentissage non supervisé à partir du fichier **diabetes.arff**, car la dernière colonne du fichier contient l'état du patient qui correspond à un diabète déclaré ou non. Cette colonne n'est pas prise en compte dans les exemples traités ci-dessous. Pour illustrer le principe, l'exemple Java commence à lire les données du fichier **diabetes.arff**.

```
DataSource source = new DataSource("../data/diabetes.arff");
Instances data = source.getDataSet();
```

Les outils nécessaires à la manipulation des attributs (suppression) se trouvent dans la section **Remove** (Figure 6-12).

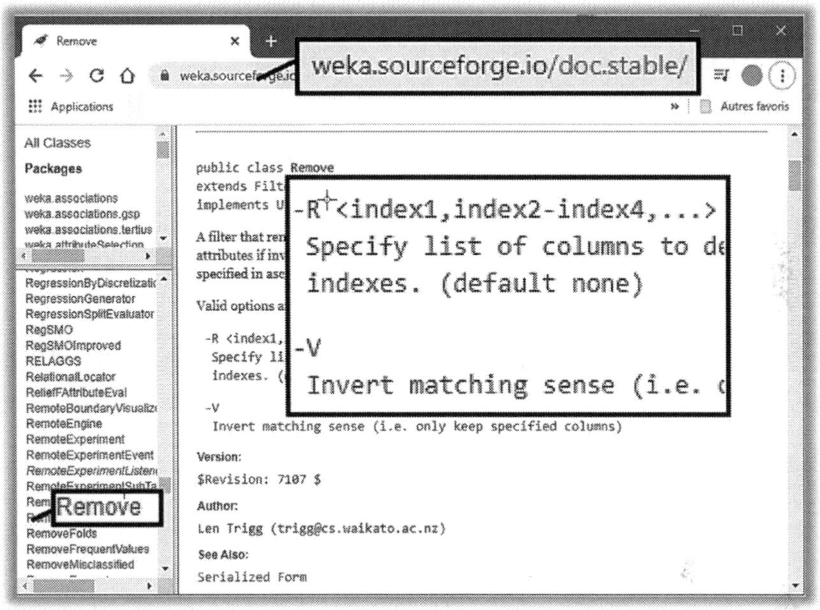

Figure 6-12. La classe Remove

Le point important concerne les paramètres à fournir à la méthode **SetOptions()**. Pour supprimer des colonnes le premier paramètre est **-R** et il est suivi des colonnes à supprimer (colonnes numérotées à partir de 1). Ainsi pour supprimer l'attribut numéro 2, la définition du paramètre est :

```
String[] opts = new String[]{"-R","2"};
```

La variable **opts** est passée en paramètres à la méthode **setOptions()** et ensuite il suffit d'appeler **setInputFormat()** pour définir la donnée sur laquelle le filtre doit être appliqué.

Le code est le suivant :

```
String[] opts = new String[]{"-R","2"};
Remove remove = new Remove();
remove.setOptions(opts);
remove.setInputFormat(data);
```

La dernière étape consiste à appliquer le filtre (nommé **remove**) aux données (data) et de stocker le résultat dans une nouvelle variable de type **instances**.

```
Instances newData = Filter.useFilter(data, remove);
```

Le code complet est le suivant :

```
package javaapplication1;

import java.io.File;
import weka.*;
import weka.core.Instance;
import weka.core.Instances;
import weka.core.ResourceUtils;
import weka.core.converters.ArffLoader;
import weka.core.converters.ArffSaver;
import weka.core.converters.CSVLoader;
import weka.core.converters.ConverterUtils;
import weka.core.converters.ConverterUtils.DataSource;
import weka.filters.Filter;
import weka.filters.unsupervised.attribute.Remove;

public class JavaApplication1 {

    public static void main(String[] args) {
        try{
            DataSource source = new DataSource("../data/diabetes.arff");
            Instances data = source.getDataSet();

            String[] opts = new String[]{"-R","2"};
            Remove remove = new Remove();
            remove.setOptions(opts);
            remove.setInputFormat(data);
            Instances newData = Filter.useFilter(data, remove);

            //sauvegarde des éléments
            ArffSaver Sauve = new ArffSaver();
            Sauve.setInstances(newData);
            File outputFile = new File("../data/mod_diabetes.arff");
            Sauve.setFile(outputFile);
            Sauve.writeBatch();

        }catch(Exception E)
            {
             System.out.print("Message : "+E.getMessage());
            }
    }
}
```

Le code permet de supprimer l'attribut numéro 2 qui correspond à **plas** dans le fichier source. Cet attribut apparaît en deuxième position. Par exemple, pour l'individu numéro 2, le premier attribut vaut 6 (attribut **preg**) et le deuxième attribut vaut 145 (attribut **plas**), suivi de l'attribut **pres** de valeur 72.

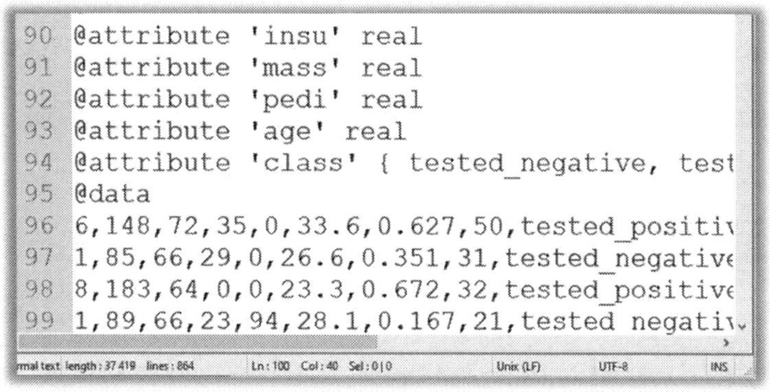

```
@attribute 'insu' real
@attribute 'mass' real
@attribute 'pedi' real
@attribute 'age' real
@attribute 'class' { tested_negative, test
@data
6,148,72,35,0,33.6,0.627,50,tested_positi
1,85,66,29,0,26.6,0.351,31,tested_negative
8,183,64,0,0,23.3,0.672,32,tested_positive
1,89,66,23,94,28.1,0.167,21,tested negati
```

Figure 6-13. Les données du fichier diabetes.arff

Le code Java précédent permet de supprimer l'attribut **plas** et d'obtenir un nouveau fichier **mod_diabetes.arff** (Figure 6-14).

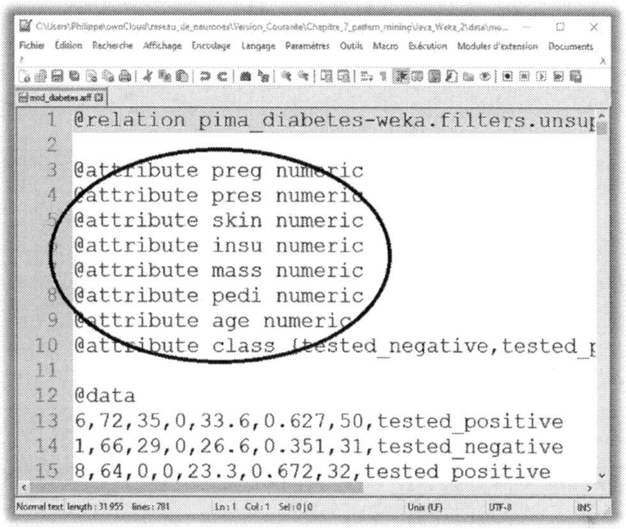

```
@relation pima_diabetes-weka.filters.unsu

@attribute preg numeric
@attribute pres numeric
@attribute skin numeric
@attribute insu numeric
@attribute mass numeric
@attribute pedi numeric
@attribute age numeric
@attribute class {tested_negative,tested_

@data
6,72,35,0,33.6,0.627,50,tested_positive
1,66,29,0,26.6,0.351,31,tested_negative
8,64,0,0,23.3,0.672,32,tested_positive
```

*Figure 6-14. Les données du fichier **mod_diabetes.arff***

Comme on peut le constater, les attributs de l'individu numéro 1 étaient :

$$6, 145, 72, 35, \ldots 50, tested\_positive$$

et ils sont devenus :

$$6, 72, 35, \ldots 50, tested\_positive$$

6.4 Création de classes pour regrouper des valeurs

La lecture et l'enregistrement des données après modifications sont identiques au code réalisé précédemment.

Pour définir une règle de "découpage" en sous-classes, il faut définir un paramètre de type tableau de **String** de taille 4. Le choix fait ici est de découper l'attribut "**plas**" en 4 sous-classes. Il s'agit donc de définir une variable **opts** comme suit :

```
String[] opts = new String[4];
```

L'option –**B** dans **opts[0]** définit un découpage et la valeur 4 dans **opts[1]** donne le nombre de sous-classes à réaliser.

```
opts[0] = "-B";
opts[1] = "4";
```

Il faut spécifier l'attribut à supprimer (ici **plas**) et qui sera remplacé par le nouvel attribut faisant référence aux sous-classes créées.

```
opts[2] = "-R";
opts[3] = "2";
```

Le code complet est :

```
String[] opts = new String[4];
opts[0] = "-B";
opts[1] = "4";
opts[2] = "-R";
opts[3] = "2";
```

Le paramètre **opts** doit être passé en paramètre à une variable de type **Discretisation** au moment de l'appel à **setOptions()**.

```
discretisation.setOptions(opts);
```

Le code soit se terminer en "appliquant" la discrétisation aux données :

```
Instances newData = Filter.useFilter(data, discretisation);
```

En résumé les lignes de code permettant d'effectuer cette discrétisation sont les suivantes :

```
String[] opts = new String[4];
opts[0] = "-B";
opts[1] = "4";
opts[2] = "-R";
opts[3] = "2";

Discretize discretisation = new Discretize();
discretisation.setOptions(opts);
discretisation.setInputFormat(data);

Instances newData = Filter.useFilter(data, discretisation);
```

Ce code permet de définir 4 classes pour l'attribut "**plas**", dont 3 pour modéliser l'intervalle [0 ; 149.25] et une pour l'intervalle [149.25; ∞]. Les 3 classes associées à [0 ; 149.25] sont d'amplitude identique de valeur $149.25/3 = 19.75$.

$Classe$ 1 :]0 ; 49.75]

$Classe$ 2 :]49.75 ; 99.50]

$Classe$ 3 :]99.50 ; 149.25]

$Classe$ 4 :]149.25 ; ∞]

Ces classes sont spécifiées au début du fichier comme le montre la Figure 6-15.

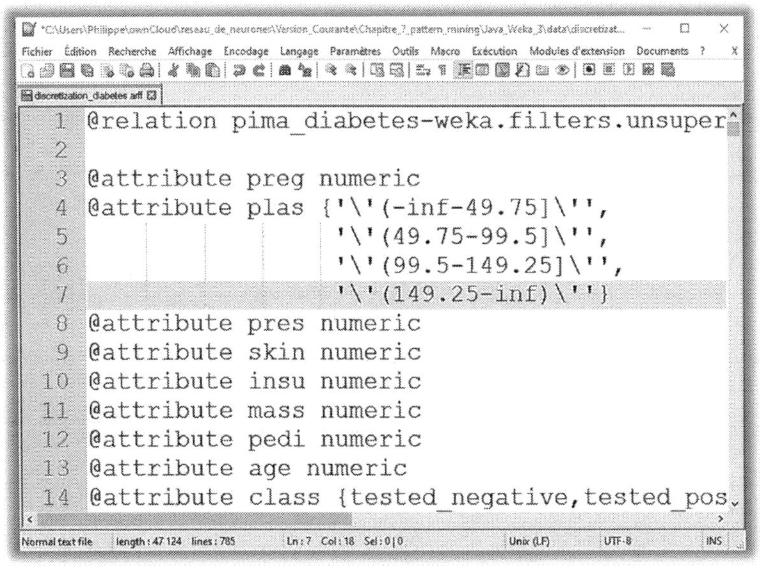

Figure 6-15. Les 4 classes créées pour l'attribut "plas"

La partie "données" du fichier associe maintenant à chaque individu, pour l'attribut numéro 2, une classe parmi les 4 classes calculées. Ainsi l'individu 1, dont la valeur de plasma était de 85, se trouve affecté à la classe]49.75 ; 99.50].

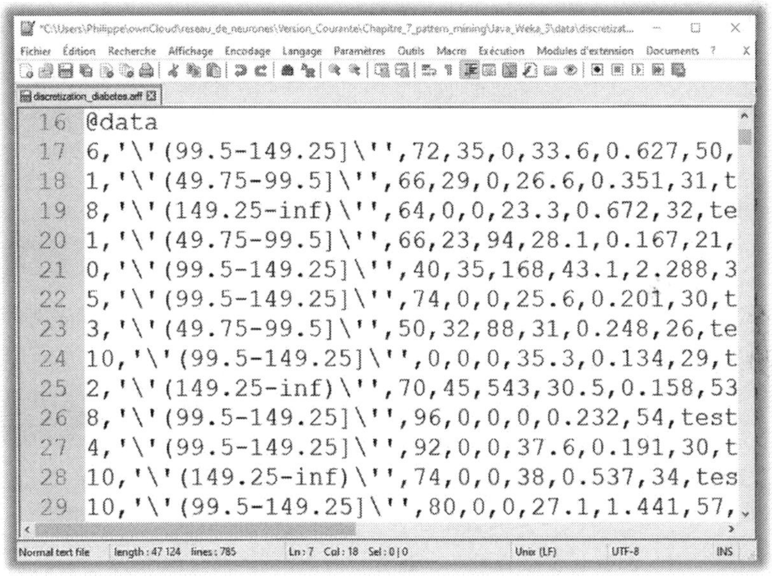

Figure 6-16. Les nouvelles valeurs affectées à l'attribut "plas"

Le code complet est le suivant :

```
package javaapplication1;

import java.io.File;
import weka.*;
import weka.core.Instance;
```

```
import weka.core.Instances;
import weka.core.ResourceUtils;
import weka.core.converters.ArffLoader;
import weka.core.converters.ArffSaver;
import weka.core.converters.CSVLoader;
import weka.core.converters.ConverterUtils;
import weka.core.converters.ConverterUtils.DataSource;
import weka.filters.Filter;
import weka.filters.unsupervised.attribute.Discretize;
import weka.filters.unsupervised.attribute.Remove;

public class JavaApplication1 {

    public static void main(String[] args) {
        try{
            DataSource source = new DataSource("../data/diabetes.arff");
            Instances data = source.getDataSet();

            String[] opts = new String[4];
            opts[0] = "-B";
            opts[1] = "4";
            opts[2] = "-R";
            opts[3] = "2";

            Discretize discretisation = new Discretize();
            discretisation.setOptions(opts);
            discretisation.setInputFormat(data);

            Instances newData = Filter.useFilter(data, discretisation);

            //sauvegarde des éléments
            ArffSaver Sauve = new ArffSaver();
            Sauve.setInstances(newData);
            File outputFile =
                   new File("../data/discretization_diabetes.arff");
            Sauve.setFile(outputFile);
            Sauve.writeBatch();

        }
        catch(Exception E)
        {
             System.out.print("Message : "+E.getMessage());
        }
    }
}
```

6.5 Traitement des données du diabète : test des classifieurs Weka

Comme ce chapitre se veut être une introduction à Weka, cette section présente rapidement les outils de Weka et les capacités de traitement proposés pour les problèmes de classification.

La classification a été abordé dans le chapitre 5 mais uniquement avec une utilisation de l'interface graphique et pour la création d'arbres de décision.

La lecture des données se fait par un **DataSource** avec l'utilisation de la méthode **GetdataSet()**.

```
DataSource source = new DataSource("../data/diabetes.arff");
Instances data = source.getDataSet();

int nb_attribut = data.numAttributes()-1;
data.setClassIndex(nb_attribut);
```

6.5.1 Test des classifieurs SVM

Weka offre une classe SMO qui correspond à l'implémentation d'une méthode SVM. Il faut d'abord déclarer une variable de type SMO et ensuite appeler la méthode **buildClassifier()** en passant en paramètre les données.

```
SMO SVM = new SMO();
SVM.buildClassifier(data);
```

Un test de classification peut se faire simple en parcourant les 10 premières valeurs issues de **Diabetes.arff**. Pour accéder à une valeur de la base d'apprentissage, il faut utiliser la méthode **data.get(i)** avec *i* un numéro correspondant à un individu

```
for (int i=0; i<=10; i++)
{
  Instance Individu1 = data.get(i);

  System.out.print("i= "+i);
  System.out.print("  -->  " + Individu1.toString());

  double res = SVM.classifyInstance(Individu1);

  System.out.println("      --> res_"+i+"= "+res);
}
```

Il est possible de définir un individu de type **instance** qui ne soit pas dans la base d'apprentissage et ainsi de tester la capacité de généralisation.

```
double[] liste_de_valeur_SVM = new double[8];
liste_de_valeur_SVM[0] = 6;
liste_de_valeur_SVM[1] = 100;
liste_de_valeur_SVM[2] = 72;
liste_de_valeur_SVM[3] = 35;
liste_de_valeur_SVM[4] = 0;
liste_de_valeur_SVM[5] = 33.6;
liste_de_valeur_SVM[6] = 0.627;
liste_de_valeur_SVM[7] = 50;

DenseInstance un_individu = new DenseInstance(8, liste_de_valeur_SVM);
un_individu.setDataset(data);

double classe_choisie = SVM.classifyInstance(un_individu);
System.out.println("\npour  "+un_individu);
System.out.println("classe_choisie= "+classe_choisie);
```

Le classement obtenu sur la Figure 6-17, semble cohérent : la classe 1 correspond à des individus testés positifs (**tested_positive**) et la classe 0 correspond à des individus testés négatifs. À l'exception de l'individu numéro 6, le classement correspond.

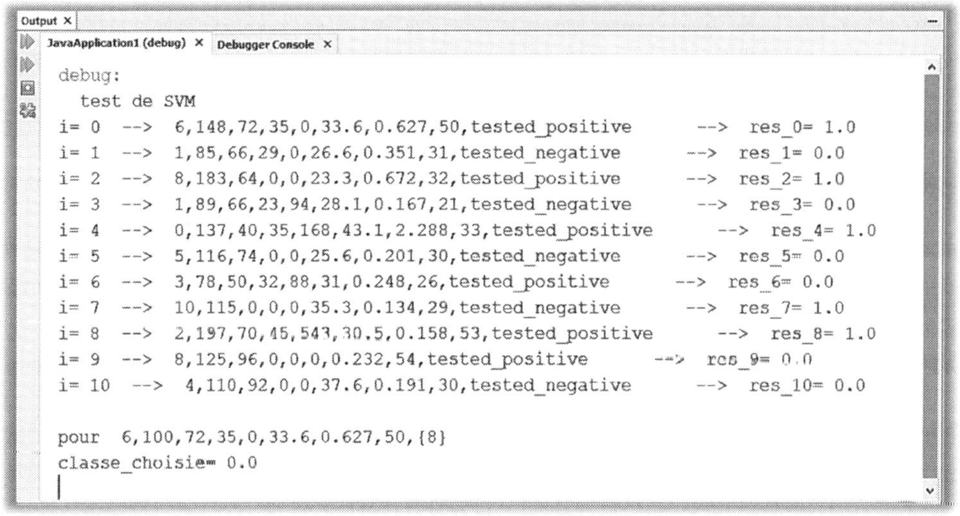

```
Output ×
JavaApplication1 (debug) ×   Debugger Console ×
debug:
  test de SVM
i= 0  -->  6,148,72,35,0,33.6,0.627,50,tested_positive      -->  res_0= 1.0
i= 1  -->  1,85,66,29,0,26.6,0.351,31,tested_negative      -->  res_1= 0.0
i= 2  -->  8,183,64,0,0,23.3,0.672,32,tested_positive      -->  res_2= 1.0
i= 3  -->  1,89,66,23,94,28.1,0.167,21,tested_negative      -->  res_3= 0.0
i= 4  -->  0,137,40,35,168,43.1,2.288,33,tested_positive      -->  res_4= 1.0
i= 5  -->  5,116,74,0,0,25.6,0.201,30,tested_negative      -->  res_5= 0.0
i= 6  -->  3,78,50,32,88,31,0.248,26,tested_positive      -->  res_6= 0.0
i= 7  -->  10,115,0,0,0,35.3,0.134,29,tested_negative      -->  res_7= 1.0
i= 8  -->  2,197,70,45,543,30.5,0.158,53,tested_positive      -->  res_8= 1.0
i= 9  -->  8,125,96,0,0,0,0.232,54,tested_positive      -->  res_9= 0.0
i= 10  -->  4,110,92,0,0,37.6,0.191,30,tested_negative      -->  res_10= 0.0

pour  6,100,72,35,0,33.6,0.627,50,{8}
classe_choisie= 0.0
```

Figure 6-17. Exemple de classification par une méthode SVM (Weka)

6.5.2 Test des arbres de décision

Les arbres de décision sont implémentés dans la classe J48 pour laquelle il suffit de déclarer une variable. Comme pour la classe SVM il faut utiliser **buildClassifier()** avec en paramètre la variable **data**.

```
System.out.println("  test des arbres de décision   ");
J48 tree = new J48();
tree.buildClassifier(data);
System.out.println("graph = "+tree.graph());
```

Le graphe peut être affiché avec la méthode **graph()**, de manière moins graphique que ce qui a été proposé dans le chapitre sur les méthodes de classification, mais toutefois lisible comme le montre la Figure 6-18.

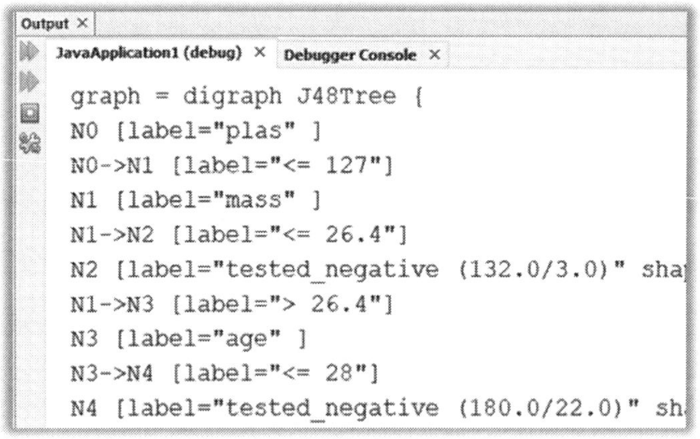

```
Output ×
JavaApplication1 (debug) ×   Debugger Console ×
graph = digraph J48Tree {
N0 [label="plas" ]
N0->N1 [label="<= 127"]
N1 [label="mass" ]
N1->N2 [label="<= 26.4"]
N2 [label="tested_negative (132.0/3.0)" sha
N1->N3 [label="> 26.4"]
N3 [label="age" ]
N3->N4 [label="<= 28"]
N4 [label="tested_negative (180.0/22.0)" sh
```

Figure 6-18. L'arbre de décision obtenu par Weka

Selon le même principe que celui utilisée pour SVM, il est possible de tester la classification des 10 premiers éléments de la base d'apprentissage.

```
for (int i=0; i<=10; i++)
{
    Instance Individu1 = data.get(i);
    System.out.println("i= "+i);
    System.out.println("    " + Individu1.toString());
    double res = tree.classifyInstance(Individu1);
    System.out.println("   res_"+i+"= "+res);
    System.out.println("");
}

// test avec un individu qui n'est pas dans la base d'apprentissage
double[] liste_de_valeur = new double[8];
liste_de_valeur[0] = 6;
liste_de_valeur[1] = 100;
liste_de_valeur[2] = 72;
liste_de_valeur[3] = 35;
liste_de_valeur[4] = 0;
liste_de_valeur[5] = 33.6;
liste_de_valeur[6] = 0.627;
liste_de_valeur[7] = 50;

DenseInstance un_individu_tree = new DenseInstance(8, liste_de_valeur);
un_individu_tree.setDataset(data);
double classe_choisie_tree = tree.classifyInstance(un_individu_tree);

System.out.println("\npour  "+un_individu_tree);

System.out.println("classe_choisie= "+classe_choisie_tree);
```

Le résultat est celui de la Figure 6-19.

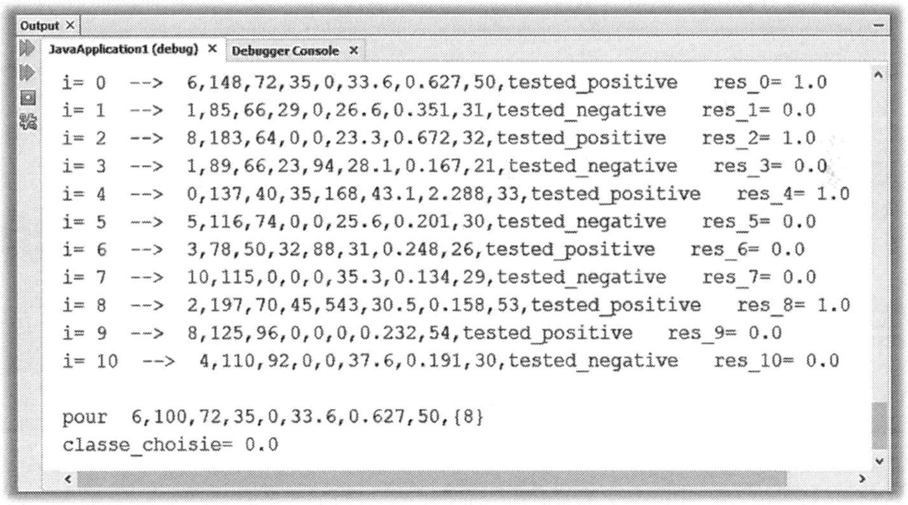

Figure 6-19. Classification avec l'arbre de décision obtenu par Weka

Remarque :

Il existe de nombreuses autres méthodes de machine learning disponibles avec la librairie Weka dont en particulier les réseaux Bayésiens disponibles avec la classe **NaiveBayes**.

```
System.out.println("  test de reseaux bayésiens   ");
NaiveBayes reseau_bayesien = new NaiveBayes();
reseau_bayesien.buildClassifier(data);
```

6.5.3 Le code complet

```
package javaapplication1;

import java.io.File;
import weka.*;
import weka.attributeSelection.AttributeSelection;
import weka.attributeSelection.CfsSubsetEval;
import weka.attributeSelection.GreedyStepwise;
import weka.classifiers.bayes.NaiveBayes;
import weka.classifiers.functions.SMO;
import weka.classifiers.trees.J48;
import weka.core.DenseInstance;
import weka.core.Instance;
import weka.core.Instances;
import weka.core.ResourceUtils;
import weka.core.converters.ArffLoader;
import weka.core.converters.ArffSaver;
import weka.core.converters.CSVLoader;
import weka.core.converters.ConverterUtils;
import weka.core.converters.ConverterUtils.DataSource;
import weka.filters.Filter;
import weka.filters.unsupervised.attribute.Discretize;
import weka.filters.unsupervised.attribute.Remove;

public class JavaApplication1 {


public static void main(String[] args) {
try{
    DataSource source = new DataSource("../data/diabetes.arff");
    Instances data = source.getDataSet();

    // test des classifieurs
    int nb_attribut = data.numAttributes()-1;
    data.setClassIndex(nb_attribut);

    // test de SVM
    System.out.println("  test de SVM   ");

    SMO SVM = new SMO();
    SVM.buildClassifier(data);

   // vérification sur des valeurs connues
    for (int i=0; i<=10; i++)
    {
       Instance Individu1 = data.get(i);
       System.out.print("i= "+i);
```

```
        System.out.print("  -->  " + Individu1.toString());
        double res = SVM.classifyInstance(Individu1);
        System.out.println("      -->  res_"+i+"= "+res);
    }

    double[] liste_de_valeur_SVM = new double[8];
    liste_de_valeur_SVM[0] = 6;
    liste_de_valeur_SVM[1] = 100;
    liste_de_valeur_SVM[2] = 72;
    liste_de_valeur_SVM[3] = 35;
    liste_de_valeur_SVM[4] = 0;
    liste_de_valeur_SVM[5] = 33.6;
    liste_de_valeur_SVM[6] = 0.627;
    liste_de_valeur_SVM[7] = 50;
    DenseInstance un_individu = new DenseInstance(8, liste_de_valeur_SVM);
    un_individu.setDataset(data);
    double classe_choisie = SVM.classifyInstance(un_individu);
    System.out.println("\npour  "+un_individu);
    System.out.println("classe_choisie= "+classe_choisie);

    // test de tree (J48)
    System.out.println("  test des arbres de décision   ");
    J48 tree = new J48();
    tree.buildClassifier(data);
    System.out.println("graph = "+tree.graph());

    // vérification sur des valeurs connues
    for (int i=0; i<=10; i++)
    {
        Instance Individu1 = data.get(i);
        System.out.print("i= "+i);
        System.out.print("  -->  " + Individu1.toString());
        double res = tree.classifyInstance(Individu1);
        System.out.println("   res_"+i+"= "+res);
    }
    // test avec un individu qui n'est pas dans la base d'apprentissage
    double[] liste_de_valeur = new double[8];
    liste_de_valeur[0] = 6;
    liste_de_valeur[1] = 100;
    liste_de_valeur[2] = 72;
    liste_de_valeur[3] = 35;
    liste_de_valeur[4] = 0;
    liste_de_valeur[5] = 33.6;
    liste_de_valeur[6] = 0.627;
    liste_de_valeur[7] = 50;
    DenseInstance un_individu_tree = new DenseInstance(8, liste_de_valeur);
    un_individu_tree.setDataset(data);
    double classe_choisie_tree = tree.classifyInstance(un_individu_tree);
    System.out.println("\npour  "+un_individu_tree);
    System.out.println("classe_choisie= "+classe_choisie_tree);


    System.out.println("  test de reseaux bayésiens   ");
    NaiveBayes reseau_bayesien = new NaiveBayes();
    reseau_bayesien.buildClassifier(data);
```

```
}catch(Exception E)
   {
     System.out.print("Message : "+E.getMessage());
   }
 }
}
```

6.6 Règles d'association : algorithme Apriori

6.6.1 Exemple

L'algorithme APriori est un algorithme d'exploration de données proposé par Rakesh Agrawal et Ramakrishnan Sikrant en 1993. Cet algorithme, dans sa version initiale, porte sur un ensemble de données X_{np} et comporte un unique paramètre **minsup.** L'exemple ci-dessous est proposé sur le site de Philippe Fournier à l'adresse suivante : https://www.philippe-fournier-viger.com/spmf/Apriori.php

L'exemple concerne 5 individus et 5 attributs soit encore les 5 transactions et les 5 items présentés ci-dessous :

$$X_{5,5} = \begin{pmatrix} 1 & 0 & 1 & 1 & 0 \\ 0 & 1 & 1 & 0 & 1 \\ 1 & 1 & 1 & 0 & 1 \\ 0 & 1 & 0 & 0 & 1 \\ 1 & 1 & 1 & 0 & 1 \end{pmatrix}$$

Appliquer l'algorithme Apriori avec **minsup=2**, signifie que l'algorithme recherche l'ensemble de tous les **itemsets** ayant un support au moins égal à 2 ce qui donne pour l'exemple proposé, les résultats de la Figure 6-3.

Tableau 6-1. Résultats (partiels) de l'algorithme Apriori

Itemset	Valeur du support
{1}	3
{2}	4
...	
{1, 2}	2
{1, 3}	3
...	
{1,2,3}	2
{1,2,5}	2
{1,3,5}	2
{2,3,5}	3
{1,2,3,5}	2

6.6.2 Principe

L'algorithme de la librairie Weka correspond à la méthode de Bing Liu, Wynne Hsu et Yimin et reçoit deux paramètres d'entrée qui sont :

- MinSupp : le support minimal.
- MinConf : l'indice de confiance.

Elle fournit en sortie les règles d'associations. Une description détaillée avec les nombreux paramètres de l'algorithme est accessible sur le site : https://weka.sourceforge.io/doc.stable/ (Figure 6-20).

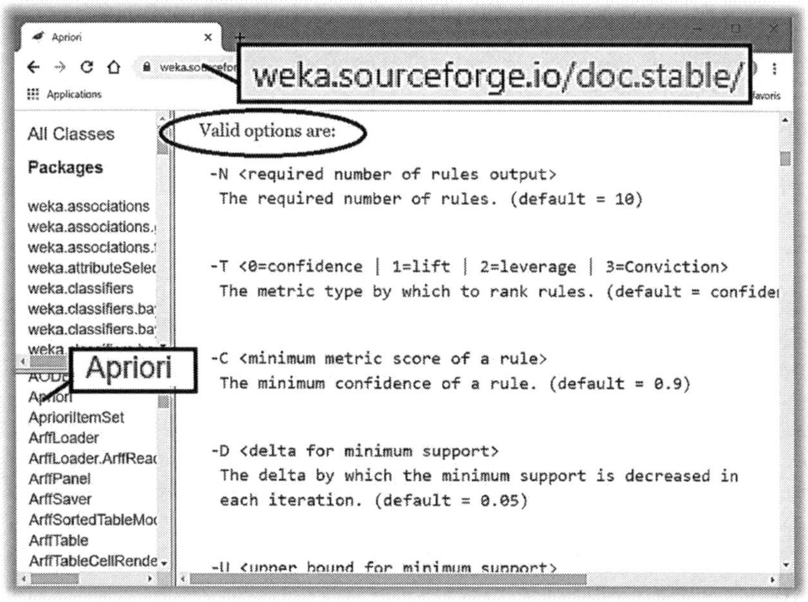

Figure 6-20. Description de l'algorithme Apriori proposé par Weka

Il s'agit de tester l'algorithme **Apriori** sur les données relatives à la santé et qui ont déjà fait l'objet d'une étude avec les réseaux Bayésiens. Ici, il s'agit de considérer des données brutes qui se trouvent dans le fichier **health_symbolic.arff**.

Attention toutefois, ces données sont fournies à titre illustratif et ne sont pas corrélées aux données utilisées dans les tables du réseau Bayésien étudié précédemment.

Elles sont choisies uniquement pour leur caractère pédagogique et ne sont pas non plus représentatives des connaissances médicales sur le sujet.

L'accès aux données se fait via un **DataSource** et la lecture par la méthode **getDataSet()**.

```
DataSource source = new DataSource("../data/health_symbolic.arff");
Instances data = source.getDataSet();
```

La méthode **Apriori** est implémentée par la classe Apriori et il est possible par exemple de spécifier la valeur minimale du support avec l'option *-**M*** qui a été fixé à 10. La méthode **buildAssociations()** permet de rechercher les règles.

Le code associé est donc :

```
Apriori model = new Apriori();
String[] opts = new String[2];
opts[0] = "-M";
opts[1] = "10";

model.setOptions(args);

model.buildAssociations(data);
```

```
System.out.println(model);
```

Le résultat donne 10 règles dont la première par exemple qui définit qu'un individu qui n'a pas de diabète est un individu dont l'alimentation est bonne.

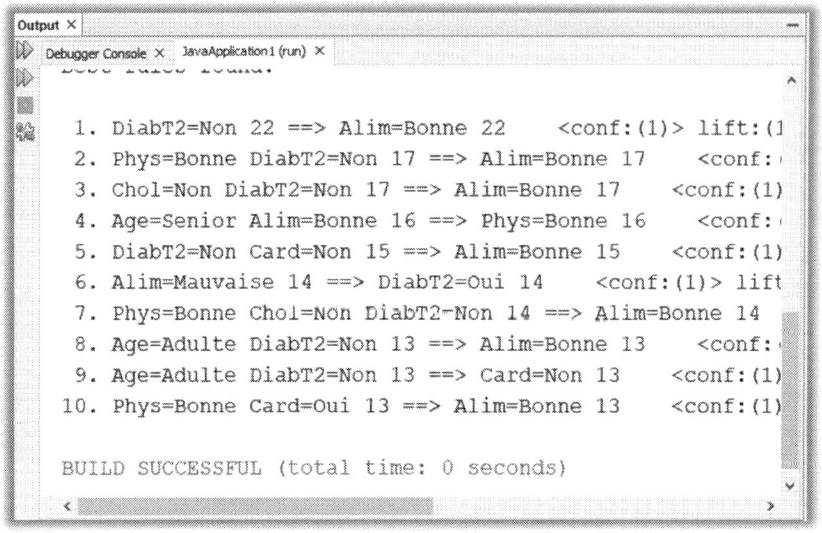

Figure 6-21. Les règles d'associations

Il est possible d'analyser en détail les résultats. Le fichier d'entrée comprend 51 individus et 22 individus sur les 50 n'ont pas diabète et parmi ces 22 individus, 22 d'entre eux ont une bonne alimentation, ce qui donne un indice de confiance de 100% pour la règle. Ces informations se retrouvent sur l'affichage obtenu à l'écran :

1. DiabT2=Non 22 ==> Alim=Bonne 22 <conf:(**1**)> lift:(1.38) lev:(0.12) [6] conv:(6.04)

Ce type de résultat pourrait être confronté à ceux obtenus avec d'autres méthodes en considérant cette fois des probabilités : ainsi 100% des personnes qui n'ont pas de diabète ont une alimentation classée bonne. Ce type de remarque sort du domaine du livre mais il est clair que les outils doivent être utilisés pour leur complémentarité dans le travail au quotidien d'une Data Scientist.

6.6.3 Le code complet

```
package javaapplication1;

import weka.core.Instances;
import weka.core.converters.ConverterUtils.DataSource;
import weka.associations.*;

public class JavaApplication1 {

public static void main(String[] args) {
  try{
     DataSource source = new DataSource("../data/weather_nominal.arff");

     Instances data = source.getDataSet();
```

```
        Apriori model = new Apriori();
        model.buildAssociations(data);

        System.out.println(model);
    }
    catch(Exception E)
    {
        System.out.print("Message : "+E.getMessage());
    }
  }
}
```

6.7 Règles d'association : algorithme FPGrowth

Khaled Tannir fait de cet algorithme une présentation remarquablement claire sur

http://blog.khaledtannir.net/2012/07/lalgorithme-fp-growth-les-bases-13/

Il existe une classe Weka implémentant cet algorithme il suffit de déclarer une instance de la classe FPGrowth.

```
FPGrowth model =new FPGrowth();
```

Le domaine de ces algorithmes varie fortement et il faut apporter un soin particulier à la lecture des conditions d'utilisation : FPGrowth ne permet pas de traiter les données qui figurent dans **health_symbolic.arff** sous leur forme actuelle.

6.8 Conclusion

L'exploitation des données dans le but d'extraire une ou des connaissances, relève de la fouille de données (en Anglais, il s'agit de Data Mining). Ce chapitre est une introduction donnant les bases pour analyser des données sous des angles différents, identifer les relations et trouver ainsi des corrélations et des patterns. Il a été choisi de présenter succintement Weka mais il aurait été possible d'ajouter d'autres logiciels libres tels que RapidMiner ou Tanagra à la présentation.

6.9 Références

Un des sites de références sur le Data Mining est celui de **javatpoint** que le lecteur trouvera à l'adresse suivante :

https://www.javatpoint.com/data-mining-vs-machine-learning

Madalina Ciortan propose une introduction au **pattern mining** disponible en ligne à l'adresse suivante : https://medium.com/@ciortanmadalina/an-introduction-to-frequent-pattern-mining-research-564f239548e.

> Ciortan M. "An introduction to frequent pattern mining research. Summary of Apriori, Eclat and FP tree algorithms".

Le lecteur trouvera sur le site de www.kdnuggets.com une liste assez complète des logiciels et librairies existantes :

https://www.kdnuggets.com/software/libraries.html

L'article original sur la méthode Apriori a été publié en 1994 et la référence de l'article est la suivante :

> Agrawal R. and R. Srikant. "Fast Algorithms for Mining Association Rules in Large Databases". 20th International Conference on Very Large Data Bases. pp. 478-499. Editor: Morgan Kaufmann, Los Altos, CA. 1994.

En 1998, Bing Liu, Wynne Hsu et Yimin ont publié un algorithme qui extrait les règles d'association à partir de la détermination des itemsets fréquent via la méthode Apriori.

> Liu B., W. Hsu and Y. Ma. "Integrating Classification and Association Rule Mining". Fourth International Conference on Knowledge Discovery and Data Mining. pp. 80-86. Editeur : AAAI Press. 1998.

Notions abordées dans ce chapitre

- Data Mining
- Pattern Mining
- Weka
- Apriori

CHAPITRE 7

Séries chronologiques

Objectifs : Une série chronologique (ou série temporelle) est une série de valeurs représentant l'évolution d'une variable au cours du temps. Ce chapitre utilise préférentiellement le terme séries chronologiques mais il pourrait tout autant utiliser séries temporelles comme synonyme. Ce chapitre introduit les éléments de base nécessaires pour analyser, décrire et comprendre ce type de phénomènes. Il inclut une partie prévision qui constitue souvent l'objectif principal des études réalisées sur les séries chronologiques.

Outils utilisés : □ C ■ Python □ Java □ Librairies tierces

7.1 Définition d'une série chronologique

Une série chronologique est une série $\left(u_{t_i}\right)_{1\leq i\leq N}$ statistique u indexée par des indices t_n qui représentent des dates. Cette série $\left(u_{t_i}\right)_{1\leq i\leq N}$ représente l'évolution d'un caractère (supposé numérique) au cours du temps. Son étude a le plus souvent, pour but d'obtenir des informations sur l'évolution de ce caractère et/ou de faire des prévisions.

Notons, pour une série **statistique** $\left(u_{t_i}\right)_{1\leq i\leq N}$, $\bar{u}$ sa moyenne avec $\bar{u} = \frac{1}{N}\sum_{i=1}^{N} u_{t_i}$ et sa variance $V(u)$:

$$V(u) = \overline{u^2} - \bar{u}^2$$

Pour une série **chronologique** $\left(u_{t_i}\right)_{1\leq n\leq N}$, comme généralement le caractère étudié varie en fonction du temps (jour de la semaine, saison, heure de la journée…), il est raisonnable de supposer qu'elle puisse être modélisée par la décomposition suivante (dite décomposition additive) :

$$u_{t_i} = f_{t_i} + s_{t_i} + e_{t_i}$$

Où f_{t_i} et s_{t_i} sont des fonctions de t_i et, de plus la fonction s est périodique. Dans ce cas, f_{t_i} est supposée modéliser la tendance, s_{t_i} la saisonnalité et e_{t_i} le résidu (ou encore appelé le bruit). Le plus souvent, dans les études de séries chronologiques, une grande partie du travail consiste à identifier f_{t_i} et s_{t_i}. Leur connaissance permet éventuellement de réaliser des prévisions.

Généralement, la tendance est supposée être une fonction de t_i de la forme $a.t_i + b$ (où a et b sont des réels) et qui dépend des deux paramètres a et b ce qui donne la décomposition suivante :

$$u_{t_i} = a.t_i + b + s_{t_i} + e_{t_i}$$

Parfois, une décomposition multiplicative peut s'avérer utile et dans ce cas l'expression devient :

$$u_{t_i} = f_{t_i} \times s_{t_i} \times e_{t_i}$$

où les trois fonctions sont à valeurs strictement positives.

Il est intéressant de noter que la décomposition multiplicative $u_{t_i} = f_{t_i} \times s_{t_i} \times e_{t_i}$ peut se ramener (sous certaines conditions) à une décomposition additive en passant au logarithme : $ln(u_{t_i}) = ln(f_{t_i}) + ln(s_{t_i}) + ln(e_{t_i})$. Inversement, partant de la décomposition additive $u_{t_i} = f_{t_i} + s_{t_i} + e_{t_i}$, il est possible d'obtenir une décomposition multiplicative en passant à l'exponentielle : $e^{u_{t_i}} = e^{f_{t_i}} \times e^{s_{t_i}} \times e^{e_{t_i}}$. Par la suite, ce chapitre concerne essentiellement la représentation additive.

Si N valeurs sont connues, une prévision pour t_{N+k} peut alors s'écrire comme :

$$w_{t_{N+k}} = f_{t_{N+k}} + s_{t_{N+k}}$$

ou encore, dans le cas simple usuel :

$$w_{t_{N+k}} = a.t_{N+k} + b + s_{t_{N+k}}$$

Le Tableau 7-1 donne un exemple de série chronologique concernant les naissances par mois entre janvier 1946 et octobre 2019. Ces données sont issues de l'INSEE et sont disponibles librement à l'adresse suivante :

https://www.insee.fr/fr/statistiques/serie/000436391

Sous le titre : "Démographie - Nombre de naissances vivantes - France métropolitaine".

Tableau 7-1. Nombre mensuel de naissances (source : INSEE)

i	t_i	u_{t_i}
1	2019-10-01	62 600
2	2019-09-01	61 500
3	2019-08-01	63 000
4	2019-07-01	64 600
5	2019-06-01	59 800
6	2019-05-01	60 100
7	2019-04-01	55 700
8	2019-03-01	56 600
9	2019-02-01	51 900
10	2019-01-01	59 900
11	2018-12-01	59 931
12	2018-11-01	59 937

Les données utilisées dans ce chapitre se trouvent dans le fichier **Data_Naissance.csv** (Figure 7-1) et sont au format CSV. La première ligne correspond aux intitulés des colonnes et chaque ligne à une valeur spécifique de la série. Il faut noter le format particulier de la première colonne sous la forme Année-Jour-Mois.

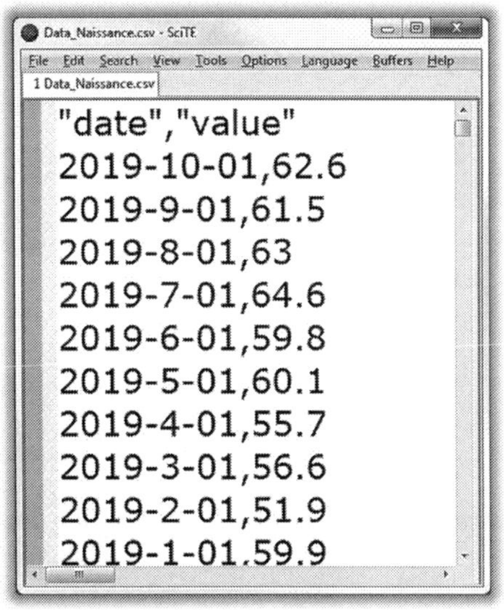
Data_Naissance.csv - SciTE
File Edit Search View Tools Options Language Buffers Help
1 Data_Naissance.csv

```
"date","value"
2019-10-01,62.6
2019-9-01,61.5
2019-8-01,63
2019-7-01,64.6
2019-6-01,59.8
2019-5-01,60.1
2019-4-01,55.7
2019-3-01,56.6
2019-2-01,51.9
2019-1-01,59.9
```

Figure 7-1. Les données brutes concernant les naissances entre 1946 et 2019

7.2 Analyse de la série chronologique des naissances

7.2.1 Visualisation d'une série

La visualisation d'une série chronologique est une étape essentielle à la compréhension du phénomène étudié et à la mise en place d'une stratégie de modélisation. La visualisation est réalisée avec Python.

Il peut être nécessaire d'importer les bibliothèques **parse**, **matplotlib**, **seaborn**, **numpy** et **pandas** ainsi que **statsmodels** qui servira dans les prochains exemples. Ces bibliothèques s'installent à partir de l'invite de commande **cmd** (de préférence exécutée en mode administrateur). Il faut se placer dans le répertoire d'installation Python, puis dans le répertoire Scripts. Ensuite, il suffit d'utiliser la commande "**pip install <nom>**" pour que l'installation se réalise.

```
from dateutil.parser import parse
import matplotlib as mpl
import matplotlib.pyplot as plt
import seaborn as sns
import numpy as np
import pandas as pd

plt.rcParams.update({'figure.figsize': (10, 7), 'figure.dpi': 120})

# Lecture des données
df = pd.read_csv('../../../Data_Naissance_INSEE/Data_Naissance.csv',
                 parse_dates=['date'], index_col=['date']);
```

```
# Dessin

def plot_df(df, x, y, title="", xlabel='Annee', ylabel=
                'Naissances (en milliers)', dpi=100):
  plt.figure(figsize=(16,5), dpi=dpi)
  plt.plot(x, y, color='tab:red')
  plt.gca().set(title=title, xlabel=xlabel, ylabel=ylabel)
  plt.show()

plot_df(df, x=df.index, y=df.value,
          title='Nombre de naissances en milliers entre 1946 et 2019')
```

La forme générale montre des phénomènes qui semblent périodiques avec une période d'une vingtaine d'années : les naissances augmentent puis diminuent autour des années 1965-70, puis dans les années 1985-90 et enfin dans les années 2010. Un phénomène global à la baisse est également apparent. De plus, il semble qu'il y ait des oscillations mensuelles, car il semble (tout ceci mériterait d'être scientifiquement confirmé) que les variations d'une année sur l'autre soient relativement similaires.

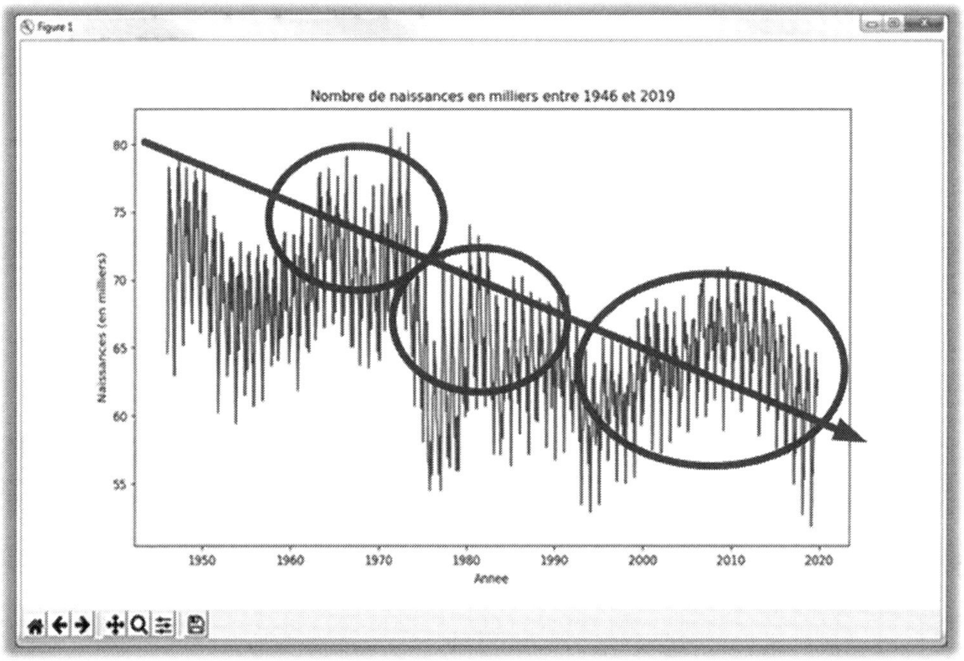

Figure 7-2. Évolution du nombre mensuel de naissances entre 1946 et 2019

Il est possible d'analyser plus précisément la série entre 2010 et 2020 en limitant l'affichage de l'axe des x à 2010-2020 via la méthode **xlim**. L'intervalle sur l'axe des abscisses s'exprime sous la forme de dates comme dans l'exemple ci-dessous :

```
plt.xlim("01-01-2010", "01-01-2020")
```

il est aussi possible de sauvegarder une image correspondant à la série avec la fonction **savefig()** :

```
plt.savefig("serie_2010_2020.png", dpi=72)
```

Ceci donne le code ci-dessous qui réalise une visualisation de la série entre 2010 et 2020 :

```
# les données entre 2010 et 2020
def plot_df(df, x, y, title="", xlabel='Annee',
            ylabel='Naissances (en milliers)', dpi=200):
   plt.figure(figsize=(16,5), dpi=dpi)
   plt.plot(x, y, color='tab:red')
   plt.gca().set(title=title, xlabel=xlabel, ylabel=ylabel)
   plt.xlim("01-01-2010", "01-01-2020")
   plt.savefig("serie_2010_2020.png", dpi=72)
   plt.show()

plot_df(df, x=df.index, y=df.value,
            title='Nombre de naissances en milliers entre 2010 et 2020')
```

La courbe de la Figure 7-3, semble effectivement montrer l'existence d'un phénomène périodique de période 12 mois. Il s'agit d'une impression visuelle et il est possible d'analyser plus précisément la série en utilisant des moyennes mobiles.

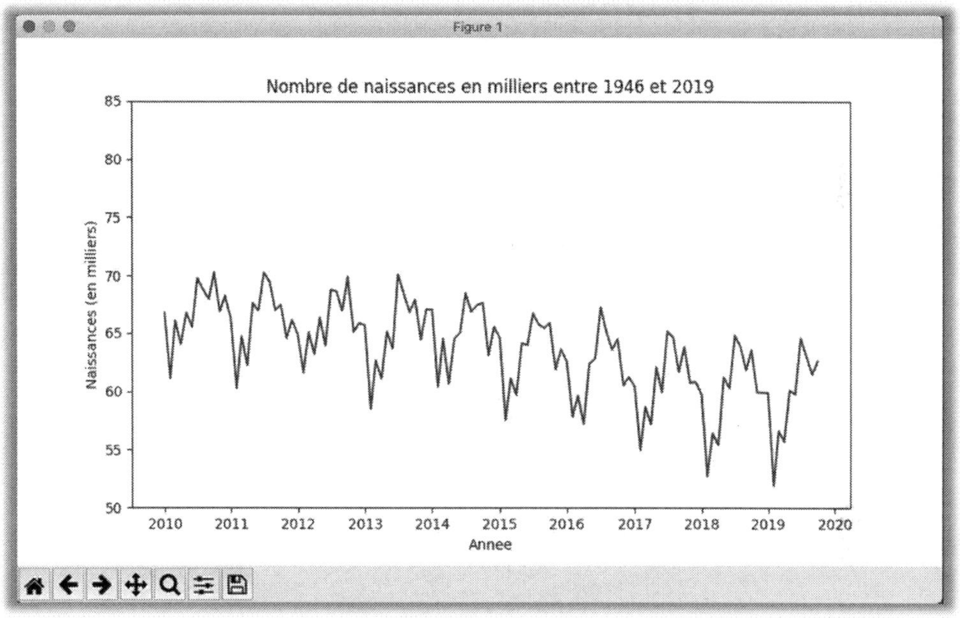

Figure 7-3. Évolution du nombre mensuel de naissances entre 2010 et 2020

Un moyen simple de mettre en évidence une période est de calculer, puis de représenter la courbe des moyennes mobiles. En effet, une moyenne mobile d'ordre 3 est un lissage simple qui suppose que le phénomène périodique est de période 3 (il utilise 3 observations successives).

Le schéma utilisé pour la moyenne mobile est simplement :

$$m_n = (u_{n-1}+u_n + u_{n+1})/3$$

Ce type de calcul peut se faire sous forme vectorielle en Python.

Le principe du calcul vectoriel est illustré ci-dessous avec un vecteur a de taille 9 :

a								
0.5	4.2	1.2	7.4	4.2	8.5	6.3	9.5	10.2

Soient les variables suivantes :

- c tel que $c_i = a_{i+1}$ pour $i = 1..n-1$

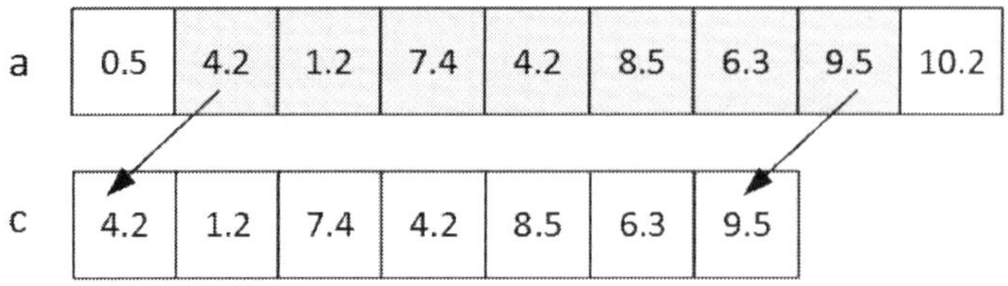

- Parties gauche et droite telles que :

  $pgauche_i = a_i$ pour $i = 1..n-2$

  $pdroite_i = a_i$ pour $i = 2..n$

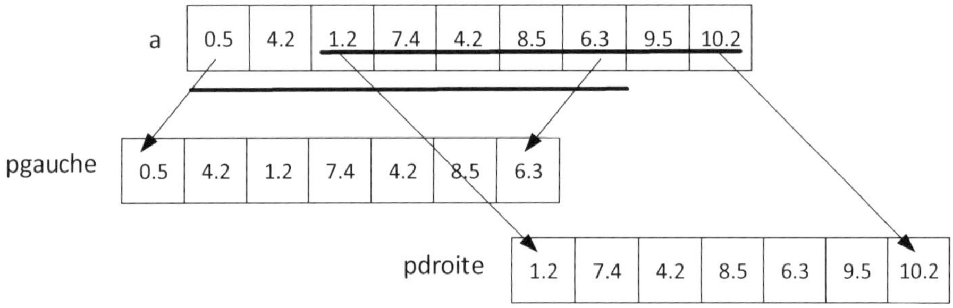

Figure 7-4. Définition de pgauche et pdroite pour le calcul de la moyenne mobile

En définissant ces trois tableaux (Figure 7-5), il suffit pour obtenir la moyenne mobile, de faire la somme pondérée des trois tableaux.

a	0.5	4.2	1.2	7.4	4.2	8.5	6.3	9.5	10.2
c	4.2	1.2	7.4	4.2	8.5	6.3	9.5		
pgauche	0.5	4.2	1.2	7.4	4.2	8.5	6.3		
pdroite	1.2	7.4	4.2	8.5	6.3	9.5	10.2		
Moyenne mobile	1.96	4.26	4.26	6.7	6.33	8.10	8.66		

Figure 7-5. Définition des tableaux pour le calcul de la moyenne mobile

Le code Python utilise l'opérateur **<tableau>[x:-y]** qui permet de sélectionner les éléments du tableau avec x qui définit le décalage à gauche ; et $-y$ qui définit le décalage en partant de la fin.

Ainsi, le code suivant :

```
c=np.copy(a[1:-1])
```

Définit c comme une copie du tableau a sans recopier la case numéro 1 et la dernière case. L'utilisation de l'opérateur de recopie permet d'avoir des variables c et a qui soient des variables différentes en termes d'occupation mémoire.

Il faut noter que l'instruction $\boldsymbol{c = a[1:-1]}$ est de ce point de vue radicalement différente de la précédente : $\boldsymbol{c = np.copy(a[1:-1])}$. En effet $\boldsymbol{c = a[1:-1]}$ est une copie de pointeur sur les éléments du tableau. Ainsi dans ce cas, $\boldsymbol{a[1] = 99}$ provoque le changement de valeur de c sans modifier celle de a.

Le code Python pour calculer une moyenne mobile d'ordre 3 est ainsi le suivant :

```
a = np.array([0.5, 4.2, 1.2, 7.4, 4.2, 8.5, 6.3, 9.5, 10.2])
c = np.copy(a[1:-1])

print("c= ", c)
pgauche = a[:-2]
pdroite = a[2:]
print("pg= ", pgauche)
print("pd= ", pdroite)

c=c+pgauche+pdroite
moyenne_mobile=c/3

print("moyenne mobile= ", moyenne_mobile)
```

Ce code donne le résultat de la Figure 7-6.

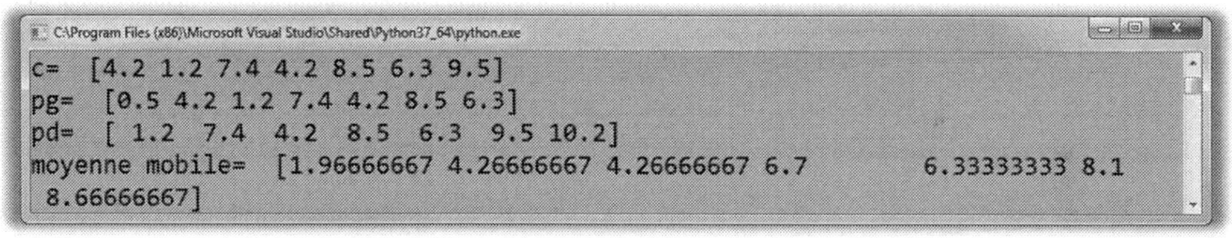

Figure 7-6. Exemple de calcul de la moyenne mobile (d'ordre 3)

Le principe du calcul se généralise à une moyenne mobile d'ordre 4 :

$$m_n = \left(\frac{1}{2}u_{n-2} + u_{n-1} + u_n + u_{n+1} + \frac{1}{2}u_{n+2}\right)/4$$

Pour cela il faut modifier les "décalages" dans les copies de tableaux selon l'algorithme suivant :

```
# calcul vectoriel d'une moyenne mobile d'ordre 4
a = np.array([1, 23, 12, 45, 67, 110, 2450, 999, 190])
c1=np.copy(a[:-4])
c2=np.copy(a[4:])
c=c1+c2
c=c/2
```

```
d1 = a[1:-3]

# partie centrale
d = a[2:-2]
d2 = a[3:-1]

# addition des trois parties
somme=d1+d+d2

# moyenne
c=(somme/4+c)
moyenne_mobile = c
print("moyenne mobile= ", moyenne_mobile)
```

Une deuxième visualisation, restreinte aux dix dernières années, superpose les données brutes à une moyenne mobile d'ordre 3. Le principe est le même que pour les deux codes présentés précédemment avec 4 éléments particuliers :

- Les données sont récupérées du **dataframe** via **df.value** et sont stockées dans un tableau.

```
les_valeurs = np.array(df.value)
```

- Une fois les calculs terminés, avant d'afficher les courbes, il faut supprimer de ce tableau la première et la dernière valeur.

```
les_valeurs = np.copy(les_valeurs[1:-1])
```

- Il est possible de modifier le tracé des courbes en affectant une couleur différente à chacune d'entre elles et en modifiant l'épaisseur du trait. La modification de l'épaisseur de trait se fait via **linewidth,** qu'on peut passer à 3 par exemple pour la courbe des moyennes.

```
plt.plot(abscisse, moyenne_mobile, linewidth=3, color='red')
plt.plot(abscisse, les_valeurs, color='blue')
```

- Une sauvegarde au format ".png" est possible via la méthode **savefig()**.

```
plt.savefig("Naissances_moyenne_mobile_d_ordre_3.png", dpi=72)
```

Le code complet est le suivant :

```
# les valeurs sauf les deux extrêmes
les_valeurs = np.array(df.value)
c=np.copy(les_valeurs[1:-1])
pgauche = les_valeurs[:-2]
pdroite = les_valeurs[2:]

c=c+pgauche+pdroite
moyenne_mobile=c/3

# les abscisses = index sauf les deux extrêmes
abscisse = np.array(df.index)
abscisse = np.copy(abscisse[1:-1])
les_valeurs = np.copy(les_valeurs[1:-1])
# tracés des courbes
plt.plot(abscisse, moyenne_mobile, linewidth=3, color='red')
plt.plot(abscisse, les_valeurs, color='blue')
```

Récupération des valeurs

Suppression de la première et dernière valeur

```
plt.xlim("01-01-2010", "01-01-2020")
plt.gca().set(title="Naissances : moyenne mobile", xlabel="Années",
              ylabel="Naissances")
# Sauvegarde des courbes
plt.savefig("Naissances_moyenne_mobile_d_ordre_3.png", dpi=72)
plt.show()
```

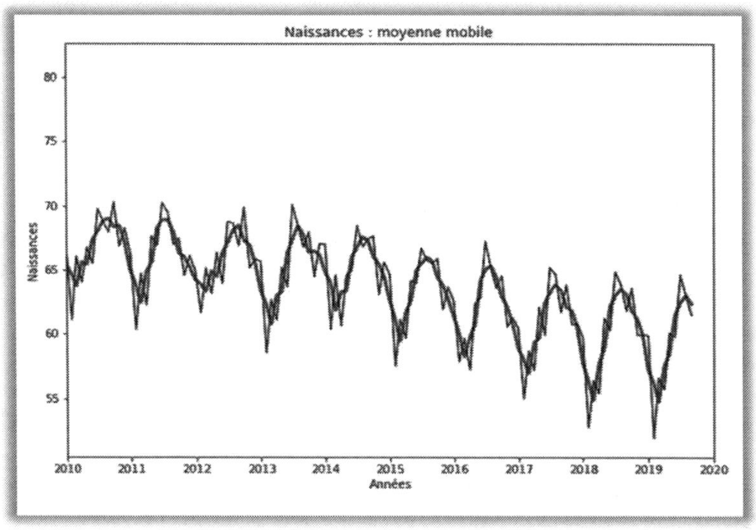

Figure 7-7. Recherche d'un éventuel phénomène 3-périodique et d'une tendance avec une moyenne mobile d'ordre 3

Le schéma utilisé pour la moyenne mobile est simplement : $m_n = (u_{n-1}+u_n + u_{n+1})/3$. La figure précédente montre que la partie visiblement périodique sur les données reste présente sur la suite de moyennes mobiles, donc 3 n'est pas une période.

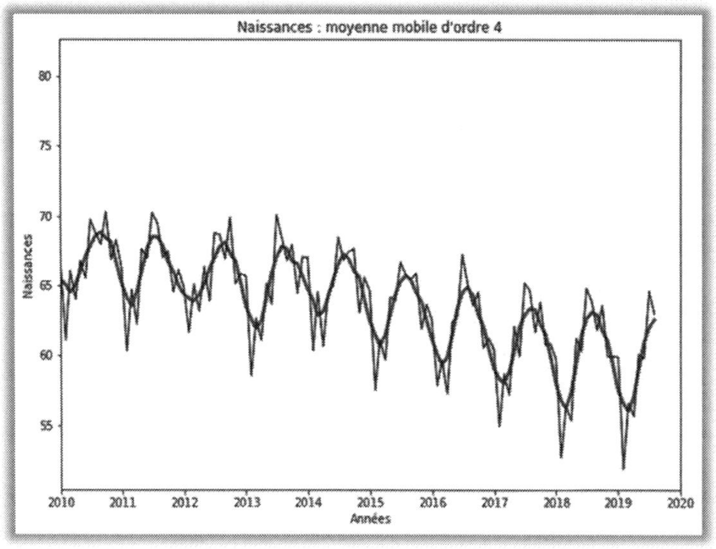

Figure 7-8. Recherche d'un éventuel phénomène 4-périodique et d'une tendance (moyenne mobile d'ordre 4)

La formule de la moyenne mobile d'ordre 4 (ou de taille 5) est :

$$m_n = \left(\frac{1}{2}u_{n-2} + u_{n-1} + u_n + u_{n+1} + \frac{1}{2}u_{n+2}\right)/4$$

Ainsi, la formule est symétrique par rapport à n. La courbe en gras sur la Figure 7-8 montre que 4 n'est pas une période correspondant au phénomène puisque la partie visiblement périodique sur les données reste présente sur la suite de moyennes mobiles.

Il est possible de tester ainsi différentes moyennes mobiles jusqu'à l'ordre 12. Il s'agit là d'une méthode empirique pour identifier une éventuelle période dans la série.

Le schéma de la moyenne mobile d'ordre 12 est

$$m_n = \left(\frac{1}{2}u_{n-6} + u_{n-5} + u_{n-4} + u_{n-3} + u_{n-2} + u_{n-1} + u_n + u_{n+1} + u_{n+2} + u_{n+3} + u_{n+4} + u_{n+5} + \frac{1}{2}u_{n+6}\right)/12$$

Le calcul est ainsi symétrique par rapport à n.

Le code Python est une généralisation du code pour la moyenne mobile d'ordre 4 et fait intervenir 11 variables intermédiaires dans les calculs (d_i et la variable d).

```
# ** moyenne mobile d'ordre 12 ** #
# les valeurs sauf les deux extrêmes

les_valeurs = np.array(df.value)
c1=np.copy(les_valeurs[:-12])
c2=np.copy(les_valeurs[12:])
c=c1+c2
c=c/2

# tableaux sauf les deux éléments de droite
d1 = les_valeurs[1:-11]
d2 = les_valeurs[2:-10]
d3 = les_valeurs[3:-9]
d4 = les_valeurs[4:-8]
d5 = les_valeurs[5:-7]

# partie centrale
d = les_valeurs[6:-6]

# tableaux sauf les deux éléments de gauche
d6 = les_valeurs[11:-1]
d7 = les_valeurs[10:-2]
d8 = les_valeurs[9:-3]
d9 = les_valeurs[8:-4]
d10 = les_valeurs[7:-5]
d11 = les_valeurs[6:-6]

# addition des deux
somme=d1+d2+d3+d4+d5+d6+d7+d8+d9+d10+d11;
```

```
# moyenne
c=(somme+c)
moyenne_mobile = c/12

print("la moyenne mobile d'ordre 12 = ", moyenne_mobile)
```

D'un point de vue graphique, il est possible de rajouter une légende :

```
# les valeurs sauf les extrêmes
les_valeurs = np.array(df.value)
les_valeurs=np.copy(les_valeurs[6:-6])
# les abscisses = index sauf les deux extrêmes
abscisse = np.array(df.index)
abscisse = np.copy(abscisse[6:-6])

# tracés des courbes
plt.plot(abscisse, moyenne_mobile, color='tab:red', linewidth=3,
         label='Moyenne Mobile')
plt.plot(abscisse, les_valeurs, color='tab:blue', linewidth=1,
         label='Les données')
plt.legend()
plt.xlim("01-01-2010", "01-01-2020")
plt.gca().set(title="Naissances : moyenne mobile d'ordre 12",
             xlabel="dates", ylabel="naissances")
plt.ylim(50, 75)
# Sauvegarde des courbes
plt.savefig("Naissances_moyenne_mobile_d_ordre_12.png", dpi=72)
plt.show()
```

Ajout d'une légende

La courbe en gras sur Figure 7-9, montre très peu d'oscillations contrairement aux données, ce qui laisse penser qu'un phénomène de période 12 mois est présent dans les données.

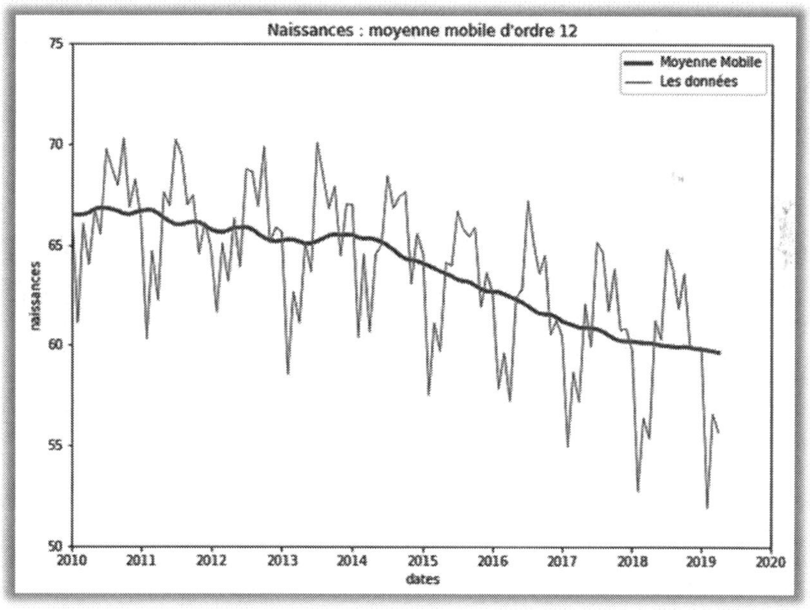

Figure 7-9. Mise en évidence d'un phénomène 12-périodique et d'une tendance (moyenne mobile d'ordre 12)

Avec une moyenne mobile d'ordre 12, la partie périodique présente sur les données semble avoir disparu. De plus, cela donne une idée approximative de la tendance.

7.2.2 Décomposition d'une série temporelle

Il est possible de décomposer une série originelle en lui soustrayant la tendance, ce qui donne une série sans la tendance. Ensuite, il est possible de mettre en évidence la partie 12-périodique et la soustraire à la série pour obtenir le bruit.

Remarque : il peut être nécessaire d'importer la bibliothèque **statsmodels** avec la commande "**pip install statsmodels**" dans le répertoire Scripts de l'installation de Python. Attention, des résultats significativement différents peuvent être obtenus selon la version de **statsmodels** choisie. Ceux qui sont proposés ci-dessous sont ceux obtenus avec **statsmodels** version 0.10.1. Une version spécifique d'une librairie peut être installée via la commande **pip** en précisant la version, ainsi pour **statsmodels**, il est possible de faire : **pip install statsmodels==0.10.1.**

```
from dateutil.parser import parse
import matplotlib as mpl
import matplotlib.pyplot as plt
import seaborn as sns
import numpy as np
import pandas as pd
from statsmodels.tsa.seasonal import seasonal_decompose
from dateutil.parser import parse

# Lecture des données
df = pd.read_csv('../../../Data_Naissance_INSEE/Data_Naissance.csv',
                 parse_dates=['date'], index_col=['date']);

# Décomposition additive
result_add = seasonal_decompose(df['value'], model='additive',
                 extrapolate_trend='freq')

# Représentation graphique
plt.rcParams.update({'figure.figsize': (10,10)})
result_add.plot().suptitle('Additive Decompose', fontsize=22)
plt.show()

tendance = result_add.trend
saisonnalite = result_add.seasonal
residu = result_add.resid

print("\n tendance : ", tendance)
print("\n saisonnalite : ", saisonnalite)
print("\n residu : ", residu)
```

La librairie Python offre la possibilité de faire : soit une décomposition additive, soit une décomposition multiplicative. Le point de vue adopté dans ce chapitre est un point de vue additif puisqu'il a été supposé :

$$u_{t_i} = f_{t_i} + s_{t_i} + e_{t_i}$$

Le choix entre les décompositions se fait avec le deuxième paramètre de la fonction **seasonal_decompose()**.

```
result_add = seasonal_decompose(df['value'], model='additive',
                                extrapolate_trend='freq')
```

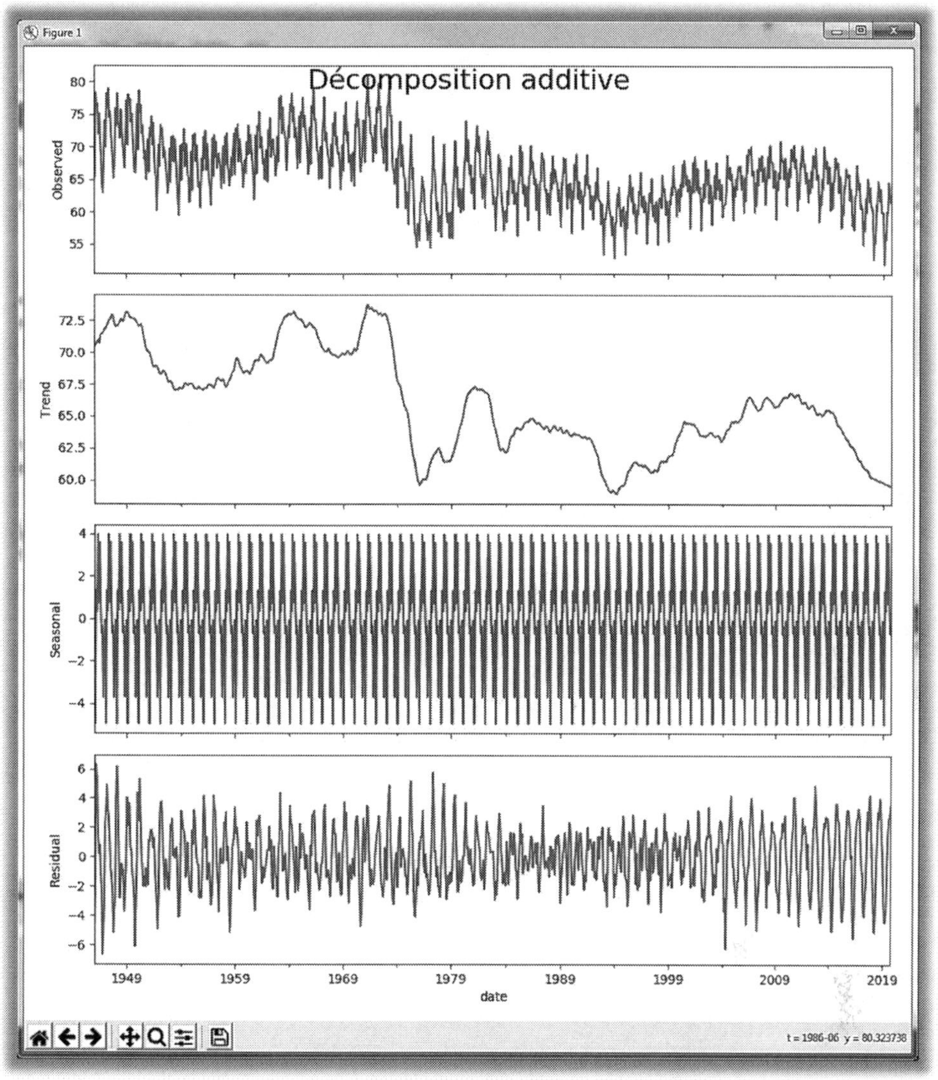

Figure 7-10. Décompositions additives (obtenues avec statsmodels version 0.10.1)

La Figure 7-10 montre la décomposition additive obtenue par Python. Il faut noter que, si la série initiale, comme la tendance, évoluent entre environ 55 et 80 (milliers de naissances), la partie périodique et le résidu n'évoluent qu'entre -5 et 5.

Il est possible de récupérer les différentes valeurs en interrogeant les attributs de la variable **result_add** qu'il est possible d'afficher.

```
tendance = result_add.trend
saisonnalite = result_add.seasonal
residu = result_add.resid

print("\n tendance : ", tendance)
```

```
print("\n saisonnalite : ", saisonnalite)
print("\n residu : ", residu)
```

7.2.3 Tester la stationnarité d'une série

Empiriquement, une série statistique est stationnaire lorsque rien de nouveau n'apparaît au cours du temps (ni tendance, ni période, ni modification d'amplitude, de variance, de moyenne…) et que ses valeurs successives apparaissent comme tirées au hasard. En somme, une série stationnaire est ce qu'il y a de plus désordonné. Le but de l'étude d'une série chronologique est de la décomposer (en identifiant la tendance, les phénomènes périodiques…) pour finalement aboutir à une série stationnaire.

Idéalement, il faut considérer qu'une série statistique est stationnaire lorsqu'elle est le résultat de tirages successifs et indépendants d'une même variable aléatoire. Il est très difficile de prouver la stationnarité d'une série statistique. En fait usuellement, seule la stationnarité à l'ordre deux est utilisée : elle consiste à dire, d'une part que la moyenne et la variance de tout échantillon tiré de la série ne dépendent pas de l'échantillon et d'autre part que la covariance de deux échantillons tirés de cette série est nulle. Il existe plusieurs méthodes dont en particulier la méthode KPSS (test de Kwiatkowski-Phillips-Schmidt-Shin) dont certains éléments sont discutés ci-dessous.

```
# Lecture des données
df = pd.read_csv('../../../Data_Naissance_INSEE/Data_Naissance.csv',
                 parse_dates=['date'], index_col=['date']);
# ADF Test
result = adfuller(df.value.values, autolag='AIC')
print("ADF Statistic: {result[0]}")
print('p-value: {result[1]}')
for key, value in result[4].items():
  print("Critial Values:")
  print(f" {key}, {value}")
# KPSS Test
result = kpss(df.value.values, regression='c')
print('\nKPSS Statistic: %f' % result[0])
print('p-value: %f' % result[1])
for key, value in result[3].items():
  print('Critial Values:')
  print(f'   {key}, {value}')
```

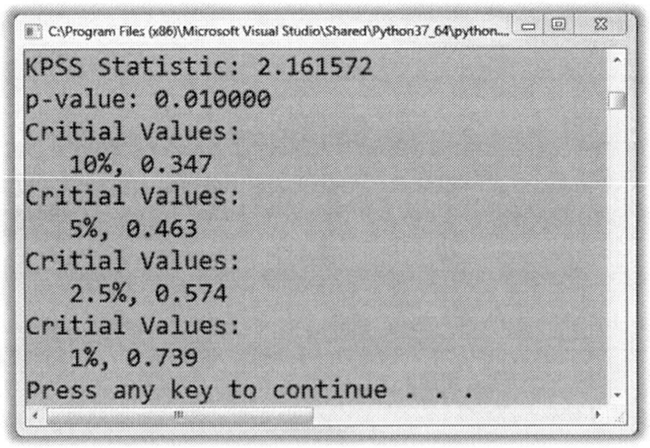

Figure 7-11. Test de stationnarité

En pratique, outre la simple observation visuelle du tracé de la série (qui est très efficace), il faut utiliser différents tests statistiques dont un exemple est donné ci-dessous : le test de Kwiatkowski-Phillips-Schmidt-Shin (KPSS).

L'interprétation du test est la suivante :

$$P\{KPSS \geq x\} \leq y$$

Signifie que la probabilité que la série soit stationnaire lorsque $KPSS \geq x$, est inférieure à y.

Le résultat de la Figure 7-11 s'interprète de la manière suivante :

- Les valeurs critiques usuelles sont calculées pour 1% d'erreur, 5% et 10% et valent : $P\{KPSS \geq 0.347\} = 0.1$, $P\{KPSS \geq 0.463\} = 0.05$ et $P\{KPSS \geq 0.739\} = 0.01$.
- La valeur fournie par le test est : $KPSS = 2.161572$.
- Comme $KPSS = 2.161572 > 0.739$ alors il faut en conclure qu'il y a moins de 1% de chances que la série soit stationnaire.

Ceci prouve la non-stationnarité et, en l'espèce, l'existence d'une tendance ou d'une période.

Cette analyse peut être complétée en analysant le résidu obtenu par la décomposition additive. Normalement, le résidu devrait être stationnaire. Dans le cas contraire, il faudrait suspecter l'existence d'une composante périodique avec une autre période.

Le résultat de la décomposition comprend la partie résidu accessible via **result_add.resid** et qui est de type **series**.

```
residu = result_add.resid
```

Le résidu doit être converti en type **dataframe** par la méthode **to_frame()**.

```
df = residu.to_frame()
```

Le code suivant permet de réaliser la décomposition, de récupérer le résidu et ensuite d'exécuter les deux tests de stationnarités.

```
# Décomposition additive
print(df)
result_add = seasonal_decompose(df['value'], model='additive',
                    extrapolate_trend='freq')

residu = result_add.resid

# Conversion de la série en dataframe
df = residu.to_frame()

# Test ADF
result = adfuller(df.values, autolag='AIC')

print(f"ADF Statistic: {result[0]}")
print(f'p-value: {result[1]}')
for key, value in result[4].items():
   print("Critial Values:")
   print(f" {key}, {value}")
```

```
# Test de KPSS
result = kpss(df.values, regression='c')

print('\nKPSS Statistic: %f' % result[0])
print('p-value: %f' % result[1])
for key, value in result[3].items():
   print('Critial Values:')
   print(f'{key}, {value}')
```

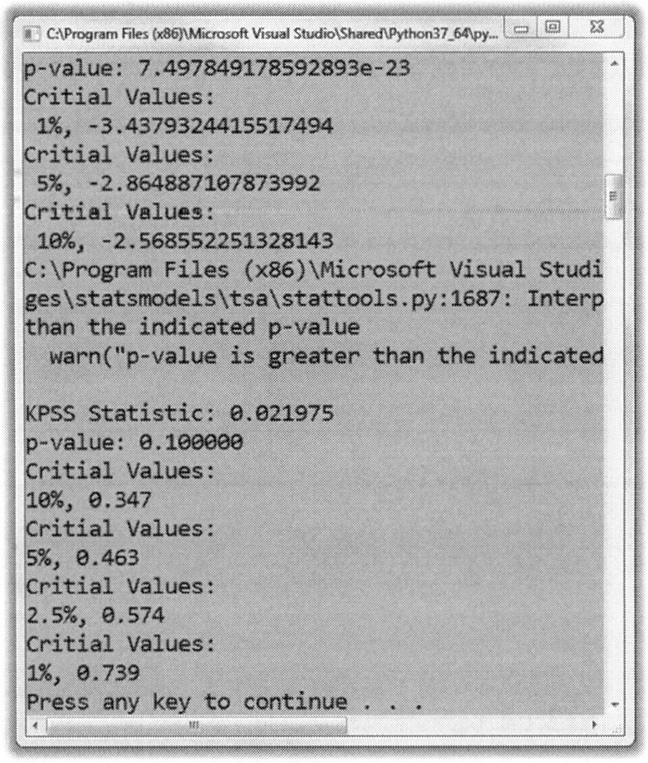

Figure 7-12. Test de stationnarité appliqué au résidu

La valeur fournie par le test est de 0.022 environ ce qui est très inférieur aux trois valeurs critiques : ceci signifie que l'hypothèse de stationnarité ne peut pas être écartée, donc est valide.

7.2.4 Analyser la série sans la tendance

L'étude d'une série chronologique commence par la détermination de la tendance, ce qui peut se faire de diverses façons (courbe de régression, moyennes mobiles, lissages…). Une fois déterminée, la tendance peut être soustraite à la série initiale pour obtenir une nouvelle série sans tendance (en anglais, c'est le "Detrending").

Avec la moyenne mobile, il suffit de soustraire la tendance obtenue par ce moyen de la série de départ. L'inconvénient est que, pour une série de moyennes mobiles d'ordre 12, la tendance est calculée sur les dates postérieures à 6 et antérieures à $n - 6$.

Pour mieux appréhender le principe, il suffit de représenter dans un premier temps les données d'origine. Le code suivant donne une représentation globale des données entre 1940 et 2020.

```
df = pd.read_csv('../../../Data_Naissance_INSEE/Data_Naissance.csv',
                parse_dates=['date'], index_col=['date']);

abscisse = np.array(df.index)
les_valeurs = np.array(df.value)
plt.plot(abscisse, les_valeurs, color='tab:red', linewidth=3,
                label='les valeurs d'origine')
plt.legend()
plt.show()
```

Ce schéma (Figure 7-13) ayant été introduit au début du chapitre, il suffit de constater qu'il existe une tendance globale à la baisse au cours des années.

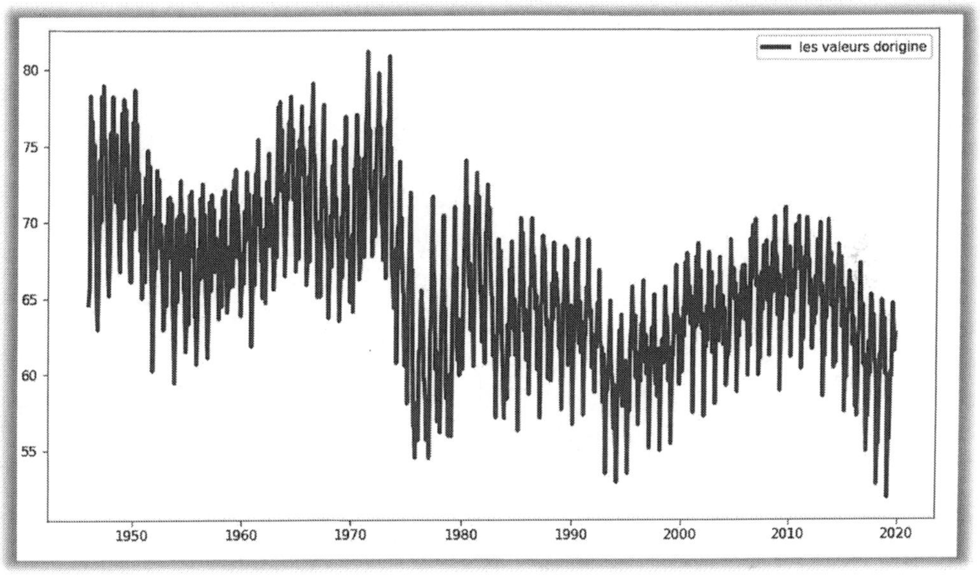

Figure 7-13. Les valeurs d'origine de la série

Pour obtenir une série sans la tendance, il suffit de calculer la moyenne mobile d'ordre 12 et de soustraire la moyenne mobile à la série.

```
# les valeurs sauf les deux extrêmes
les_valeurs = np.array(df.value)
c1=np.copy(les_valeurs[:-12])
c2=np.copy(les_valeurs[12:])
c=c1+c2
c=c/2
# tableaux sauf les deux éléments de droite
d1 = les_valeurs[1:-11]
d2 = les_valeurs[2:-10]
d3 = les_valeurs[3:-9]
d4 = les_valeurs[4:-8]
d5 = les_valeurs[5:-7]
# partie centrale
d = les_valeurs[6:-6]
```

```
# tableaux sauf les deux éléments de gauche
d6 = les_valeurs[11:-1]
d7 = les_valeurs[10:-2]
d8 = les_valeurs[9:-3]
d9 = les_valeurs[8:-4]
d10 = les_valeurs[7:-5]
d11 = les_valeurs[6:-6]
# addition des deux
somme=d1+d2+d3+d4+d5+d6+d7+d8+d9+d10+d11;
# moyenne
c=(somme+c)
moyenne_mobile = c/12
# les valeurs sauf les extrêmes
les_valeurs = np.array(df.value)
les_valeurs=np.copy(les_valeurs[6:-6])
# les abscisses = index sauf les deux extrêmes
abscisse = np.array(df.index)
abscisse = np.copy(abscisse[6:-6])
# les données a l'exception des premières et dernières
difference = les_valeurs - moyenne_mobile
plt.plot(abscisse, difference, color='tab:blue', linewidth=3,
         label='les données sans la tendance')
plt.legend()
plt.show()
```

Calcul de la série dans la tendance

La série sans tendance est donnée sur la Figure 7-14.

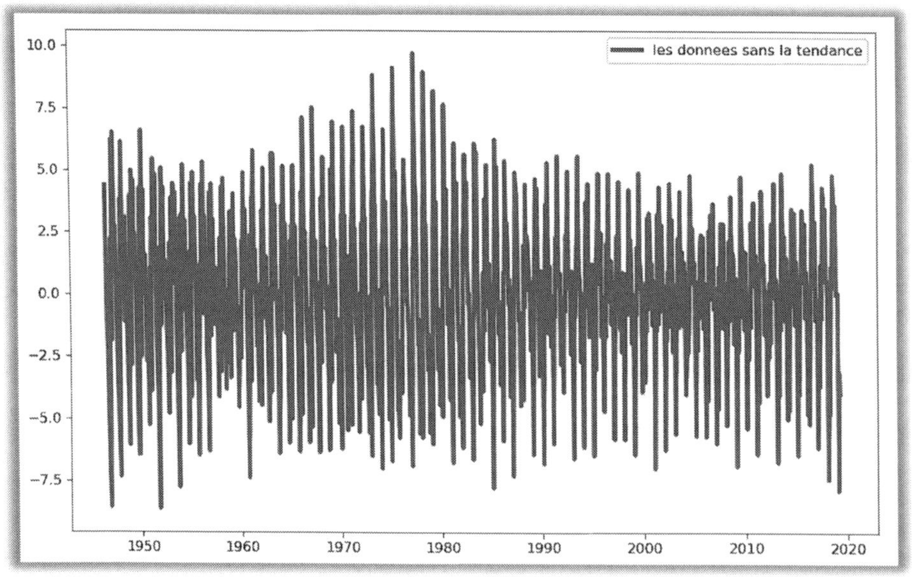

Figure 7-14. Les valeurs sans la tendance (moyenne mobile d'ordre 12)

Un autre moyen consiste à déterminer une courbe (généralement une droite) de régression.

Pour définir la droite de régression $y = a.t + b$, il s'agit donc de déterminer a, b qui minimisent la somme :

$$\Phi(a,b)=\sum_{i=1}^{N}\left(f_{t_i}(a,b)-u_{t_i}\right)^2=\sum_{i=1}^{N}\left(a.t_i+b-u_{t_i}\right)^2$$

Soit

$$\Phi(a,b)=\sum_{i=1}^{N}(a.t_i)^2+b^2+\left(u_{t_i}\right)^2+2.a.b.t_i-2.a.t_i.u_{t_i}-2.b.u_{t_i}$$

$$=a^2\sum_{i=1}^{N}t_i{}^2+b^2.N+\sum_{i=1}^{N}\left(u_{t_i}\right)^2+2ab\sum_{i=1}^{N}t_i-2a\sum_{i=1}^{N}t_i.u_{t_i}-2b\sum_{i=1}^{N}u_{t_i}$$

Minimiser cette fonction revient à chercher a tel que $\frac{\partial\Phi}{\partial a}=0$ et b tel que $\frac{\partial\Phi}{\partial b}=0$

$$\begin{cases}\dfrac{\partial\Phi}{\partial a}=2a\displaystyle\sum_{i=1}^{N}t_i{}^2+2b\sum_{i=1}^{N}t_i-2\sum_{i=1}^{N}t_i.u_{t_i}\\ \dfrac{\partial\Phi}{\partial b}=2bN+2a\displaystyle\sum_{i=1}^{N}t_i-2\sum_{i=1}^{N}u_{t_i}\end{cases}$$

Ceci revient à résoudre :

$$\begin{cases}a\displaystyle\sum_{i=1}^{N}t_i{}^2+b\sum_{i=1}^{N}t_i-\sum_{i=1}^{N}t_i.u_{t_i}=0\\ bN+a\displaystyle\sum_{i=1}^{N}t_i-\sum_{i=1}^{N}u_{t_i}=0\end{cases}$$

Ce qui donne le système de deux équations à deux inconnues :

$$\begin{cases}a.\displaystyle\sum_{i=1}^{N}t_i{}^2+b.\sum_{i=1}^{N}t_i=\sum_{i=1}^{N}t_i.u_{t_i}\\ a.\displaystyle\sum_{i=1}^{N}t_i+b.N=\sum_{i=1}^{N}u_{t_i}\end{cases}$$

En divisant par N, l'expression devient :

$$\begin{cases}a.\dfrac{1}{N}.\displaystyle\sum_{i=1}^{N}t_i{}^2+b.\dfrac{1}{N}.\sum_{i=1}^{N}t_i=\dfrac{1}{N}.\sum_{i=1}^{N}t_i.u_{t_i}\\ a.\dfrac{1}{N}.\displaystyle\sum_{i=1}^{N}t_i+b=\dfrac{1}{N}.\sum_{i=1}^{N}u_{t_i}\end{cases}$$

Ce qui s'écrit :

$$\begin{cases} a.\overline{t_i^2} + b.\overline{t_i} -= \overline{t_i.u_{t_i}} \\ a.\overline{t_i} + b = \overline{u_{t_i}} \end{cases}$$

On peut isoler b de la deuxième équation :

$$\begin{cases} a.\overline{t_i^2} + b.\overline{t_i} = \overline{t_i.u_{t_i}} \\ b = \overline{u_{t_i}} - a.\overline{t_i} \end{cases}$$

Et remplacer b par sa valeur dans l'équation numéro 1 :

$$\begin{cases} a.\overline{t_i^2} + \left(\overline{u_{t_i}} - a.\overline{t_i}\right).\overline{t_i} = \overline{t_i.u_{t_i}} \\ b = \overline{u_{t_i}} - a.\overline{t_i} \end{cases}$$

Ce qui donne finalement :

$$\begin{cases} a.\left(\overline{t_i^2} - \overline{t_i}^2\right) = \overline{t_i.u_{t_i}} - \overline{u_{t_i}}.\overline{t_i} \\ b = \overline{u_{t_i}} - a.\overline{t_i} \end{cases}$$

Ou

$$\begin{cases} a = \dfrac{\overline{t_i.u_{t_i}} - \overline{u_{t_i}}.\overline{t_i}}{\overline{t_i^2} - \overline{t_i}^2} \\ b = \overline{u_{t_i}} - a.\overline{t_i} \end{cases}$$

Soit encore, en remarquant que $\overline{t_i.u_{t_i}} - \overline{u_{t_i}}.\overline{t_i}$ est la covariance :

$$\begin{cases} a = \dfrac{Cov(t_i, u_{t_i})}{V(t_i)} \\ b = \overline{u_{t_i}} - a.\overline{t_i} \end{cases}$$

Parmi toutes les fonctions linéaires $f_{t_i}(a, b)$, celle qui minimise l'erreur quadratique est donc celle correspondante à :

$$f_{t_i}(a, b) = \frac{Cov(t_i, u_{t_i})}{V(t_i)}.t_i + \left(\overline{u_{t_i}} - \frac{Cov(t_i, u_{t_i})}{V(t_i)}.\overline{t_i}\right)$$

Il suffit donc de calculer

$$\begin{cases} a = \dfrac{\overline{t_i.u_{t_i}} - \overline{u_{t_i}}.\overline{t_i}}{\overline{t_i^2} - \overline{t_i}^2} \\ b = \overline{u_{t_i}} - a.\overline{t_i} \end{cases}$$

Pour définir la fonction : $f_{t_i}(a, b) = a.t_i + b$.

Le calcul d'une série sans la tendance se fait via la méthode **detrend()**. Ainsi le code suivant supprime la tendance et stocke le résultat directement dans la colonne **value** de **df**.

```
# Lecture des données as Dataframe
df = pd.read_csv('../../../Data_Naissance_INSEE/Data_Naissance.csv',
                 parse_dates=['date'], index_col=['date']);
```

```
# copie des données
df2 =df.copy()

# df contient maintenant la série dans tendance
df['value'] = signal.detrend(df.value.values)
```

Pour obtenir une visualisation complète, il est possible de superposer deux graphiques : celui des valeurs d'origine stocké dans **df2** et celui stocké dans **df** qui contient la série sans la tendance.

```
# affichage sur la totalité de la plage
plt.plot(df.index, df.value, color='tab:red', linewidth=3,
         label='les valeurs sans la tendance')
plt.plot(df2.index, df2.value, color='tab:blue', linewidth=2,
         label='les valeurs d'origine')

plt.title('Nombre de naissances (1940-2020) sans la tendance', fontsize=16)
plt.legend()
plt.show()
```

Le résultat de la Figure 7-15 montre une série sans tendance centrée autour de 0.

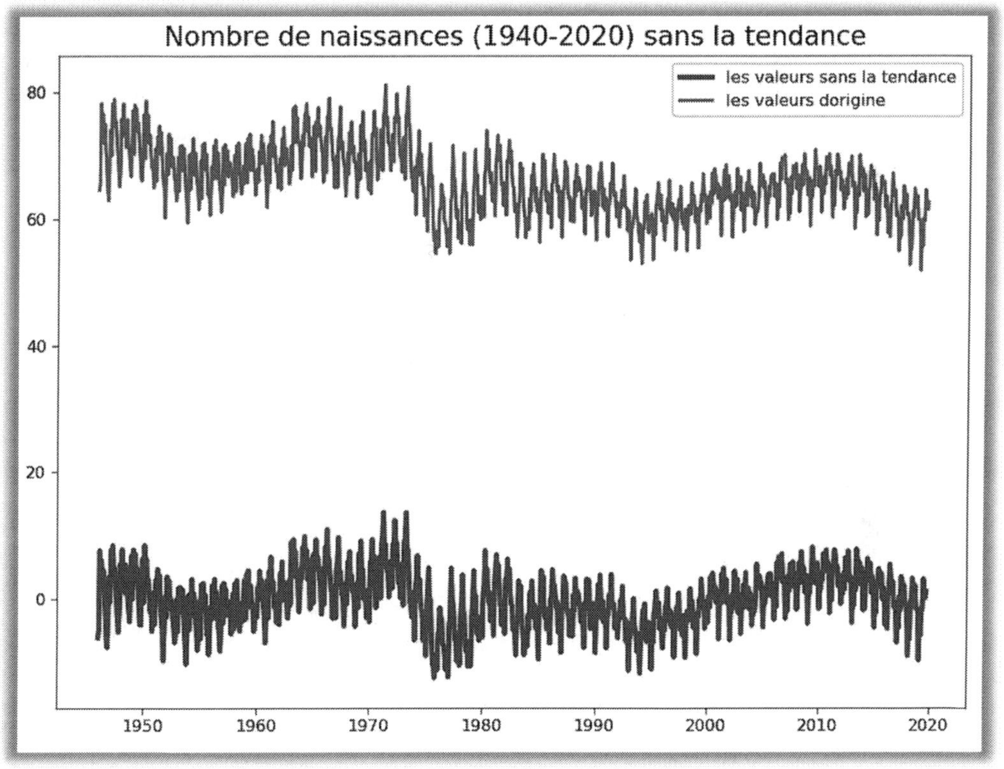

Figure 7-15. Comparaison de la série avec et sans la tendance entre 1940 et 2020

La méthode **xlim()** permet de choisir l'intervalle de date pour obtenir une représentation plus précise sur un intervalle de temps donné.

```
plt.xlim("01-01-2010", "01-01-2020")
```

Ainsi le code suivant donne une représentation des deux séries entre 2010 et 2020 et permet d'obtenir la visualisation de la Figure 7-16.

```
# affichage 2010 - 2020
plt.plot(df.index, df.value, color='tab:red', linewidth=3,
            label='les valeurs sans la tendance')
plt.plot(df2.index, df2.value, color='tab:blue', linewidth=2,
            label='les valeurs d'origine')

plt.title('Nombre de naissances (2010-2020) sans la tendance', fontsize=16)
plt.xlim("01-01-2010", "01-01-2020")
plt.legend()
plt.show()
```

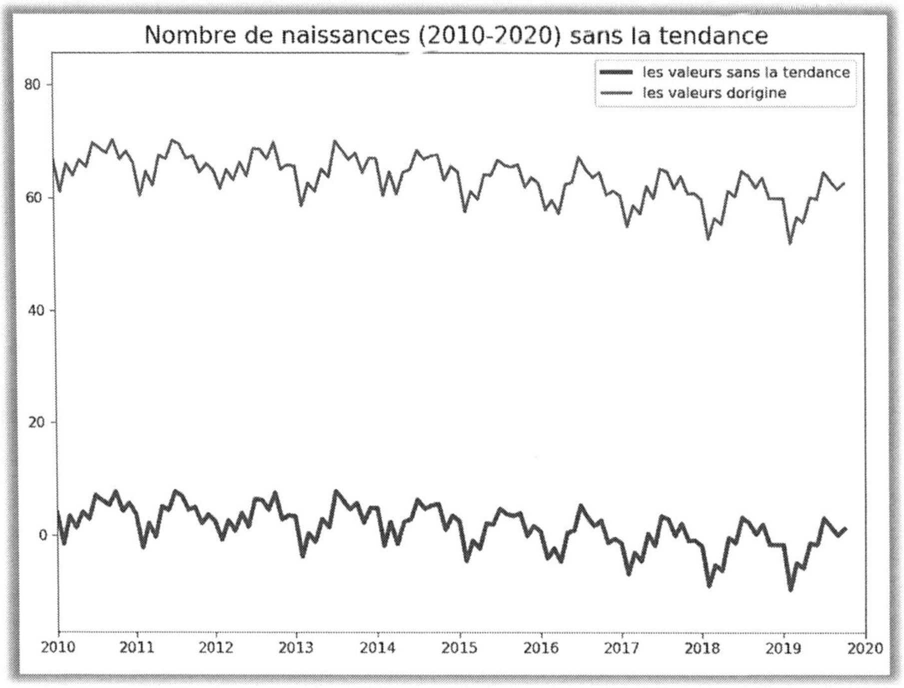

Figure 7-16. Comparaison de la série avec et sans la tendance entre 2010 et 2020

Le code Python complet est le suivant :

```
from dateutil.parser import parse
import matplotlib as mpl
import matplotlib.pyplot as plt
import seaborn as sns
import numpy as np
import pandas as pd
from scipy import signal
import pandas.plotting

from pandas.plotting import register_matplotlib_converters
register_matplotlib_converters()
```

```
plt.rcParams.update({'figure.figsize': (10, 7), 'figure.dpi': 120})

# Lecture des données Dataframe
df = pd.read_csv('../../../Data_Naissance_INSEE/Data_Naissance.csv',
                  parse_dates=['date'], index_col=['date']);

# copie des données
df2 =df.copy()

# df contient maintenant la série dans tendance
df['value'] = signal.detrend(df.value.values)

# affichage sur la totalité de la plage
plt.plot(df.index, df.value, color='tab:red', linewidth=3,
                  label='les valeurs sans la tendance')
plt.plot(df2.index, df2.value, color='tab:blue', linewidth=2,
                  label='les valeurs d'origine')
plt.title('Nombre de naissances (1940-2020) sans la tendance', fontsize=16)

plt.legend()
plt.show()

# affichage 2010 - 2020
plt.plot(df.index, df.value, color='tab:red', linewidth=3,
                  label='les valeurs sans la tendance')
plt.plot(df2.index, df2.value, color='tab:blue', linewidth=2,
                  label='les valeurs d'origine')

plt.title('Nombre de naissances (1940-2020) sans la tendance', fontsize=16)
plt.xlim("01-01-2010", "01-01-2020")
plt.legend()
plt.show()
```

7.2.5 Série désaisonnalisée

L'étude réalisée au début de ce chapitre avec la moyenne mobile a montré l'existence d'un phénomène périodique d'ordre 12.

En Python la méthode **seasonal_decompose()** permet de réaliser une décomposition qui contient la partie "saisonnière". Le code suivant permet de diviser les valeurs initiales par le caractère saisonnier **decomposition.seasonal**.

```
decomposition = seasonal_decompose(df['value'], freq = 12, model='additive',*
                  extrapolate_trend=12)
deseasonalized = decomposition.observed - decomposition.seasonal
print(deseasonalized)
```

Il est possible d'obtenir une représentation des 3 éléments issus de la décomposition via la méthode **plot()**.

```
# dessin des informations récupérées par la décomposition
fig = decomposition.plot()
plt.show()
```

Ceci permet de retrouver facilement les 3 éléments de la décomposition qui sont présentés sur la Figure 7-17.

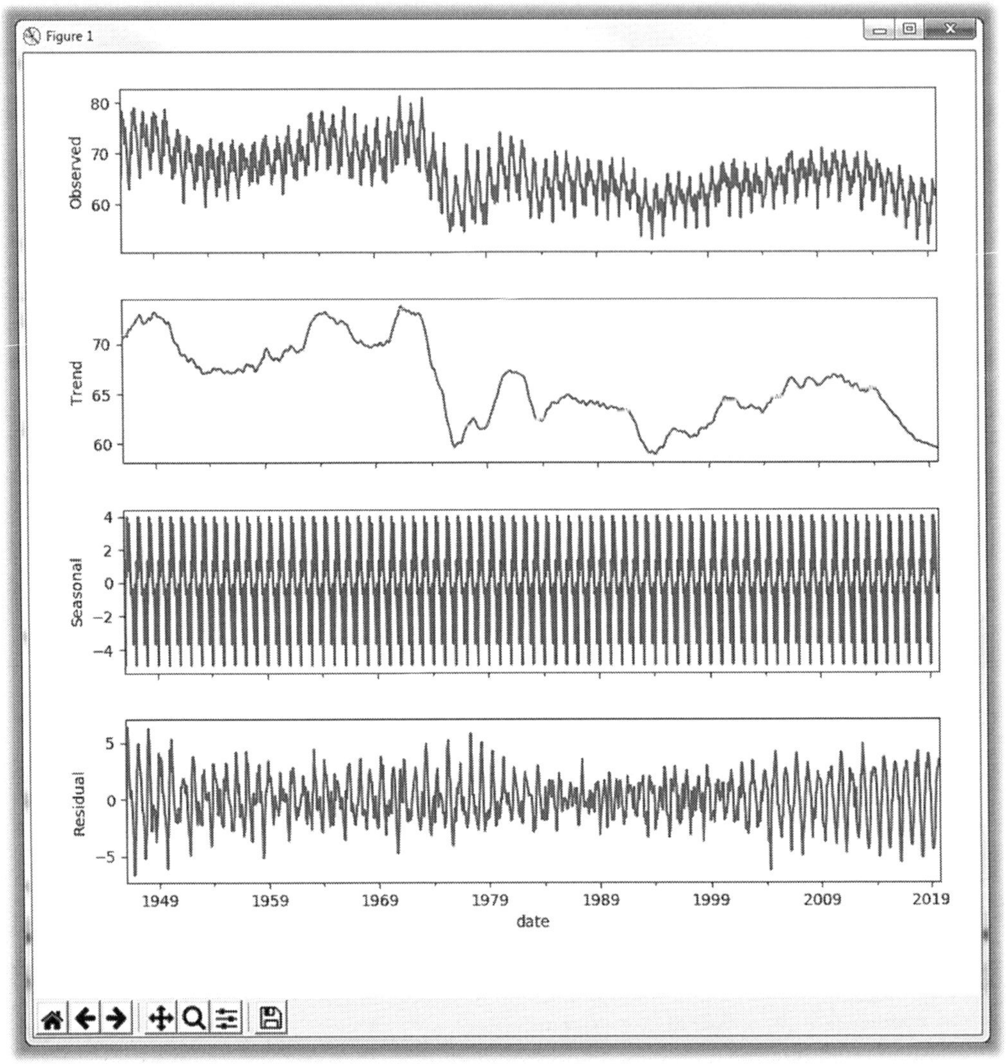

Figure 7-17. Les 3 éléments issus de la décomposition appliquée à la totalité de la période 1940-2020.

Pour visualiser la différence entre les données d'origine et la série désaisonnalisée, il est possible de superposer les deux séries sur le même schéma en analysant précisément une période limitée, par exemple à 2010 – 2020 :

- **decomposition.observed** fait référence aux données d'origine ;
- **deseasonalized** aux données d'origine auxquelles la partie période a été soustraite.

Il est **indispensable** d'effectuer ce calcul sur la période 2010-2020 uniquement et pas sur l'intégralité des données. En effet, plusieurs phénomènes simultanés peuvent être présents. Pour obtenir un code simple, il suffit de prendre en compte le fichier **Data_Naissance_2010_2020.csv** dont le contenu est limité à la période 2010-2020.

```
# Plot
plt.plot(deseasonalized, color='tab:red', linewidth=3,
            label='Série désaisonnalisée')

plt.plot(decomposition.observed,'--', color='tab:blue', linewidth=3,
             label='Série d'origine')

plt.xlim("01-01-2010", "01-01-2020")
plt.legend()
plt.title('Nombres de naissances désaisonnalisées', fontsize=16)
plt.plot()
plt.show()
```

Le résultat est donné par la Figure 7-18 : la différence entre les données initiales (courbe en pointillés) et les données désaisonnalisées (courbe en train plein) apparaît facilement sur le schéma.

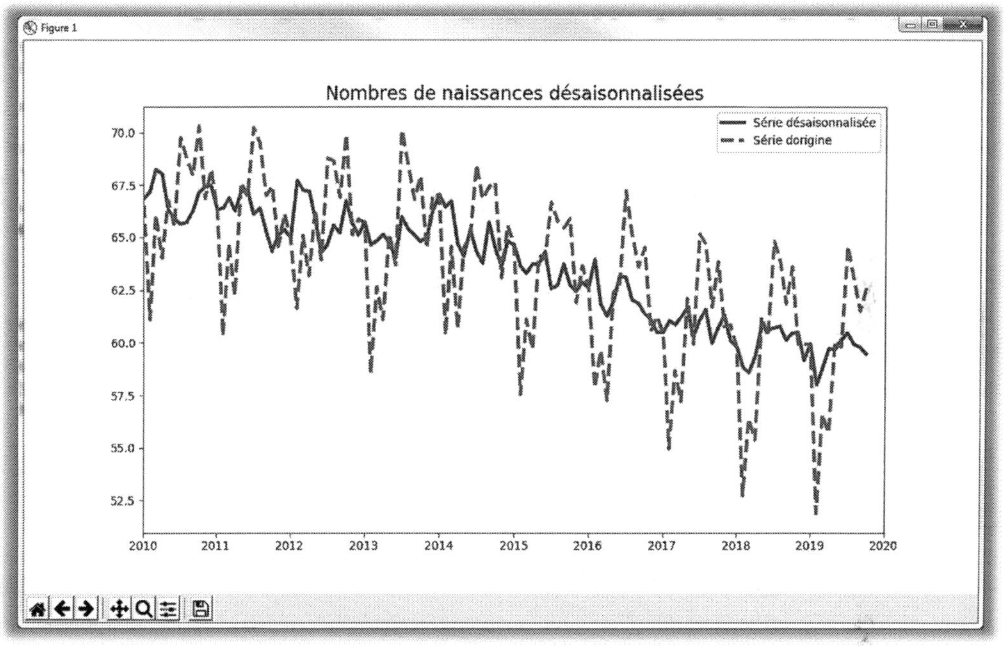

Figure 7-18. La série désaisonnalisée entre 2010 et 2020

Le code Python complet est le suivant :

```
from dateutil.parser import parse
import matplotlib as mpl
import matplotlib.pyplot as plt
import seaborn as sns
import numpy as np
import pandas as pd
from scipy import signal

from pandas.plotting import register_matplotlib_converters
register_matplotlib_converters()
from statsmodels.tsa.seasonal import seasonal_decompose
```

```
# Lecture des données
df = pd.read_csv('../../../Data_Naissance_INSEE/Data_Naissance_2010_2020.csv',
                 parse_dates=['date'], index_col=['date']);

decomposition = seasonal_decompose(df['value'], freq = 12, model='additive',
                 extrapolate_trend=12)

# dessin des informations récupérées par la décomposition
fig = decomposition.plot()
plt.show()

# Plot
plt.plot(deseasonalized, color='tab:red', linewidth=3,
                 label='Série désaisonnalisée')
plt.plot(decomposition.observed, color='tab:blue', linewidth=3,
                 label='Série d'origine')

plt.xlim("01-01-2010", "01-01-2020")
plt.legend()
plt.title('Nombres de naissances désaisonnalisées', fontsize=16)
plt.plot()
plt.show()
```

7.2.6 Détecter une période : principes de la transformée de Fourier

La densité spectrale de puissance d'une série chronologique u indexée par des entiers t_n (supposés ici de la forme $t_k = t_0 = kh$) qui représentent des dates, est définie (pour $0 \leq j \leq N-1$) par :

$$j \longmapsto S_j = \frac{1}{N}\left|\sum_{k=0}^{N-1} u_k.exp\left(-ik\frac{j2\pi}{N}\right)\right|^2$$

Comme

$$e^{\left(ik\frac{j2\pi}{N}\right)} = cos\left(k\frac{j2\pi}{N}\right) + i\, sin\left(k\frac{j2\pi}{N}\right)$$

Alors

$$j \longmapsto S_j = \frac{1}{N}\left|\sum_{k=0}^{N-1} u_k.cos\left(k\frac{j2\pi}{N}\right)\right|^2 + \frac{1}{N}\left|\sum_{k=0}^{N-1} u_k.sin\left(k\frac{j2\pi}{N}\right)\right|^2$$

Rappelons que $\cos(\omega j)$ est de période $T = \frac{1}{f} = \frac{2\pi}{\omega}$ (où ω est la pulsation et f la fréquence) et qu'il en est de même pour le sinus. Ainsi S_j est de période N. Mathématiquement, il est plus simple de travailler en unités "naturelles", ici le radian. Il est possible de ramener le spectre sur $[0;\pi]$ en faisant le changement d'abscisse $x_j = 2\pi.\frac{j}{N}$.

Il s'agit juste d'une règle de trois de la forme :

$$\begin{array}{ccc} N & \rightarrow & 2.\pi \\ j & \rightarrow & x = 2\pi.\dfrac{j}{N} \end{array}$$

Dans ce cas, x est la pulsation.

Mais, en pratique, il est plus simple de travailler en tours par unité de temps, ce qui amène à utiliser la fréquence $f = \frac{x}{2\pi}$. La période correspondante est $T = \frac{1}{f}$. Il s'agit encore d'une simple règle de trois de la forme ;

$$\begin{array}{ccc} N & \rightarrow & 1 \\ j & \rightarrow & f = \dfrac{j}{N} \end{array}$$

Si les données de pulsation ω sont $u_k = cos(\omega k) = Re\left(e^{i\omega k}\right)$ alors :

$$\sum_{k=0}^{N-1} \mathrm{e}^{(i\omega k)}.\mathrm{e}^{(-ikx)} = \sum_{k=0}^{N-1} \mathrm{e}^{[ik(\omega-x)]} = \sum_{k=0}^{N-1} \left[\mathrm{e}^{[i(\omega-x)]}\right]^k$$

Or, si $\omega - x \neq n.2\pi$ (avec n entier),

$$\left|\sum_{k=0}^{N-1} \mathrm{e}^{[i(\omega-x)]^{\mathrm{k}}}\right| \leq \sum_{k=0}^{N-1} \left|\mathrm{e}^{[i(\omega-x)]}\right|^{\mathrm{k}} < N$$

Donc, $\omega - x \neq n.2\pi$ (avec n entier), $S_x < N$, mais, dès que $\omega - x \approx n.2\pi$ (avec n entier), alors $S_x \approx N$. Ainsi, il y a un "pic" de la suite S_x aux environs de ω.

Rappelons que les basses fréquences (longues périodes) sont liées à la périodisation du signal (dès que u_{N-1} est très différent de u_0, il y a un pic proche de 0) : en pratique ces pics n'ont pas d'intérêt car le signal u traité peut être vu comme N-périodique.

Il est possible de montrer que la densité spectrale de puissance, ramenée sur $[0; 1]$, représente la répartition de la puissance du signal pour chaque fréquence.

Réalisation Python

Les données du problème peuvent être visualisées avec :

```
df = pd.read_csv('data2.csv');
a = np.array(df.value)
plt.plot( a )
plt.show
```

Où la partie valeur du **dataframe df** est recopié dans un tableau a.

Ceci donne le résultat de la Figure 7-19, sur laquelle une analyse rapide permet de constater que la période approximative est de 6.

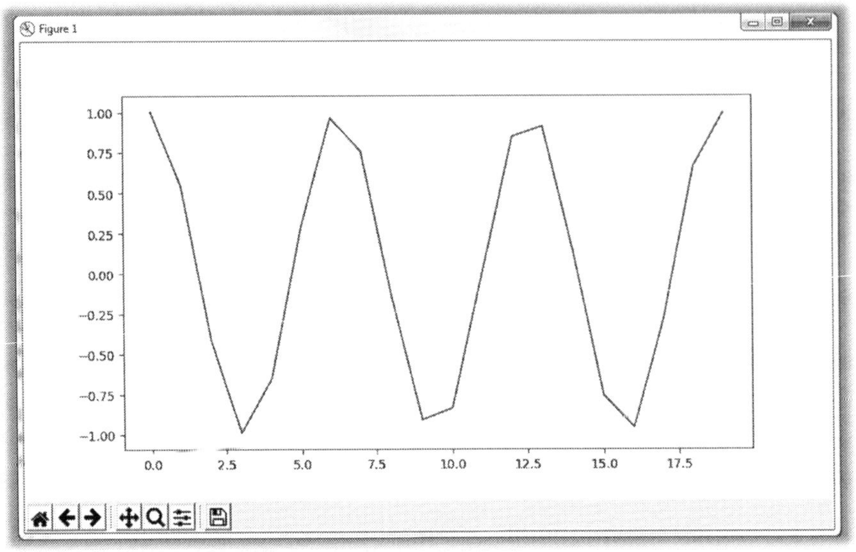

Figure 7-19. Visualisation des données

Ceci est confirmé en visualisant les données (Figure 7-20).

	A	B	C
2	1.0		
3	0.54030231		
4	-0.41614684		
5	-0.9899925		
6	-0.65364362		
7	0.28366219		
8	0.96017029		
9	0.75390225		
10	-0.14550003		
11	-0.91113026		
12	-0.83907153		
13	0.0044257		
14	0.84385396		
15	0.90744678		
16	0.13673722		
17	-0.75968791		
18	-0.95765948		
19	-0.27516334		
20	0.66031671		
21	0.98870462		
22			

data

Prêt 145 %

Figure 7-20. Visualisation des données (fonction étudiée : cosinus)

Pour des raisons pratiques, la première valeur du tableau est recopiée à la fin du tableau :

```
plt.plot(np.append(a, a[0]))
```

Le calcul de la transformée de Fourier se fait par un simple appel à la méthode **fft()** avec *a* comme paramètre.

```
A = np.fft.fft(a)
```

Il suffit alors de récupérer la partie réelle et la partie imaginaire de B pour tracer les deux courbes correspondantes.

```
B = np.append(A, A[0])
plt.subplot(312)
plt.plot(np.real(B))
plt.ylabel("partie reelle")
plt.subplot(313)
plt.plot(np.imag(B))
plt.ylabel("partie imaginaire")
plt.show()
```

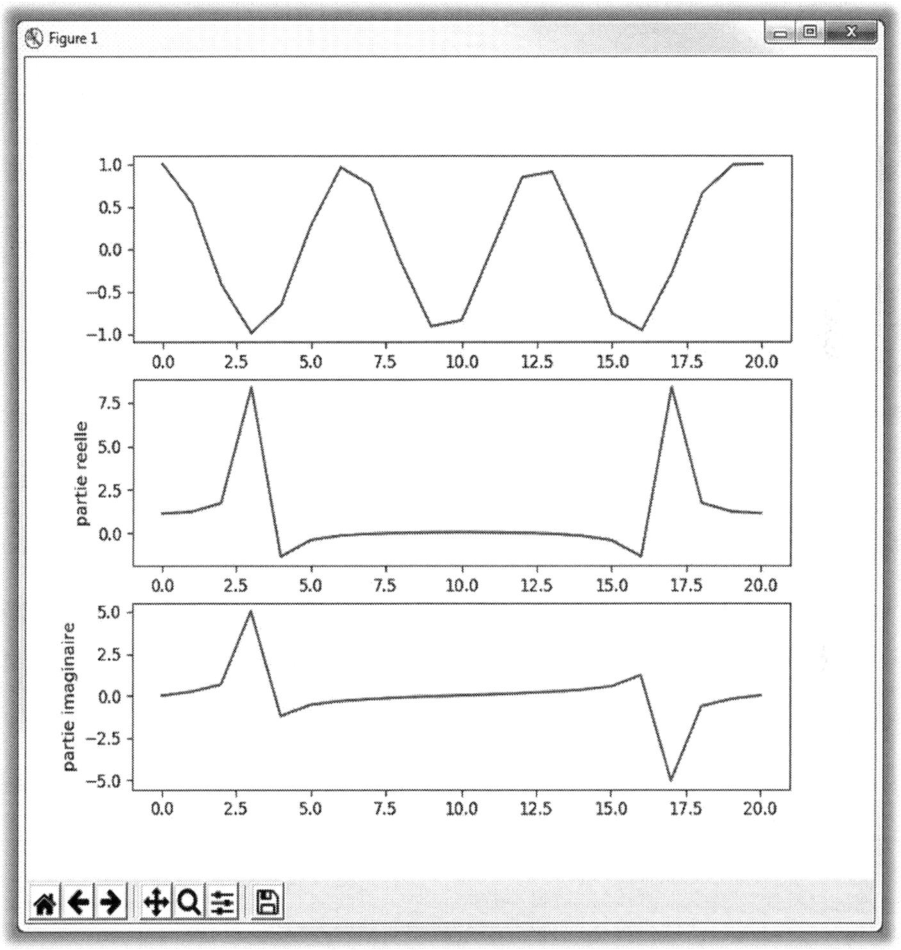

Figure 7-21. Visualisation des données

Pour réaliser le calcul de la Densite Spectrable de Puissance (DSP), il suffit de calculer $\frac{1}{n}.Partie\_reelle\ (B)^2.Partie\_reelle\ (B)^2$.

```
from math import *
DSP = (1/n)*np.real(B)*np.real(B)+np.imag(B)*np.imag(B)

print(DSP)
plt.axis([0, 10, 0, 30])
plt.plot(DSP)
plt.ylabel("DSP")

plt.show()
```

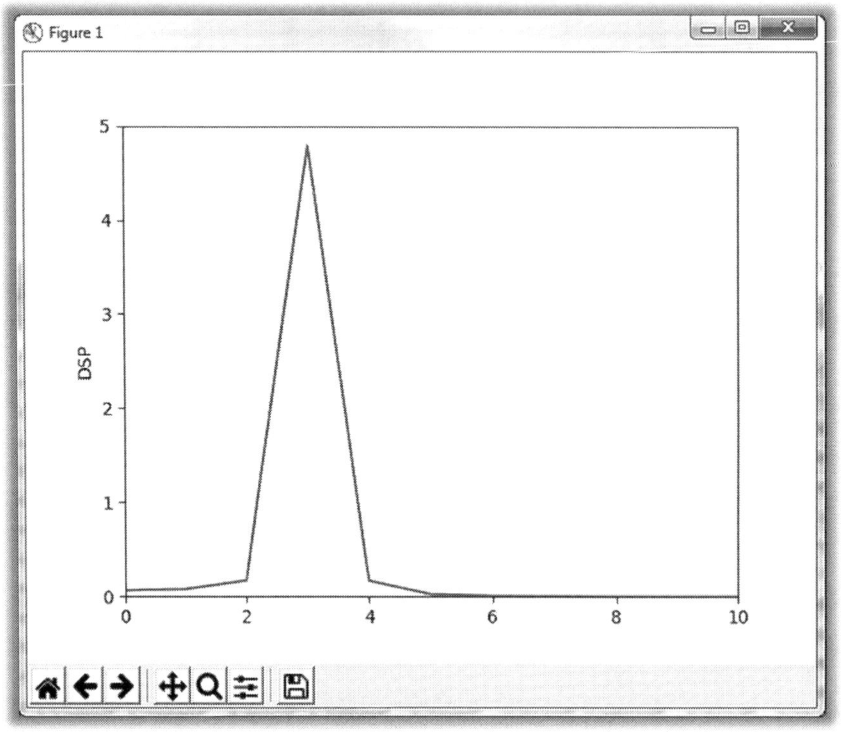

Figure 7-22. Visualisation de la densité spectrale de puissance (DSP) sur $[0;10]$

La courbe de Figure 7-22 permet d'affirmer que la partie périodique est de fréquence

$$f = \frac{j}{N} \approx \frac{3}{20} = 0.15$$

Ce qui conduit à une période (en unités de temps) :

$$T = \frac{1}{f} \approx \frac{1}{0,15} \approx 6.7 \text{ soit environ } 2\pi$$

Le code complet est le suivant :

```
import numpy as np
import pandas as pd
import matplotlib.pyplot as plt

n = 20
```

```
# Lecture des données
df = pd.read_csv('data.csv');

# définition de a
a = np.array(df.value)
print(a)
plt.plot(a)
plt.show()

# visualisation de a avec ajout à droite la valeur de gauche pour la
# périodicité
plt.subplot(311)
plt.plot(np.append(a, a[0]) )

# calcul de A
A = np.fft.fft(a)

# visualisation de A
# on ajoute à droite la valeur de gauche pour la périodicité

B = np.append(A, A[0])
plt.subplot(312)
plt.plot(np.real(B))
plt.ylabel("partie reelle")

plt.subplot(313)
plt.plot(np.imag(B))
plt.ylabel("partie imaginaire")

plt.show()

# dessin de la DSP (carré du module / N)
from math import *

DSP = (1/n)*(np.real(B)*np.real(B)+np.imag(B)*np.imag(B))

print(DSP)
plt.axis([0, 10, 0, 30])
plt.plot(DSP)
plt.ylabel("DSP")
plt.show()
```

Une source d'erreur classique dans ce type de code réside dans une mauvaise utilisation de la méthode **subplot()**. Celle-ci prend plusieurs paramètres dont le premier qui définit le nombre de lignes (donc de schémas) (qui vaut ici 3) et le deuxième qui définit le nombre de colonnes et la dernière la ligne sur laquelle le dessin est affecté.

Le lecteur intéressé peut refaire les calculs pas à pas avec la feuille Excel **demo_fourier.xls** qui donne tous les détails de calcul. Le résultat obtenu avec Excel est bien entendu identique à celui fourni par Python (Figure 7-23).

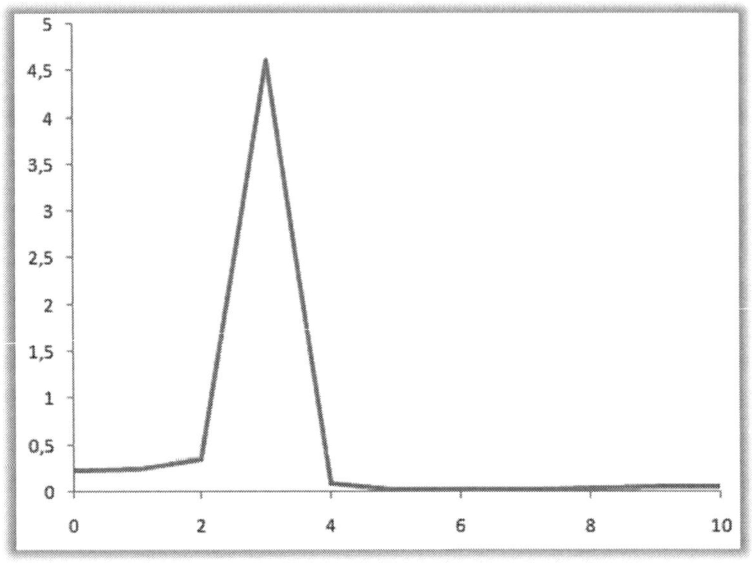

Figure 7-23. Visualisation du module (fichier Excel demo_fourier.xls)

Réalisation Python avec les données de data2.csv

Il s'agit de données reprises dans le fichier Excel **demo_fourier2.xls** et qui correspondent à un processus de période 4 comme une simple analyse graphique permet de s'en convaincre.

1	1.00000
2	0.90000
3	0.85000
4	2.50000
5	1.00000
6	0.90000
7	0.85000
8	2.40000
9	1.00000
10	0.90000
11	0.80000
12	2.99900
13	0.85000
14	0.75000
15	0.60000
16	2.20000
17	0.95000
18	0.45600
19	0.83000
20	1.98870

Figure 7-24. Les données de data2.xls

La courbe de Figure 7-25, permet d'affirmer que la partie périodique est de fréquence :

$$f = \frac{j}{N} \approx \frac{5}{20} = 0.25$$

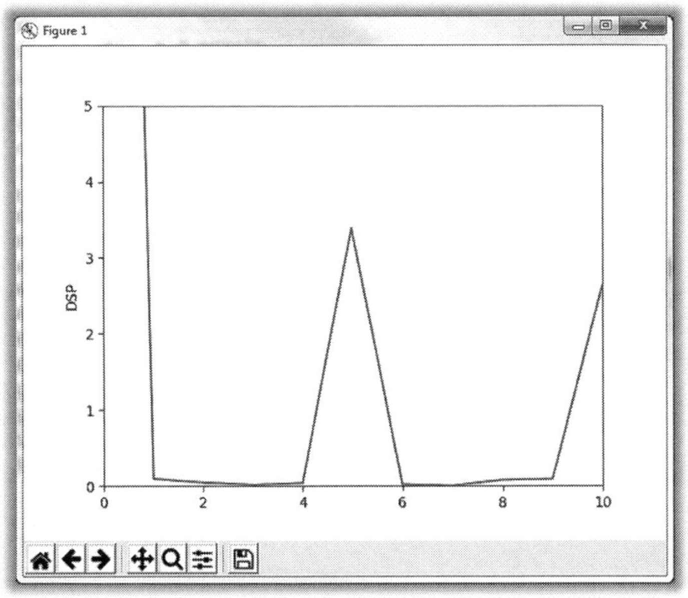

Figure 7-25. Analyse avec le code Python de Data2.csv

Ce qui conduit à une période (en unités de temps) : $T = \frac{1}{f} \approx \frac{1}{0{,}25} = 4$

Il est possible de refaire l'ensemble des calculs sous Excel, exercice proposé dans le fichier **demo_fourier2.xls**. Les résultats obtenus sur la Figure 7-25 sont conformes à ceux fournis avec Python.

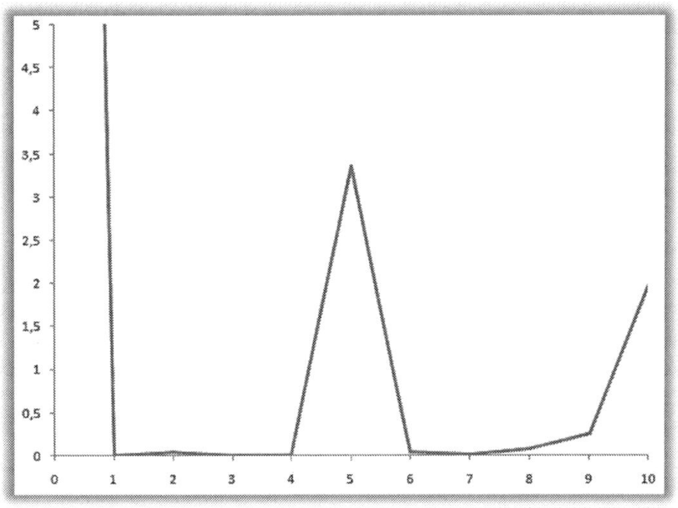

Figure 7-26. Analyse avec Excel (fichier demo_fourier2.xls)

Le pic en 0 est un comportement typique de la DSP appliquée à une série non centrée.

Cas particulier : un phénomène non centré

Le fichier **data3.csv** contient une série croissante (valeur 1, 2...) évidemment non stationnaire. Le code précédent peut être exécuté sur ce fichier en modifiant uniquement la représentation graphique d'une part en se limitant aux 10 premières abscisses et en augmentant à 200 l'axe des ordonnées.

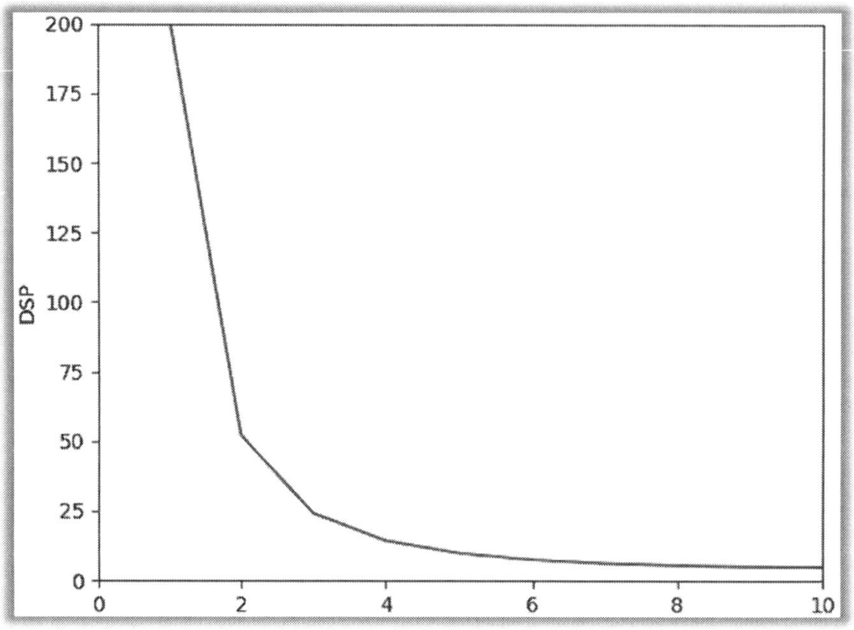

Figure 7-27. DSP pour une série non centrée (fichier data3.csv)

```
plt.axis([0, 10, 0, 200])
plt.plot(DSP)
plt.ylabel("DSP")
```

Le dessin obtenu sur la Figure 7-27, est une représentation graphique typique d'une transformée de Fourier sur une série non centrée.

Un test réalisé avec le fichier **data4.csv** qui contient des données non centrées décroissantes donne un résultat similaire.

La transformée de Fourier s'appliquant à une série indexée par ℝ, la série de la Figure 7-28, est traitée par la transformée de Fourier comme si elle était de période 20.

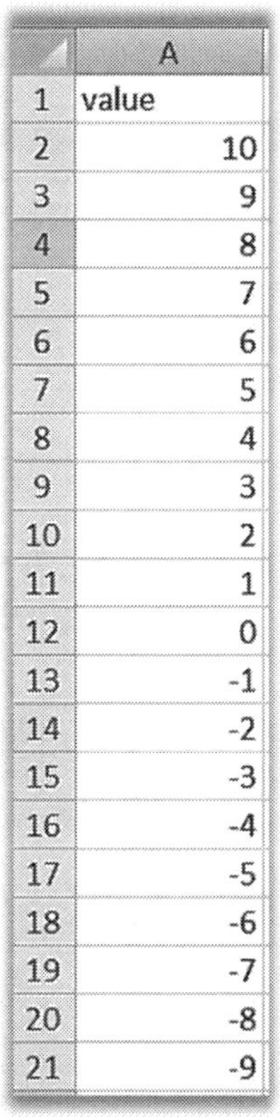

	A
1	value
2	10
3	9
4	8
5	7
6	6
7	5
8	4
9	3
10	2
11	1
12	0
13	-1
14	-2
15	-3
16	-4
17	-5
18	-6
19	-7
20	-8
21	-9

Figure 7-28. Exemple de série (presque) centrée non stationnaire (fichier data5.csv)

Ainsi, la DSP donne un pic en 1 (Figure 7-29) ce qui correspond à une fréquence de $1/20 = 0.05$ soit une période de $1/0.05 = 20$.

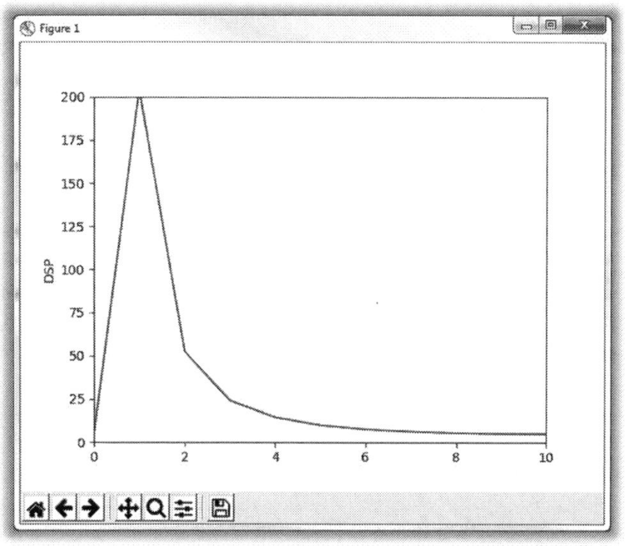

Figure 7-29. DSP pour une série (presque) centrée non stationnaire (fichier data5.csv)

7.2.7 Détecter une période avec une transformée de Fourier : application à l'analyse des naissances

Dans les sections précédentes, il a été fait usage de la notion de période : une première fois pour effectuer des moyennes mobiles ce qui a permis d'identifier une période de 12 ; une deuxième fois au moment d'effectuer la décomposition d'une série pour calculer la série désaisonnalisée. L'appel à la méthode **seasonal_decompose()** nécessite en particulier un paramètre **freq** : identifier la fréquence du phénomène est un prérequis indispensable à une utilisation correcte de **searsonal_decompose()** par exemple.

Au début de chapitre, cette détermination a été réalisée de manière empirique mais la manière correcte de procéder est bien sûr de valider une intuition par un processus scientifique.

```
decomposition = seasonal_decompose(df['value'], freq = 12, model='additive',
            extrapolate_trend=12)
```

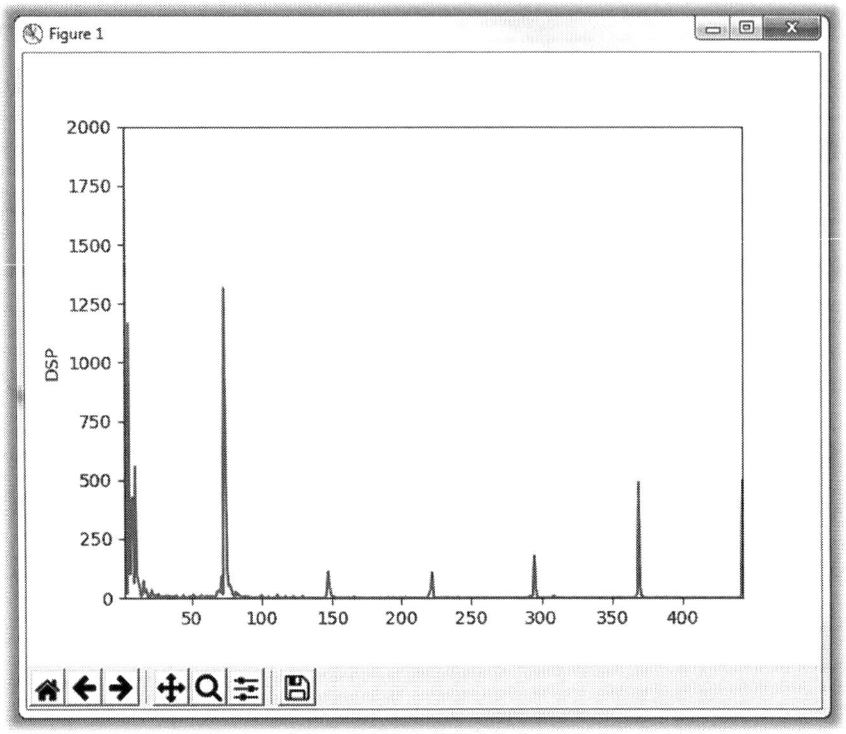

Figure 7-30. La densité spectrale de puissance pour les naissances

L'application de la transformée de Fourrier aux données des naissances donne la courbe de Figure 7-19, qui permet d'affirmer que la partie périodique est de fréquence $f = \frac{j}{N} \approx \frac{75}{886} = 0.0835$, ce qui conduit à une période (en mois) : $T = \frac{1}{f} \approx \frac{1}{0{,}0835} \approx 11.97$ soit environ 12 mois.

Code complet :

```
import numpy as np
import pandas as pd
import matplotlib.pyplot as plt

#lecture des données
df = pd.read_csv('../../../Data_Naissance_INSEE/Data_Naissance.csv',
                 parse_dates=['date'], index_col=['date']);

print(type(df))
print(df)

les_valeurs =df.value
n = df.shape[0]
```

```
# Ajout à droite de la valeur de gauche
np.append(les_valeurs, les_valeurs[0])

# calcul
A = np.fft.fft(les_valeurs)

# les données d'origine
plt.subplot(311)
plt.plot( les_valeurs)

# visualisation de A
# on ajoute à droite la valeur de gauche pour la périodicité
B = np.append(A, A[0])
plt.subplot(312)
plt.plot(np.real(B))
plt.ylabel("partie reelle")

plt.subplot(313)
plt.plot(np.imag(B))
plt.ylabel("partie imaginaire")

plt.show()

# dessin de la DSP (carre du module / N)
from math import *
DSP = (1/n)*(np.real(B)*np.real(B)+np.imag(B)*np.imag(B))

print(DSP)
# on ne dessine pas la valeur d'abscisse 0
plt.axis([0, n/2, 0, 2000])
plt.plot(DSP)
plt.ylabel("DSP")

plt.show()
```

7.2.8 Estimer la partie saisonnière d'une série

Dans cette section, il est supposé que $u_{t_k} = u_{t_0} + k.h$ (pour un certain $h > 0$), et que des calculs ont permis de calculer la tendance f_t puis la période de la partie saisonnière s_t. Il s'agit ici de déterminer s pour $u_{t_i} = f_{t_i} + s_{t_i} + e_{t_i}$.

S'il est raisonnable de supposer, par exemple, que la série ait une période de valeur 4, alors la partie saisonnière s est de la forme $s_{t_k+4h} = s_{t_k}$. Il s'agit donc d'estimer 4 valeurs a, b, c et d pour s, respectivement $s_{t_1}, s_{t_2}, s_{t_3}$ et s_{t_4}.

Il "suffit" de considérer $a = s_{t_4}$ comme étant la moyenne des termes $u_{t_4}, u_{t_8}, u_{t_{12}}$ etc. et de procéder de manière similaire pour $b = s_{t_1}$ avec la moyenne des termes $u_{t_1}, u_{t_5}, u_{t_9}$ etc. Le même procédé peut être utilisé pour $c = s_{t_2}$ avec la moyenne des termes $u_{t_2}, u_{t_6}, u_{t_{10}}$ etc. Enfin $d = s_{t_3}$ peut être estimé par la moyenne des termes $u_{t_3}, u_{t_7}, u_{t_{11}}$ etc.

Remarque : les quatre coefficients a, b, c et d qui sont à calculer peuvent être considérés comme minimisant la fonction φ (erreur quadratique) définie par :

$$\varphi(a,b,c,d) = \sum_k (u_{4k} - a)^2 + \sum_k (u_{4k+1} - b)^2 + \sum_k (u_{4k+2} - c)^2 + \sum_k (u_{4k+3} - d)^2$$

Alors les quatre dérivées partielles suivantes doivent être nulles :

$$\begin{cases} \dfrac{\partial\varphi}{\partial a} = 2\sum_k (u_{4k} - a) = 0 \\ \dfrac{\partial\varphi}{\partial b} = 2\sum_k (u_{4k+1} - b) = 0 \\ \dfrac{\partial\varphi}{\partial c} = 2\sum_k (u_{4k+2} - c) = 0 \\ \dfrac{\partial\varphi}{\partial d} = 2\sum_k (u_{4k+3} - d) = 0 \end{cases}$$

Soit :

$$\begin{cases} a.\sum_k 1 = \sum_k u_{4k} \\ b.\sum_k 1 = \sum_k u_{4k+1} \\ c.\sum_k 1 = \sum_k u_{4k+2} \\ d.\sum_k 1 = \sum_k u_{4k+3} \end{cases}$$

Ce qui donne :

$$\begin{cases} a = \overline{u_{4k}} \\ b = \overline{u_{4k+1}} \\ c = \overline{u_{4k+2}} \\ d = \overline{u_{4k+3}} \end{cases}$$

S'il n'existe pas d'autre périodicité, le résidu : $e_{t_k} = u_k - f_{t_k} - s_{t_k}$ doit être centré et stationnaire. La stationnarité peut être testée avec le test KPSS par exemple. La moyenne des résidus peut être estimée par $\bar{e} = \frac{1}{N}\sum_{k=1}^{N} e_{t_k}$ et sa variance par $(e) = \frac{1}{N}\sum_{k=1}^{N}\left[e_{t_k}\right]^2 - (\bar{e})^2$.

Il suffit ensuite de tester l'hypothèse que la moyenne des résidus soit nulle en calculant :

$$\gamma = \frac{\bar{e}}{\sqrt{\frac{N}{N-1} \times V(e)}}$$

γ suit une loi normale centrée réduite (dès que $N \geq 30$) et donc se situe dans l'intervalle $[-1.96; 1.96]$ avec une probabilité de 95% et dans l'intervalle $[-2.56; 2.56]$ avec une probabilité de 99%.

Si le résidu e_{t_k} n'est pas centré (la moyenne des résidus n'est pas nulle), cela signifie que l'identification de la tendance n'est probablement pas correcte. Une solution consiste alors à utiliser une autre méthode pour identifier la tendance, ou à refaire les calculs sur une partie seulement de la série chronologique.

Si le test KPSS rejette l'hypothèse de stationnarité, alors cela signifie qu'il existe peut être un autre phénomène périodique qui n'a pas été encore identifié ou qu'il y a une erreur sur l'identification de la partie périodique. Il faut envisager de refaire les calculs sur une partie seulement de la série chronologique.

7.2.9 Lisser une série

L'utilité d'un lissage apparaît naturellement dans les méthodes d'analyse comme de prévisions. La série étudiée présente généralement une certaine irrégularité, dont il est légitime de penser qu'elle ne reflète pas le(s) phénomène(s) sous-jacent(s) que l'on cherche à analyser, mais qu'elle est le résultat de l'imperfection des conditions de l'expérience ; les fluctuations d'échantillonnage induisent ainsi une variabilité "parasite" dans les valeurs estimées. Il est alors souhaitable "d'ajuster" ou de "lisser" les valeurs brutes pour représenter de manière plus fidèle la loi (inconnue) que l'on veut estimer. Le but d'un lissage, comme son nom l'indique, est ainsi de fournir, à partir de la série initiale, une série plus régulière sans pour autant masquer la tendance.

L'objectif d'un lissage est de construire à partir de :

$$u_{t_i} = f_{t_i} + s_{t_i} + e_{t_i}$$

Une nouvelle série y_{t_i} qui idéalement serait de la forme :

$$y_{t_i} = f_{t_i} + s_{t_i}$$

Calculer les moyennes mobiles constitue une forme de lissage mais il existe de nombreuses méthodes dont il n'est pas possible de donner une liste exhaustive. Ce paragraphe se limite à la présentation des méthodes de type lissage exponentiel qui constituent une grande famille de méthodes.

7.2.10 Lissage exponentiel simple

Le lissage exponentiel simple permet le traitement de séries chronologies sans tendance. Il s'agit de techniques très utilisées en gestion des stocks et qui sont plus réactives que les moyennes mobiles. Cette technique est présente dans tous les cours de mathématiques financières et elle est utilisée pour prédire des valeurs boursières sous un nom un peu différent "Moyenne Mobile Exponentielle (MME)".

Soit $(u_i)_{1 \le i \le N}$ une série chronologique avec $i = 1..N$

Une prévision de type lissage exponentiel simple s'exprime par :

$$y_i = \alpha . u_{i-1} + (1 - \alpha) . y_{i-1}$$

Il est facile de montrer que :

$$y_i = \alpha . u_{i-1} + (1 - \alpha)(\alpha . u_{i-2} + y_{i-2})$$

Soit encore :

$$y_i = \alpha . u_{i-1} + \alpha . (1-\alpha) . u_{i-2} + (1-\alpha) . y_{i-2}$$

En remplaçant $\quad y_{i-2} = \alpha . u_{i-3} + (1-\alpha) . y_{i-3}$

L'expression devient :

$$y_i = \alpha . u_{i-1} + \alpha . (1-\alpha) . u_{i-2} + (1-\alpha) . (\alpha . u_{i-3} + (1-\alpha) . y_{i-3})$$

$$y_i = \alpha . u_{i-1} + \alpha . (1-\alpha) . u_{i-2} + \alpha . (1-\alpha) . u_{i-3} + (1-\alpha)^2 . y_{i-3}$$

Ainsi l'expression est :

$$y_i = \alpha . u_{i-1} + \alpha . (1-\alpha) . u_{i-2} + \alpha . (1-\alpha) . u_{i-3} + \alpha . (1-\alpha)^2 . u_{i-3} + \cdots + \alpha . (1-\alpha)^{i-2} . u_1 + \cdots + \alpha . (1-\alpha)^{i-1} . u_0$$

De manière plus concise :

$$y_i = \sum_{k=0}^{k=i-1} \alpha . (1-\alpha)^{i-k-1} . u_k$$

Si le paramètre α est fixé à 40% ($\alpha = 0.4$), la prévision effectuée à la date t_i (rang i) dépend : de la donnée disponible en $i-1$ avec un coefficient de 0.4 ; de la donnée disponible en $i-2$ avec un coefficient de $0.4 \times (1-0.4) = 0.24$; et de la donnée disponible en $i-3$ avec un coefficient de 0.144.

L'exemple du Tableau 7-2 est proposé dans le fichier Excel **liss_exponentiel.xls** et il correspond à un lissage exponentiel avec une valeur de départ $y_2 = 56$ qui est la valeur moyenne de u_1 et de u_2.

Tableau 7-2. Lissage exponentiel simple $\alpha = 0.4$

i	u	y
1	52.00	
2	60.00	56.00
3	56.00	57.60
4	51.00	56.96
5	55.00	54.58
6	56.00	54.75
7	53.00	55.25
8	48.00	54.35
9	51.00	51.81
10	57.00	51.49
11	52.00	53.69
12	59.00	53.01

En utilisant la formule : $y_i = \alpha . u_{i-1} + (1-\alpha) . y_{i-1}$

Les expressions suivantes s'obtiennent facilement :

$$y_3 = 0.4 \times 60 + 0.6 \times 56 = 57.60$$

$$y_4 = 0.4 \times 56 + 0.6 \times 57.60 = 56.96$$

Une valeur de α égale à 0.4 donne un poids de 0.4 à la valeur de u_{i-1} (Figure 7-31) alors qu'une valeur de $\alpha = 0.99$ revient à considérer que la valeur prédite est très proche de la valeur précédente ce qui se visualise sur la Figure 7-32 où la courbe grise est simplement un décalage "vers la droite" de la courbe en pointillé représentant les valeurs u_i. En effet, la formule : $y_i = \alpha.u_{i-1} + (1-\alpha).y_{i-1}$ montre bien que, si α tend vers 1 alors y_i tend vers u_{i-1} . L'ensemble de ces résultats peuvent être obtenus dans le fichier **liss_exponentiel.xls** en faisant varier α)

Au contraire, la même formule, écrite sous la forme : $y_i = \alpha.(u_{i-1} - y_{i-1}) + y_{i-1}$ montre que, si α tend vers 0 alors y_i tend vers y_{i-1} c'est-à-dire que le lissage devient la constante : y_0.

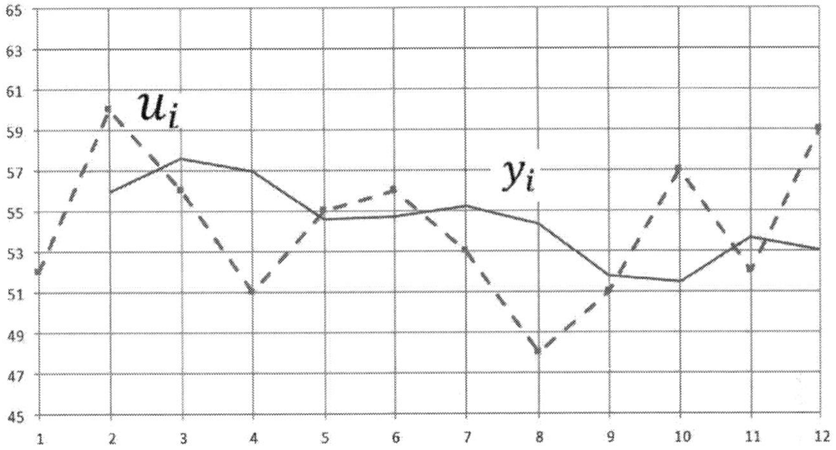

Figure 7-31. Visualisation des données brutes et lissées avec $\alpha = 0.4$

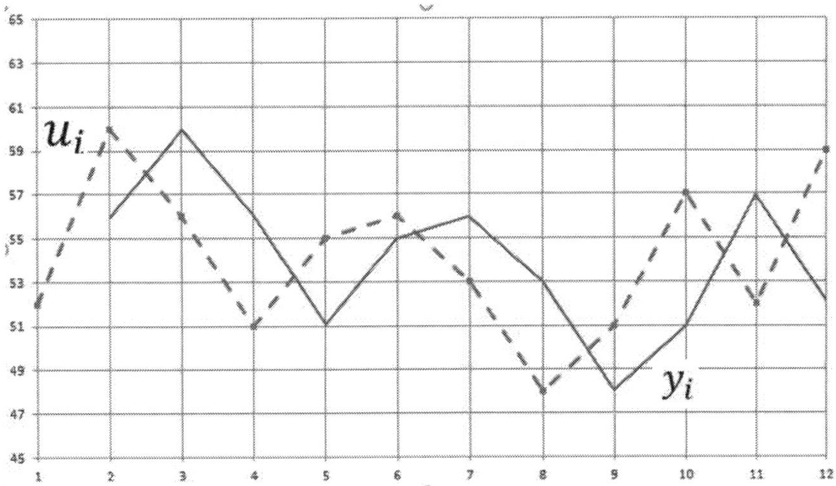

Figure 7-32. Visualisation des données brutes et lissées avec $\alpha = 0.99$

7.2.11 Lissage exponentiel double

Déterminer la droite de régression d'équation $y = a.t + b$ consiste à chercher deux réels a et b tels minimisant l'erreur quadratique :

$$E(a,b) = \sum_{k=1}^{k=N} [u_k - (a.t_k + b)]^2$$

La différence entre l'erreur qui est minimisée dans un lissage exponentiel double et celui défini pour la droite de régression, est l'utilisation d'un paramètre $\alpha \in]0;1[$ qui pondère l'erreur en fonction de la position dans la série.

Soit :

$$E(a,b,\alpha) = \sum_{k=1}^{k=N} (1-\alpha)^{N-k}.[u_k - (a.t_k + b)]^2$$

En posant :

$$y_i = \alpha.\sum_{k=1}^{k=i} (1-\alpha)^{i-k}.u_k \qquad \text{avec } i = 3..N$$

Avec $y_1 = u_1$ et $y_2 = u_2$

Puis

$$z_i = \alpha.\sum_{k=1}^{k=i} (1-\alpha)^{i-k}.y_k \qquad \text{avec } i = 2..N$$

Avec

$$z_1 = y_1$$

Comme

$$\begin{cases} y_i = \alpha.\sum_{k=1}^{k=i} (1-\alpha)^{i-k}.u_k \\ y_{i-1} = \alpha.\sum_{k=1}^{k=i-1} (1-\alpha)^{i-k-1}.u_k \end{cases}$$

L'expression est :

$$y_i = \alpha.\sum_{k=1}^{k=i} (1-\alpha)^{i-k}.u_k = \alpha.(1-\alpha).\sum_{k=1}^{k=i-1} (1-\alpha)^{i-k-1}.u_k + \alpha.u_i$$

Ce qui donne :

$$y_i = \alpha.u_i + (1-\alpha).y_{i-1}$$

De même :

$$z_i = \alpha.y_i + (1-\alpha).z_{i-1}$$

L'exemple du Tableau 7-3 est proposé dans le fichier Excel liss_exponentiel_double.xls et il correspond à un lissage exponentiel avec une valeur de départ $z_1 = 52 = y_1$ et $y_1 = 52 = u_1$ puis $y_2 = 60 = u_2$.

Tableau 7-3. Lissage exponentiel double $\alpha = 0.4$ ($N = 12$)

i	u_i	y_i	z_i
1	52.00	52.00	52.00
2	60.00	60.00	55.20
3	56.00	58.40	56.48
4	51.00	55.44	56.06
5	55.00	55.26	55.74
6	56.00	55.56	55.67
7	53.00	54.54	55.22
8	48.00	51.92	53.90
9	51.00	51.55	52.96
10	57.00	53.73	53.27
11	52.00	53.04	53.18
12	59.00	55.42	54.08

La courbe obtenue sur la Figure 7-33 est plus "régulière" que celle obtenue avec le lissage exponentiel simple (Figure 7-31).

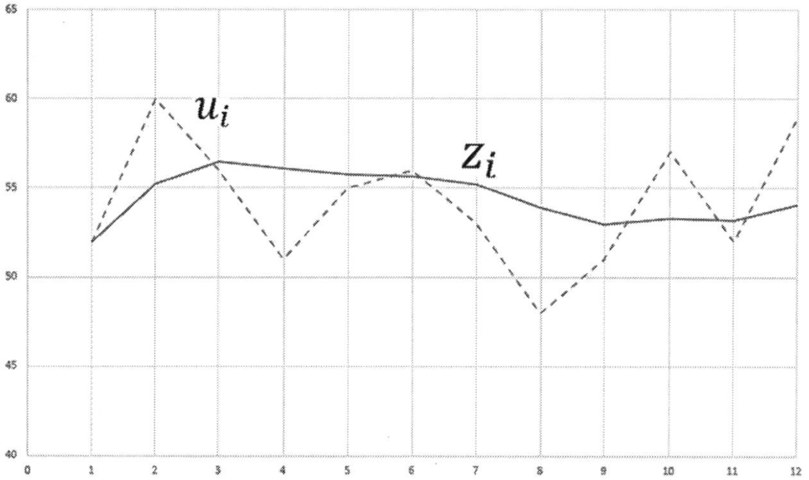

Figure 7-33. Lissage exponentiel double avec $\alpha = 0.4$

7.2.12 Réalisation d'un lissage avec Python

La bibliothèque Python propose un lissage LOESS (pour LOcally weighted Scatterplot Smoother) fondé sur des régressions locales. La méthode est :

```
lowess(…, …, frac=x.xxx)
```

Dont le paramètre **frac** permet de "contrôler" le degré de lissage.

Le code Python ci-dessous permet de comparer 3 lissages : un par moyenne mobile (d'ordre 3) et deux par la méthode LOESS.

```
from dateutil.parser import parse
import matplotlib as mpl
import matplotlib.pyplot as plt
import seaborn as sns
import numpy as np
import pandas as pd
from scipy import signal
```

```
from pandas.plotting import register_matplotlib_converters

register_matplotlib_converters()
from statsmodels.tsa.seasonal import seasonal_decompose
from statsmodels.nonparametric.smoothers_lowess import lowess

plt.rcParams.update({'xtick.bottom' : False, 'axes.titlepad':5})
# Lecture des données
df_orig = pd.read_csv('../../../Data_Naissance_INSEE/Data_Naissance.csv',
                      parse_dates=['date'], index_col=['date']);
# 1. Lissage par moyenne mobile
df_ma = df_orig.value.rolling(3, center=True, closed='both').mean()

# 2. Lissage Loess (5% et 15%)
df_loess_5 = pd.DataFrame(lowess(df_orig.value, np.arange(len(df_orig.value)),
                    frac=0.05)[:, 1], index=df_orig.index, columns=['value'])

df_loess_15 = pd.DataFrame(lowess(df_orig.value, np.arange(len(df_orig.value))
                  , frac=0.15)[:, 1], index=df_orig.index, columns=['value'])
# Affichage
fig, axes = plt.subplots(4,1, figsize=(7, 7), sharex=True, dpi=120)
df_orig['value'].plot(ax=axes[0], color='k', title=Serie originale')
df_loess_5['value'].plot(ax=axes[1], title='Lissage Loess 5%')
df_loess_15['value'].plot(ax=axes[2], title='Lissage Loess 15%')
df_ma.plot(ax=axes[3], title='Lissage par moyenne mobile (3)')
plt.show()
```

Comme le montre la Figure 7-34, plus le paramètre **frac** est élevé, plus la série obtenue est lisse.

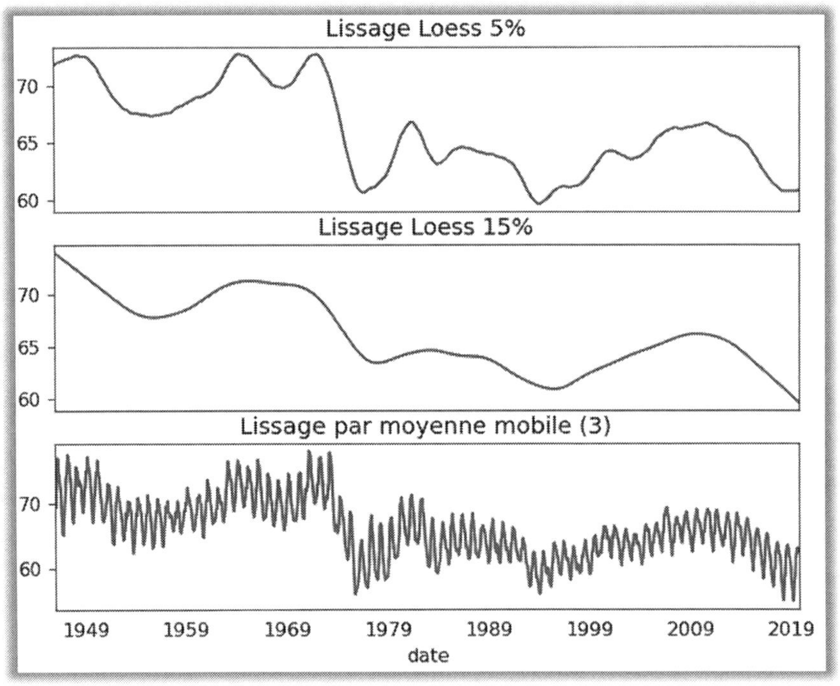

Figure 7-34. Série lissée

7.3 Prévisions

Il suffit de déterminer, pour la série donnée u, sa tendance f et sa partie saisonnière s, le résidu étant stationnaire et centré.

La série donnée étant $u = (u_k)_{1 \leq k \leq N}$ les prévisions sont donc, pour un $j > 0$ tout simplement données par $f_{t_{N+j}} + s_{t_{N+j}}$.

Notons que la tendance est usuellement donnée par une droite de régression calculée sur l'ensemble des données disponibles $(u_k)_{1 \leq k \leq N}$ ou sur une partie seulement généralement située à la "fin de la série" $(u_k)_{M \leq k \leq N}$ d'effectif suffisant, ou bien par lissage exponentiel calculé de même sur l'ensemble des données disponibles ou sur une partie finale.

7.3.1 Prévision par lissage exponentiel double

La prévision par lissage exponentiel double n'est efficace que si la série initiale n'a pas de partie périodique. Il s'agit de supposer, au moment où un lissage exponentiel double est utilisé, que :

$$u_{t_i} = f_{t_i} + e_{t_i}$$

Supposons $t_j = j$. Dans ces conditions, si N est assez grand et $1 - \alpha$ assez petit devant 1 alors il est possible d'approcher :

$$\sum_{k=0}^{k=N-1} (1-\alpha)^k = \frac{1-(1-\alpha)^N}{\alpha}$$

Par :

$$\sum_{k=0}^{k=N-1} (1-\alpha)^k \approx \frac{1}{\alpha}$$

Alors, il est possible de montrer que :

$$\begin{cases} a \approx \dfrac{\alpha}{1-\alpha}.(y_N - z_N) \\ b \approx 2.y_N - z_N \end{cases}$$

En pratique, il faut prendre :

$$y_i = \alpha.u_i + (1-\alpha).y_{i-1} \text{ pour } i = 3..N \text{ avec } y_2 = u_2 \text{ et } y_1 = u_1$$

Et

$$z_i = \alpha.y_i + (1-\alpha).z_{i-1} \text{ pour } i = 2..N \text{ avec } z_1 = y_1$$

La prévision p_{N+j} pour u_{N+j} (avec $j \geq 1$), est alors donnée par :

$$p_{N+j} = a.j + b$$

Le fichier **liss_exponentiel_double.xls** donne un exemple de prévision obtenue avec cette méthode (Tableau 7-4).

Tableau 7-4. Lissage exponentiel double $\alpha = 0.4$ ($N = 12$)

i	u_i	y_i	z_i	a	b
1	52.000	52.00	52.00		
2	60.000	60.000	55.200		
3	56.000	58.400	56.480		
4	51.000	55.440	56.064		
5	55.000	55.264	55.744		
6	56.000	55.558	55.670		
7	53.000	54.535	55.216		
8	48.000	51.921	53.898		
9	51.000	51.553	52.960		
10	57.000	53.732	53.269		
11	52.000	53.039	53.177		
12	59.000	55.423	54.075	0.899	56.771
13			57.670		
14			58.569		
15			59.467		
16			60.37		

Prévisions

Les prévisions se présentent sous la forme d'une droite comme le montre la Figure 7-35. De telles prévisions ne sont valables qu'à court terme et leur qualité dépend du choix de α.

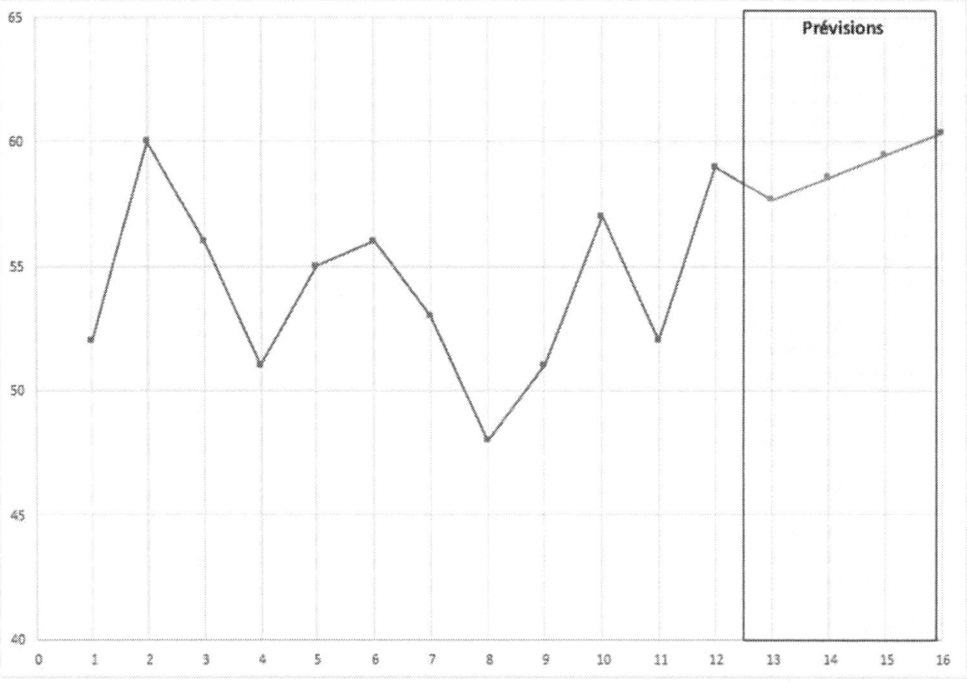

Figure 7-35. Prévisions par lissage exponentiel double

7.3.2 Prévision par lissage exponentiel double sur une série ayant une partie périodique

La prévision par lissage exponentiel double considérée concerne une série de la forme :

$$u_{t_i} = f_{t_i} + s_{t_i} + e_{t_i} \text{ avec } s_{t_i} \text{ de période } T.$$

Technique 1.

Il s'agit d'estimer la partie saisonnière par exemple en utilisant la technique du paragraphe 7.2.8.
La prévision p_{N+j} pour u_{N+j} (avec $j \geq 1$), est alors donnée par :

$$p_{N+j} = a.j + b + s_{N+j}.$$

Avec

$$\begin{cases} a = \dfrac{\alpha}{1-\alpha}.(y_N - z_N) \\ b = 2.y_N - z_N \end{cases}$$

Technique 2.

Il s'agit de considérer que :

$$y_i = \alpha.u_i + (1-\alpha).y_{i-T} \text{ pour } i = T+1..N$$

$$\text{avec } y_1 = u_1, y_2 = u_2 \text{ ... et } y_T = u_T$$

Et

$$z_i = \alpha.y_i + (1-\alpha).z_{i-T} \text{ pour } i = T+1..N$$

$$\text{avec } z_1 = y, z_2 = y_2 \text{ ... et } z_T = y_T$$

Ceci revient à définir T fonctions de lissage et donc à définir a_i et b_i pour $i = 1..T$

Avec

$$\begin{cases} a_i = \frac{\alpha}{1-\alpha}.(y_{N-T+i} - z_{N-T+i}) \\ b_i = 2.y_{N-T+i} - z_{N-T+i} \end{cases} \text{avec } i = 1..T$$

Ceci permet de définir par exemple :

$$\begin{cases} a_1 = \frac{\alpha}{1-\alpha}.(y_{N-T+1} - z_{N-T+1}) \\ b_1 = 2.y_{N-T+1} - z_{N-T+1} \end{cases}$$

Et

$$\begin{cases} a_2 = \dfrac{\alpha}{1-\alpha}.(y_{N-T+2} - z_{N-T+2}) \\ b_2 = 2.y_{N-T+2} - z_{N-T+2} \end{cases}$$

Et finalement :

$$\begin{cases} a_T = \dfrac{\alpha}{1-\alpha}.(y_N - z_N) \\ b_T = 2.y_N - z_N \end{cases}$$

Le principal avantage de cette technique est de ne pas avoir à estimer la partie périodique. Elle utilise seulement la période.

7.4 Méthodes de prévision appliquées aux naissances

7.4.1 Prévision par lissage exponentiel double sur une série ayant une partie périodique : technique 1

Pour illustrer le propos, considérons les données du fichier Excel **Data_Naissance_2010_2020_Prevision_technique_1.xls**. Pour évaluer le bien-fondé de la technique, il s'agit dans un premier temps de réaliser un lissage exponentiel double selon les formules :

$$y_i = \alpha.u_i + (1-\alpha).y_{i-1}$$

$$z_i = \alpha.y_i + (1-\alpha).z_{i-1}$$

Avec

$$\begin{cases} a = \dfrac{\alpha}{1-\alpha}.(y_N - z_N) \\ b = 2.y_N - z_N \end{cases}$$

Et $p_{N+j} = a.j + b + s_{N+j}$

Considérons que $N = 108$, il est alors possible de prévoir les données 2019 à partir des données 2018.

Tableau 7-5. Lissage exponentiel double appliqué aux naissances

i	t_i	u_i	y_i	z_i
118	2019.83	62 600	60 545.2140	60 360.4199
117	2019.75	61 500	60 316.9045	60 339.8872
116	2019.67	63 000	60 185.4494	60 342.4409
115	2019.58	64 600	59 872.7216	60 359.8844
114	2019.50	59 800	59 347.4684	60 414.0136
113	2019.42	60 100	59 297.1871	60 532.5186
112	2019.33	55 700	59 207.9857	60 669.7776
111	2019.25	56 600	59 597.7619	60 832.1990
110	2019.17	51 900	59 930.8466	60 969.3586
109	2019.08	59 900	60 823.1628	61 084.7489
108	2019.00	59 931	60 925.7365	61 113.8140
107	2018.92	59 937	61 036.2628	61 134.7115
106	2018.83	63 588	61158.4031	61 145.6502
105	2018.75	61 834	60 888.4479	61 144.2332
...				
7	2010.58	69 761	66 385.4783	66 486.7270
6	2010.50	65 535	66 010.4203	66 497.9769
5	2010.42	66 774	66 063.2448	66 552.1498
4	2010.33	64 024	65 984.272	66 606.4726
3	2010.25	66 066	66 202.080	66 675.6060
2	2010.17	61 107	66 217.200	66 728.2200
1	2010.08	66 785	66 785.000	66 785.0000

La première étape consiste à effectuer un lissage exponentiel double pour obtenir les valeurs de z_i avec une valeur α suffisamment petite pour que la série lissée fasse presque complètement disparaître le paramètre saisonnier.

Le Tableau 7-5 donne les résultats pour $\alpha = 0.1$, et la Figure 7-36 est une représentation facilement interprétable des résultats.

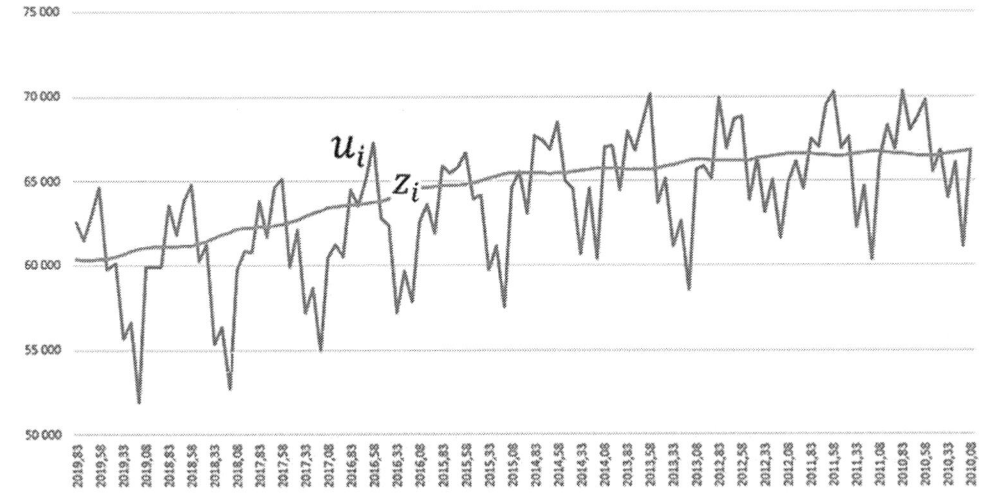

Figure 7-36. Lissage exponentiel double

La différence entre u_i et z_i donne la partie saisonnière (Tableau 7-6).

Tableau 7-6. Identification de la partie saisonnière

i	t_i	u_i	y_i	z_i	$u_i - z_i$
118	2019.83	62 600	60 545.2140	60 360.4199	2 240
117	2019.75	61 500	60 316.9045	60 339.8872	1 160
116	2019.67	63 000	60 185.4494	60 342.4409	2 658
115	2019.58	64 600	59 872.7216	60 359.8844	4 240
114	2019.50	59 800	59 347.4684	60 414.0136	-614
113	2019.42	60 100	59 297.1871	60 532.5186	-433
112	2019.33	55 700	59 207.9857	60 669.7776	-4 970
111	2019.25	56 600	59 597.7619	60 832.1990	-4 232
110	2019.17	51 900	59 930.8466	60 969.3586	-9 069
109	2019.08	59 900	60 823.1628	61 084.7489	-1 185
108	2019.00	59 931	60 925.7365	61 113.8140	-1 183
107	2018.92	59 937	61 036.2628	61 134.7115	-1 198
106	2018.83	63 588	61158.4031	61 145.6502	2 442
105	2018.75	61 834	60 888.4479	61 144.2332	690
...					
7	2010.58	69 761	66 385.4783	66 486.7270	3 274
6	2010.50	65 535	66 010.4203	66 497.9769	-963
5	2010.42	66 774	66 063.2448	66 552.1498	222
4	2010.33	64 024	65 984.272	66 606.4726	-2 582
3	2010.25	66 066	66 202.080	66 675.6060	-610
2	2010.17	61 107	66 217.200	66 728.2200	-5 621
1	2010.08	66 785	66 785.000	66 785.0000	0

Le dernier point consiste à modéliser s_{N+j} en utilisant par exemple l'approche du paragraphe 7.2.8. Cette approche consiste à prendre comme partie saisonnière la moyenne du mois considérée. Ainsi s_{N+j} sera la moyenne du mois de janvier, du mois de décembre, etc. pour les 12 mois.

Tableau 7-7. Moyenne des naissances par mois

	Moyenne 2010-2018
Octobre	2070.70
Septembre	709.96
Août	2137.81
Juillet	3187.88
Juin	-1214.22
Mai	-412.04
Avril	-4916.54
Mars	-3029.72
Février	-6889.54
Janvier	-1082.47
Décembre	-413.85
Novembre	-1678.40

Selon ce principe, la partie saisonnière du mois d'octobre 2019 devrait valoir 2070.70 ce qui est la moyenne des mois d'octobre entre 2010 et 2018.

Tableau 7-8. Modélisation de la partie saisonnière

i	Les mois	t_i	u_i	y_i	z_i	u_i-z_i	s_i
18	Octobre	2019.83	62 600	60 545.2140	60 360.4199	2 240	2070.70
17	Septembre	2019.75	61 500	60 316.9045	60 339.8872	1 160	709.96
16	Août	2019.67	63 000	60 185.4494	60 342.4409	2 658	2137.81
15	Juillet	2019.58	64 600	59 872.7216	60 359.8844	4 240	3187.88
14	Juin	2019.50	59 800	59 347.4684	60 414.0136	-614	-1214.22
13	Mai	2019.42	60 100	59 297.1871	60 532.5186	-433	-412.04
12	Avril	2019.33	55 700	59 207.9857	60 669.7776	-4 970	-4916.54
11	Mars	2019.25	56 600	59 597.7619	60 832.1990	-4 232	-3029.72
10	Février	2019.17	51 900	59 930.8466	60 969.3586	-9 069	-6889.54
09	Janvier	2019.08	59 900	60 823.1628	61 084.7489	-1 185	-1082.47
08	Décembre	2019.00	59 931	60 925.7365	61 113.8140	-1 183	-413.85
07	Novembre	2018.92	59 937	61 036.2628	61 134.7115	-1 198	-1678.40
06	Octobre	2018.83	63 588	61158.4031	61 145.6502	2 442	2070.70
05	Septembre	2018.75	61 834	60 888.4479	61 144.2332	690	709.96
..							
7	Juillet	2010.58	69 761	66 385.4783	66 486.7270	3 274	3187.88
6	Juin	2010.50	65 535	66 010.4203	66 497.9769	-963	-1214.22
5	Mai	2010.42	66 774	66 063.2448	66 552.1498	222	-412.04
4	Avril	2010.33	64 024	65 984.2720	66 606.4726	-2 582	-4916.54
3	Mars	2010.25	66 066	66 202.0800	66 675.6060	-610	-3029.72
2	Février	2010.17	61 107	66 217.2000	66 728.2200	-5 621	-6889.54
1	Janvier	2010.08	66 785	66 785.0000	66 785.0000	0	-1082.47

Il est alors possible de tester le modèle de prévision, en utilisant les données de 2010-2018 pour prédire les chiffres de 2019.

À la fin du mois de décembre 2018 ($i = 108$), il est possible de calculer :

$$\begin{cases} a = \dfrac{\alpha}{1-\alpha}.(y_N - z_N) \\ b = 2.y_N - z_N \end{cases}$$

Ce qui donne :

$$\begin{cases} a = \dfrac{0.1}{1-0.1}.(60925.73 - 61113.81) = -20.897 \\ b = 2 \times 60925.73 - 61113.81 = 60737.65 \end{cases}$$

Il est alors possible d'appliquer la formule de prévision :

$$p_{N+j} = a.j + b + s_{N+j}$$

Ce qui donne par exemple :

$$p_{109} = -20.897 \times 1 + 60737.65 - 1082.47 = 59\,634$$
$$p_{110} = -20.897 \times 2 + 60737.65 - 6889.57 = 53\,806$$

La qualité de la prévision est mise en évidence sur le Tableau 7-9 où la colonne p_{N+j} donne des valeurs très proches de celles de la colonne u_i.

Tableau 7-9. Prévisions de 2019 à partir des données 2010-2018

i	t_i	u_i	y_i	z_i	$u_i - z_i$	s_i	p_{N+j}
a	2019.83	62 600	60 545.2140	60 360.4199	2 240	2070.70	62 599,39
117	2019.75	61 500	60 316.9045	60 339.8872	1 160	709.96	61 259,54
116	2019.67	63 000	60 185.4494	60 342.4409	2 658	2137.81	62 708,29
115	2019.58	64 600	59 872.7216	60 359.8844	4 240	3187.88	63 779,26
114	2019.50	59 800	59 347.4684	60 414.0136	-614	-1214.22	59 398,05
113	2019.42	60 100	59 297.1871	60 532.5186	-433	-412.04	60 221,13
112	2019.33	55 700	59 207.9857	60 669.7776	-4 970	-4916.54	55 737,53
111	2019.25	56 600	59 597.7619	60 832.1990	-4 232	-3029.72	57 645,24
110	2019.17	51 900	59 930.8466	60 969.3586	-9 069	-6889.54	53 806,32
109	2019.08	59 900	60 823.1628	61 084.7489	-1 185	-1082.47	59 634,29
108	2019.00	59 931	60 925.7365	61 113.8140	-1 183	-413.85	
107	2018.92	59 937	61 036.2628	61 134.7115	-1 198	-1678.40	
106	2018.83	63 588	61158.4031	61 145.6502	2 442	2070.70	
105	2018.75	61 834	60 888.4479	61 144.2332	690	709.96	
…							
7	2010.58	69 761	66 385.4783	66 486.7270	3 274	3187.88	
6	2010.50	65 535	66 010.4203	66 497.9769	-963	-1214.22	
5	2010.42	66 774	66 063.2448	66 552.1498	222	-412.04	
4	2010.33	64 024	65 984.2720	66 606.4726	-2 582	-4916.54	
3	2010.25	66 066	66 202.0800	66 675.6060	-610	-3029.72	
2	2010.17	61 107	66 217.2000	66 728.2200	-5 621	-6889.54	
1	2010.08	66 785	66 785.0000	66 785.0000	0	-1082.47	

Visuellement, le résultat est encore plus parlant comme le montre la Figure 7-37.

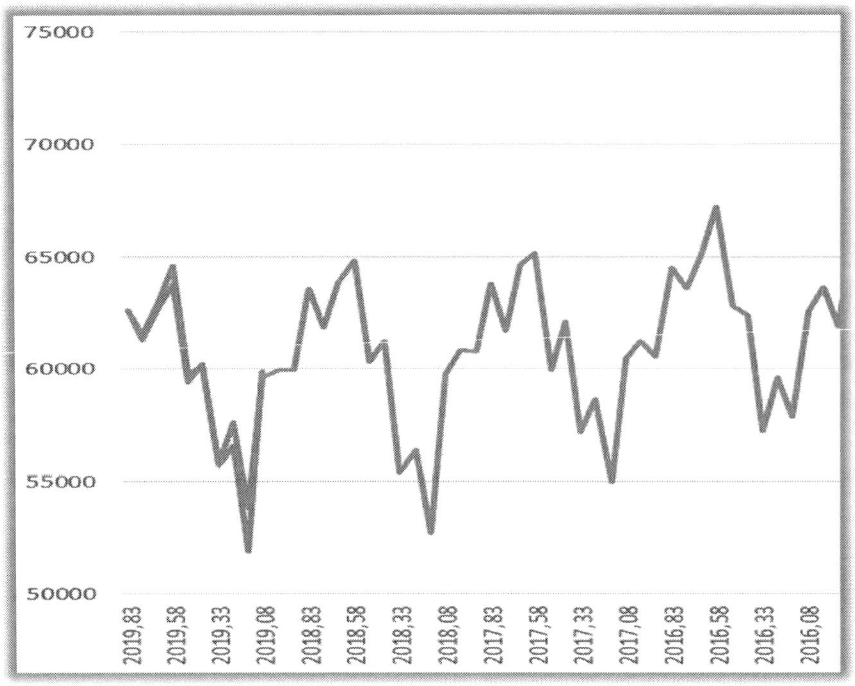

Figure 7-37. Visualisation des données et de la prédiction

7.4.2 Prévision par lissage exponentiel double sur une série ayant une partie périodique : technique 2

Sachant que la transformée de Fourier a confirmé la présence d'une période $T = 12$,

$$y_i = \alpha.u_i + (1-\alpha).y_{i-12} \text{ pour } i = 13..N$$

$$\text{avec } y_1 = u_1, y_2 = u_2 \ldots \text{ et } y_{12} = u_{12}$$

Et

$$z_i = \alpha.y_i + (1-\alpha).z_{i-12} \text{ pour } i = 13..N$$

$$\text{avec } z_1 = y_1, z_2 = y_2 \ldots \text{ et } z_{12} = y_{12}$$

Selon ce principe, pour une valeur de $\alpha = 0.8$:

$$y_{118} = \alpha.u_{118} + (1-\alpha).y_{106} = 62\,815.54$$

Il faut remarquer que l'efficacité de la méthode est bonne pour des valeurs de α relativement grande, contrairement à la méthode présentée dans le paragraphe 7.4.1. Dans l'exemple traité $\alpha = 0.8$, et il s'agit ici d'une valeur déterminée expérimentalement.

Tableau 7-10. Identification de la partie saisonnière

i	t_i	u_i	y_i	z_i	p_{N+j}
118	2019.83	62 600	62 815.54	63 011.70	
117	2019.75	61 500	61 579.84	61 672.39	
116	2019.67	63 000	63 208.93	63 411.41	
115	2019.58	64 600	64 674.81	64 772.33	
114	2019.50	59 800	59 909.17	60 027.04	
113	2019.42	60 100	60 366.03	60 617.39	
112	2019.33	55 700	55 710.66	55 788.98	
111	2019.25	56 600	56 660.64	56 803.41	
110	2019.17	51 900	52 178.75	52 511.19	
109	2019.08	59 900	59 919.07	59 993.61	
108	**2019.00**	**59 931**	**60 151.96**	**60 381.06**	Les données du passé
107	2018.92	59 937	60 106.71	63 011.70	
106	2018.83	63 588	63 677.71	61 672.39	
105	2018.75	61 834	61 899.18	63 411.41	
...					
7	2010.58	69 761	69 761.00	69 761.00	
6	2010.50	65 535	65 535.00	65 535.00	
5	2010.42	66 774	66 774.00	66 774.00	
4	2010.33	64 024	64 024.00	64 024.00	
3	2010.25	66 066	66 066.00	66 066.00	
2	2010.17	61 107	61 107.00	61 107.00	
1	2010.08	66 785	66 785.00	66 785.00	

Comme $T = 12$, il s'agit de calculer 12 valeurs pour a et b selon le principe suivant :

$$\begin{cases} a_i = \frac{\alpha}{1-\alpha} . (y_{N-12+i} - z_{N-12+i}) \\ b_i = 2. y_{N-12+i} - z_{N-12+i} \end{cases} \text{avec } i = 1..12$$

L'objectif est de prédire les valeurs de 2019 en se situant à la fin de l'année 2018 (en gris dans le Tableau 7-10). Il s'agit alors, en supposant être au 31 décembre 2018, de calculer les 12 valeurs de a et b qui sont présentées sur le Tableau 7-11.

Tableau 7-11. Calcul des 12 valeurs de a et b

	a	*b*
Décembre	-1 046.67	60 774.13
Novembre	-329.73	60 703.14
Octobre	-937.33	63 802.24
Septembre	-1 826.04	61 703.38
Août	-579.97	64 638.14
Juillet	-1 349.48	65 240.98
Juin	-2 192.11	60 013.24
Mai	-683.49	62 051.88
Avril	-749.60	57 123.22
Mars	-1 229.94	58 644.61
Février	-1 971.14	55 044.01
Janvier	-2 033.99	60 460.37

Pour prédire la valeur du mois d'octobre 2019, il faut utiliser les valeurs de a et de b correspondant au mois d'octobre. Ainsi :

$$p_{N+j} = a.j + b + s_{N+j}$$

Devient

$$p_{octobre\ 2019} = -937.33 \times 1 + 63\ 802.24$$

L'ensemble des prévisions est donné sur le Tableau 7-12.

Tableau 7-12. Prévisions pour 2019

i	t_i		u_i	y_i	z_i	p_{N+j}
118	2019.83	Octobre	62 600	62 815.54	63 011.70	62 864.90
117	2019.75	Septembre	61 500	61 579.84	61 672.39	59 877.35
116	2019.67	Août	63 000	63 208.93	63 411.41	64 058.17
115	2019.58	Juillet	64 600	64 674.81	64 772.33	63 891.51
114	2019.50	Juin	59 800	59 909.17	60 027.04	57 821.13
113	2019.42	Mai	60 100	60 366.03	60 617.39	61 368.39
112	2019.33	Avril	55 700	55 710.66	55 788.98	56 373.62
111	2019.25	Mars	56 600	56 660.64	56 803.41	57 414.67
110	2019.17	Février	51 900	52 178.75	52 511.19	53 072.87
109	2019.08	Janvier	59 900	59 919.07	59 993.61	62 864.90
108	**2019.00**	**Décembre**	**59 931**	**60 151.96**	**60 381.06**	
107	2018.92	Novembre	59 937	60 106.71	63 011.70	
106	2018.83	Octobre	63 588	63 677.71	61 672.39	
105	2018.75	Septembre	61 834	61 899.18	63 411.41	
...						
7	2010.58	Juillet	69 761	69 761.00	69 761.00	
6	2010.50	Juin	65 535	65 535.00	65 535.00	
5	2010.42	Mai	66 774	66 774.00	66 774.00	
4	2010.33	Avril	64 024	64 024.00	64 024.00	
3	2010.25	Mars	66 066	66 066.00	66 066.00	
2	2010.17	Février	61 107	61 107.00	61 107.00	
1	2010.08	Janvier	66 785	66 785.00	66 785.00	

7.5 Conclusion

Ce chapitre est une introduction aux séries chronologiques et propose un tour d'horizon de ce qu'il est possible de faire sur ce type de données. Comme le rappelle Marc Stefanon sur le site www.aquiladata.fr, "Leurs principales spécificités par rapport aux domaines les plus courants de l'apprentissage automatique sont leur dépendance dans le temps" (https://www.aquiladata.fr/mieux-comprendre-les-methodes-de-prevision-des-series-chronologiques/).

Il n'a été abordé ici que les notions élémentaires de traitement des séries chronologiques. D'autres approches sont disponibles mais elles font appel à la notion de processus stochastique. Le substrat mathématique nécessaire dépasse le cadre de cet ouvrage. Néanmoins on peut trouver des outils disponibles dans diverses librairies (en Python, voir par exemple la classe SARIMAX). Cependant, il est déconseillé d'utiliser ces librairies sans maitriser les hypothèses sur lesquelles ils s'appuient.

7.6 Références

Un excellent cours (en Français !) est celui de Baudot disponible à l'adresse suivante :

http://jybaudot.fr/Previsions/les.html

Les premiers exemples de ce chapitre sont inspirés d'exemples proposés sur son site web. Le site est particulièrement adapté aux débutants et il est très pédagogique avec des exemples réalisés sous Excel !

La lecture peut se poursuivre par le site de Xavier Dupré en Français, site qui est lui aussi excellent : http://www.xavierdupre.fr/

Hélas en Anglais, le site https://www.machinelearningplus.com/ est une référence pour le Machine Learning.

Notions abordées dans ce chapitre
• Introduction aux séries chronologiques • Stationnarité d'une série • Détection de périodes • Lissage exponentiel simple • Lissage exponentiel double • Prévision par lissage

INDEX

Made in United States
Orlando, FL
04 November 2026

90204522R00168